Un Santo pa

Colección

TESTIGOS

SANTOS LAICOS
Justiniano Beltrán

SANTIDAD QUE NO GRITA
Stefano Igino Silvestrelli

365 DIAS - 365 HISTORIAS
Clovis Bovo

UN SANTO PARA CADA DIA
Mario Sgarbossa - Luis Giovannini, 7a. ed.

Mario Sgarbossa - Luis Giovannini

Un Santo para cada día

SAN PABLO

Séptima edición

Título original:
Il santo del giorno

© Edizioni San Paolo, s.r.l.
Cinisello Balsamo (MI) Italia

Traducción:
Justiniano Beltrán

Queda hecho el Depósito Legal
según Ley 44 de 1993

© SAN PABLO, 2000
Carrera 46 No. 22A-90
Barrio Quintaparesdes
Tel.: 3682099 - Fax: 2444383
E-mail: *sp_diredit@epmbog.net*

Distribución: Departamento de Ventas
Calle 18 No. 69-67
Tels.: 4113976 - 4114011
Fax: 4114000 - A.A. 080152
E-mail: *spdircom@col1.telecom.com.co*

SANTAFÉ DE BOGOTÁ, D.C.

Introducción

A primera vista, puede no parecer interesante un libro sobre la vida de los santos. Sin embargo, no sólo es interesante, sino edificante, y su atenta lectura nos hace ver cómo en ellos encontramos ejemplos y estímulos para mejorar nuestra vida cristiana, y, ¿por qué no?, para alcanzar también nosotros la santidad. En efecto, en la vida de muchos santos aquí enumerados, para cada día del año, encontramos o descubrimos que cualquier persona puede, con la ayuda de Dios y su buena voluntad, alcanzar las metas que ellos alcanzaron.

Generalmente, pero equivocadamente, creemos que los santos fueron personas excepcionales, que, digamos, nacieron santos. Y los vemos como alejados de nosotros: seres privilegiados que nada tienen que ver con nosotros, tan agobiados por los trajines de la vida diaria en un mundo tan lleno de injusticias y de pecado. En realidad, los santos han sido personas de carne y hueso, como nosotros, y algunos de ellos recorrieron el camino del pecado: quien cometió asesinatos y sacrilegios, quien cometió injusticias y renegó de Dios, quien se mantuvo recalcitrante a la gracia durante mucho tiempo, y, sin embargo, a un cierto momento de su vida, abrieron su corazón a la gracia, se convirtieron y llegaron a los honores de los altares.

Se cree, también equivocadamente, que los llamados a ser santos son los religiosos, las monjas, los sacerdotes. En esta breve enumeración de santos encontramos sirvientas que llegaron a ser santas, comerciantes, abogados, catedráticos, un antipapa, campesinos labradores, amas de casa, reyes y reinas, militares, madres y padres de familia, médicos, etc., etc.

Creemos, pues, y esto deseamos, que este libro hará mucho bien a cualquier lector, cualquiera sea su profesión o la misión que Dios le ha encomendado en su vida en el mundo de hoy.

Leyenda de santa María Egipcia.
Vitral de la catedral de Bourges.
Los santos, junto a la Biblia, conocida como una historia sagrada llena de personas, de hechos, eran los temas de aquella extraordinaria "Biblia de los pobres" constituida de frescos, bajorrelieves, estatuas, vitrales, etc., de los cuales han sobrevivido excepcionales testimonios.

Enero

1 de enero
SANTA MARIA, MADRE DE DIOS
Solemnidad

La solemnidad de santa María, Madre de Dios, es la primera fiesta mariana que apareció en la Iglesia occidental. Originariamente la fiesta remplazaba la costumbre pagana de las "strenae" (estrenas), cuyos ritos contrastaban con la santidad de las celebraciones cristianas. El "Natale Sanctae Mariae" comenzó a celebrarse en Roma hacia el siglo VI, probablemente junto con la dedicación de una de las primeras iglesias marianas de Roma, esto es, santa María Antigua en el Foro Romano. La liturgia estaba unida a la de Navidad, y el primero de enero se llamaba "in octava Domini": para recordar el rito que se llevó a cabo a los ocho días del nacimiento de Jesús, se leía el Evangelio de la circuncisión, y con esa fiesta se inauguraba el nuevo año. La última reforma del calendario pasó al lo. de enero la fiesta de la maternidad divina, que desde 1931 se celebraba el 11 de octubre en recuerdo del Concilio de Efeso (431), que proclamó solemnemente una verdad muy amada por el pueblo, es decir, que María es verdadera Madre de Cristo y que Cristo es verdadero Hijo de Dios.

Nestorio se había atrevido a decir: "¿Entonces Dios tiene una madre? Pues entonces no condenemos la mitología griega, que les atribuye una madre a los dioses"; pero san Cirilo de Alejandría replicó: "Se dirá: ¿la Virgen es madre de la divinidad? A eso respondemos: el Verbo viviente, subsistente, fue engendrado por la misma substancia de Dios Padre, existe desde toda la eternidad... Pero en el tiempo El se hizo carne, por eso se puede decir que nació de mujer". Jesús, Hijo de Dios, nació de María.

De esta excelsa y exclusiva prerrogativa le vienen a la Virgen todos los títulos de honor que le atribuimos, aunque podemos hacer una distinción entre la santidad personal de María y su maternidad divina, pues Cristo mismo la sugirió: "Una mujer, alzando la voz entre la multitud, gritó: 'Dichoso el seno que te llevó, y los pechos que te amamantaron'. Pero El le dijo: 'Dichosos más bien los que escuchan la Palabra de Dios y la practican'" (Lc 11, 27-28).

En realidad, "María, hija de Adán, aceptando la Palabra divina, fue hecha Madre de Jesús y abrazando la voluntad salvífica de Dios, con generoso corazón y sin el impedimento de pecado alguno, se consagró totalmente a sí misma, cual esclava del Señor, a la Persona y a la obra de su Hijo, sirviendo bajo El y con El, por la gracia de Dios omnipotente, al misterio de la redención" (*Lumen gentium*, 56).

2 de enero

SANTOS BASILIO MAGNO Y GREGORIO NACIANCENO

Obispos y doctores de la Iglesia

Podríamos decir que Basilio perteneció a una familia de santos: fueron santas la abuela Macrina, la madre Emelia, la hermana Macrina; fueron santos los hermanos Pedro, obispo de Sebaste, y Gregorio, obispo de Niza. Además, fue íntimo amigo de otro santo, Gregorio, obispo de Nacianzo o Nacianceno, cuya fiesta litúrgica se celebra el mismo día, porque participó en su mismo deseo de santidad, tuvo una formación cultural análoga y sintió la misma aspiración a la vida monástica.

A san Basilio se le considera como el precursor de la vida cenobítica en Oriente: en el año 358, en compañía del amigo, se retiró a un lugar desierto cerca de Neocesarea en el Ponto, y allí escribió dos *Reglas* importantes, por las que se rigen aún muchos monjes orientales.

Como les sucedió a otros ilustres personajes, Basilio no pudo disfrutar de la soledad y del silencio, que él amaba mucho. Después de haber recibido la ordenación sacerdotal, fue llamado a regir la diócesis de Cesarea de Capadocia, y tuvo que dedicarse a defender el dogma cristiano contra el arrianismo, que se había vuelto poderoso por el apoyo del emperador Valente; Basilio recibió así la herencia de san Atanasio, y, como él, supo apoyarse en la autoridad del Romano Pontífice para desenmascarar el error. Pero su compromiso doctrinal no fue el que le mereció, todavía en vida, el título de "Magno", es decir "grande", sino su intensa actividad pastoral, que consistió, sobre todo, en sus vibrantes homilías y apasionados opúsculos, como la *Carta a los jóvenes*, y en un rico *Epistolario*.

El tema que trataba con más frecuencia y con más fuerza era el de la caridad, de la ayuda a los hermanos necesitados. Dirigiéndose a un interlocutor ideal, decía: "¿A quién he perjudicado, dices tú, conservando lo que es mío? Dime, sinceramente, ¿qué te pertenece? ¿De quién recibiste lo que tienes? Si todos se contentaran con lo necesario y dieran el resto a los pobres, no habría ni ricos ni pobres". Pero no se contentaba sólo con palabras: en las puertas de Cesarea dio vida a una auténtica ciudad de la caridad con hospicios, orfelinatos, hospitales, laboratorios y escuelas artesanales.

San Gregorio Nacianceno nació en el mismo año de san Basilio, en el 330, y murió unos diez años después de su amigo, que murió en el 379. Fue un hombre de estudio y poeta, que por su eximia doctrina y elocuencia mereció el apelativo de "teólogo'. Es famoso su apasionado *Discurso de despedida*, cuando tuvo que abandonar a Constantinopla, de la que era obispo desde el año 381, a causa de los diversos bandos que dividían a su Iglesia. En sus *Poemas morales* decía: "Todo es inestable, para que amemos las cosas estables". Se retiró a Nacianzo, donde murió el 25 de enero del año 389 ó 390.

3 de enero
SANTA GENOVEVA
Virgen

El nombre y la devoción de santa Genoveva, que no hay que confundir con la legendaria homónima de Brabante, son muy populares en Francia, y sobre todo en París, de la que es patrona. La vida de la virgen parisiense se encuentra en la *Vita Genovefae*, escrita unos 20 años después de su muerte. Esta biografía, que hoy se considera como documento histórico atendible aunque no muy genuino, tiene el estilo modesto de quien escribe con fines exquisitamente edificantes, pero logra colocar a la Santa en un preciso cuadro histórico.

Nació en Nanterre, en las afueras de París, hacia el año 422, y a los seis años la consagró a Dios san Germano de Auxerre, que pasaba por allí, camino de Inglaterra en donde imperaba la herejía pelagiana. A los 15 años se consagró definitivamente a Dios, entrando a formar parte de un grupo de vírgenes entregadas a Dios que, aunque llevaban un vestido que las distinguía de las demás mujeres, no vivían en un convento, sino en sus propias casas, dedicadas a obras de caridad y de penitencia. Genoveva tomaba las cosas en serio: sólo comía el jueves y el domingo, y desde por la tarde de Epifanía hasta el Jueves Santo no salía nunca de su pieza.

A los treinta años se vio envuelta en la política: en el año 451 París se encontraba bajo la amenaza de los Hunos de Atila; los parisienses iban a huir de la ciudad, pero Genoveva los convenció a permanecer ahí, confiando en la protección del cielo. Así sucedió, pero la santa corrió el riesgo de ser linchada por los más miedosos. Una vez rechazados los bárbaros, apareció el problema de la carestía: entonces Genoveva montó en una pequeña embarcación, subió por el Sena y consiguió cereales que distribuyó generosamente a todo el pueblo. Era una digna antecesora de santa Juana de Arco. Se sirvió de su amistad con los reyes Quilderico y Clodoveo para obtener la gracia para muchos prisioneros políticos.

Murió hacia el año 502, y sobre su tumba se construyó un pequeño oratorio de madera, que fue el origen de una famosa abadía, más tarde transformada en basílica por Luis XV. Se la invocaba sobre todo en tiempos de graves calamidades, como la peste, o para pedir la lluvia o contra las inundaciones del Sena. Los jacobinos de la Revolución Francesa destruyeron buena parte de las reliquias y transformaron la basílica de santa Genoveva —que tomó el nombre clásico de Panteón— en el mausoleo de los franceses ilustres. Pero el culto a santa Genoveva continuó en la iglesia cercana de Saint-Etienne-du-Mont.

4 de enero

B. ANGELA DE FOLIGNO

Religiosa

La Iglesia le da el título de Beata, pero el pueblo la invoca con el título de santa desde hace siglos. Angela de Foligno nació en el año 1248 y es una de las primeras místicas italianas. En su juventud, como su coetánea Margarita de Cortona, se dejó llevar por la vanidad femenina, viviendo en tranquila comodidad en una casa no lujosa pero decorosa en compañía del esposo y los hijos. Y no faltaron tampoco los errores graves hasta el punto de confesarse y comulgar sacrílegamente.

Pero a los 37 años de edad cambió radicalmente sus costumbres de vida. Perdió al esposo y a los hijos, y en esas circunstancias trágicas demostró una fuerza de espíritu extraordinaria. Era el año de 1285: san Francisco se le apareció en sueños y la exhortó a seguir con valentía por el camino de la perfección. Entró a la Tercera Orden Franciscana, y en 1291 profesó como religiosa y fue en peregrinación a Asís. Esta peregrinación dejó una huella profunda en su alma, y durante ella tuvo desconcertantes y maravillosas experiencias místicas, de las que fue testigo su pariente y confesor, el B. Arnaldo de Foligno que, temiendo se tratara de fenómenos causados por sugestiones del maligno, le impuso que le dictara sus experiencias interiores.

La necesidad de ver claramente las profundidades de esta alma conquistada por la gracia, fue el origen de uno de los más preciosos libros sobre experiencias místicas de un alma particularmente favorecida por Dios. En "treinta pasos" Angela dictó cuanto sucedía en su alma, desde el momento de la conversión hasta 1296, cuando las manifestaciones místicas se hicieron menos frecuentes para dar campo a nuevas manifestaciones espirituales, sobre todo lo relativo a la "maternidad espiritual".

A las almas deseosas de perfección les enviaba muchas cartas y redactó también las *Instrucciones salutíferas.* La pobreza, la humildad, la caridad, la paz, eran sus temas preferidos: "El sumo bien del alma es paz verdadera y perfecta... Quien quiera, pues, el perfecto descanso, trate de amar a Dios con todo el corazón, para que en ese corazón viva Dios, que es el único que da y puede dar la paz". La "magistra theologorum" murió en Foligno en 1309.

5 de enero

SANTAS EMILIANA Y TARSILA Y SAN JUAN N. NEUMANN

En este día, vigilia de la Epifanía (ahora trasladada al siguiente domingo), es decir, de la "manifestación" de Cristo a las gentes, reunimos el recuerdo de dos santas y un santo que en su misma diversidad manifiestan la universalidad de la salvación y de la llamada a la santidad. La noble y senatorial familia romana Anicia tuvo el privilegio de dar a la Iglesia, al papa san Gregorio Magno, "un pequeño hombre muy grande" como lo define Mommsen, contraponiendo su deficiente presencia física y su delicada salud a la grandeza espiritual y a las excelentes cualidades de hombre de gobierno. A la formación del muchacho predestinado contribuyeron el padre, senador Gordiana, la madre S. Silvia y las dos santas tías paternas Tarsila y Emiliana (o Amelia).

El mismo san Gregorio Magno es quien nos habla de estas tías, comentando el pasaje del Evangelio en donde Jesús dice que muchos son los llamados pero poco los elegidos. Dice que junto con Emiliana y Tarsila, también una tercera tía, Gordiana, había resuelto consagrarse al Señor, llevando una vida ascética en la casa paterna. Pero solamente las dos primeras perseveraron y progresaron en el camino de la santidad y de la fidelidad a la propia vocación. En cambio, la tía Gordiana poco a poco fue volviendo a las antiguas costumbres mundanas, abandonó el propósito de la virginidad y se casó con su administrador.

San Gregorio cuenta también un episodio de sus tías: hacía unos días que había muerto Tarsila, y Emiliana escuchó que la hermana le hacía esta invitación: "He celebrado la Navidad sin ti, pero ven para que podamos celebrar juntas la Epifanía del Señor". No sabemos la fecha exacta de la muerte de Emiliana, pero, según la tradición, fue el 5 de enero, vigilia de la Epifanía.

En otro 5 de enero, más cercano a nosotros (en 1860), mientras realizaba un gesto de delicadeza para con un sacerdote suyo, moría en Filadelfia (U.S.A.) Juan Nepomuceno Neumann, a quien la gente llamaba afectuosamente "nuestro pequeño obispo". El 19 de junio de 1977 fueron de Estados Unidos a Roma más de 30.000 peregrinos para asistir a la ceremonia de la canonización de su "pequeño obispo", aunque fue transmitida a todo el mundo vía satélite. Neumann había llegado a Estados Unidos en junio de 1836, después de 40 días de navegación, porque en su diócesis bohema no había necesidad de sacerdotes. Fue el iniciador de las escuelas parroquiales norteamericanas.

6 de enero

EPIFANIA DEL SEÑOR

Solemnidad

El origen oriental de esta solemnidad se encuentra en el mismo nombre: "Epifanía", es decir, revelación, manifestación; los latinos usaban la denominación "festivitas declarationis" o "apparitio", con el significado principal de revelación de la divinidad de Cristo al mundo pagano con la adoración de los magos, a los judíos con el Bautismo en el Jordán, y a los discípulos con el milagro en las bodas de Caná. Sin tratar de hacer una reconstrucción histórica, podemos considerar el episodio de los magos como lo hicieron los Padres de la Iglesia: símbolo y manifestación de la llamada a la salvación de los pueblos paganos. Los magos fueron la explícita declaración de que el Evangelio había que predicarlo a todos los pueblos.

Para la Iglesia oriental tiene grande importancia el Bautismo de Cristo, la "fiesta de las luces", como dice san Gregorio Nacianceno, incluso como contraposición a una fiesta pagana del "sol invictus". En realidad, tanto en Oriente como en Occidente, la Epifanía tiene el carácter de una solemnidad ideológica: se celebra la manifestación de Dios a los hombres por medio de su Hijo, esto es, la primera fase de la Redención. Cristo se manifiesta a los paganos, a los judíos, a los apóstoles: tres momentos sucesivos de la relación entre Dios y el hombre.

Dios habla a los paganos por medio del mundo visible: el resplandor del sol, la armonía de los astros, la luz de las estrellas en el firmamento (los magos descubrieron en el cielo la señal divina) son portadores de una cierta presencia de Dios.

Partiendo de la naturaleza, los paganos pueden "hacer las obras de la ley", porque, como decía san Pablo a los habitantes de Listra, el "Dios vivo, que ha hecho el cielo, la tierra, el mar y todo lo que hay en ellos... en las pasadas generaciones ha permitido que todas las naciones siguiesen sus caminos. Sin embargo, no ha cesado jamás de dar testimonio sobre sí mismo, haciendo el bien, mandándoos desde el cielo lluvias y estaciones fructíferas, y llenando vuestros corazones de alimento y de felicidad" (Hch 14, 15-17). Ahora "en estos días (Dios) nos ha hablado por el Hijo, a quien ha constituido heredero de todas las cosas, por quien hizo también el universo" (Hb 1, 2). Los muchos mediadores de la manifestación de la divinidad encuentran su término en la persona de Jesús de Nazaret, en el que resplandece la gloria de Dios. Por eso nosotros podemos hoy expresar "la humilde, temerosa, pero plena y alegre profesión de nuestra fe, de nuestra esperanza, de nuestro amor" (Pablo VI).

7 de enero

SAN RAIMUNDO DE PEÑAFORT

Presbítero

Cuando Gregorio IX, de quien había sido un precioso colaborador, le comunicó su intención de nombrarlo arzobispo de Tarragona, la consternación de Raimundo de Peñafort fue tal que se enfermó. El humilde y docto sacerdote, que había nacido entre el 1175 y el 1180, había siempre rehusado honores y prestigio, pero no lo había logrado. Rechazando una vida cómoda y alegre (era hijo del noble castellano de Peñafort, en Cataluña), se había dedicado desde muy pronto a los estudios filosóficos y jurídicos: a los veinte años enseñaba filosofía en Barcelona, y a los treinta años, recién graduado, enseñaba jurisprudencia en Bolonia, excepcionalmente pagado por el Estado y, naturalmente, ese sueldo lo gastaba todo en socorrer a los necesitados.

Regresó a Barcelona por invitación de su obispo, quien lo nombró canónigo, y su amigo Pedro Nolasco lo encargó de la redacción de las *Constituciones* de la Orden de los Mercedarios que iba a fundar. Pero cuando llegaron a Barcelona los dominicos, a quienes había conocido en Bolonia, Raimundo abandonó todo y entró a esa Orden: dieciséis años después, en 1238, fue nombrado Superior General, un cargo que no pudo rehusar. Durante dos años visitó a pie los conventos de la Orden, después reunió el Capítulo General en Bolonia y presentó su renuncia. Así, a los setenta años de edad pudo regresar a la enseñanza y a la pastoral.

Nombrado confesor del rey Santiago de Aragón, no dudó en reprocharle su conducta escandalosa durante la expedición a la isla de Mallorca. Se cuenta que el rey había prohibido que las embarcaciones se dirigieran hacia España, y, entonces, Raimundo, para manifestar su desacuerdo con el soberano, extendió su manto sobre el agua y sobre él navegó hasta Barcelona.

Una de sus obras apostólicas dignas de recordar son las misiones por la conversión de los hebreos y los mahometanos que vivían en España; según la tradición, se le atribuye el mérito de haber invitado a santo Tomás de Aquino a escribir la *Summa contra gentiles*, para que sus predicadores tuvieran un texto seguro de apologética para las controversias con los herejes e infieles. El mismo redactó importantes obras de teología moral y de derecho, entre ellas la *Summa casuum* para la administración correcta y eficaz del sacramento de la Penitencia. Murió casi a los cien años, el 6 de enero de 1275 y fue canonizado en 1601.

8 de enero

SAN SEVERINO

Abad

En el siglo V el Imperio Romano de Occidente se vio invadido poco a poco por los Visigodos, Ostrogodos, Vándalos, Francos, etc. En la devastación general sólo las realidades y las autoridades cristianas constituyeron un punto firme para la supervivencia. Este es el contexto histórico en el que se presenta la figura y la obra de san Severino, que nació de una noble familia romana hacia el año 410. Después de una estadía en Oriente, hacia el 454, se estableció cerca del Danubio, en donde construyó monasterios para albergar a los habitantes amenazados y para que, al mismo tiempo, fueran puntos de irradiación del Evangelio entre las tribus bárbaras.

Inclinado igualmente a la vida contemplativa, eremítica, y a la actividad misionera y favorecido con el carisma de la profecía, san Severino hizo también previsiones sobre el plano humano. En efecto, comprendió que el movimiento de los pueblos bárbaros jóvenes era indetenible y que la decadente sociedad romana recuperaría su vigor gracias a estas nuevas fuerzas.

Pero era necesario que esas mentes fueran iluminadas por las verdades del Evangelio, y para ello había que entrar en contacto directo con ellas. Con un gesto valiente que le ganó la admiración de los rudos guerreros, llegó hasta Comagén, ya en mano de los enemigos; su concreta caridad para con los necesitados le conquistó definitivamente el corazón sencillo de los "bárbaros", comenzando por el de los jefes. Gibuldo, rey de los Alamanos, le tenía "suma reverencia y afecto", como dice su biógrafo Eugipo, y lo escuchaba con respeto, dócil como un hijo; Flaciteo, rey de los Rugos, "lo consultaba en las empresas peligrosas como a un oráculo celestial".

No faltaron signos del cielo que confirmaban sus palabras. Un día la nuera de Flaciteo, contra el parecer de Severino, lo había convencido de que no les diera la libertad a los prisioneros; Severino la amonestó enérgicamente a temer la ira de Dios: esa misma noche el sobrino de Flaciteo cayó prisionero de otra tribu bárbara y obtuvo la libertad sólo por intervención de Severino.

Respetado y amado por la gente humilde como por los reyes y guerreros, vivió muy pobremente, sin sacar ninguna ventaja material para sí mismo: vestía la misma túnica tanto en invierno como en verano, dormía pocas horas acostado en el suelo y con cilicios, y en cuaresma sólo comía una vez por semana. Murió el 8 de enero del año 482. Sus reliquias reposan y son veneradas en Frattamaggiore (Nápoles) junto al mártir Sosso.

9 de enero

SANTOS JULIAN, BASILISA Y COMPAÑEROS, Y B. GREGORIO X

Mártires y Papa

La vida terrena de Julián y de Basilisa se puede subdividir en tres períodos. El primero fue el de su formación humana y cristiana, de la decisión que tomó Julián y aceptó Basilisa de vivir virginalmente en el matrimonio que contrajeron para darles gusto a sus padres. Cuando [estos murieron, los dos castos esposos se separaron para fundar él un monasterio para hombres, y ella uno para mujeres, en los cuales, junto con el compromiso espiritual se llevaba a cabo una intensa actividad caritativa.

El tercer período consistió en el precioso testimonio que dio Julián con su martirio junto con un gran número de compañeros a quienes él animaba, como narra el *Martirologio Romano:* "En Antioquía (los estudiosos dicen que en realidad fue en Antinoe) bajo Diocleciano y Maximino, (se celebra) el nacimiento de los santos Julián Mártir y Basilisa Virgen, esposa del mismo Julián. Esta, habiendo conservado la virginidad con el esposo, terminó su vida en paz. Pero

Julián, después de haber visto quemados vivos a muchísimos sacerdotes y ministros de la Iglesia de Cristo que, por la crueldad de la persecución, se habían refugiado en el monasterio de Julián y Basilisa, también él por orden de Marciano fue torturado y condenado a muerte. Con él sufrieron también el martirio Antonio Prete, Anastasio, a quien el mismo Julián había resucitado de la muerte y hecho partícipe de la gracia de Cristo; Celso jovencito junto con su madre Marcelina, siete hermanos y muchísimos otros".

Distinta fue la vida del beato Tedaldo Visconti, que fue Papa del 1271 al 1276. Había nacido hacia el 1210 y tenía un temperamento manso y sereno que le hizo ganar la simpatía de un cardenal paisano suyo, el cisterciense Santiago de Pecorara, que lo quiso consigo en Lyón, en donde se preparaba un gran Concilio, en Piacenza, Liegi y Roma, en donde permaneció más tiempo. En París tuvo como condiscípulos a san Buenaventura y a santo Tomás.

Su elección como Papa, que tuvo lugar al mal del cónclave de Viterbo, se la comunicaron cuando él estaba en Tierra Santa, en donde recibió también a los hermanos Polo que regresaban de su aventura en el extremo Oriente; por eso pudo darse cuenta de la necesidad de una Cruzada, a la que se dedicó con mucho empeño. La promovió sin éxito en el importante segundo Concilio de Lyón (1274), que realizó una efímera reunión con los Orientales; fue efímera por lo ambigua.

10 de enero

SAN ALDO

Ermitaño

Muy poco conocemos de san Aldo, ni siquiera el lugar y fecha de nacimiento. Parece que vivió en el siglo VIII, cuando la humanidad estaba amenazada por el islamismo. Se conoce sí el lugar de su sepultura: en Pavía, primero en la capilla de San Columbano y después en la basílica de San Miguel.

Una antigua tradición nos lo presenta como carbonero y eremita en Carbonaria, cerca de Pavía. Como san Aldo se encuentra incluido en los *Martirologios* de la Orden benedictina, se supone que fue monje en Bobbio, el famoso monasterio fundado por san Columbano en el año 614.

Los monjes irlandeses de san Columbano no llevaban una vida eremítica en sentido estricto. Cada uno construía su propia choza con madera y piedra, luego la cercaban para estar aislados y dedicarse a la contemplación y a la oración. Después salían con sus instrumentos de trabajo para ganarse la vida con el sudor de su frente. Es decir, el ermitaño se alejaba temporalmente de los hombres para dedicarse a la oración y llenar la soledad exterior con la presencia alegre de Dios. Pero no se alejaba de la comunidad a la que edificaba con el ejemplo de su vida devota y con la caridad.

Podemos, pues, pensar que san Aldo fue una magnífica mezcla del espíritu benedictino y del espíritu que llevaron los fervorosos misioneros que llegaban de Irlanda, la "isla bárbara" que se transformó en "isla de santos" por el extraordinario florecimiento del cristianismo. San Columbano había llevado a Europa un oleaje de nueva espiritualidad. Es decir, se había producido un movimiento inverso al que había llevado la Buena Noticia a Irlanda. Decenas de monjes y ermitaños irlandeses, convertidos en "peregrinos por Cristo", en un maravilloso intercambio evangélico, de evangelizados se convirtieron en evangelizadores.

11 de enero
SAN HIGINIO
Papa

La "memoria" de san Higinio fue quitada del calendario renovado, porque fue introducida sólo en el siglo XII. No se sabe si murió mártir, y se ignora la fecha de su muerte. Pero lo consideramos aquí por la antigua tradición y por la devoción que le tienen muchas personas. A fines del siglo II, san Ireneo, de regreso de un viaje a Roma, enumeraba doce obispos que hasta ese tiempo habían sido sucesores de san Pedro. Higinio era el noveno de esta serie, único con este nombre, sucesor de san Telésforo "que dio un glorioso testimonio", es decir, sufrió el martirio bajo el emperador Adriano.

El *Liber Pontificalis* y el *Martirologio Romano* afirman que también Higinio sufrió el martirio el 11 de enero (del año 140?) durante la persecución de Antonino Pío, y que fue sepultado "junto al cuerpo del beato Pedro, en el Vaticano". Pero parece improbable que Higinio haya muerto mártir. Otros fueron sus méritos. Durante su breve pontificado (del 136 al 140) disminuyeron los ataques de los paganos contra "la nueva raza sin patria" (como llamaban a los cristianos), pero la Iglesia se vio amenazada internamente por las sectas heréticas.

Valentino y Cerdón se atrevieron a ir a Roma a difundir la herejía gnóstica, que era una mezcla de doctrinas y prácticas religiosas de carácter filosófico y mistagógico que se basaban en este principio fundamental: hay una fe común que es suficiente para el pueblo, pero también hay una ciencia reservada a los doctos, que ofrece una explicación filosófica de la fe común. Los dos herejes fueron desaprobados por el papa Higinio que el *Liber Pontificalis* define "filósofo", de origen ateniense. Es decir, un filósofo al timón de la barca de Pedro en el momento preciso, cuando la herejía gnóstica trataba de hacer de la Revelación divina una filosofía religiosa.

Higinio se dedicó a preservar la integridad de la genuina enseñanza evangélica. Además, siguiendo el ejemplo del grande emperador Adriano, que había creado un eficiente aparato burocrático que garantizaba una sabia administración del inmenso imperio romano, intervino en la estructura jerárquica, instituyendo las Ordenes menores, que servían para mejorar el servicio de la Iglesia y para preparar a los candidatos al sacerdocio por medio de un acercamiento progresivo a los santos misterios. Parece que a él se deba la institución de los padrinos para el Bautismo.

12 de enero

SAN BENITO BISCOP

Abad

Tal vez las palabras más apropiadas para "alabar a san Benito Biscop son las que se encuentran en la *Vita quinque sanctorum abbatum* del Venerable san Beda, que le fue confiado por sus padres a los siete años para que lo educara, y se convirtió así en su más ilustre discípulo y en una de las mayores glorias. A los 25 años Benito renunció a los favores del rey Oswiu para "ponerse al servicio del verdadero Rey, Jesucristo, para recibir no un corruptible don terrenal, sino un reino eterno en la ciudad celestial; abandonó su casa, sus familiares y la patria por Cristo y por el Evangelio, para recibir el céntuplo y poseer la vida eterna".

En el año 653, después de haber hecho su elección, Benito hizo el primero de sus seis viajes a Roma para manifestar su devoción a los santos Pedro y Pablo y al Papa, como también para buscar modelos de vida de instituciones monásticas, tanto en Roma como en los varios lugares por donde pasaba.

Con razón pudo decir en su lecho de muerte: "Hijitos míos, no crean que me inventé la constitución que les he dado. Después de haber visitado diecisiete monasterios, de los que traté de conocer perfectamente las leyes y las costumbres, reuní las reglas que me parecieron mejores; y esta reunión es la que les he dado". En Lerino, por ejemplo, durante el segundo viaje a Roma, en el 665, permaneció casi dos años. No sólo se contentaba con buscar modelos de vida, sino también numerosos libros, documentos iconográficos, reliquias de santos, ornamentos sagrados y otros objetos que sirvieran para el culto en perfecta sintonía con la Iglesia de Roma.

Incluso, una vez le pidió al papa Agatón que le enviara al cantor de la Basílica de San Pedro, el abad Juan, para que les enseñara el canto romano a sus monjes de los monasterios de Wearmouth y de Yarrow, dedicados naturalmente uno a san Pedro y el otro a san Pablo. Cuando regresó del sexto viaje a Roma, tuvo la desagradable sorpresa de encontrar casi destruidas sus instituciones a causa de una epidemia. San Benito Biscop murió el 12 de enero del año 690 a la edad de 62 años.

13 de enero
SAN HILARIO DE POITIERS
Obispo y doctor de la Iglesia

Fue llamado "el Atanasio de Occidente" y, efectivamente, se asemeja en muchas cosas al batallador obispo de Alejandría. Fueron contemporáneos —Hilario nació a principios del siglo IV en Poitiers y ahí murió en el año 367— y tuvieron que combatir contra el mismo adversario, el arrianismo, y participaron en las polémicas teológicas con discursos y sobre todo con los escritos. Hilario fue desterrado por el emperador Constancio, que se había alineado con las decisiones del sínodo de Béziers del año 356. Este sínodo, naturalmente, era arriano. Así Hilario fue a parar a Frigia.

El contacto con el Oriente fue providencial para el obispo de Poitiers: durante los cinco años de permanencia en Frigia aprendió el griego y descubrió a Orígenes, como también la gran producción teológica de los Padres orientales, obteniendo una documentación importantísima para el libro que le mereció el título de Doctor de la Iglesia (dado por Pío IX): el *De Trinitate*, intitulado primero y mejor *De Fide adversus Arianos*. En efecto, era el tratado más importante y profundo que había aparecido hasta entonces sobre el dogma principal de la fe cristiana. Aún en el destierro no permaneció inactivo. Con el opúsculo *Contra Maxentium* atacó violentamente al mismo Constancio, refutándole el cesaro-papismo, la pretensión de meterse en las disputas teológicas y en los asuntos internos de la disciplina eclesiástica. De regreso a Poitiers, el valiente obispo continuó su obra pastoral, ayudado eficazmente por el joven Martín, el futuro santo obispo de Tours.

Hilario nació en el paganismo y durante mucho tiempo buscó la verdad, pidiendo luces a las varias filosofías y sobre todo al neoplatonismo, que más tarde influiría muchísimo en su pensamiento. La búsqueda de una respuesta sobre el fin del hombre lo llevó a la lectura de la Biblia, en donde finalmente encontró lo que buscaba; entonces se convirtió al cristianismo.

Era un noble terrateniente, y cuando se convirtió estaba casado y tenía una hija, Abre, a quien amaba tiernamente. Poco después del Bautismo, el pueblo lo aclamó como obispo de su ciudad natal. Fueron seis años de intenso estudio y predicación, antes de partir para el destierro, que, como hemos recordado, perfeccionó su formación cultural y teológica. Junto a la voz retumbante del polemista y del defensor de la ortodoxia teológica, hay en él también otra voz, la del padre y del pastor. Humano en la lucha, y humanísimo en la victoria, defendió a los obispos que reconocían su propio error, y hasta apoyó el derecho a conservar su cargo.

14 de enero (del 13)

BEATA VERONICA DE BINASCO

Religiosa

Nació en Binasco, cerca de Milán, en 1445, era hija de humildes campesinos; a los veintidós años entró al convento agustino de Santa María, en Milán, y en él pasó treinta años de vida religiosa en el humilde oficio de Hermana mendicante. Murió el 13 de enero de 1497, y a los diez años de la muerte, León X le concedió el culto privado. Mientras vivió en familia sólo aprendió el duro trabajo campesino; no fue a la escuela, así que cuando entró en el convento tuvo que luchar bastante para aprender a leer y escribir: los resultados fueron escasos, porque era una muchacha acostumbrada a manejar el azadón. Sin embargo, aprendió la más importante lección de vida ascética, cuando la Virgen le reveló en una visión cuál era el camino a seguir para aprender la ciencia divina que lleva a Dios: la pureza del corazón, la paciencia para con el prójimo, que no nos hace escandalizar de las culpas, sino que nos lleva a orar por los que las cometen; y la tercera lección fue la meditación diaria sobre la Pasión de Jesús.

Para que se le grabaran en la memoria estas sencillas pero preciosas nociones, la Virgen se las tradujo no en letras del alfabeto, sino con poético simbolismo de colores: el blanco de la pureza y del amor de Dios, el negro de la paciencia y el rojo de la Pasión. Así, esta humilde monja analfabeta aprendió la sabiduría directamente de la fuente divina, y sin haber abierto ningún libro de teología, y mucho menos un tratado de psicología, sor Verónica maravillaba a cuantos se le acercaban por la audacia de su doctrina y por la clara intuición que tenía de las aflicciones de los demás. Además, sor Verónica, estaba en contacto permanente con la gente por el oficio que tenía de pedir limosna de puerta en puerta. Pero ella daba más de lo que recibía, dando a cuantos se le acercaban el pan que alimenta el alma.

Por invitación de la Virgen, viajó a Roma a llevarle un mensaje al Papa, el tan denigrado Alejandro VI. El Papa (un gran devoto de la Virgen a pesar de todo) la recibió amablemente y la escuchó con atención porque comprendió que se encontraba ante un alma privilegiada. La beata Verónica gozó del don de la profecía y lo usó para preanunciar el día y la hora de su muerte. La profecía se cumplió puntualmente, y sor Verónica expiró serenamente cuando la campana llamaba a sus cohermanas al rezo de Completas, el 13 de enero de 1497.

15 de enero

SAN EFISIO

Mártir

La popularidad de este Santo, sobre todo en Cerdeña y Cagliari (Italia), se debe a la narración de su martirio escrita por un sacerdote llamado Mauro, que asegura que fue testigo ocular de la gloriosa muerte de san Efisio "a principio usque ad finem", es decir, desde el comienzo de los terribles suplicios a los que sometieron al mártir, hasta la conclusión del cruento drama. Los estudiosos no están muy convencidos y creen que el autor de esta *Passio*, escrita después de la liberación de Cerdeña, es un insigne falsario.

En efecto, es difícil creerle la afirmación que la narración del martirio de Efisio fue hecha por petición del santo para que su muerte por Cristo, sirviera de ejemplo para todas las generaciones. La poca originalidad de su narración hace pensar en un plagio de los *Hechos* del martirio de san Procopio, mártir palestino. El *Martirologio Romano* coloca el martirio de san Efisio en Cagliari, el 15 de enero, durante la persecución del emperador Diocleciano.

Son pocos los episodios originales y presumiblemente auténticos narrados por el no versado biógrafo de san Efisio. A pesar de esto tuvo una extraordinaria popularidad y sirvió para representaciones pictóricas dignas de admiración como los afrescos de Spinello Aretino.

Lanzoni, en su comentario al *Martirologio Romano*, dice: "En tiempo de las invasiones bárbaras las reliquias del Santo fueron llevadas de una iglesita que existe todavía cerca de Capo Pula, no lejos de la antigua Nora, Cagliari, por razones de seguridad. En verdad, esa iglesia tiene dos inscripciones cristianas antiguas, aunque sin fecha. Pero nada más se conoce del mártir, a excepción de su pasión.

En un tiempo san Efisio era venerado junto con san Potito de Sárdica, éste el 13 de enero y san Efisio el 15. San Potito, cuyas reliquias se veneran en Nora con las de san Efisio era considerado sardo, cuando sin duda era de Sárdica. San Efisio fue también mártir oriental". El culto de este último renació en 1793, cuando los sardos se opusieron victoriosamente a los franceses, que trataban de apoderarse de la isla. San Efisio, al que se le atribuye el grande éxito militar, fue proclamado comandante en jefe de los combatientes.

16 de enero

SAN MARCELO I

Papa

San Marcelo se lo representa en una actitud insólita para un Papa: en un establo cuidando caballos y mulas. Jacobo de Varágine en su famosa *Leyenda áurea* cuenta lo siguiente: "Siendo Marcelo Sumo Pontífice en Roma y habiendo reprochado a Maximiano por su crueldad contra los cristianos, se encontraba celebrando la misa en casa de una patricia romana; entonces el emperador, lleno de ira, convirtió la casa en un establo y allí condenó a Marcelo a cuidar los animales, y en ese oficio, después de muchos años, descansó en paz".

Y la leyenda, que no deja las cosas a mitad, dice que la patricia romana fue la famosa Lucina y que la casa transformada en establo se encontraba en donde hoy está la Iglesia de san Marcelo, uno de los antiguos "títulos" de la ciudad de Roma.

En realidad no se saben muchas cosas de san Marcelo, e incluso no ha faltado quien niegue su existencia, considerando que se trata más bien de san Marcelino, que fue Papa en el año 296 y murió mártir en el 304. Después de él, se sabe con seguridad, la sede quedó vacante durante algunos años, hasta cuando fue elegido san Eusebio en el 309. La afirmación es ciertamente exagerada. Los redactores del calendario renovado, dejaron la memoria de san Marcelo a los calendarios particulares, porque no era un santo de importancia universal (como sugiere el documento conciliar *Sacrosanctum concilium*, n. 111), y, aclarando que no murió mártir, lo recuerdan como Papa que murió en Roma en el 309.

Doble fue el empeño del breve pontificado de san Marcelo: la reestructuración de las "parroquias" romanas devastadas por la feroz persecución de Diocleciano, y el rigor respecto de los llamados "lapsos" que pretendían ser admitidos a los sacramentos sin cumplir la penitencia prescrita.

17 de enero

SAN ANTONIO

Abad

Este ilustre padre del monaquismo nació en Egipto hacia el año 250 y murió en el 356. San Atanasio, que era su amigo y celoso discípulo, escribió una bellísima biografía que no descuida ningún detalle para iluminar así su personalidad, las costumbres, el carácter, las obras y el pensamiento del padre del monaquismo. Al morir sus padres, distribuyó sus bienes entre los pobres, siguiendo a la letra el consejo de Jesús: "Si quieres ser perfecto, vete, vende lo que tienes...", y se retiró al desierto, donde comenzó a llevar una vida de penitencia durante ochenta años.

La experiencia del "desierto", en sentido real o figurado, es ya un método de vida ascética, que consiste en la austeridad, el sacrificio y la extrema soledad. San Antonio no fue quien la inició, pero sí fue el ejemplo más insigne y estimulante. En efecto, aunque no redactó ninguna regla de vida monástica, ni animó a nadie a seguir su ejemplo, influyó mucho entre sus paisanos y después en toda la Iglesia.

El ejemplo de su extraordinaria aventura espiritual, aunque en ese tiempo se carecía de los medios de comunicación de hoy, se conoció rápidamente hasta el punto que desde todo el Oriente acudían a él monjes, peregrinos, sacerdotes, obispos, enfermos y necesitados en busca de consejo o de ayuda. El mismo Constantino y sus hijos mantuvieron contacto con el santo anacoreta. Amaba la soledad y el silencio, pero no por esto dejó de cumplir sus obligaciones como cristiano comprometido y de compartir con los demás los dones con que Dios lo había favorecido: dos veces dejó su lugar de soledad para viajar a Alejandría, pues sabía que su presencia infundiría valentía a los cristianos perseguidos por Maximino. En otra ocasión regresó por invitación de san Atanasio, para exhortar a los cristianos a mantenerse fieles a la doctrina del Concilio de Nicea (325).

San Antonio en el desierto fue blanco de los ataques del maligno que se le aparecía bajo formas angelicales, humanas o bestiales.

18 de enero

SANTA PRISCA

Mártir

Es difícil identificar a esta mártir romana, a pesar de los documentos antiguos, porque lo que se sabe de ella se puede aplicar a tres personas distintas. Según una leyenda, la santa fue bautizada por san Pedro, a la edad de trece años, y coronó su vida con el martirio, convirtiéndose así en la primera mártir de Occidente. Según esta tradición, el cuerpo de la jovencita fue enterrado en las catacumbas de Priscila, las más antiguas de Roma.

En el siglo VIII se comenzó a identificar a la mártir romana con Prisca, mujer de Aquila, de la que habla san Pablo: "Saludad a Prisca y a Aquila, mis colaboradores en Cristo Jesús, los cuales por mi vida, expusieron sus cabezas; y no sólo yo les estoy agradecido, sino también todas las Iglesias de los gentiles" (Rm 16, 3). Así se comenzó a hablar del "titulus Aquilae et Priscae'', modificando el primitivo título del que se tiene noticia ya en el sínodo romano del 499. El título cardenalicio con que se ha querido honrar la Iglesia de Santa Prisca, una santa hoy casi olvidada por los calendarios, está testimoniando la devoción que desde los primeros siglos de vida cristiana le atribuía esta "primicia" al humilde pescador de Galilea. La iglesia de Santa Prisca, construida sobre las ruinas de una casa romana que según la leyenda hospedó a san Pedro, conserva en la cripta un pequeño instrumento cóncavo con el cual san Pedro bautizaba a los catecúmenos.

19 de enero

SANTOS MARIO, MARTA, AUDIFAZ Y ABACO

Mártires

El siglo tercero se caracterizó por un gran progreso y expansión de la Iglesia, desde Asia Menor hasta Galia e Italia, en donde el papa Cornelio pudo presidir un sínodo de sesenta obispos en el 251. Durante el gobierno de Claudio II (268-70) no parece haya habido alguna persecución contra los cristianos, a pesar de que varios Martirologios colocan en estos dos años el martirio de los santos Mario, Marta, Audifaz y Abaco. La *Passio* que nos narra el martirio de estos santos es del siglo VI y muchos particulares son legendarios.

Según la leyenda eran familiares: Mario y Marta, esposos; Audifaz y Abaco, hijos. Se narra que los cuatro fueron de Persia, su patria, a Roma en peregrinación para venerar las tumbas de los mártires. La comunidad de Roma sufría en esos días una cruel persecución. Mario, con la ayuda de sus familiares y el sacerdote Juan, pudo honrar a 260 mártires, cuyos cuerpos decapitados permanecían en el campo expuestos a las inclemencias del tiempo, y les dio cristiana sepultura.

Los sorprendieron mientras estaban haciendo esta buena obra, los llevaron ante el tribunal y fueron interrogados por el prefecto Flaviano y por el gobernador Marciano. Con lisonjas y amenazas trataron de hacerlos sacrificar a los ídolos. Este particular hace suponer que la fecha de su martirio debe colocarse durante el imperio de Decio, que sucedió a Felipe el árabe en el 249. Decio había ordenado que los que eran sospechosos de cristianismo hicieran un acto de adhesión al culto pagano, adorando la estatua del emperador o quemando un grano de incienso ante la estatua de un dios. El que no lo hiciera sería condenado a muerte.

Mario y sus compañeros no aceptaron y fueron condenados a ser decapitados. La matrona Felicidad les dio sepultura en un campo de su propiedad, en donde después fue construida una iglesia, meta de muchas peregrinaciones durante la Edad Media.

20 de enero

SANTOS FABIAN Y SEBASTIAN

Mártires

El papa san Fabián fue una de las primeras víctimas de la persecución de Decio, en el 250. Había sido elegido en el 236 y se había ganado la fama de buen organizador, no sólo entre los cristianos, sino ante el mismo emperador. Según san Cipriano, dizque el emperador dijo que hubiera preferido tener un rival en el imperio que a un obispo como Fabián en Roma.

Antes de la elección al pontificado era casi desconocido (la *Leyenda áurea*, siguiendo al historiador Eusebio, habla de una cándida paloma que se habría posado sobre su cabeza durante la reunión de los cristianos que tenían que nombrar al candidato), pero después fue muy apreciado, no sólo por sus innovaciones administrativas, sus intervenciones doctrinales, sino, sobre todo, en las controversias de la inquieta Iglesia africana. San Fabián fue enterrado en las catacumbas de san Calixto, que él cuidó con esmero.

No muy lejos, en las catacumbas que llevan su nombre, fue enterrado san Sebastián, cuyo martirio tuvo lugar el mismo día 20 de enero, pero unos cincuenta años más tarde, bajo Diocleciano. San Ambrosio nos dice que san Sebastián había nacido en Milán, pero muchas otras noticias (bastante legendarias) nos vienen de la *Pasión* de san Sebastián, fruto de la devoción y de la fantasía de Arnobio el Joven, un monje del siglo V. Según ella, Sebastián era amigo del emperador, y se sirvió de sus amistades para ayudar a sus hermanos en la fe, que eran encarcelados y llevados al suplicio. Se dice también que se dedicó a la obra misionera y convirtió a soldados y prisioneros y al mismo gobernador de Roma, Cromacio y a su hijo Tiburcio, los cuales después sufrieron el martirio. Todo ese celo no podía pasar inadvertido, y entonces el emperador Diocleciano lo hizo comparecer ante él.

El emperador apeló a la antigua familiaridad: "Yo te había abierto las puertas de mi palacio y el camino para una buena carrera, y tú atentabas contra mi vida...". Después pasó a las amenazas y lo condenó a muerte. Siempre, según la *Leyenda áurea*, san Sebastián fue atado a un árbol, en el campo, y los soldados le llenaron el cuerpo con flechas. Es uno de los "personajes" de la novela *Fabiola* de Wiseman.

21 de enero

SANTA INES

Virgen y mártir

Hay buenos documentos sobre la existencia de esta mártir que vivió a comienzos del siglo IV y que fue martirizada a los doce años, durante la feroz persecución de Diocleciano. La popularidad de esta mártir y la devoción hacen pensar que no son improbables las leyendas que se nos han transmitido de boca en boca y con escritos. Basado en una tradición griega, el papa Dámaso habla del martirio de santa Inés sobre una hoguera. Pero parece más cierto lo que afirma el poeta Prudencio y toda la tradición latina, es decir, que la jovencita, después de haber sido expuesta a la ignominia de un lugar de mala fama por haberse negado a sacrificar a la diosa Vesta, fue decapitada.

Así comenta el hecho san Ambrosio, al que se le atribuye el himno en honor de *Agnes featae viginis*: "¿En un cuerpo tan pequeño había lugar para más heridas? Las niñas de su edad no resisten la mirada airada de sus padres, y las hace llorar la picada de una aguja: pero Inés ofrece todo su cuerpo al golpe de la espada que el verdugo descarga sobre ella".

Alrededor de su imagen de pureza y de constancia en la fe, la leyenda ha tejido un acontecimiento que tiene el mismo origen de la historia de otras jóvenes mártires: Agata, Lucía, Cecilia, que también se encuentran en el Canon Romano de la Misa. Según la leyenda popular, fue el mismo hijo del prefecto de Roma el que atentó contra la pureza de Inés. Al ser rechazado, él la denunció como cristiana, y el prefecto Sinfronio la hizo exponer en un prostíbulo por haberse negado a rendirle culto a la diosa Vesta. Pero Inés salió prodigiosamente intacta de esa difamante condena, porque el único hombre que se atrevió a acercarse a ella cayó muerto a sus pies.

Pero el prefecto no se rindió ante el prodigio y la condenó a muerte. Un antiguo rito perpetúa el recuerdo de este ejemplo de pureza. En la mañana del 21 de enero se bendicen dos corderitos, que después se ofrecen al Papa para que con su lana sean tejidos los palios destinados a los arzobispos. La antiquísima ceremonia tiene lugar en la iglesia de Santa Inés, construida por Constantina, hija de Constantino, hacia el 345.

22 de enero

SAN VICENTE

Diácono y mártir

El diácono san Vicente es el mártir más famoso de España. Un siglo después de su martirio, que tuvo lugar probablemente en el año 304, san Agustín le dedicaba todos los años, en este día, una homilía. Los *Hechos* de su martirio, apócrifos como muchas *Pasiones* de otros mártires, se inspiran en documentos y tradiciones basados en realidades históricas. Las noticias históricas, reducidas a lo esencial, dicen que Vicente, natural de Huesca, durante la persecución de Diocleciano fue llevado encadenado de Zaragoza a Valencia para ser procesado ante el gobernador Daciano, junto con su obispo, y que sufrió el martirio en Valencia.

A estas pocas noticias históricas se añaden las narraciones de los *Hechos*. El obispo de Zaragoza era un poco tartamudo y, por tanto, malo en la oratoria. Pero tuvo la fortuna de encontrar al joven Vicente, bien preparado culturalmente y hábil en el manejo de la palabra. Fue ordenado diácono y se le confió el cargo de coadjutor del obispo para la predicación del Evangelio.

En el Imperio Romano imperaba con crueldad la persecución, y Daciano, gobernador de Valencia, hizo pronto encadenar a los hombres más importantes de la Iglesia española. El diácono Vicente fue encadenado y llevado a pie de Zaragoza a Valencia, junto con su obispo: pero aun en esas circunstancias aprovechó la ocasión para predicar el Evangelio, y en nombre del obispo tomó la palabra para confutar las acusaciones del gobernador y para exponerle el mensaje evangélico sin las distorsiones de la propaganda anticristiana. Daciano no se convenció, pero comprendió que el adversario que había que destruir era precisamente Vicente. Pero primero ordenó que lo torturaran.

Después lo metieron en una celda oscura, en donde el pavimento estaba totalmente lleno de cascajos cortantes para prolongar la tortura. Pero Vicente, con voz todavía fuerte, entonó inmediatamente himnos de agradecimiento a Dios. Entonces, el gobernador, para quitarle este motivo de gloria, ordenó que lo colocaran en una cama muy cómoda, pero en ese momento murió el Diácono.

Llevaron el cuerpo al campo para que se lo comieran los animales, pero apareció un cuervo que defendió el cadáver de la voracidad de los otros animales. Entonces Daciano ordeno que lo metieran en un costal, junto con una gran piedra y lo echaran al río; pero el cuerpo no se hundió y las aguas lo fueron llevando hasta dejarlo en una orilla de donde los cristianos lo recogieron y le erigieron una iglesia por tumba.

23 de enero
BEATO ENRIQUE SUSO
Religioso

El beato Enrique Suso (o Seuse), junto con Eckhart (1260-1327) y Taulero (+1361) es el gran representante de la mística alemana. Después de las catedrales, las cruzadas, la grande escolástica, fue en la mística de los tres dominicos (y después en Ruysbroek y Gerson y en la *Imitación de Cristo*) en donde se manifestó a fines del siglo XIII y primera mitad del XIV la fuerza perennemente creadora del Espíritu prometido por Cristo a su Iglesia. Los tiempos eran difíciles para la Iglesia, sobre todo en Alemania: los contrastes entre papado e imperio (1326-48), el destierro de los Papas en Aviñón, la famosa peste del 1327-28 y la más tristemente célebre del 1348 (la "muerte negra"), todo esto angustiaba los espíritus.

Enrique Suso (Seuse era el apellido materno) nació en Constanza el 21 de marzo de 1295. A los 13 años entró donde los dominicos, y durante unos cinco años fue más bien mediocre espiritualmente, pero una fuerte experiencia espiritual lo convirtió y lo puso al servicio de la "Sabiduría eterna". Estudió en Constanza, Estrasburgo y Colonia. Tuvo por maestro a Eckhart y lo defendió en el *Librito de la verdad*, que le hizo perder la cátedra que le habían asignado en Constanza inmediatamente después de la ordenación sacerdotal.

Entonces Suso se dedicó a la pastoral y, sobre todo, a la predicación y a la dirección espiritual, especialmente de las Hermanas dominicas. Por esto mantuvo una gran correspondencia epistolar en la que sobresalen la delicadeza de alma, la fantasía y el compromiso espiritual que lo han hecho comparar con san Bernardo y san Francisco de Asís.

Once de estas cartas, verdaderas obras maestras del idioma alemán, fueron escogidas por su discípula y amiga Isabel (o Elsbeth) Stagel, que lo animó también a preparar algunas memorias de su vida (primer ejemplo en alemán de autobiografía espiritual), que después ella reelaboró para la *Vida de Seuse.* Estas dos obritas, junto con el ya citado *Librito de la verdad* y el *Librito de la Sabiduría eterna* son parte del *ejemplar*, la obra publicada en 1362 por el Beato Suso, que también escribió el *Librito de amor,* el *Oficicio de la Sabiduría eterna* y el escrito latino *Horologium Sapientiae*, reelaboración del *Librito de la Sabiduría eterna.* Según Suso, con la mística, "un hombre humilde y paciente debe despojarse (entbildet) de las criaturas, conformarse (gebildet) con Cristo y transformarse (überbildet) en la divinidad". El culto del beato Suso quedó confirmado en 1831.

24 de enero

SAN FRANCISCO DE SALES

Obispo y doctor de la Iglesia

"Si me equivoco, prefiero equivocarme más bien por demasiada bondad que por demasiado rigor". En esta afirmación de san Francisco de Sales, que nació en el castillo de Sales de una noble familia de Saboya, está el secreto de la simpatía que se ganó entre sus contemporáneos. Su mansedumbre, que tanto gusta a quienes leen la biografía del santo, no era una cualidad innata, y lo prueba esta frase suya: "¿Quieren que en un cuarto de hora yo pierda ese poco de mansedumbre que he conquistado en veinte años a costa de muchos esfuerzos?".

Después de haberse graduado en Derecho en la Universidad de Padua, contra las esperanzas paternas, a los 26 años siguió la vida eclesiástica y se presentó voluntario para la difícil misión de predicador católico entre los calvinistas de Ginebra. Fue celoso sacerdote y trabajador infatigable en la viña del Señor. Como vio que eran pocos los frutos que lograba desde el púlpito, se dedicó a publicar folletos que él mismo distribuía por debajo de las puertas de las casas o que pegaba en las paredes, mereciendo por esta actividad original publicitaria el título de patrono de los periodistas y de los que difunden la verdad cristiana sirviéndose de los medios de comunicación social. Pero los folletos que él distribuía por debajo de las puertas de las casas tampoco tuvieron mucha eficacia.

El duque de Saboya, de quien dependía Francisco, vino a darle una mano al apóstol, pero a la brava, lo que no iba de acuerdo con el temperamento del santo de Sales, que prefirió seguir adelante su lucha por la ortodoxia con el método de la caridad, iluminando las conciencias con los escritos, que le obtuvieron el título de doctor de la Iglesia. Sus obras más leídas son: *Introducción a la vida devota y Tratado del amor de Dios.* El del amor de Dios fue el argumento con el cual convenció a los hugonotes a volver al seno de la Iglesia católica.

Obispo auxiliar a los 32 años y tres años después obispo titular de Ginebra, introdujo en su diócesis las reformas del Concilio de Trento. Fue director espiritual de san Vicente de Paúl y de santa Juana Francisca Frémyot de Chantal, con quien fundó la Orden de la Visitación; por eso, incluso, se considera con razón uno de los mejores representantes del humanismo devoto francés.

Murió en Lyón el 28 de diciembre de 1622 de un ataque de apoplejía. Fue canonizado en 1655, pero en el nuevo calendario se recuerda su fiesta el 24 de enero, porque ese día fue trasladado su cuerpo a Annecy para la sepultura definitiva.

25 de enero

CONVERSION DE SAN PABLO

Apóstol

La fiesta litúrgica de la "conversión de san Pablo", que aparece en el siglo VI, es propia de la Iglesia latina. Puesto que el martirio del Apóstol de las Gentes se celebra el 29 de junio, la celebración de hoy sirve para considerar de cerca la maravillosa figura del Apóstol por excelencia, que escribió de sí mismo: "Yo he trabajado más que todos los otros apóstoles", pero también: "Yo soy el menor de entre los apóstoles, un aborto, hasta indigno de ser llamado apóstol".

El mismo presenta las credenciales que le garantizan el derecho de ser considerado con toda razón apóstol: él vio al Señor, Cristo resucitado, y, por tanto, es testigo de la Resurrección; también fue enviado directamente por Cristo, como los Doce: visión, vocación, misión, son tres requisitos que él tiene, por ese milagro de la gracia que tuvo lugar en el camino de Damasco, en donde Cristo lo obligó a una capitulación incondicional, hasta hacerlo gritar: "Señor, ¿qué quieres que yo haga?". En las palabras de Cristo se revela el secreto de su alma: "Duro te es cocear contra el aguijón". Es cierto que Saulo "perseguía con exceso a la Iglesia de Dios y la devastaba", pero lo hacía de buena fe y cuando se obra por amor a Dios el malentendido no puede durar por mucho tiempo. Nace, entonces, una inquietud, esto es, "el aguijón" de la gracia, la inquietud de la luz de verdad: "¿Quién eres tú, Señor?"; "Yo soy Jesús a quien tú persigues". Esta mística irrupción de Cristo en la vida de Pablo es la confirmación de su apostolado y la chispa que le descubrirá la admirable verdad de la indisoluble unidad de Cristo con los creyentes.

Este encuentro con Cristo en las cercanías de Damasco, que Pablo compara con la experiencia pascual de los Doce y con el fulgor de la primera luz de la creación, será el "leit Motiv" de su predicación oral y escrita. Las catorce cartas que nos han llegado, cada una de las cuales descubre su alma con rápidas ascensiones, nos hacen vislumbrar el milagro de la gracia en el camino de Damasco, incomprensible para quien trate de buscar una explicación puramente psicológica, recurriendo incluso al éxtasis religioso o, peor, a la alucinación.

De su experiencia Pablo saca esta consoladora conclusión: "Jesús vino al mundo para salvar a los pecadores, yo el primero de ellos. Precisamente por esto he hallado misericordia. Especialmente en mí, Jesucristo quiso demostrar toda su longanimidad para que yo sirva de ejemplo para los que en la fe en él obtendrán de ahora en adelante la vida eterna".

26 de enero

SANTOS TIMOTEO Y TITO

Obispos

Los santos Timoteo y Tito vivieron en la órbita del grande Apóstol de las Gentes, y el nuevo calendario los coloca después de la fiesta de la "conversión" de san Pablo.

Timoteo es la imagen del discípulo ejemplar: obediente, discreto, eficaz, valiente. Por estas cualidades Pablo quiso que fuera su compañero de apostolado, en vez de Juan Marcos, durante el segundo viaje misionero en el año 50.

Había nacido en Listra, en donde Pablo lo encontró durante el primer viaje, y fue de los primeros convertidos al Evangelio, había sido educado en la religión hebrea por la abuela Loida y por la madre Eunice. Desde su encuentro con Pablo, sigue con él; lo acompaña a Filipos y a Tesalónica. Después los encontramos juntos en Atenas, en Corinto, en Efeso y, finalmente, en Roma durante el primer cautiverio de Pablo. Fue un infatigable "viajero enviado" por el Apóstol de las Gentes, y mantuvo los contactos entre Pablo y las jóvenes comunidades cristianas fundadas por él.

A menudo le llevaba las cartas y le daba noticias respecto de las mismas comunidades. Entre el 63 y el 66, cuando recibió la primera carta que le envió Pablo, Timoteo era el Jefe de la Iglesia de Efeso. Desde Roma Pablo le escribió una segunda carta, invitándolo a ir a visitarlo antes del invierno. Es conmovedora la petición del anciano Apóstol al "hijo" Timoteo, para que le llevara el abrigo que había dejado en Tróade, pues le servía para el frío en la cárcel de Roma. Timoteo estuvo presente en el martirio de Pablo; después regresó definitivamente a la sede de Efeso, en donde, según una antigua tradición, murió mártir en el año 97.

El segundo fiel colaborador de Pablo fue san Tito, de origen pagano. Convertido y bautizado por el mismo Apóstol, que lo llama "hijo mío", se encuentra en compañía de Pablo en Jerusalén, en el año 49. Hizo con él el tercer viaje misionero. Fue Tito quien llevó la "carta de las lágrimas" de Pablo a los fieles de Corinto, entre los cuales restableció la armonía y organizó la colecta para los pobres de Jerusalén.

Después del cautiverio de Roma, Pablo, de paso por Creta, dejó ahí a Tito con la misión de organizar la primera comunidad cristiana. Aquí recibió la carta de Pablo. Es un documento muy importante, porque nos informa sobre la vida interna de la Iglesia apostólica. Después Tito fue a Roma donde su maestro que lo mandó probablemente a evangelizar a Dalmacia, en donde todavía hoy está muy difundido su culto. Una antigua tradición, históricamente no confirmada, dice que Tito murió en Creta, en edad muy avanzada.

27 de enero

SANTA ANGELA DE MERICI

Virgen

Nació en Desenzano, región de Venecia (Italia), hacia el año 1470. Tomó el hábito de la tercera Orden franciscana y reunió a un grupo de jóvenes, a las que instruyó en la práctica de la caridad; tuvo de la vida religiosa una idea muy revolucionaria para sus tiempos. En ese período de lujo civil, de prosperidad económica y de florecimiento artístico que se llama Renacimiento, la voz severa y amenazadora de Fray Jerónimo Savonarola, ahorcado y después quemado en la Plaza de la Señoría en Florencia en 1498, lanzaba rayos contra el desbordante materialismo; veinte años después un Fraile agustino, Martín Lutero, quiso dar a la Iglesia esa "reforma" que se convirtió en dolorosa laceración de la unidad de los cristianos.

Del coro robusto de estas voces que reclamaban la reforma de las costumbres, se levanta también la voz de una mujer iletrada que ofrecía su contribución positiva e iluminada para la práctica de los consejos evangélicos.

Había nacido en una familia de campesinos y a los quince años, después de la muerte de los padres, se aventuró a largas peregrinaciones y llegó hasta Tierra Santa, que sólo pudo admirar con los ojos de la fe, porque una misteriosa ceguedad la atacó precisamente durante su estadía en Palestina. En compensación Dios quiso revelarle la alta misión a la que la tenía destinada: ella vio una visión en la que una larga escalera, apoyada en la tierra, desaparecía en el cielo. La escalera estaba llena de una multitud de jóvenes. Comprendió que su vocación era la de la asitencia espiritual y material de las jóvenes. En ese tiempo la escuela era sólo para las familias distinguidas y reservada también a los hombres, que se preparaban para la carrera religiosa, política, diplomática o militar.

Angela de Mérici tuvo, pues, una tarea vasta y revolucionaria y para dar continuidad a su iniciativa fundó en Brescia una sociedad de mujeres, bajo la advocación de santa Ursula, dedicadas a la formación cristiana de las niñas pobres. Angela de Mérici murió en Brescia el 27 de enero de 1540 y fue canonizada en 1807. Antes se celebraba su fiesta el 31 de mayo; después, desde 1955, el lo. de junio para dejar el puesto a la festividad de María Reina; y ahora se la recuerda el día de su muerte.

28 de enero

SANTO TOMAS DE AQUINO

Presbítero y doctor de la Iglesia

Nació hacia el año 1225, de la familia de los condes de Aquino. Estudió primero en el monasterio de Montecassino, luego en Nápoles. A los 18 años, contra la voluntad del padre y hasta perseguido por los hermanos que querían secuestrarlo, ingresó en la Orden de Predicadores, y completó su formación en Colonia donde tuvo por maestro a san Alberto Magno, y después en París. Mientras estudiaba en esta ciudad se convirtió de estudiante en profesor de filosofía y teología. Después enseñó en Orvieto, Roma y Nápoles.

Suave y silencioso (en París lo apodaron “el buey mudo”), gordo, contemplativo y devoto, respetuoso de todos y por todos amado, Tomás era ante todo un intelectual. Continuamente dedicado a los estudios hasta el punto de perder fácilmente la noción del tiempo y del lugar: durante una travesía por el mar, ni siquiera se dio cuenta de la terrible borrasca y el fuerte movimiento de la nave por el choque de las olas, tan embebido estaba en la lectura. Pero no eran lecturas estériles ni fin en sí mismas. Su lema, "contemplata aliis tradere", o sea, hacer partícipes a los demás de lo que él reflexionaba, se convirtió en una mole de libros que es algo prodigioso, más si se tiene en cuenta que murió a los 48 años.

En efecto, murió en la madrugada del 7 de marzo de 1274, en el monasterio cisterciense de Fossanova, mientras se dirigía al Concilio de Lyón, convocado por el B. Greorio X. Su obra más famosa es la *Summa theologicae*, de estilo sencillo, preciso, de una claridad cristalina, con una capacidad extraordinaria de síntesis. Cuando Juan XXII lo canonizó, en 1323, y algunos objetaban que Tomás no había realizado grandes prodigios ni en vida ni después de muerto, el Papa contestó con una famosa frase: "Cuantas proposiciones teológicas escribió, tantos milagros realizó".

El primado de la inteligencia, la clave de toda la obra teológica y filosófica del doctor Angélico (como se lo llamó después del siglo XV), no era un intelectualismo abstracto, fin en sí mismo. La inteligencia estaba condicionada por el amor y condicionaba al amor. "Luz intelectual llena de amor —amor de lo verdadero pleno de alegría..."— cantó Dante, uno de los primeros tomistas, que tradujo en poesía el concepto tomístico de inteligencia-bienaventuranza... El pensamiento de santo Tomás ha sido durante siglos la base de los estudios filosóficos y teológicos de los seminaristas, y gracias a León XIII y a Jacques Maritain ha vuelto a florecer en nuestros tiempos. Y tal vez particularmente actuales, más que las grandes *Summae*, son precisamente los *Opúsculos teológico-pastorales* y los *Opúsculos espirituales*, que se siguen reimprimiendo.

29 de enero

SAN VALERIO

Obispo

La fecha de hoy une a dos santos homónimos: san Valerio, primer obispo de Tréveris, que vivió hacia fines del S. III y principios del IV; y san Valerio, obispo de Ravena, que murió el 15 de marzo del año 810. A este último lo recuerda hoy una *Chronica* del 1286, probablemente porque confundió su nombre con el del obispo de Tréveris. Para ninguno de los dos hay elementos que sirvan para hacer un retrato exacto desde el punto de vista hagiográfico. Incluso, respecto del obispo de Ravena hay una carta del papa León III a Carlomagno en la que dice que no respalda su santidad, aunque esto se deba, según las críticas, a motivos políticos: según la carta, dos condes palatinos, huéspedes de la curia de Ravena, durante el almuerzo del Domingo de Ramos (8 de abril del 808) escucharon palabras "que para nosotros es un oprobio referirlas por carta".

En cambio, según otras fuentes el obispo que rigió los destinos de la diócesis del 788 al 810 fue un pastor celoso no sólo por el decoro de las espléndidas iglesias, sino también por la salvaguardia de la ortodoxia, constantemente atacada por la herejía arriana. En el siglo XIII el arzobispo Simeón trasladó las reliquias a la catedral (9 de mayo de 1222) y concedió una indulgencia especial a la basílica de San Apolinar "por reverencia para con el beato Valerio".

Más inciertas son las noticias de su homónimo obispo de Tréveris, a quien una razonada cronología coloca a fines del siglo tercero; pero según una leyenda atendible, con la evidente intención de atribuirles a las Iglesias de Galia y de Alemania una patente de apostolicidad, presenta a san Valerio como discípulo del apóstol Pedro, quien lo habría enviado a Tréveris, junto con Eucario y Materno. Anotaciones posteriores a esta leyenda, hacia el año mil, se encuentran en las *Gesta episcoporum Tungrensium* en las que se da cuenta de los motivos tradicionales de la santidad de los grandes misioneros de la época apostólica: conversiones de multitud de paganos, milagros extraordinarios, ingenuos pero sugestivos, como la resurrección del compañero de misión, Materno, por obra de Valerio con el bastón que le había enviado san Pedro.

El otro compañero de misión, que lo había precedido en la tumba, Eucario, le habría anunciado en sueños la inminencia de su muerte, acaecida el 29 de enero del año 88, fecha que hay que posponer a comienzos del siglo IV, como resulta del Catálogo Episcopal de la ciudad de Tréveris y de antiguas inscripciones epigráficas. Sus reliquias se conservan en la iglesia de San Matías, en Tréveris.

30 de enero

SANTA MARTINA

Mártir

La historia de esta joven santa comienza por su tumba, 1.400 años después de su martirio; es decir, cuando en 1634 el activísimo Urbano VIII, empeñado en lo espiritual en la Contrarreforma católica, y en lo material en la restauración de famosas iglesias romanas, descubrió las reliquias de la mártir, les propuso a los romanos la devoción a santa Martina y fijó la celebración para el 30 de enero. El mismo compuso el elogio con el himno: "Martinae celebri plaudite nomini, Cives Romulei, plaudite gloriae", que era una invitación a honrar a la Santa en la vida inmaculada, en la caridad ejemplar y en el valiente testimonio que demostró a Cristo con su martirio.

¿Quién era en realidad santa Martina, que resurge de improviso y con fuerza en la devoción popular, hasta el punto de ser considerada como una de las patronas de Roma, después de tantos siglos de olvido? Son pocas las noticias históricas. La más antigua es del siglo VI, cuando el papa Onorio le dedicó una iglesia en Roma. Quinientos años después, al hacer excavaciones en esta iglesia, se encontraron efectivamente las tumbas de tres mártires. En el siglo VIII ya se celebraba la fiesta de la santa. No se sabe nada más, y por eso es necesario buscar noticias en una *Passio* legendaria. Según esta narración, santa Martina era una diaconisa, hija de un noble romano. Debido a su abierta profesión de fe, la arrestaron y la llevaron al tribunal del emperador Alejandro Severo (222-235). Este príncipe semioriental, abierto a todas las curiosidades, hasta el punto de incluir a Cristo entre los dioses venerados en la familia imperial, fue muy tolerante con los cristianos y su gobierno marcó un fructuoso paréntesis de calma respecto de la Iglesia, que en ese tiempo logró una gran expansión misionera.

El autor de la *Passio* ignora todo esto, y hace más bien una lista de las atroces torturas con que el emperador martirizó a la Santa. Cuenta que cuando Martina fue llevada ante la estatua de Apolo, la convirtió en pedazos y ocasionó un terremoto que destruyó el templo y mató a los sacerdotes del dios.

El prodigio se repitió con la estatua y el templo de Artemidas. Todo esto hubiera debido hacer pensar a sus perseguidores; pero no, se obstinaron más y sometieron a la jovencita a crueles tormentos, de los que salió siempre ilesa. Entonces resolvieron cortarle la cabeza con una espada, y su sangre corrió a fertilizar el terreno de la Iglesia romana.

31 de enero

SAN JUAN BOSCO

Presbítero

San Juan Bosco nació el 16 de agosto de 1815 en Castelnuovo de Asti, y recibió de la mamá, Margarita Occhiena, una sólida educación cristiana y humana.

Dotado de inteligencia, memoria, voluntad y agilidad física no comunes, desde niño fue seguido por sus coetáneos, a quienes organizaba juegos que interrumpía al toque de las campanas para llevarlos a la iglesia. Fue ordenado sacerdote en Turín en 1841, y allí comenzó su actividad pastoral con san José Cafasso.

Su programa, o mejor, su pasión era la educación de los jóvenes, los más pobres y abandonados. Reunió un grupito que llevaba a jugar, a rezar y a menudo a comer con él. La incómoda y rumorosa compañía de Don Bosco (así se lo llamaba y se lo llama familiarmente) tenía que estar cambiando de lugar continuamente hasta que por fin encontró un lugar fijo bajo el cobertizo Pinardi, que fue la primera célula del Oratorio. Con la ayuda de la mamá, Margarita, sin medios materiales y entre la persistente hostilidad de muchos, Don Bosco dio vida al Oratorio de San Francisco de Sales: era el lugar de encuentro dominical de los jóvenes que quisieran pasar un día de sana alegría, una pensión con escuelas de arte y oficios para los jóvenes trabajadores, y escuelas regulares para los estudios humanísticos, según una pedagogía que sería conocida en todo el mundo como "método preventivo" y basada en la religión, la razón y el amor. "La práctica del método preventivo se basa toda en las palabras de san Pablo que dice: la caridad es benigna y paciente; sufre todo, pero espera todo y aguanta todo".

Para asegurar la continuidad de su obra, san Juan Bosco fundó la Pía Sociedad de San Francisco de Sales (los salesianos) y las Hijas de María Auxiliadora (las salesianas). Fue un fecundísimo escritor popular, fundó escuelas tipográficas, revistas y editoriales para el incremento de la prensa católica, la "buena prensa". Aunque ajeno a las luchas políticas, prestó su servicio como intermediario entre la Santa Sede, el gobierno italiano y la casa Saboya.

Fue un santo risueño y amable, se sentía "sacerdote en la casa del pobre, sacerdote en el palacio del Rey y de los Ministros". Buen polemista contra la secta de los Valdeses, según la mentalidad del tiempo, nunca se avergonzó de sus amistades con los protestantes y los hebreos de buena voluntad: "Condenamos los errores, escribió en el *Católico en el siglo...*, pero respetamos siempre a las personas". san Juan Bosco murió el 31 de enero de 1888 y fue canonizado por Pío XI en 1934.

Febrero

1 de febrero

SANTA VIRIDIANA

Reclusa

Santa Viridiana (o Veridiana o Verdiana) es un personaje muy distinto del inmortalizado por Luis Buñuel en una de sus películas más características. La Santa nació en Castelfiorentino en el año 1182 y, por tanto, es coetánea de san Francisco de Asís. Se cuenta que en 1221 él le hizo una visita y la admitió en la Tercera Orden Franciscana. Pertenecía a la noble familia de los Attavanti, que estaba en decadencia pero todavía gozaba de un cierto prestigio. Un rico pariente la nombró su administradora, pero como desde la infancia se sentía llevada a la oración y a la abstinencia, concibió siempre su cargo como una gran posibilidad para hacer la caridad.

A veces la Providencia tuvo que intervenir con prodigios. Se cuenta que un día su tío había reunido y revendido una cierta cantidad de mercancía, cuyo precio estaba por las nubes por la carestía. Cuando el comprador se presentó a retirar la mercancía, el depósito estaba completamente vacío porque Viridiana había regalado todo a los pobres. Ante la airada reacción del tío, la santa sólo le pidió que esperara veinticuatro horas: en efecto, al día siguiente Dios premiaba la caridad y la confianza de la joven haciendo que apareciera intacto todo lo que había regalado.

Viridiana fue en peregrinación a Compostela, a la tumba del apóstol Santiago, que junto con Roma era la gran meta de los peregrinos, sobre todo después de la pérdida definitiva de la Tierra

Santa. De regreso a Castelfiorentino, como sus paisanos veían su vivo deseo de soledad y de penitencia, para tenerla cerca, le construyeron una celdita a orillas del río Elsa. Allí permaneció santa Viridiana 34 años. Como la celdita quedaba contigua al Oratorio de san Antonio, asistía a la misa desde una ventanita, desde donde hablaba también con los visitantes y recibía la escasa comida con la que se alimentaba. Por esa misma ventana, según la tradición, entraron dos serpientes que mortificaron mucho a la Santa en los últimos años de su vida. Pero ella nunca dijo nada de esto.

Se cuenta que su muerte, el lo. de febrero de 1242, fue anunciada por el toque improviso y simultáneo de las campanas de Castelfiorentino, sin intervención de mano humana. El culto de santa Viridiana fue aprobado por Clemente VII en 1533.

2 de febrero
PRESENTACION DEL SEÑOR
Fiesta

La festividad de hoy, de la que tenemos el primer testimonio en el siglo IV en Jerusalén, se llamaba hasta la última reforma del calendario, fiesta de la Purificación de la Virgen María, en recuerdo del episodio de la Sagrada Familia, que nos narra san Lucas en el capítulo 2 de su Evangelio. Para cumplir la Ley, María fue al Templo de Jerusalén, a los cuarenta días del nacimiento de Jesús, para ofrecer su primogénito y cumplir el rito legal de su purificación. La reforma litúrgica de 1960 y 1969 restituyó a la celebración el título de "presentación del Señor" que tenía al principio: la oferta de Jesús al Padre, en el Templo de Jerusalén, es un preludio de su oferta sacrifical sobre la cruz.

Este acto de obediencia a un rito legal al que no estaban obligados ni Jesús ni María, constituye una lección de humildad, como coronación de la meditación anual sobre el gran misterio navideño, en el que el Hijo de Dios y su divina Madre se nos presentan en el cuadro conmovedor y doloroso del pesebre, esto es, en la extrema pobreza de los pobres, de los perseguidos, de los desterrados.

El encuentro del Señor con Simeón y Ana en el Templo acentúa el aspecto sacrifical de la celebración y la comunión personal de María con el sacrificio de Cristo, pues cuarenta días después de su divina maternidad la profecía de Simeón le hace vislumbrar las perspectivas de su sufrimiento: "Una espada te atravesará el alma": María, gracias a su íntima unión con la persona de Cristo, queda asociada al sacrificio del Hijo. No maravilla, por tanto, que a la fiesta de hoy se le haya dado en otro tiempo mucha importancia, tanta que el emperador Justiniano decretó el 2 de febrero día festivo en todo el Imperio de Oriente.

Roma adoptó la festividad a mediados del siglo VII, y el papa Sergio I (687-701) instituyó la más antigua de las procesiones penitenciales romanas, que salía de la iglesia de San Adriano y terminaba en la de Santa María Mayor. El rito de la bendición de las candelas, del que ya se tiene testimonio en el siglo X, se inspira en las palabras de Simeón: "Mis ojos han visto tu salvación, que tú has preparado ante la faz de todos los pueblos, luz para iluminar a las naciones". De este rito significativo viene el nombre popular de fiesta de la "Candelaria".

3 de febrero

SANTOS BLAS Y OSCAR

Mártir y Obispo

San Blas, obispo de Sebaste de Armenia, es un personaje bastante incierto desde el punto de vista histórico, pero todavía goza de mucha popularidad por un milagro que se le atribuye y que ha perpetuado la conocida bendición contra el mal de la garganta. En efecto, se conoce en su *Passio* que mientras llevaban al Santo al martirio, una mujer se abrió paso entre la muchedumbre y colocó a los pies del santo obispo a su hijito que estaba muriendo sofocado por una espina de pescado que se le había atravesado en la garganta. San Blas puso sus manos sobre la cabeza del niño y permaneció en oración. Un instante después el niño estaba completamente sano. Este episodio lo hizo famoso como taumaturgo en el transcurso de los siglos, y sobre todo para la curación de las enfermedades de la garganta.

Gracias a esta tradición, el nuevo calendario litúrgico ha conservado en este día la memoria del Santo, aunque se trate de un personaje históricamente incierto. San Blas fue obispo de Sebaste a comienzos del siglo IV, y sufrió la persecución de Licinio, el colega del emperador Constantino. Puede, pues, considerarse como uno de los últimos mártires cristianos de esa época. Era el año 316. Parece que san Blas, siguiendo la advertencia del Evangelio, huyó de la persecución y se refugió en una gruta.

La leyenda, como de costumbre, abunda en particulares amenos y nos presenta al anciano obispo rodeado de animales salvajes que lo visitan y le llevan alimento; pero como los cazadores van detrás de estos animales, el Santo fue descubierto y llevado amarrado como un malhechor a la cárcel de la ciudad. A pesar de los prodigios que el Santo hacía en la cárcel, lo llevaron a juicio y como no quiso renegar de Cristo y sacrificar a los ídolos, fue condenado al martirio: primero lo torturaron y después le cortaron la cabeza con una espada.

En este día el nuevo calendario recuerda a otro santo obispo, san Oscar (o Ansgario), que vivió en el siglo IX y a quien se considera el apóstol del Norte de Europa. Fue monje benedictino en Corbie; después de la conversión de Harald, rey de Dinamarca, se trasladó en el 826 a Dinamarca y Suecia para predicar allí el Evangelio. Fue el primer obispo de Hamburgo y arzobispo delegado para Escandinavia. A su acción misionera se debió la conversión del rey de Suecia, Olaf. El Santo murió el 3 de febrero del año 865. Su vida no fue larga, pero sí intensamente vivida al servicio del Evangelio.

4 de febrero
SAN ANDRES CORSINI

Obispo

Andrés, de la noble familia florentina de los Corsini, nació en 1301. Antes de nacer, su madre dijo que había visto en sueños a su hijo en figura de un lobo que se transformó luego en cordero. Parece que en su juventud Andrés fue arrogante, ocioso y pendenciero, pero después sintió un llamamiento irresistible a la mística paz del Carmelo.

Un tío trató de hacerlo volver a la casa con la promesa de un excelente matrimonio. Entonces le contestó: "¿De qué me servirían esos bienes, si no tengo la paz del alma?". Andrés llevaba debajo del hábito un cilicio, que todavía hoy se conserva, e iba de puerta en puerta pidiendo limosna, aun en las casas en donde antes hacía fiesta con los amigos. Después de la ordenación sacerdotal fue enviado a la Universidad de París para completar sus estudios.

Regresó de París robustecido no sólo culturalmente, sino también en el espíritu. Sus biógrafos narran que durante el viaje de regreso hizo algunas curaciones prodigiosas. Cuando llegó a Florencia, la ciudad estaba invadida por la epidemia de peste descrita por Boccaccio. Fue elegido superior provincial de la Orden en 1348, y a los dos años fue elegido obispo de Fiesole, pues el anterior había muerto de peste. Trató de rehuir al cargo, porque se consideraba indigno, y por eso se escondió en un yermo lejano, pero allí fue descubierto por un niño.

Andrés interpretó ese episodio como una invitación a la obediencia, y aceptó el nombramiento. Dirigió la diócesis de Fiesole durante 24 años, no siempre con la mansedumbre del cordero, porque su rigor ascético y su total entrega al ministerio pastoral no siempre agradaba a los que no tenían excesivo celo en el servicio del Señor. Tuvo gran caridad para con los pobres. De su obra como pacificador se beneficiaron no sólo los combativos toscanos, sino también la ciudad de Bolonia, a donde el papa Urbano V lo envió a poner paz entre los ciudadanos, que lo premiaron con la cárcel. Murió el 6 de enero de 1373 y fue enterrado en la iglesia del Carmen de Florencia. Fue canonizado en 1629.

5 de febrero

SANTA AGUEDA

Virgen y mártir

El culto litúrgico de la Santa mártir de Catania es muy antiguo: se remonta al siglo V, cuando el papa Simmaco le dedicó una basílica. Parece que fue san Gregorio Magno quien incluyó su nombre en el Canon de la Misa. Esta Santa es popularísima sobre todo en Sicilia, pero son muy pocos los elementos históricos seguros que conocemos.

Sabemos que nació en Catania y se conoce también la fecha del martirio. En cambio, todas las otras noticias nos vienen de fuentes históricamente no muy seguras, aunque no carentes de intrínseca veracidad, porque la tienen las tradiciones populares. Por estas narraciones sabemos que la joven mártir pertenecía a una noble y rica familia. Sus riquezas y su extraordinaria belleza llamaron la atención del mismo cónsul Quinciano, quien la pidió por esposa. Pero Agueda le había prometido ya su vida a otro esposo, Cristo. El cónsul no se dio por vencido y hasta recurrió a la ayuda de una especie de bruja llamada Afrodisia. La mujer echó mano de todos los filtros amorosos que la mentalidad popular considera eficacísimos, y esperaba que Agueda se enamorara del joven pretendiente. Mas pronto Afrodisia se declaró vencida ante la fe y la pureza de esa jovencita.

Pero Quinciano no aceptó pasivamente esta nueva derrota. Del amor pasó al odio (¡el paso es breve!), y trató de atemorizar a la muchacha, pero inútilmente. Y de las amenazas pasó a los hechos: la hizo torturar bárbaramente. Es famosa la exclamación de la joven ante Quinciano: "Cruel tirano, ¿no te da vergüenza torturar en una mujer el mismo seno con el que de niño te alimentaste?".

Finalmente, terminó su vida quemada con carbones ardientes, y por eso la ciudad de Catania la invoca como protectora contra la violencia de la lava del Etna, el volcán que, según la tradición, se detuvo prodigiosamente en sus erupciones un año después del martirio de santa Agueda, hacia el año 250.

6 de febrero

SANTOS PABLO MIKI Y COMPAÑEROS

Mártires

El primero que llevó el anuncio de la fe cristiana a Japón fue san Francisco Javier, quien trabajó allí en el 1549-51. En pocos años los cristianos eran unos 300.000. Humanamente hablando, es doble el "secreto" que hizo posible esta expansión: el respeto que los misioneros jesuitas tuvieron por los modos de vida y las creencias japonesas no directamente opuestas a la enseñanza cristiana, y el empeño de insertar elementos locales en la predicación y en la administración.

Precisamente fue catequista jesuita un joven llamado Pablo Miki, nacido entre los años 1564 y 1566, de una rica familia de Kyoto, cuna de la civilización japonesa y capital del Imperio del 794 al 1868. La ordenación sacerdotal fue postergada "sine die", porque la única diócesis de Fusai todavía no tenía obispo. Ni podría recibirlo muy pronto. En efecto, en 1587 el emperador Toyotomi Hideyoshi, que se propuso la conquista de Corea, cambió su actitud benévola para con los cristianos y publicó un decreto de expulsión de los misioneros extranjeros.

La orden se cumplió en parte: algunos misioneros permanecieron en el país como incógnitos, y en 1593 algunos franciscanos españoles, dirigidos por Pedro Bautista, llegaron a Japón procedentes de Filipinas y fueron bien recibidos por Hideyoshi. Pero poco después vino la ruptura definitiva, incluso por motivos políticos anti-españoles y anti-occidentales. El 9 de diciembre fueron arrestados seis franciscanos (Pedro Bautista, Martín de la Asunción, Francisco Blanco, Felipe Las Casas, Francisco de san Miguel y Gonzalo García), tres jesuitas (Pablo Miki, Juan Soan de Gotó y Santiago Kisai) y quince laicos terciarios franciscanos, a los que se les añadieron después otros dos (Miguel Cozaki y su hijo Tomás, León Carasumo y Pablo Suzuki, que eran catequistas).

Después de haberles cortado el lóbulo izquierdo, los 26 fueron llevados de Meaco a Nagasaki, para exponerlos a la burla de las muchedumbres, que más bien admiraron la heroica valentía que manifestaron sobre todo en el momento de la muerte, cuando fueron crucificados en una colina de Nagasaki el 5 de febrero de 1597. Despertaron gran conmoción las palabras de perdón y de testimonio evangélico pronunciadas por Pablo Miki desde la cruz, y la serenidad y valentía que demostraron Luis Ibaraki (de 11 años), Antonio (de trece) y Tomás Cosaki (de catorce), que murieron cantando el salmo: "Laudate, pueri, Dominum...".

7 de febrero

SAN RICARDO

Rey

Lucca es una ciudad muy importante de la provincia de Florencia y de orígenes muy antiguos, tal vez etruscos. En el año 56 aC. se reunieron allí César, Pompeyo y Crasso, para renovar su triunvirato que duraría muy poco. De las tradiciones medievales quedan como testimonios elocuentes la catedral de San Martín, la iglesia de San Miguel y la basílica de San Frediano. Los habitantes de la ciudad celebran el 18 de noviembre la fiesta de san Frediano, un santo ermitaño de origen irlandés y después obispo de Lucca que, según la tradición bastante fundamentada, sugirió algunas obras para defender la ciudad contra las periódicas inundaciones del río Serquio.

San Ricardo es también de origen nórdico, más exactamente inglés. De él dice el *Martirologio Romano* el día 7 de febrero: "En Lucca, en Toscana, entierro de san Ricardo, rey de Inglaterra, que fue padre de san Villebaldo, obispo de Eichstatt, y de santa Valburga Virgen". Como sucede frecuentemente, en pocas líneas hay muchas inexactitudes y lagunas. Ante todo, parece cierto que Ricardo no fue nunca "rey de Inglaterra" y ni se llamó Ricardo. Además, no sólo fue padre de san Villebaldo (o más exactamente Villebaldo, del inglés Willibald), y de santa Valburga, sino también de san Vunibaldo (del inglés Wynnebald), abad de Heidenheim.

Hacia el año 720, según una narración posterior de Hugeburc, monja de Heidenheim, Villibaldo (20 años) y Vunibaldo (19 años) salieron con el padre de Inglaterra hacia Roma a venerar las reliquias de san Pedro y san Pablo y continuar luego hacia Tierra Santa. Sólo Villibaldo completó el programa, porque Vunibaldo se detuvo en Roma hasta el año 739, y el papá tuvo que detenerse en Lucca en donde murió en el año 722. Fue sepultado en la basílica de San Frediano.

La historia de los dos hermanos, a la que se añaden la hermana Valburga y otro hermano, cuyo nombre se ignora, continuó con su estrecha y eficaz colaboración con san Bonifacio, apóstol de los germanos, festejado el 5 de junio.

8 de febrero

SAN JERONIMO EMILIANO

Presbítero

En una época en la que la cultura era muy importante, pero la escuela era privilegio de pocos, hubo en la Iglesia un florecimiento de santos que se impusieron como misión la instrucción de la juventud. Entre ellos: Gaetano de Thiene, Antonio María Zacarías, Angela de Mérici, Jerónimo Emiliano, Felipe Neri, José Calasancio, etc.

Sabemos muy poco de los primeros años de vida de san Jerónimo Emiliano (o Miano o Miani). Nació en Venecia en 1486, y como todos los de familias importantes siguió la carrera militar. En 1511 cayó prisionero en Castelnuovo mientras luchaba contra la Liga de Cambrai. Durante su cautiverio, se dedicó a meditar sobre lo efímero del poder mundano, como le sucedió diez años después a san Ignacio de Loyola. Inesperadamente fue liberado un mes después, y entonces sintió viva la vocación de dedicarse al servicio de los pobres, de los enfermos, de los jóvenes abandonados y de las mujeres "arrepentidas". Un campo sumamente vasto. Después de un corto "noviciado" como penitente con Giampietro Carafa, el futuro Pablo IV, Jerónimo fue ordenado sacerdote en 1518.

Diez años después hubo una carestía tremenda en toda la región y luego una epidemia de peste; entonces Jerónimo vendió todo lo que tenía, incluso los muebles de casa, y se dedicó a la asistencia de los apestados. Había que enterrar a los muertos, y lo hacía de noche. Pero también había que pensar en los vivos, sobre todo en los niños que habían perdido a sus padres, y en las mujeres que por la necesidad se dedicaban a la prostitución. Verona, Brescia, Como, Bérgamo fueron el campo de su acción bienhechora. Fue entonces cuando en Somasca fundó la Orden de Clérigos Regulares, destinada a ayudar a los niños huérfanos y a los pobres. Los Padres Somascos fueron quienes realizaron el grande proyecto del fundador: la institución de escuelas gratuitas para todos y en las que se adoptó el método revolucionario llamado "método dialogado".

San Jerónimo Emiliano murió sobre el surco: mientras asistía a los enfermos de peste en Somasca, fue atacado por la misma peste y murió entre sus hijos predilectos: los pobres y los enfermos, a quienes había dedicado todos sus esfuerzos. Era el 8 de febrero de 1537. Fue canonizado en 1767, y en 1928 Pío XI lo nombró patrono de los huérfanos y de la juventud abandonada. Antes de la reforma del calendario, su fiesta se celebraba el 20 de julio.

9 de febrero

SANTA APOLONIA

Virgen y mártir

Desde el año 243 al 249, durante el imperio de Felipe el Arabe, hubo un paréntesis en la persecución anticristiana. Pero el último año sucedió un episodio que deja ver la aversión contra el cristianismo. De esto nos habla Dionisio, obispo de Alejandría de Egipto, en una carta a Fabio de Antioquía. Un charlatán alejandrino, "perverso adivino y mal poeta", había azuzado el pueblo y suscitado una revuelta contra los cristianos, durante la cual muchos fueron flagelados y apedreados.

Una virgen, llamada Apolonia, antes de ser quemada viva, fue torturada vilmente. "Todos caen sobre las casas de los cristianos —escribe Dionisio—; entran donde los que conocen, donde los vecinos, saquean y devastan; roban todos los objetos de valor, y botan o queman aquellos que ven que no tienen valor. Se diría que es una ciudad tomada y saqueada por el enemigo. Los paganos se apoderaron de la admirable virgen Apolonia, ya de avanzada edad. Le golpearon la cara y le rompieron los dientes. Después hicieron una grande hoguera en las afueras de la ciudad, la amenazaron que la quemarían viva si no decía palabras perversas junto con ellos. Ella pidió que la dejaran libre un instante; se lo permitieron y, entonces, ella saltó sobre la hoguera y murió en ella".

Precisamente por la apariencia de suicidio, se suscitó el problema de si es lícito quitarse la vida voluntariamente para no renegar de la fe. Se encuentra un eco en el libro *De civitate Dei* de san Agustín, el cual en el fondo no toma posición. El gesto, empero, de la mártir Apolonia y su vida intachable (fue blanco del odio de los paganos precisamente por el apostolado que realizaba dentro de la comunidad cristiana), suscitaron emoción y devoción más allá de los límites africanos en donde se había consumado su sacrificio, y su culto se difundió en Oriente y en Occidente.

En varias partes de Europa se construyeron iglesias en su honor. Sobre su vida, de la que no tenemos más noticias, la leyenda habla de la historia de una joven, hija de rey, asesinada por su mismo padre por haberse convertido al cristianismo. Pero a más de la leyenda que influyó tanto en la popularidad de la Santa, que se invoca contra el dolor de muelas, queda su ejemplo de generosa e incondicional oferta a Cristo.

El mismo día: 9 de febrero

SAN MIGUEL FEBRES CORDERO

Religioso

Cuando fray Miguel Febres Cordero era niño, todos lo llamaban "Panchito" y hasta le tenían lástima por su delicada salud y sus pies deformes que le impedían caminar bien. Pero el 21 de octubre de 1984, día de su canonización en la Plaza de San Pedro, en Roma, se convirtió en el gran santo de la historia de Ecuador: seguidor, hasta en la santidad, de Juan

Bautista de La Salle, el fundador de los Hermanos de las Escuelas Cristianas, Congregación a la que pertenecía Panchito.

El señor Francisco Febres Cordero Montoya, banquero y profesor de idiomas en el seminario de Cuenca (Ecuador), está profundamente entristecido el 7 de noviembre de 1854, cuando nace Miguel, hijo varón pero desgraciado, condenado por sus pies a una carrera secundaria en la vida. A los cinco años el pequeño Miguel todavía no ha dado los primeros pasos. Un día, observando un rosal en el patio interior de su casa, de repente le grita a la tía: "¡Ven a ver la hermosa señora que está sobre las rosas!". La tía acude y con ella otros familiares, pero nadie ve nada. Sin embargo, Panchito continúa diciendo: "¡ Mira cómo es de hermosa! Tiene un vestido blanco y el manto azul. Me llama...". Los familiares quedan impresionados, pero casi se paralizan cuando ven que el niño se levanta y comienza a caminar. Está bien, se ha curado.

En 1863 el presidente ecuatoriano García Moreno, preocupado por el enorme analfabetismo de su país, después de muchas insistencias, obtiene que diez Hermanos de las Escuelas Cristianas vayan de Francia a Ecuador a fundar las escuelas populares. Las primeras tres escuelas nacen en Quito, Guayaquil y Cuenca. Los comienzos son duros, los Hermanos viven y enseñan en edificios miserables. Pero los alumnos se multiplican; entre los de Cuenca está Panchito, que se distingue inmediatamente por su inteligencia y por su deseo de aprender. La enseñanza le encanta, permanece en la escuela fuera de horario y con frecuencia les da una mano a los Hermanos. Quisiera entrar a formar parte de su obra, pero los familiares se oponen: demasiado pobre la vida de los Hermanos para quien, como él, pertenece a la alta sociedad. ¿Por qué, si tiene vocación religiosa, no sigue la carrera eclesiástica?

Miguel Febres Cordero obedece y entra al seminario. Sale a los tres meses con graves enfermedades debidas a la dificultad para ambientarse. Finalmente los padres ceden, y en la fiesta de la Anunciación de 1868, Miguel puede vestir el hábito de los lasallistas, convirtiéndose en el Hermano Miguel. Terminado el noviciado, pasa a Quito, entre otras cosas, para evitar las presiones del padre que sigue insistiendo para llevárselo para su casa. Son años de trabajo intenso, preludio de una vida que no conocerá descanso, ni mucho menos tiempo libre. Tiempo completo para la enseñanza, con horarios agotadores, el trabajo catequístico y la ayuda a los cohermanos enfermos. Sin embargo, el flaco Panchito logra sacar algunas horas para estudiar idiomas (no solo latín, sino también francés, italiano, inglés y alemán) y para escribir libros para las escuelas.

En tres años publica un centenar de textos escolares que tratan de religión y literatura, gramática y matemáticas. Aunque en varios casos se trata sólo de ediciones corregidas, el trabajo es increíble, si se tiene en cuenta que Miguel fundamentalmente es un autodidacta.

Como profesor es muy bueno, y logra hacerse querer. Cuando en 1890 se abre el grande Instituto La Salle del Cebollar, que tiene un seminternado, es a él a quien se le confían los seminternos.

Le llueven los reconocimientos: la Academia Ecuatoriana de la Lengua, por ejemplo, lo nombra entre sus diez especialistas, y hasta de Venezuela y de Francia. Pero la tarea más importante para el Hermano Miguel sigue siendo la catequesis. Durante 26 años prepara los alumnos a la Primera Comunión y organiza cursos de religión.

En 1907 lo llaman a Europa a preparar los textos escolares para los Hermanos de las Escuelas Cristianas que parten para América Latina. Primero va a Bélgica y luego, por su delicada salud, en busca de un clima más suave, pasa a España (a Premiá de Mar, cerca de Barcelona). Siguen siendo años de mucha actividad hasta la muerte por pulmonía. Era el 9 de febrero de 1910. Antes de morir, les dice a los cohermanos que rodean su lecho de muerte, entristecidos: "Otros trabajarán mejor que yo". Pronto se le comenzaron a atribuir gracias y milagros.

10 de febrero

SANTA ESCOLASTICA

Virgen

La única fuente histórica sobre la vida de santa Escolástica, hermana de san Benito, son los capítulos 33 y 34 del segundo libro de los *Diálogos* de san Gregorio Magno. Las noticias, legendarias, que se añadieron, enriquecen poco la imagen sencilla e intensa de la Santa. Pero a san Gregorio no le interesaba presentarnos una noticia biográfica completa de santa Escolástica, sino completar el perfil interior del padre del monaquismo occidental. Parece que el año del nacimiento de los dos santos coincide: el 480. Por tanto, Benito y Escolástica probablemente fueron gemelos, y si no lo fueron anagráficamente, sí lo fueron espiritualmente, pues sus vidas fueron paralelas hasta la muerte, en el 547, a 40 días de distancia.

Escolástica nació en Nursia y desde muy joven se consagró a Dios; después siguió a su hermano san Benito a Subiaco y a Montecassino. En Piumarola, a los pies del monte, estableció su monasterio, como si humildemente hubiera querido detenerse en las faldas de la montaña, en cuya cumbre el hermano había fijado su habitación. Pero a pesar de estar tan cerca en el lugar y en el afecto, Benito bajaba a visitar a la hermana sólo una vez al año. Es comprensible que santa Escolástica quisiera detenerse un poco más con su hermano, pero san Benito era muy riguroso en el cumplimiento de la regla que él mismo se había impuesto.

En el último coloquio, que tuvo lugar tal vez el primer jueves de cuaresma del 547, Dios demostró que le agradaba más el gesto de afectuosa caridad que el cumplimiento riguroso de la regla. En efecto, Escolástica le pidió al hermano, como refiere san Gregorio, "para que toda la noche hasta el día siguiente" pudieran hablar "de la alegría de la vida celestial". Ante el severo reproche de Benito, Escolástica juntó las manos y permaneció en oración. "Pudo más ante Dios porque amó más", comenta san Gregorio Magno. Y efectivamente pocos instantes después pareció que se abrían las cataratas del cielo: el aguacero y los truenos obligaron a san Benito a desistir de regresar al monasterio, pero le echó la culpa a la hermana que cándidamente replicó: "Pues bien, yo te lo pedí y no me quisiste escuchar; pedí al Señor y él sí me escuchó; vete si puedes, y regresa al monasterio".

En el lugar del prodigio se construyó la llamada "iglesia del coloquio" y en recuerdo de ese episodio se invoca a santa Escolástica contra los rayos y para obtener la lluvia. A los tres días de ese maravilloso coloquio, san Benito, durante la oración, vio que el alma de Escolástica volaba al cielo en forma de paloma. A los 40 días él la siguió para vivir eternamente "la alegría celestial".

11 de febrero

NUESTRA SEÑORA DE LOURDES

El 11 de febrero de 1858 Bernardita Soubirous, una niña ingenua y humilde de 14 años de edad, que todavía no sabía leer ni escribir bien, fue con una hermana y una compañera a buscar leña cerca de Massabielle, una roca en las cercanías de Lourdes. Para llegar allí, tenían que atravesar un riachuelo, y como Bernardita sufría de asma se quedó atrás de sus compañeras.

Mientras se estaba descalzando, sintió un ruido entre los árboles; levantó la mirada y vio a una "señora" hermosísima, vestida de blanco, con una faja azul. La "señora" le sonrió y rezó con ella una parte del Rosario. Los padres, a quienes la hermana de Bernardita narró el secreto, prohibieron a la vidente que volviera al lugar de la aparición; pero después cedieron ante las lágrimas de la niña. La aparición se repitió el 18 de febrero.

La Señora sonrió cuando Bernardita le echó agua bendita, y después le dijo: "¿Tienes la bondad de venir aquí durante quince días?... No te prometo hacerte feliz en este mundo, pero sí en el otro". Durante las otras apariciones, la Señora le pidió a Bernardita que rezara por la conversión de los pecadores e invitó a los fieles a la penitencia.

El 25 de febrero la invitó a que tomara agua sacada de un lugar determinado. El lugar era seco. Bernardita hizo un pequeño hueco con las uñas y comenzó a salir un poco de agua; luego bebió y se lavó: es la milagrosa fuente de Lourdes. El 2 de marzo la Señora le dijo a la niña que les dijera a los sacerdotes que hicieran una procesión y que le construyeran ahí una capilla. El párroco Peyramale se demostró incrédulo y trató con dureza a Bernardita: "Dile a esa Señora que te diga su nombre", le ordenó. En la mañana del 25 de marzo la Virgen dio la respuesta: "Yo soy la Inmaculada Concepción".

Cuatro años antes, Pío IX había proclamado el dogma de la Concepción Inmaculada de la Virgen, y ahora María les comunicaba a los hombres el título con el cual quería ser invocada. A pesar de la prohibición de las autoridades civiles (interrogaron y amenazaron a Bernardita; prohibieron ir a la gruta, pero finalmente dieron libertad a todos por orden del mismo emperador Napoleón III), los peregrinos acudieron de todas partes y tuvieron lugar los primeros prodigios. Después de cien años siguen acudiendo las muchedumbres para experimentar el "milagro de Lourdes", la serenidad.

12 de febrero

SANTA EULALIA

Virgen y mártir

Esta joven mártir española, que en los mosaicos de san Apolinar Nuevo de Ravena está representada entre otras dos mártires adolescentes, Inés y Cecilia, parece que es la misma persona de nombre Eulalia entre las dos santas, que el *Martirologio Romano* conmemora el 12 de febrero y el 10 de diciembre. La primera, venerada en Barcelona, habría padecido el martirio bajo Diocleciano (284-305); la segunda, mártir en Mérida durante la tetrarquía (Maximiano, Constancio, Diocleciano, Galerio), del 292 al 305. Pero según los estudios hagiográficos actuales, parece que se trate de una misma santa, y la confusión se debe a las distintas narraciones de su martirio.

Ciertamente la *Passio* de Eulalia de Barcelona no es anterior al siglo VII, y es muy evidente su inspiración en la *Passio* de Eulalia de Mérida que a su vez se deriva del tercer himno del *Peristephanon* que el poeta Prudencio escribió hacia el 405 en honor de la mártir española. Según la descripción de Prudencio, Eulalia es una niña de apenas 13 años a quien el padre, para alejarla de los peligros de la persecución anticristiana, la lleva lejos de la ciudad de Mérida, confiándola a una familia amiga en el campo.

Eulalia abriga en su corazón la esperanza de ser contada entre quienes merecen la palma del martirio. De noche huye del pueblo y se presenta al juez de Mérida. Jadeante y fatigada por el largo viaje, tímida y audaz al mismo tiempo, dice sólo una palabra: "¡Creo!". Más locuaz es Eulalia de Barcelona, que llena al prefecto Daciano de reproches por la persecución que ha iniciado. Es su profesión de fe en Cristo. El magistrado se conmueve y para salvar esa joven vida trata en vano de convencerla hacia la idolatría. Después trata de doblegar su firmeza con la tortura. Las puntas agudas que le clavan en sus tiernas carnes no logran absolutamente nada.

Rodeado de antorchas ardientes, el cuerpo de la niña Eulalia se consume como una víctima sacrifical colocada sobre la hoguera. Cuando la valiente mártir reclina la cabeza, sale de su boca una cándida paloma que sube hacia el cielo por entre las negras nubes. Luego descienden copos de nieve que cubren el cuerpo despedazado y ennegrecido de la mártir. El culto de Eulalia, en su doble versión hagiográfica, es muy difundido en España y en Francia; a comienzos del siglo V ya se le había construido una basílica en Mérida.

13 de febrero (del 14)
SANTOS BENIGNO Y VALENTIN
Mártires

Entre los 18 santos con el nombre de Benigno, el mártir que se conmemora hoy pertenece a la innumerable multitud de víctimas de la última cruenta persecución anticristiana de Diocleciano y Maximiano, al comienzo del siglo IV. Los datos de este Santo son muy escasos. Se sabe que nació y vivió en Todi (Italia), en donde fue ordenado sacerdote por su bondad y rectitud. Soportó valientemente la tortura y la muerte, y fue enterrado por manos piadosas a la orilla de un camino, en donde después se construyó un monasterio benedictino.

En 1904 se colocaron sus reliquias en el altar mayor de la iglesia de San Silvestre. El culto de este Santo no se ha difundido mucho; casi se lo recuerda sólo en Todi, su pueblo natal.

De los otros santos con este nombre, tres fueron obispos (los más famosos son el irlandés, obispo de Armagh, y el vigésimo obispo de Milán), seis mártires, seis monjes, un sacerdote escocés y un ermitaño.

Hay dos mártires con el nombre de Valentín, que vivieron en el siglo III y que se conmemoran el 14 de febrero; de ellos hay una simpática tradición, sobre todo en los países anglosajones: como en la Edad Media se creía que en este día los pájaros, al sentir los primeros aires de primavera, empezaban a nidificar, se dice que la fiesta de san Valentín marcaba el despertar de la vida y por tanto del amor. Por eso san Valentín se convirtió en patrono de los novios. ¿Pero cuál Valentín? ¿El sacerdote romano que sufrió el martirio en el 268, o el obispo de Terni (Italia) que también murió mártir cinco años después?

Se dice que el primero fue amigo del emperador Claudio el Gótico, quien fue el que lo interrogó. Sus claras respuestas calaron bien en la mente del emperador, que dirigiéndose al público exclamó: "¡Escuchen la sabia doctrina de este hombre!". Pero de todos modos lo condenaron a muerte, porque mientras tanto había logrado convertir al mismo prefecto Asterio y a toda su familia. Lo enterraron en la vía Flaminia en donde después se construyó una iglesia dedicada a él.

El segundo Valentín, obispo de Terni, durante su estadía en Roma convirtió al famoso filósofo, Cratone y a sus tres jóvenes discípulos atenienses que después, con su celo, se expusieron a la fácil delación de los paganos. El obispo fue llevado al tribunal y condenado a la decapitación. Entonces los tres jóvenes neoconvertidos llevaron su cuerpo a Terni, en donde fue recibido con muchos honores por la floreciente comunidad cristiana.

14 de febrero

SANTOS CIRILO Y METODIO

Monje y obispo

Los dos hermanos Miguel y Constantino, que como monjes tomaron el nombre de Metodio y Cirilo respectivamente, realizaron su obra misionera en el siglo IX en Europa central, y con toda razón se los llama los "apóstoles de los eslavos". Tienen el mérito de haberse adaptado a los pueblos que iban a evangelizar y usaron métodos misioneros que, aunque tenían toda la aprobación del Papa, suscitaron oposición entre griegos y latinos, pero Metodio salió adelante en su tarea.

Tienen también el mérito de haber creado un nuevo alfabeto que se llama "cirílico", precisamente por san Cirilo, ofreciendo al mundo eslavo, con la traducción de la Biblia, del Misal y del Ritual litúrgico, unidad lingüística y cultural. Este gran regalo que los hermanos Cirilo y Metodio hicieron a los pueblos eslavos (el idioma ruso se escribe con las letras inventadas por Cirilo) fue recompensado con el amor y la devoción populares. Pero durante su vida, los dos santos misioneros no tuvieron "vida fácil", sino que tuvieron que luchar mucho contra los que siempre se oponen a los grandes innovadores.

Los dos hermanos nacieron en Tesalónica. Eran hijos de un empleado imperial y conocían el eslavo que se hablaba en Macedonia. Constantino, el más joven, nació hacia el año 827, completó sus estudios en Constantinopla bajo Focio, y después de su ordenación sacerdotal se dedicó a la enseñanza. Miguel, en cambio, siguió la carrera política, pero cuando lo nombraron gobernador de una provincia bizantina de lengua eslava, renunció al deseado puesto y se hizo monje con el nombre de Metodio. En el año 860 el emperador encargó a los dos hermanos la evangelización de los Kazarios, y tres años después llegaron a Moravia por invitación del príncipe Ratislao. Fue aquí en donde elaboraron el alfabeto "cirílico" y en donde tradujeron por primera vez la Biblia y el Misal en lengua eslava. Cirilo y Metodio fueron acusados de cisma y herejía, y por eso tuvieron que viajar a Roma, en donde los recibió con gusto el papa Adriano II, que les permitió celebrar los Santos Misterios en lengua eslava, estando, incluso, él presente con una comunidad cristiana muy numerosa.

Constantino (o Cirilo) murió en Roma el 14 de febrero del 869 y fue enterrado en la basílica de San Clemente, el mártir cuyas reliquias él mismo había llevado a Roma. Metodio, ordenado sacerdote por el Papa y nombrado obispo de Panonia, regresó entre sus eslavos. Murió el 6 de abril del año 885 en la ciudad de Velahrad (Checoslovaquia), y en su funeral se usó el eslavo junto con el griego y el latín.

15 de febrero

BEATO CLAUDIO DE LA COLOMBIERE

Religioso

Hasta la reciente reforma del calendario, se festejaban en este día los santos Faustino y Jovita. El *Martirologio Romano* decía: "En Brescia (se festeja) el nacimiento de los santos Mártires Faustino y Jovita, hermanos, que bajo el emperador Adriano, después de muchas brillantes luchas por la fe de Cristo, recibieron la victoriosa corona del martirio". Pero los que compusieron el nuevo calendario expresaron este juicio severo: "La memoria de los santos Faustino y Jovita, introducida en el calendario romano en el siglo XIII, queda suprimida: se trata de los mártires brescianos Faustino y Giovenza, de los que se tienen *Actos* totalmente legendarios; según dichos *Actos*, Jovita aparece como diácono, aunque era una mujer".

Por eso ahora celebramos la memoria del beato Claudio de la Colombiere, el director espiritual de santa Margarita M. Alacoque, a quien él con su ciencia teológica, su prudencia y su santidad confirmó en la misión de confidente del Sagrado Corazón. Nació en 1641 y fue educado en el colegio jesuita de Lyón; a los 17 años entró en la Compañía de Jesús, venciendo fuertes resistencias interiores. A los 28 años fue ordenado sacerdote, y en 1674 hizo el voto de una exacta observancia de todas las reglas y disposiciones de su Orden. Al año siguiente fue nombrado superior del colegio jesuita de Paray-le-Monial.

Cuando fue nombrado confesor extraordinario de las Hermanas, encontró a Margarita M. Alacoque, e inmediatamente reconoció y sancionó con su autoridad la veracidad de las revelaciones que ella había recibido. El mismo Sagrado Corazón, por lo demás, le dijo a la Santa en varias ocasiones que se dirigiera a él: en una famosa visión ella vio al Sagrado Corazón en un horno ardiente y a otros dos corazones que se acercaban al suyo, y él le decía: "Así es como mi amor puro une a estos tres corazones para siempre".

En 1676 el B. de la Colombiere viajó a Inglaterra como predicador de la duquesa de York, esposa del futuro Santiago II, comprometido en el famoso "complot papista", montado por el aventurero Titus Oates, a causa del cual fueron ajusticiados 35 católicos, el B. de la Colombiere sufrió también un duro cautiverio que le perjudicó mucho su salud.

De regreso a Francia, por invitación de santa Margarita M. Alacoque, permaneció en Paray-le-Monial, en donde murió el 15 de febrero de 1682. Fue beatificado en 1929, y sus obras en las que resalta una célebre oración que expresa un "Acto de confianza en Dios", aunque póstumas, han sido editadas varias veces y también traducidas a otros idiomas.

16 de febrero

SAN ONESIMO

Mártir

El caso de san Onésimo, por su peculiaridad, puede servir para reflexionar sobre algunas realidades fundamentales del cristianismo. Lo que sabemos de él se debe casi exclusivamente a la Carta de san Pablo a Filemón, a quien llama "nuestro querido colaborador" y de quien recuerda con simpatía la "caridad para con los demás" y la "fe en el Señor Jesús". San Pablo escribe palabras llenas de autoridad y de dulzura: "Aunque tengo en Cristo plena libertad para ordenarte lo que debes hacer, prefiero pedirte en nombre de la caridad, tal como soy, Pablo, anciano y ahora prisionero por Cristo Jesús".

Era una eficaz "captatio benevolentiae", de ningún modo retórica, porque Pablo se proponía precisamente invitar a Filemón a realizar un acto de gran caridad y de fe. "Te ruego por mi hijo, a quien engendré a la fe en mi prisión, Onésimo, inútil un tiempo para ti, pero ahora bien útil para ti y para mí. Te envío a él, es decir, mis propias entrañas. Yo quería retenerlo a mi lado para que me ayudase en tu lugar en mi prisión por el Evangelio, pero nada he querido hacer sin tu consentimiento, a fin de que me hagas esta buena obra no forzadamente, sino de buen grado. Tal vez por esto se separó de ti, para que lo tuviera para siempre, no ya como esclavo, sino como un hermano amado, ¡que lo es muchísimo para mí!, ¡cuánto más para ti!, según la carne y en el Señor".

Onésimo no sólo era un esclavo que había huido, sino también un ladrón, y san Pablo se compromete a pagar esa suma si Filemón lo exigía: "Si en algo te ofendió, o algo te debe, ponlo a mi cuenta; yo, Pablo, lo firmo con mi puño y letra, yo pagaré".

Hay quien sostiene que la liberación de la esclavitud no es mérito del cristianismo, sino que sólo llevó a la práctica las ideas de filósofos como Séneca, burócratas como Plinio el Joven, y emperadores como Adriano. En realidad, ningún "filósofo" llamó "hijo" y "hermano", y además "queridísimo" a un esclavo fugitivo y ladrón. También para Onésimo había muerto y resucitado Cristo... Del resto de su vida no sabemos nada. El *Martirologio Romano* narra la tradición, según la cual "fue llevado atado a Roma y lapidado por la fe de Cristo" después de haber sido obispo de Efeso.

17 de febrero

SIETE SANTOS FUNDADORES DE LOS SIERVOS DE MARIA

Según la tradición hubo siete hombres, muy respetables y honorables, a los que Nuestra Señora unió, a manera de siete estrellas, para iniciar, por su colaboración material y espiritual, la Orden suya y de sus Siervos. Los siete nacieron en Florencia; primero llevaron una vida eremítica en el monte Senario, dedicados en especial a la veneración de la Virgen María. Después predicaron por toda la región toscana y fundaron la Orden de los Siervos de Santa María Virgen, aprobada por la Santa Sede en 1304. Se celebra hoy su memoria, porque en este día, según se dice, murió san Alejo Falconieri, uno de los siete, el año 1310.

En la *Monumenta Ordinis Servorum Beatae Mariae Virginis* se lee lo siguiente respecto del origen de los Siervos de santa María Virgen:

Cuando ingresé en nuestra Orden, vivía aún, de los siete, uno solo, que se llamaba el hermano Alejo. Nuestra Señora tuvo a bien conservar en vida hasta nuestro tiempo a este hermano, para que de su boca pudiéramos conocer el origen de nuestra Orden. La vida del dicho hermano Alejo era tal que, como pude comprobar con mis propios ojos, no sólo servía de ejemplo a los que con él estaban, sino que era también una garantía de su propia perfección, de la de sus compañeros y de la de nuestra institución religiosa que antes hemos mencionado.

Cuatro aspectos pueden considerarse por lo que toca al estado de vida de los siete santos fundadores antes que se congregaran para esta obra.

En primer lugar, con respecto a la Iglesia. Algunos de ellos se habían comprometido a guardar virginidad o castidad perpetua, por lo que no se habían casado; otros estaban ya casados; otros habían enviudado.

En segundo lugar, con relación a la sociedad civil. Ellos comerciaban con las cosas de esta tierra, pero cuando descubrieron la piedra preciosa, es decir, nuestra Orden, no sólo distribuyeron entre los pobres todos sus bienes, sino que, con ánimo alegre, entregaron sus propias personas a Dios y a Nuestra Señora, para servirlos con toda fidelidad.

El tercer aspecto que debemos tener en cuenta es su estado por lo que se refiere a su reverencia y honor para con Nuestra Señora. En Florencia existía, ya desde muy antiguo, una sociedad en honor de la Virgen María, la cual, por su antigüedad y por la santidad y muchedumbre de hombres y mujeres que la formaban, había obtenido una cierta prioridad sobre las demás y, así, había llegado a llamarse "Sociedad mayor de Nuestra Señora". A ella pertenecían los siete hombres de que hablamos, antes que llegaran a reunirse, como destacados devotos que eran de Nuestra Señora.

Finalmente, veamos cual fuera su estado en lo que mira a su perfección espiritual. Amaban a Dios sobre todas las cosas y a El ordenaban todas sus acciones, como pide el recto orden honrándolo así con todos sus pensamientos, palabras y obras.

Cuando estaban ya decididos, por inspiración divina, a reunirse, a lo que los había impulsado de un modo especial Nuestra Señora, arreglaron sus asuntos familiares y domésticos, dejando lo necesario para sus familias y distribuyendo entre los pobres lo que sobraba. Finalmente, buscaron a unos hombres de consejo y de vida ejemplar, a los que manifestaron su propósito.

Así, pues, subieron al monte Senario, y en su cima erigieron una casa pequeña y adecuada, a la que se fueron a vivir en comunidad. Allí empezaron a pensar no sólo en su propia santificación, sino también en la posibilidad de agregarse nuevos miembros, con el fin de acrecentar la nueva Orden que Nuestra Señora había comenzado valiéndose de ellos. Por tanto, comenzaron a recibir nuevos hermanos y, así, fundaron nuestra Orden. Su principal artífice fue Nuestra Señora, que quiso que estuviera cimentada en la humildad de nuestros hermanos, que fuese edificada por su concordia y conservada por su pobreza.

18 de febrero

SAN SIMEON

Obispo y mártir

La primera comunidad cristiana, que se formó en Jerusalén, demostró una total fraternidad, siguiendo la enseñanza de Jesús: "Amaos los unos a los otros, como yo os he amado". Ponían todo en común, los ricos y los pobres se sentaban a la misma mesa, compartiendo fraternalmente el alimento. Esta actitud caracteriza muy bien el clima de amor y de santidad en el que vivían los primeros cristianos, sobre todo en la Iglesia de Jerusalén en donde al primer obispo, Santiago el Menor, sucedió en el año 62 Simeón, último de los parientes inmediatos de Jesús, a quienes se llamaba "hermanos del Señor".

El santo obispo a quien hoy veneramos pudo ver realizada la destrucción de Jerusalén, profetizada por Jesús. La pequeña comunidad cristiana, recordando la advertencia de Cristo, tuvo tiempo para escapar de la trágica suerte que le tocó a la ciudad, en la que los romanos no dejaron "piedra sobre piedra". Después de la tragedia, el celoso pastor pudo reconducir al pequeño rebaño a las casas ya destruidas y comenzar con ellos la reconstrucción material y espiritual de la Iglesia madre de todas las Iglesias, logrando muchas conversiones entre los hebreos que, al ver cumplida la profecía de Cristo, meditaron sobre el mensaje evangélico que antes habían rechazado.

Simeón vivió mucho tiempo. En efecto, fue guía de los cristianos de Jerusalén durante más de cuarenta años, y cuando sufrió el martirio, durante la segunda gran persecución, tenía más de cien años. Después de la primera persecución, que padeció sólo la comunidad cristiana de Roma, a la que Nerón achacó el doloroso incendio de la ciudad en el año 64, hubo un período de relativa paz. Hubo un breve conato persecutorio bajo el emperador Domiciano que hizo matar a algunos cristianos de la aristocracia romana en la que había comenzado a penetrar la fe cristiana. Después estalló la persecución bajo el emperador Trajano que se extendió a todas las provincias del imperio, aunque la finalidad de la persecución no era tanto castigar con la muerte al cristiano, sino lograr su retractación.

La admirable firmeza con que los cristianos rechazaron esta retractación constituye una página gloriosa en la historia de la Iglesia. Precisamente bajo Trajano fue cuando el santo obispo de Jerusalén, "hermano de Jesús", compartió con Cristo el suplicio de la cruz.

19 de febrero

SAN CONRADO DE PIACENZA

Religioso

Los ecólogos, es decir, los que se dedican al estudio y a la defensa del ambiente natural, probablemente no tienen ninguna simpatía por este santo, pues durante una cacería no dudó en quemar el bosque con tal de hacer salir las liebres y los faisanes. Para aplacar la ira de los colonos que vieron destruidas sus cosechas y sus casas por el voraz incendio, el gobernador de Piacenza, Galeazzo Visconti, hizo condenar a muerte al primero que cayó en sus manos y cuya única culpa era la de haberse encontrado en el monte durante el incendio.

El verdadero culpable era Conrado Confalonieri que había nacido en Piacenza en 1290; estaba casado y su profesión era la de soldado de aventura. Era fundamentalmente un hombre de bien (piromanía a parte), y por eso no dudó en entregarse, cuando supo que un inocente iba a pagar con la vida su acto de ligereza. Después de haber confesado su culpa, manifestó que estaba dispuesto a pagar los daños. Y así lo hizo, aunque quedó en extrema pobreza. Como los caminos del Señor son infinitos, el pirómano cazador, actitud muy poco franciscana, entró arrepentido y en paz a la Tercera Orden franciscana de Calendasco en 1315, después de haberse separado de común acuerdo de su esposa, Eufrosina, que, siguiendo el ejemplo del marido, entró al monasterio franciscano de Piacenza.

Dentro del sayo franciscano palpitaba todavía el corazón del errante hombre de armas. Después de varios años de piadosa peregrinación de un santuario a otro, fray Conrado fijó su residencia en un pueblito llamado Noto, más abajo de Siracusa, en un lugar apartado. Pero la fama de su santidad lo seguía como la sombra, y al ver que las demasiadas visitas le quitaban el tiempo para la oración, se retiró de allí y fue a vivir en una gruta apartada que después la gente bautizó con el nombre de "gruta de San Conrado". Allí murió el 19 de febrero de 1351.

20 de febrero

SAN ELEUTERIO

Obispo

Este nombre, raro en nuestros días, era muy común en los primeros siglos del cristianismo, y lo llevan catorce santos, entre los cuales un Papa que gobernó la Iglesia del año 175 al 189 y que parece murió mártir. Hoy el *Martirologio Romano* recuerda a dos obispos con el mismo nombre: san Eleuterio de Constantinopla, que gobernó a la Iglesia bizantina a comienzos del siglo II o a fines del siglo V. La fecha es muy imprecisa. El otro es san Eleuterio, obispo de Tournai (Bélgica), en donde se le tiene mucha devoción.

Este Santo, muy popular en el norte de Europa, vivió en un período sumamente difícil en la historia de Francia: probablemente nació en el año 456, y murió en el 531. Es la época en que la Galia, ya meta de varias migraciones bárbaras, como la de los Burgundios y la de los Visigodos —convertidos mal al cristianismo, pues pasaron de la idolatría a la herejía arriana— se convirtió en tierra de conquista de los Francos del rey Clodoveo. A la conversión de estos contribuyeron la esposa cristiana, Clotilde, venerada como santa, el obispo de Reims, san Remigio, y san Eleuterio, elegido obispo de Tournai en el 484, cuando Clodoveo había hecho de esta ciudad la capital de su reino, antes de emprender la conquista de la región parisiense.

Aunque no poseamos ningún documento históricamente seguro sobre la actividad de este santo obispo y sobre su obra misionera, una biografía atribuida a san Medardo, coetáneo y hasta compañero de juegos en la infancia, cuenta muchas anécdotas de la vida de san Eleuterio y sobre sus contactos con el rey pagano Clodoveo. El mismo Medardo le predijo que un día llegaría a ser obispo, pero esa profecía equivalía a un augurio de vida difícil, incluyendo el martirio.

Los pueblos bárbaros, que de las regiones orientales se iban trasladando hacia las verdes colinas de Francia, no conocían otra autoridad sino la de su rey. Al obispo de Tournai le correspondió la tarea de sembrar la Palabra de Dios entre un pueblo rudo e idólatra, los Francos, que en el 506 recibirán en masa el Bautismo, siguiendo el ejemplo de su rey, después de la victoria contra los alemanes de Tolbiac. Pero el honor de esta abundante mies le corresponderá a san Remigio. En la catedral de Tournai, meta de numerosas peregrinaciones, reposan los restos de san Eleuterio, el humilde e infatigable obrero del Evangelio, que tuvo como campo de trabajo la nueva frontera del cristianismo, representada por los pueblos bárbaros.

21 de febrero

SAN PEDRO DAMIAN

Obispo y doctor de la Iglesia

Dante Alighieri, en el canto XXI del *Paraíso*, coloca a san Pedro Damián en el cielo de Saturno, destinado en su *Comedia* a los espíritus contemplativos. El poeta pone en los labios del Santo una breve y eficaz narración autobiográfica: la predilección por los alimentos frugales y la vida contemplativa, y el abandono de la tranquila vida de convento por el cargo episcopal y cardenalicio.

Pedro nació en Ravena en 1007; fue el último hijo de una numerosa familia, y como quedó huérfano de padre en temprana edad, fue ayudado por su hermano mayor, Damiano, y esto explica el apelativo de "Damián". Después de haber estudiado en Ravena, Faenza y Padua, fue profesor de la Universidad de Parma, pero pronto abandonó el cargo y entró en el monasterio camandulense de Fonte Avellana, de cuyo monasterio fue elegido prior. En ese tiempo la Iglesia estaba destrozada por las discordias y los cismas, consecuencia de ese grave perjuicio que se llama simonía, compraventa de puestos eclesiásticos, y también de la ligereza con que el clero resolvía el problema del celibato. Entonces la Iglesia necesitaba hombres íntegros y preparados como el culto y austero Pedro Damián.

Estuvo al lado de seis Papas como "enviado mensajero de la paz", y sobre todo colaboró con Hildebrando, el gran reformador que llegó a ser Papa con el nombre de Gregorio VII. Pedro Damián, después de varias peregrinaciones en la diócesis de Milán, en Francia y en Alemania, fue nombrado por Esteban IX cardenal y obispo de Ostia. Ya anciano, fue llamado por Ravena, su ciudad natal, para poner orden en el conflicto suscitado por los seguidores de un antipapa. Murió en Faenza, en 1072, cuando regresaba de la última misión de paz. Fue venerado inmediatamente como Santo y su culto oficial fue reconocido en 1828 por el papa León XII, que también lo proclamó doctor de la Iglesia por sus numerosos escritos de contenido teológico.

22 de febrero

LA CATEDRA DE SAN PEDRO

Apóstol

Para recordar dos etapas importantísimas de la misión del príncipe de los apóstoles y la fundación del cristianismo primero en Antioquía y después en Roma, el *Martirologio Romano* celebra el 22 de febrero la fiesta de la Cátedra de San Pedro en Antioquía y el 18 de enero la de su Cátedra en Roma. La reciente reforma del calendario unificó las dos conmemoraciones el 22 de febrero, fecha que tiene su apoyo en una antigua tradición que refiere la *Depositio martyrum*. En efecto, en este día se celebraba la cátedra romana, anticipada después en Galia al 18 de enero, para evitar que la fiesta cayera en tiempo de Cuaresma.

Por eso se terminó celebrando la fiesta de la Cátedra de San Pedro en Antioquía el 22 de febrero, y la romana el 18 de enero. La Cátedra, literalmente, es la silla fija del Sumo Pontífice y de los obispos. Se encuentra permanentemente en la iglesia madre de la diócesis (de aquí el nombre de "catedral") y es el símbolo de la autoridad del obispo y de su magisterio ordinario en la Iglesia local. La Cátedra de San Pedro indica, pues, su posición preeminente en el colegio apostólico, por explícita voluntad de Jesús, que le confía la misión de "apacentar" el rebaño, esto es, guiar el nuevo Pueblo de Dios, la Iglesia.

Esta investidura por parte de Cristo, confirmada después de la resurrección, es respetada. En efecto, después de la Ascensión vemos a Pedro cumpliendo su tarea de guía. Preside la elección de Matías y habla en nombre de todos, sea a la multitud que acude a escucharlo ante el cenáculo, el día de Pentecostés, sea más tarde ante el Sanedrín. El mismo Herodes Agripa sabe que le da un golpe mortal a la naciente Iglesia eliminando a su jefe, san Pedro. Mientras la presencia de Pedro en Antioquía es innegable por los escritos neotestamentarios, su ida a Roma en los primeros años del imperio de Claudio no tiene pruebas tan evidentes.

El desarrollo del cristianismo en la capital del imperio confirmado por la Carta paulina a los romanos (escrita hacia el año 57) no se explica sin la presencia de un misionero de primer plano. La llegada, cualquiera que sea la fecha, de san Pedro a Roma y su muerte, las confirman tradiciones antiquísimas, aceptadas ahora universalmente por estudiosos, incluso no católicos. Lo confirman de manera históricamente inobjetable las excavaciones hechas en 1939 por orden de Pío XII en las Grutas Vaticanas, debajo de la basílica de San Pedro, y cuyos resultados son aceptados favorablemente por estudiosos no católicos.

23 de febrero

SAN POLICARPO DE ESMIRNA

Obispo y mártirr

San Policarpo, obispo de Esmirna, conoció de cerca al apóstol Juan y a "los otros que habían visto al Señor", y fue "instruido por testigos oculares de la vida del Verbo". Por eso él se presenta a nosotros como el testigo de la vida apostólica y como el hombre de la tradición viva "siempre de acuerdo con las Escrituras". Los trozos citados pertenecen a una carta suya a los cristianos de Filipos en Macedonia, que le habían pedido alguna exhortación y la copia de eventuales cartas del santo obispo de Antioquía, Ignacio, del que él había sido amigo.

Policarpo era sobre todo un hombre de gobierno. No tenía la cualidad de escritor y pensador como san Ignacio, ni deseaba como él ser "triturado" por las fieras del circo para "llegar a Dios". Al contrario, se mantuvo escondido "a causa de la humilde desconfianza en sí mismo". Era anciano y sabía que no se podía confiar mucho en sus fuerzas. Pero cuando fue descubierto en un granero y reconducido a la ciudad, demostró la serena valentía de su fe.

Conocemos la conmovedora conclusión de su vida gracias a un documento fechado un año después del martirio de san Policarpo, que tuvo lugar el 23 de febrero del año 155. Es una carta de la "Iglesia de Dios peregrinante en Esmirna, a la Iglesia de Dios peregrinante en Filomelio y también a todas las parroquias de cualquier lugar de la Iglesia santa y católica". Es una narración muy importante bajo el aspecto histórico, hagiográfico y litúrgico. Al procónsul Stazio Quadrato, que lo exhorta a renegar de Jesús, contesta moviendo la cabeza: "Desde hace 86 años lo sirvo y nunca me ha hecho ningún mal: ¿cómo podría blasfemar de mi Rey que me ha redimido?". "Te puedo hacer quemar vivo", insiste el procónsul. Y Policarpo: "El fuego con que me amenazas quema por un momento, después pasa; yo en cambio temo el fuego eterno de la condenación".

Mientras en el anfiteatro de Esmirna se está quemando vivo, "no como una carne que se asa, sino como un pan que se cocina", el mártir eleva al Señor una estupenda oración, breve pero intensa: "Bendito seas siempre, oh Señor; que tu nombre adorable sea glorificado por todos los siglos, por Jesucristo pontífice eterno y omnipotente, y que se te rinda todo el honor con él y con el Espíritu Santo, por los siglos de los siglos". De improviso ese cuerpo quemado quedó reducido a cenizas. "A pesar de esto —escribe el autor de esa carta, que recomienda hacer leer a las otras Iglesias—, nosotros recogimos uno que otro hueso, que conservamos como oro y piedras preciosas".

24 de febrero

SAN SERGIO

Mártir

Los varios *Martirologios* enumeran muchos santos con este nombre. El más popular es el reformador de la vida monástica en Rusia, que nació en 1314 de una noble familia de la región de Rostov, que después emigró a Redonez en la región de Moscú, después de haber perdido todas sus posesiones. La difusión del nombre Sergio en Rusia y en los países eslavos (y también en Occidente) se debe a la devoción hacia el "padre del monaquismo" en la Rusia septentrional, muerto el 25 de septiembre de 1392, fecha en la que se celebra su memoria.

Otro santo con este nombre es el papa Sergio I, recordado el 8 de septiembre, oriundo de Siria, pero residente en Roma, después que su familia se trasladó a Palermo para huir de los invasores mahometanos. En el año 683 fue ordenado sacerdote y cuatro años después fue elegido Papa. Inmediatamente tuvo que demostrar firmeza en la guía de la Iglesia por la presencia en Roma de dos antipapas, Teodoro y Pascual, y por la amenaza de intervenciones por parte del emperador Justiniano II, que exigía de él la firma de los cánones del concilio Trulano, muchos de los cuales eran claramente tendenciosos. "Prefiero morir antes que consentir en el error", fue la respuesta del Papa.

San Sergio, cuya fiesta se celebra hoy, fue un mártir de Cesarea de Capadocia, casi ignorado por las fuentes hagiográficas griegas y bizantinas. Tuvo una cierta popularidad, gracias a una *Passio* latina que así nos describe su martirio: durante las celebraciones anuales en honor de Júpiter, en la época del emperador Diocleciano, el gobernador de Armenia y Capadocia, Sapricio, cuando estaba en Cesarea, ordenó que fueran convocados ante el templo pagano todos los cristianos de la ciudad a rendir culto a Júpiter. Entre la multitud compareció también Sergio, un anciano magistrado, que desde hacía tiempos había abandonado la toga para llevar vida eremítica.

Su presencia produjo el efecto sorprendente de apagar los fuegos preparados para los sacrificios. Inmediatamente se atribuyó la causa del extraño fenómeno a los cristianos que con su rechazo habían irritado al dios. Sergio se adelantó y explicó que la razón de la impotencia de los dioses paganos había que buscarla muy arriba, en la omnipotencia del verdadero y único Dios, que adoraban los cristianos. Sergio fue arrestado y llevado ante el gobernador, que con un juicio sumario lo condenó inmediatamente a la decapitación. Pronto ejecutaron la sentencia: era el 24 de febrero. Los cristianos recogieron el cuerpo del mártir y lo enterraron en la casa de una piadosa mujer. De ahí fueron llevadas las reliquias a España, a la ciudad de Ubeda, en Andalucía.

25 de febrero
SAN TARASIO
Patriarca

Para nosotros que vivimos en la "civilización de las imágenes", así llamada por la masiva presencia de los instrumentos audiovisuales, sobre todo el cine y la televisión, tal vez resulte estimulante el recuerdo de un personaje que luchó valientemente por las "imágenes", aunque ésta no sea su gloria principal y las imágenes por las que él combatió eran mucho más "sagradas", que las que nos propone ahora la sociedad de consumo.

La polémica sobre el culto de las imágenes, la llamada lucha iconoclástica, contó entre sus protagonistas a los emperadores bizantinos León III el Isáurico, Constantino V Coprónimo y León IV Khazaras por una parte, y por otra a san Juan Damasceno y a los patriarcas Germán de Constantinopla y a Tarasio. En realidad, junto a un conflicto ideal, que trataba sobre la ortodoxia, sobre la legitimidad de representar a Dios y al "mundo celeste", prohibido por la ley judía pero no observado por los cristianos, los historiadores hacen notar que había muchas cuestiones de carácter político y hasta económico: en efecto, los defensores de las imágenes eran los monjes, los únicos verdaderos opositores del extrapoder imperial y poderosos económicamente. Pero, como decíamos, Tarasio tiene también otras glorias. Era de familia noble y había sido revestido de la dignidad de senador y jefe de la cancillería imperial.

Aunque era un simple laico, por designación del difunto patriarca Pablo, fue elegido para recibir una difícil herencia, que aceptó con la condición de que la emperatriz Irene y el senado se comprometieran a consentir la convocación de un concilio: sólo así sería posible restablecer la ortodoxia y la paz eclesiástica. Esto se logró, no sin dificultad, en el Concilio de Nicea del 787. Tarasio fue también un integérrimo defensor de la moral cristiana y sobre todo del matrimonio, oponiéndose con energía al mismo emperador Constantino VI, que pretendía de él la sentencia de divorcio para poder contraer nuevas nupcias. Tarasio fue también un gran devoto de la Virgen María, a quien saludaba así: "Salve, oh Mediadora de todo lo que hay bajo el cielo; salve, reparadora de todo el universo; salve, oh llena de gracia, el Señor es contigo, él que existía antes que tú y nació de ti, para vivir con nosotros". San Tarasio murió a la edad de 76 años, en el 806 y fue sepultado en el santuario "Todos los mártires" del monasterio fundado en el Bósforo.

26 de febrero

SAN ALEJANDRO

Patriarca

Entre los numerosos santos con este nombre, el patriarca Alejandro, que nació hacia el año 250, merece un puesto destacadísimo en la lista de los grandes campeones de la fe, porque fue uno de los protagonistas en la lucha contra la herejía arriana. Fue un hombre de profunda cultura, celo y bondad, y en el año 313 fue elegido patriarca de Alejandría de Egipto. Parece que el mismo Arrio, ordenado sacerdote por el predecesor san Aquila por sugerencia de Alejandro, fue uno de los promotores de su elección.

Tan pronto fue elegido patriarca, se dedicó a la formación y elección de los clérigos y comenzó la construcción de la iglesia de

San Theonas, la más grande de la ciudad. Pero su nombre quedó unido a la edificación de ese gran baluarte de la ortodoxia, construido por su iniciativa, en el primer Concilio ecuménico de Nicea, contra la propagación de un conjunto de herejías difundidas por uno de sus sacerdotes, Arrio, un auténtico precursor de los modernos métodos publicitarios. Para difundir sus teorías (la incomunicabilidad de Dios con sus criaturas, la posición subordinada e intermedia de Cristo entre Dios y el mundo y, por tanto, la negación de la consubstancialidad del Hijo con el Padre), Arrio se sirvió, incluso, de las canciones que el pueblo cantaba sin darse cuenta de los errores doctrinales que se ocultaban en tales cantos. Alejandro trató de reconducirlo al rebaño con dulzura y paternalmente, pero, al ver que todo era inútil, el Santo patriarca convocó un sínodo de obispos en el que se examinaron y rechazaron las tesis de Arrio. Este no se sometió y se fue para Palestina en donde se hizo pasar por perseguido y trató de desacreditar a Alejandro. En la controversia se mezcló el mismo emperador Constantino, quien, poco experto en cuestiones teológicas, terminó haciéndoles severos llamamientos al orden a uno y otro. Pero la disputa no podía terminar así y, entonces, Constantino convocó el concilio en Nicea de Bitinia por insistencia de Alejandro.

En este primer grande concilio ecuménico encontramos junto al anciano y enfermo Alejandro a su batallador diácono Atanasio, que le sucederá en la sede episcopal y llevará a fondo la lucha contra la herejía arriana. Alejandro regresó triunfalmente a Alejandría y se dedicó a sanar las heridas causadas por el cisma, pero murió cinco meses después. La fecha no es segura: muchos testimonios la colocan el 26 de febrero del año 328.

27 de febrero

SAN GABRIEL DE LA DOLOROSA

Religioso

Durante la última enfermedad, que lo llevó a la muerte el 27 de febrero de 1862, cuando tenía 24 años, Gabriel de la Dolorosa, clérigo pasionista, le dijo a su director espiritual, padre Norberto, que le alejara su diario para no caer en la tentación de releerlo y de complacerse de las gracias particulares que le había otorgado la Virgen María. El padre Norberto no sólo se llevó el diario, sino que incautamente lo destruyó sin haber leído siquiera una línea, privándonos así de una "historia de un alma" interesante y útil, no sólo para nuestra edificación, como la autobiografía de santa Teresa del Niño Jesús, sino también para la comprensión de las riquezas interiores de este Santo.

San Gabriel nació en Asís el lo. de marzo de 1838. Ese mismo día fue bautizado con el nombre de Francisco. Pero en Asís vivió poco tiempo, por que el padre era gobernador en el Estado Pontificio y tenía que trasladarse a varios lugares. Francisco fue alumno de los Hermanos Cristianos y después de los jesuitas hasta los 18 años, cuando decidió entrar a la familia religiosa de los Pasionistas.

Entró al noviciado de Morrovalle, y el 21 de septiembre de 1856 recibió el hábito religioso y tomó el nombre de Gabriel de la Dolorosa. Al año siguiente hizo su profesión religiosa; permaneció diez meses en Morrovalle, después estuvo un año en Pievetorina para completar los estudios filosóficos. El 10 de julio de 1859 llegó con los cohermanos a Isola del Gran Sasso, en donde murió tres años después, el 27 de febrero de 1862.

De él conservamos pocos escritos: un cuaderno de apuntes escolares; una reunión de pensamientos de los Padres de la Iglesia sobre la Virgen y unas cuarenta cartas llenas de devoción por la Virgen Dolorosa: "Mi paraíso son los dolores de mi querida Madre", escribe. Nada excepcional se notaba exteriormente, pero tenía una gran riqueza interior y se había entregado totalmente a Dios y a la Virgen, en la absoluta fidelidad a la Regla, en el profundo espíritu de oración y de penitencia. Fue beatificado en 1908, y canonizado en 1920. En 1926 Pío XI lo nombró patrono de la Acción Católica.

28 de febrero

SAN ROMAN

Abad

Los primeros contactos del monaquismo oriental se deben a los frecuentes exilios a los que fue condenado san Atanasio. En efecto, en el siglo IV fue cuando comenzó el monaquismo occidental, que produjo efectos de perfección espiritual y progreso civil. Baste recordar a san Benito. El primer monasterio en Galia surgió en el 371 por obra de san Martín de Tours; después hubo un gran florecimiento de abadías, en una de las cuales (en Ainay, cerca de Lyón) encontramos a comienzos del siglo V al monje Román.

No contento con la rígida regla de su monasterio, con el permiso del abad, se retiró a un lugar solitario llevando sólo un texto de la Sagrada Escritura y las herramientas de trabajo. Después se perdieron sus huellas, pero pocos años después su hermano Lupicino, que había enviudado, descubre su yermo y se le agrega, y con él también otros hombres. Román y Lupicino acogieron a los nuevos llegados y erigieron un primer monasterio en Condat y después otro en Leuconne. Después llegó también una hermana, y para ella construyeron un tercer monasterio, no muy lejano, en un lugar llamado La Beaume.

Los dos hermanos condividían en perfecta armonía el gobierno de las nuevas comunidades. Sus temperamentos, diametralmente opuestos, se completaban mutuamente: Román tenía un espíritu tolerante, inclinado a la comprensión y a la magnanimidad; Lupicino era austero, intransigente con la regla, de la que pretendía el absoluto cumplimiento. Así, después de una cosecha excepcional, como los monjes no observaron las rígidas normas de la abstinencia, Lupicino hizo botar todas las provisiones al torrente y ordenó que a la mesa se sirviera sólo una sopa de cebada. Doce monjes no resistieron tanta austeridad y abandonaron el convento: entonces Román corrió detrás de ellos y con lágrimas les imploró que regresaran.

Su bondad triunfó también en esta ocasión. Una vez, durante una peregrinación a la tumba de san Mauricio en Ginebra, en compañía de un monje suyo, san Pallade, llegaron a una choza en donde vivían dos pobres leprosos, y Román no dudó en abrazarlos. A la mañana siguiente los leprosos se dieron cuenta que estaban perfectamente curados y fueron a la ciudad a contar el prodigio. Durante esa peregrinación se verificaron otros prodigios. Después regresó a la soledad de Condat en donde murió en el 463. Había nacido hacia el año 390.

Anunciación.

Lucas Cranach, grabado de 1515
Holzschnitt (Alemania).

Marzo

1 de marzo
SAN ALBINO
Obispo

Hay trece santos con el nombre de Albino. Ocho fueron obispos. Tres se conmemoran el lo. de marzo: el legendario protomártir inglés, a quien se le cambió el nombre de Albano en Albino para distinguirlo del homónimo mártir de Maguncia; y los obispos de Vercelli y de Angers, casi contemporáneos. El quinto sucesor de san Eusebio, fundador de la diócesis de Vercelli, fue consagrado obispo en el 452, en un período histórico muy tormentoso en Italia.

El nuevo obispo reconstruyó la iglesia metropolitana, sobre las ruinas de la pequeña basílica que san Eusebio había construido sobre la tumba del mártir san Teofrasto, y que el emperador Teodosio había hecho ampliar. Para la solemne celebración del rito Albino esperaba la visita de algún obispo importante. La espera fue premiada con el paso de san Germán, obispo de Auxerre, que se dirigía a Ravena. Como no podía esperar, el Santo obispo prometió que asistiría al rito, cuando regresara.

San Germán murió durante su estadía en Ravena, y a Vercelli regresó solamente su cadáver. Cuando colocaron el féretro en el centro de la basílica, todas las velas se encendieron simultáneamente. El hecho, más prodigioso porque en los días anteriores ninguno había podido encenderlas, fue interpretado como el cumplimiento de la promesa que san Germán había hecho a san Albino. Del obispo de Vercerlli no sabemos sino que su culto es muy antiguo.

San Albino (Aubin), obispo de Angers, es uno de los santos más populares de la Edad Media, sobre todo en el norte de Europa. Nació en Vannes (Francia) hacia el año 496, de noble familia, y para poder entrar en la abadía de Tincillac tuvo que renunciar al título nobiliario y a la rica herencia. Pero aunque deseaba el escondimiento, la fama de sus virtudes humanas y religiosas lo colocaron constantemente en lugar sobresaliente. En el 504 fue elegido abad, cargo que ocupó durante 25 años, hasta cuando por obediencia tuvo que aceptar el nombramiento como obispo de Angers en el 529.

Con celo pastoral y prudente firmeza gobernó su diócesis, obteniendo más hostilidad que aplausos. Pero para el buen obispo le era suficiente la aprobación de otro santo, su amigo san Cesario. Murió el lo. de marzo del 550. Seis años después, por su fama de santidad se le dedicó una iglesia en Angers, en cuya cripta reposan sus restos.

2 de marzo

SAN SIMPLICIO

Papa

San Simplicio nació en Tivoli (Italia) y ejerció su ministerio pontificio del 468 al 483, un período de graves dificultades para la vida de la Iglesia y del Estado. En efecto, en el 476 Odoacro, después de haber eliminado a Orestes, deportó al hijo Rómulo, último representante imperial. Lo confinó en una villa cerca de Nápoles y le asignó una renta anual de 6.000 libras de oro, y las insignias imperiales se las envió al emperador de Oriente, Zenón.

Tampoco éste estaba viviendo sus mejores días, porque precisamente en el 475-476 tuvo que hacerle frente a la rebelión de Basilisco. Logró vencerlo sólo con la ayuda de Teodorico, rey de los Ostrogodos, que después destronó a Odoacro. Esta serie de acontecimientos perjudicaba también a la vida de la Iglesia en Occidente y en Oriente, pues Odoacro y Teodorico eran seguidores de la herejía arriana, y Basilisco era monofisita.

El monofisismo había sido suscitado por Dióscoro, patriarca de Alejandría de Egipto, y sobre todo por el monje Eutiquio: su tesis central, y que le da el nombre, era que en Cristo no hay sino una sola naturaleza, la divina. A pesar de la importante y enérgica intervención de san León Magno, la herejía triunfó en el llamado "latrocinio de Efeso" del 449, pero a los dos años la doctrina ortodoxa quedó confirmada con claridad en el Concilio de Calcedonia, que asumió como artículo de fe el documento de san León Magno.

Este concilio emanó también el famoso canon 28, que reconocía una cierta preeminencia al patriarcado de Constantinopla. Los enviados del Papa la juzgaron como una innovación peligrosa, y fue combatida también por san Simplicio. La controversia sobre el monofisismo duró por algún tiempo: responsable de ello fue el emperador Zenón que en el 482 tentó un imposible compromiso con su *Henoticon*, contra el cual tomó el papa Simplicio una clara posición.

A más de esta defensa de la doctrina cristiana genuina, san Simplicio tiene el mérito de haber restaurado y dedicado algunas iglesias romanas como la de san Esteban Rotondo y Santa Bibiana. También salvó de la destrucción algunos mosaicos paganos que se encontraban en la iglesia de San Andrés. Las reliquias de san Simplicio reposan en su ciudad natal, Tivoli.

3 de marzo

SAN MARINO

Mártir

"Cuando había paz en todas las Iglesias...": con estas palabras comienza el historiador Eusebio la narración del martirio de Marino, noble y rico oficial del ejército imperial, en Cesarea de Palestina. El período de paz de que habla Eusebio es el instaurado por Galieno que en el 260 había emanado un edicto de tolerancia para con los cristianos. Evidentemente no todos los magistrados condividían la política de distensión. Por eso no faltaron casos de intolerancia como el sucedido al noble Marino y al senador Asterio, que el *Martirologio Romano* celebra hoy conjuntamente con el título de mártires.

Esta es la narración de Eusebio: en Cesarea de Palestina había una vacante para el puesto de centurión. Ese puesto le correspondía a Marino. La promoción ya le había sido notificada y él esperaba sólo la entrega de la varilla de vid, símbolo del grado de centurión romano. Pero otros ambicionaban esa promoción. Uno de los más obstinados pretendientes se presentó al tribunal declarando que, según las antiguas leyes, Marino no podía recibir ninguna dignidad romana, porque siendo cristiano se negaría a ofrecer sacrificios al emperador.

El juez, un cierto Aqueo, fastidiado por este contratiempo, le preguntó a Marino cuál era su religión. La respuesta del soldado fue clara e inmediata: "Soy cristiano". El juez le dio tres horas para reflexionar. Cuando salió del tribunal, se encontró con el obispo Teotecno que, después de haber conversado con él, lo llevó a una iglesia y allí lo condujo a los pies del altar; después le levantó el manto y le mostró la espada que llevaba al cinto, luego le mostró el Evangelio y le dijo que escogiera. Marino no dudó ni un instante y escogió el Evangelio. "¡Sé, pues, de Dios —concluyó el obispo—, vete con Dios y, fuerte en la gracia, consigue lo que has escogido. Vete en paz!".

Habían pasado las tres horas. Marino regresó al tribunal y ante el juez proclamó su fe "con valentía todavía más grande". Inmediatamente fue condenado a la pena capital y ejecutada la sentencia. Durante el martirio del joven oficial estaba presente Asterio, que quiso emularlo en la valentía, echándose sobre las espaldas el cuerpo del mártir para darle digna sepultura, sabiendo que ese gesto lo comprometería a él. En efecto —añade Rufino, el traductor de Eusebio—, Asterio compartió casi inmediatamente con Marino el honor del martirio.

4 de marzo
SAN CASIMIRO

Príncipe

La reina Isabel de Ausburgo, madre de Casimiro, tuvo trece hijos. Su padre era Casimiro IV, rey de Polonia. Todos los hermanos de Casimiro ciñeron la corona real, pero él llevó la mucho más gloriosa, la de los santos, después de haber renunciado a la corona de rey de Hungría. Casimiro nació en Cracovia, en 1458, y pertenecía a la dinastía de los Jagellones, de origen lituano. Cuando los húngaros se rebelaron contra su rey, Matías Corvino, y le ofrecieron la corona al joven príncipe Casimiro, él renunció porque sabía que el Papa era contrario a la destitución del rey y a la imposición por la fuerza del joven príncipe. Casimiro, en efecto, tenía sólo una ambición, si se puede llamar así, y era la de realizar el ideal ascético de la pobreza y de la humildad.

El jefe de la dinastía, el pagano Jagellón, soberano de Lituania, se había convertido al catolicismo junto con su pueblo en 1385, uniendo sus intereses a los de Polonia. La dinastía de los Jagellones permaneció en el trono de Polonia hasta el 1572, extendiendo las conquistas desde Prusia hasta Hungría y realizando en parte el antiguo sueño de reunir en un solo reino a todos los Estados entre el Báltico y el Mar Negro. Empeñado en esta política de expansión, el rey Casimiro IV (1440-1492) nombró a su hijo Casimiro regente de Polonia, y el príncipe, ya enfermo de tuberculosis, cumplió su misión con inteligente política, sin dejarse llevar por las seducciones del poder.

Fue servidor diligente de su Estado, pero no se doblegó a las razones de Estado cuando el padre le propuso el matrimonio con la hija de Federico III, para ampliar, con la política matrimonial, los ya extensos confines del reino. El príncipe Casimiro no quería abandonar su ideal ascético de pureza por ventajas materiales que él no deseaba. De extraordinaria belleza, admirado y cortejado, Casimiro había reservado su corazón sólo para la Virgen María. "Alma mía —escribía en uno de sus muchos "madrigales" que dedicaba a la Virgen— no pases un sólo día sin rendir tus homenajes a María; solemniza devotamente sus fiestas, proclama todas sus virtudes. Admira su grandeza y su dignidad sobre todas las criaturas". Murió, víctima de la tuberculosis, a la edad de 25 años en Grodno (en la Lituania anexa a Rusia) el 4 de marzo de 1484. Tan pronto murió, todo el pueblo polaco comenzó a venerarlo. En 1521 el papa León X lo canonizó y lo declaró patrono de Polonia y Lituania.

Un biógrafo suyo, casi contemporáneo del Santo, escribe de él: una caridad casi increíble, no fingida, ni falsa, sino sincera, con la que amaba ciertamente a Dios Todopoderoso, se había derramado tan abundantemente, por la acción del Espíritu Santo, en el corazón de Casimiro, y de un modo tan exuberante —y, desde su interior, se desbordaba sobre el prójimo—, que nada le era tan agradable y apetecible como la entrega no sólo de sus bienes, sino de toda su persona en servicio de los pobres de Cristo, de los peregrinos, de los enfermos, de los cautivos y de los afligidos...

Defendía y tomaba como suyas las causas de los pobres y míseros, por lo que el pueblo lo llamaba el defensor de los pobres. Y, aunque era hijo del rey y de noble ascendencia, nunca, ni en su trato ni en sus palabras, se mostraba altivo con nadie, por humilde y poca cosa que fuera.

5 de marzo

SAN FOCAS

Mártir

Al emperador Trajano (98-117) lo reconocían sus contemporáneos como el fundador de una época de oro, del llamado "beatissimum saeculum", pero también es responsable de una serie de procesos contra los cristianos que terminaban con el martirio. Según una carta que le escribió al gobernador de Bitinia, Plinio el Joven, afirmaba que el cristianismo era un delito digno de muerte sólo cuando era reconocido; es decir, el cristiano tenía que ser condenado a muerte solamente si confesaba su fe y no quería retractarse. Al "Optimus imperator" que con una sabia legislación había garantizado la libertad personal a todos los ciudadanos del vasto imperio, le pareció que la retractación impuesta a los cristianos servía de freno a la expansión de la nueva religión. Pero los cristianos con admirable firmeza rechazaron la retractación y a muchos les costó la vida.

Junto a los grandes nombres como Ignacio de Antioquía y Simeón de Jerusalén, último de los parientes inmediatos de Jesús, encontramos a un modesto campesino, llamado Focas, que vivía en Sinope. La fuente principal para reconstruir su biografía es el panegírico pronunciado por el obispo Asterio a comienzos del siglo V y que se caracteriza por una admirable concisión. Focas ejercía el oficio de hortelano y era muy apreciado y querido de todos por su generosidad y su hospitalidad. De estas dos virtudes dio una conmovedora demostración a los mismos verdugos que fueron a su casa a ejecutar la sentencia capital pronunciada contra él. Evidentemente los verdugos no lo conocían personalmente, porque, cuando entraron a su casa a pedir informaciones, el hortelano los invitó generosamente a almorzar.

Mientras los dos almorzaban, Focas fue al huerto a abrir su tumba; luego regresó a casa y les declaró su identidad a los verdugos, rogándoles que ejecutaran la sentencia sin contemplaciones. Así lo hicieron y minutos después su cuerpo caía al hoyo que él había preparado.

La narración de Asterio no dice más. Los diferentes testimonios del culto al mártir Focas en las islas Cíclades, en Sicilia, en el Ponto Eusino y en Antioquía, hicieron pensar un tiempo en la existencia de cuatro santos distintos con este nombre. Pero nuevos documentos han establecido la autenticidad de un único mártir Focas, llamado el Hortelano, cuyas reliquias ya en el siglo V habían sido llevadas a varias ciudades de Oriente y Occidente. Venerado en las Iglesias bizantina y latina, se lo invocaba contra la mordedura de las serpientes.

6 de marzo

SANTA ROSA DE VITERBO

Virgen

Los biógrafos de santa Rosa, que nació en Viterbo (Italia) en 1234, de modesta familia, dudan mucho de la veracidad de los prodigios que se le atribuyen desde cuando tenía tres años de edad. En una biografía, llamada *Vida II*, del 1457, se cuenta, por ejemplo, que cuando la niña tenía tres años resucitó a una tía materna, transformó unos panes en rosas, recompuso milagrosamente una jarra de barro que se había roto. También se le atribuye una actividad de pequeña predicadora, tan pequeña que tenía que subirse a las pilastras de la plaza.

En cambio, es más creíble el fragmento de la primera *Vida*, un documento de la época, por el cual sabemos que entre la noche de un jueves (del 1244 ó 1250) y la antevíspera de la fiesta de san Nicolás, Rosa tuvo una visión que determinó su entrada a la Tercera Orden franciscana. Primero se le aparecieron almas de difuntos y después la Virgen, que la invitó a ir donde la superiora local de la Tercera Orden, que debería hacerle vestir el hábito de las Terciarias y acompañarla a visitar tres iglesias como señal de su consagración a Dios.

Desde ese día comenzó Rosa su "predicación", o, más exactamente, las exhortaciones que la jovencita hacía a sus conciudadanos para que cumplieran la obligación de la penitencia y de la fidelidad a Dios y a la Iglesia, cuya unidad estaba turbada por la proliferación de varias herejías y por las sangrientas luchas civiles. Las exhortaciones de Rosa fueron interpretadas en sentido político y como abierta oposición al emperador Federico II, y por eso Mainetto de Bovolo mandó al destierro a toda la familia de Rosa.

El destierro fue duro pero parece que duró poco por la muerte del emperador, anunciada por Rosa. Cuando regresaba y se encontraba en Vitorquiano, la joven obtuvo la curación de una ciega llamada Delicada y la conversión de una obstinada hereje, sometiéndose a la prueba del "juicio de Dios". De regreso a Viterbo, Rosa pidió en vano ser admitida entre las monjas de clausura de la Orden fundada por Clara de Asís.

No se sabe nada de su muerte, acaecida a la edad de dieciocho años. Su cuerpo fue colocado sin féretro debajo del pavimento de la iglesia de Santa María del Poggio y ahí permaneció dieciocho meses. En el primer reconocimiento fue encontrado intacto y así se conservó durante siglos, y cuando hubo un incendio y se quemó el féretro en donde más tarde se lo había colocado, su cuerpo quedó ennegrecido pero no quemado. Los milagros obtenidos por intercesión de Rosa, hicieron que se le concediera el título de santa, aunque nunca se haya hecho su canonización oficial.

7 de marzo
SANTAS PERPETUA Y FELICIDAD

Mártires

Vibia Perpetua, una joven madre de 22 años, escribió en prisión el diario de su arresto, de las visitas que recibía, de las visiones y de los sueños, y siguió escribiendo hasta la víspera del suplicio. "Nos echaron a la cárcel —escribe— y quedé consternada, porque nunca me había encontrado en lugar tan oscuro. Apretujados, nos sentíamos sofocar por el calor, pues los soldados no tenían ninguna consideración con nosotros". Perpetua era una mujer de familia noble y había nacido en Cartago; con ella fueron encarcelados Saturnino, Revocato, Secondulo y Felicidad, que era una joven esclava de la familia de Perpetua, todos catecúmenos.

A los cinco se unió su catequista Saturno y gracias a él todos pudieron recibir el Bautismo antes de ser echados a las fieras (Secondulo murió de agotamiento antes del suplicio) y decapitados en el circo de Cartago, el 7 de marzo del año 203. Felicidad estaba para dar a luz a su hijo y rezaba para que el parto llegara pronto para poder unirse a sus compañeros de martirio. Y así sucedió, el niño nació dos días antes de la fecha establecida para el inhumano espectáculo en el circo: fue un parto muy doloroso, y cuando un soldado comenzó a burlarse: "¿Entonces cómo te lamentarás cuando te estén destrozando las fieras?" Felicidad replicó llena de fe y de dignidad: "¡Ahora soy yo quien sufro; en cambio, lo que voy a padecer no lo padeceré yo, sino que lo sufrirá Jesús por mí!".

Ser cristianos en esa época de fe y de sangre constituía un riesgo cotidiano: el riesgo de terminar en un circo, como presa para las fieras y ante la morbosa curiosidad de la muchedumbre. Perpetua tenía un hijito de pocos meses. Su padre, que era pagano, le suplicaba, se humillaba, le recordaba sus deberes para con la tierna criatura. Bastaba una palabra de abjuración y ella regresaría a casa. Pero Perpetua, llorando, repetía: "No puedo, soy cristiana".

Los recuerdos y los apuntes de Perpetua formaron un libro que se llama *Passio de Perpetua y Felicidad*, que después completó otra mano, tal vez la de Tertuliano, que narró cómo las dos mujeres fueron echadas a una vaca muy brava que las corneó bárbaramente antes de ser decapitadas. La frescura de esas páginas ha llenado de admiración y conmoción a enteras generaciones. Precisamente los hermanos en la fe fueron quienes le pidieron a Perpetua que escribiera esos apuntes para dejar a todos los cristianos por escrito un testimonio de edificación.

8 de marzo

SAN JUAN DE DIOS

Religioso

Los caminos de la santidad son infinitos, y lo demuestran los sucesos de la vida terrena de este Santo extraordinario. Juan Ciudad nació el 8 de marzo de 1495 en Montemor-o-novo (Portugal), y a la edad de ocho años escapó de casa. En Oropesa, la Nueva Castilla, en donde se detuvo en la primera etapa, la gente, como no conocía nada de él, ni siquiera el nombre, comenzó a llamarlo Juan de Dios, y así se quedó. Hasta los 27 años hizo de pastor y campesino; después se enroló entre los soldados de aventura. En la famosa batalla de Pavía entre Carlos V y Francisco I, Juan de Dios estaba entre los vencedores, es decir, en los ejércitos de Carlos V. Más tarde participó en la defensa de Viena, asediada por Solimán II.

Terminado el paréntesis militar, mientras tuvo dinero en el bolsillo, vagó por media Europa y fue a dar a Africa en donde hizo de jornalero; durante algún tiempo se dedicó a hacer de vendedor ambulante en Gibraltar, comerciando pacotilla; finalmente se estableció en Granada (España) en donde fundó una pequeña librería. Allí fue donde Juan de Dios cambió radicalmente de vida, después de escuchar un sermón del beato Juan de Avila. Juan de Dios abandonó todo, vendió libros y negocio, se privó hasta de los zapatos y el vestido y se fue a mendigar por las calles de Granada, dirigiendo a los peatones la famosa frase que se convertiría en el emblema de la benemérita institución: "Haced el bien, hermanos, a vosotros mismos".

En efecto, todo lo que recibía lo distribuía a los más necesitados. Pero los habitantes de Granada creyeron hacerle el bien y lo encerraron en un manicomio. Fue un malentendido providencial. En el manicomio Juan se dio cuenta de la culpable ignorancia de los que pretendían curar las enfermedades mentales con métodos dignos de un torturador. Así que, tan pronto pudo liberarse de ese infierno, fundó su propio hospital con la ayuda de algunos benefactores. Aunque no sabía absolutamente nada de medicina, Juan demostró ser mucho mejor que los médicos, sobre todo en lo relativo a las enfermedades mentales, inaugurando muy anticipadamente el método psicoanalítico o psicosomático que será la gloria de Freud y de sus discípulos cuatro siglos después.

La curación del espíritu era la premisa para la eficaz curación del cuerpo. Reunió a sus colaboradores en una gran familia religiosa, que es la Orden Hospitalaria de San Juan de Dios. Juan murió a los 55 años de edad, el mismo día de su cumpleaños, el 8 de marzo de 1550. Fue canonizado en 1690. León XIII lo declaró patrono de los hospitales y de cuantos trabajan por los enfermos.

9 de marzo

SANTA FRANCISCA ROMANA

Religiosa

Francisca Bussa de' Buxis de' Leoni nació en Roma en el año 1384. Era de una familia noble y rica y, aunque aspiraba a la vida monástica, tuvo que, como era la costumbre, aceptar la elección que por ella habían hecho sus padres.

Rara vez un matrimonio así combinado tiene éxito; pero el de Francisca lo tuvo. La joven esposa, sólo tenía trece años, se fue a vivir a casa del marido, Lorenzo de' Ponziani, también rico y noble como ella. Con sencillez aceptó los grandes dones de la vida, el amor del esposo, sus títulos de nobleza, sus riquezas, los tres hijos que tuvo a quienes amó tiernamente y dedicó todos sus cuidados; y con la misma sencillez y firmeza aceptó quedar privada de ellos.

El primer gran dolor fue la muerte de un hijito; poco después murió el otro, renovando así la herida de su corazón que todavía sangraba. En ese tiempo Roma sufría los ataques del cisma de Occidente por la presencia de antipapas. A uno de ellos, Juan XXIII, le hizo la guerra el rey de Nápoles, Ladislao, que invadió a Roma dos veces. La guerra tocó de cerca también a Francisca, pues hirieron al marido, y al único hijo que le quedaba lo llevaron como rehén. Todas estas desgracias no lograron doblegar su ánimo, apoyado por la presencia misteriosa pero eficaz de su Angel guardián.

Su palacio parecía meta obligada para todos los más necesitados. Fue generosa con todos y distribuía sus bienes para aliviar las tribulaciones de los demás, sin dejar nada para sí. Para poder ampliar su radio de acción caritativa, fundó en 1425 la congregación de las Oblatas Olivetanas de Santa María la Nueva, llamadas también Oblatas de Tor de' Specchi. A los tres años de la muerte del marido, emitió los votos en la congregación que ella misma había fundado, y tomó el nombre de Romana. Murió el 9 de marzo de 1440. Sus despojos mortales fueron expuestos durante tres días en la iglesia de Santa María la Nueva, que después llevaría su nombre. Tan unánime fue el tributo de devoción que le rindieron los romanos que una crónica del tiempo habla de "tota civitas", de toda la ciudad de Roma, que acudió a rendirle el extremo saludo. Fue canonizada en 1608.

10 de marzo (del 9)

SANTO DOMINGO SAVIO

Adolescente

Una vida íntegra y breve (sólo 15 años), vivida en la plenitud de los dones de la gracia, dio a la Iglesia un santo y a los jóvenes cristianos de hoy un modelo práctico y sencillo: para "realizarse" son suficientes al cristiano los medios ordinarios de la gracia, cumplir alegremente los deberes del propio Estado y dedicarse con amor a los demás. Domingo Savio, canonizado por Pío XII en 1957, era hijo de una humilde familia: un herrero y una modista. Nació en Riva di Chieri, cerca de Turín, en 1842. Hizo su Primera Comunión a los siete años, y con su mano infantil escribió entonces su programa de vida cristiana que respetó escrupulosamente: "La muerte antes que el pecado".

San Juan Bosco, que lo tuvo entre sus alumnos durante tres años, fue su biógrafo. A los diez años se acusó de una falta que no había cometido, y le explicó a san Juan Bosco la razón: "Ese compañero mío, por sus precedentes, habría sido expulsado de la escuela. En cambio yo podía esperar en el perdón".

A los doce años le pidió a san Juan Bosco que lo llevara a Turín para ser su alumno. "Me parece que tú tienes buena tela para hacer un hermoso vestido y ofrecerlo al Señor", le dijo el Santo. Y Domingo: "Yo pongo la tela, y usted el trabajo de sastre". "Si no me hago santo —dijo en cierta ocasión—, creo que no haré nada de bueno en mi vida. ¿Y qué se necesita para llegar a ser santo?". "Más valentía que años" le contestó Don Bosco. Un día se puso entre dos compañeros que estaban peleando y gritó: "Tírenme la primera piedra a mí". Otra vez manifestó su deseo de llegar a ser sacerdote, pero ya presentía su inminente muerte.

Se enfermó seriamente y tuvo que, con mucho pesar, dejar el colegio y regresar a casa. Al despedirse de sus compañeros, dijo: "Nos veremos en donde estaremos siempre con el Señor". También tuvo, como Don Bosco, presentimientos y visiones. Un día el médico dijo que ya estaba fuera de peligro, pero cuando se fue, Domingo le pidió al papá que rezara con él las oraciones de la buena muerte. Después le dijo al entristecido padre: "Adiós, querido papá: el Padre tenía algo más para decirme; ya no me puedo acordar... ¡Oh, qué cosa tan hermosa estoy viendo!". Fueron sus últimas palabras. Era el 9 de marzo de 1857.

11 de marzo

SAN CONSTANTINO

Rey y mártir

Constantino es un nombre afortunado y lo demuestra la larga lista de los santos que lo llevaron, comenzando por el mismo emperador Constantino, cuyo culto se extendió rápidamente en todo el Oriente y se fijó la fiesta para el 21 de mayo junto con la de su madre, santa Helena. En Occidente su culto se limitó a las regiones de Sicilia, Calabria y Cerdeña, por la influencia bizantina en esos lugares.

Hoy la Iglesia latina celebra la fiesta de otro Constantino, también el Rey, que coronó su atormentada vida con el martirio. Su devoción se difundió sobre todo en Gran Bretaña e Irlanda. Había empezado más bien mal, llevando una vida desarreglada, tanto en público como en privado, manchándose con varias culpas, como las de asesinatos y sacrilegio; para quedar más libre para sus conquistas amorosas, se había divorciado de su mujer. Pero después, siendo todavía joven, lo tocó la gracia, se convirtió y cambió radicalmente de vida. En primer lugar abandonó el trono y el poder y para expiar sus pecados se retiró al monasterio irlandés de Rathan.

Era la época del gran florecimiento del monaquismo irlandés, que había comenzado con la predicación de san Patricio y continuado en los siglos siguientes, gracias al buen número de santos. Bajo la guía de san Columba, el ex-rey Constantino se hizo sacerdote después de siete años de vida penitente y de estudio de la Sagrada Escritura; después regresó a Escocia, no ya con las insignias reales, sino bajo el humilde traje del monje, a predicar el Evangelio. Fue en este período cuando el país se convirtió al cristianismo, asumiendo el nombre de "Scotia", que hasta ese tiempo había pertenecido a Irlanda.

Constantino había ido a construir el Reino de Dios en la tierra en donde había cometido muchas maldades, ya borradas por el perdón de Dios y por el gran testimonio de su amor a Cristo: en efecto, Constantino recibió la palma del martirio en Escocia, en donde fue asesinado por algunos paganos fanáticos, por su fe en el Evangelio que iba predicando por las calles y las plazas.

12 de marzo (del 9)

SAN GREGORIO DE NISSA

Obispo

San Gregorio de Nissa es el más especulativo de los Padres griegos del siglo IV, y se puede comparar con santo Tomás de Aquino por el cuidado que tuvo para dar a los varios problemas afrontados una respuesta en sintonía con los datos de la fe y al mismo tiempo con las exigencias de la razón. Amante del estudio y de la soledad, muy a pesar suyo fue nombrado obispo de una diócesis, en donde algunas veces su bondad, junto con la falta de sentido práctico, fue juzgada ingenuidad o algo peor. Hasta se le acusó de despilfarrar los bienes de la Iglesia, después lo retiraron de la diócesis y lo mandaron al destierro en el 376. Pero a los dos años se reconoció que las acusaciones que le habían hecho los arrianos eran infundadas y, entonces, regresó a su sede entre las aclamaciones de sus fieles que lo querían mucho. Precisamente en esos días moría su famoso hermano, san Basilio, obispo de Cesarea. Gregorio había sido bautizado muy joven, y en vez de dedicarse a la vida ascética del hermano, prefirió la cultura clásica del tiempo, una mezcla de platonismo, aristotelismo y estoicismo. Fue profesor de retórica durante algunos años y contrajo matrimonio. Después abandonó todo, inclusive a la esposa (no se sabe si la separación fue de común acuerdo, o porque enviudó), y se reunió con el hermano Basilio y el amigo Gregorio de Nacianzo, que se habían retirado a la soledad, para dedicarsen indisturbados al estudio de las obras de Orígenes y de Metodio de Olimpo. Fruto de esas meditaciones y de esas lecturas es el primer tratado sobre la perfección cristiana, el *De virginitate*, escrito por san Gregorio Nissa. La pequeña comunidad se acabó con el nombramiento de Basilio para la arquidiócesis de Cesarea.

Pero Basilio hizo que sus dos compañeros se dedicaran también al mismo trabajo pastoral, nombrándolos obispos. Superadas las primeras dificultades de orden práctico y el desagradable incidente del destierro, el obispo de Nissa fue sacado casi a la fuerza de su humilde sede para que pusiera paz entre las varias iglesias orientales, a menudo en discordias por cuestiones doctrinales y administrativas. Tuvo varios puestos, aun por parte del emperador de Constantinopla; aquí participó en el 381 en el concilio convocado por Teodosio. Los Padres conciliares, admirados por su preparación filosófica y teológica, lo definieron "columna de la ortodoxia". En el 394 participa en el Sínodo de Constantinopla. Es la última noticia que se tiene de él. Comúnmente se cree que murió en el 395. Son famosas sus homilías y sus oraciones fúnebres de los personajes más importantes de ese tiempo.

13 de marzo

SANTOS RODRIGO, SALOMON Y EULOGIO

Mártires

San Eulogio es el más importante de los "Mártires de Córdoba", y san Rodrigo y Salomón son los más característicos. Estos tres y muchos otros santos dieron testimonio de Cristo con sus virtudes cristianas y después con el martirio en Córdoba, la importante ciudad andalusa en donde nacieron Séneca, Lucano, Averroes, Góngora, Pablo de Céspedes, etc. Esta ciudad les fue arrebatada a los visigodos por los árabes en el 771, y logró su apogeo cultural en el siglo X, antes de ser reconquistada, en el 1236 por Fernando III de Castilla.

Los musulmanes no siempre fueron feroces perseguidores de los cristianos, a los que les imponían sólo que no dieran públicamente testimonio de su fe y sobre todo que dieran periódicamente un tributo: si esto significaba espíritu de independencia y de autonomía para el pueblo, los cristianos no podían tolerar una especie de invernadero religioso. A eso se debieron algunas reacciones contra la dominación musulmana que eran aplastadas con esporádicas persecuciones. De estas reacciones fueron protagonistas Rodrigo, Salomón y Eulogio.

No sabemos casi nada de Salomón, antes de su encarcelamiento que sufrió con Rodrigo y que terminó con el martirio por degollación el 13 de marzo del 857. De san Rodrigo sabemos que fue sacerdote y que tenía dos hermanos, uno católico y otro musulmán, continuamente en peleas: un día se pelearon seriamente y Rodrigo quiso poner paz entre los dos, pero recibió palos de uno y otro. Cuando estaba medio muerto, el hermano musulmán le hizo una mala jugada: lo colocó en un carro de caballos y lo llevó por las calles de la ciudad, diciendo a todos que ante el peligro de la muerte su hermano había abrazado la fe islámica. Pero Rodrigo fue curado milagrosamente y siguió ejerciendo su ministerio. Entonces los musulmanes lo consideraron un traidor y, ante su obstinación, resolvieron encarcelarlo y después lo martirizaron.

San Eulogio también era sacerdote; no pudiendo aceptar la pasividad de los cristianos, escribió y habló abiertamente contra el *Corán*. Fue encarcelado, pero como animó a sus compañeros con una eficaz *Exhortación a los mártires*, lo dejaron en libertad. Fue nombrado obispo de Toledo, pero no alcanzó a ser consagrado, porque fue decapitado el 11 de marzo del año 859.

14 de marzo
SANTA MATILDE
Reina

La era de los Otones, que comenzó con la sucesión al trono de Enrique I, esposo de santa Matilde, en el 919, marca la cumbre de la historia alemana medieval. Al salvar a Europa de la invasión de los húngaros, al regularizar la situación italiana y al ejercer el predominio sobre Francia, Alemania se convirtió en nación-guía de Europa. Antes de morir, en el 936, el rey Enrique nombró como sucesor al hijo Otón. La Reina, que apoyaba la candidatura de otro hijo, Enrique, fue obligada a retirarse a un convento, privada de todos sus bienes con el pretexto de que era demasiado pródiga en las obras de caridad. En muchos cuadros se presenta a santa Matilde con una iglesia en la mano y una bolsa de dinero. De esa bolsa salían como riachuelos las monedas que la generosa reina distribuía diariamente entre los pobres, a quienes iba a visitar de incógnito a los tugurios más abandonados.

Usó muy bien sus riquezas, aliviando sufrimientos, socorriendo a los necesitados y fundando varios monasterios con escuelas populares anexas. Ella, que no sabía ni leer ni escribir, lo mismo que Carlo Magno un siglo antes, quiso dar el ejemplo a sus súbditos, sentándose en la escuela con los pequeños alumnos para aprender las vocales. Matilde nació en el 895 y su padre fue el conde Dietrich de Westfalia, y fue criada por la abuela, llamada también Matilde, Abadesa en el convento de Herford. A los catorce años, cuando se casó con Enrique, duque de Sajonia y después rey de Alemania, ya estaba preparada para la misión que la esperaba. Inteligente y activa, se demostró digna compañera del batallador soberano, dedicándose con las armas de la caridad a corregir injusticias y a suavizar con humanísimo tacto las asperezas de las contiendas dinásticas, primero al lado del esposo y después al lado de los hijos Otón y Enrique.

En su predilección por este último demostró que le interesaban más las razones del corazón que las del Estado. Tanto se preocupó que en el 947 logró la definitiva reconciliación de los dos hermanos: en esa ocasión el rey Otón le concedió al hermano Enrique el ducado de Baviera. En el 962 Otón fue coronado emperador en Roma, y Matilde, después de haberse despedido de su hijo Rey y de su otro hijo, Bruno, llamado el santo, que después fue arzobispo de Colonia, fue a encerrarse, primero en el convento de Nordhausen, y después en Quedlinburg, en donde murió el 14 de marzo del 968 y fue enterrada junto al marido. En los escritos de la época ya se la llamaba santa, "mujer de admirable piedad, ideal de reina cristiana".

15 de marzo

SANTA LUISA DE MARILLAC

Religiosa

El encuentro de Luisa de Marillac con Vicente de Paúl (o de' Paoli), a fines del 1624, determinó un cambio revolucionario en el ejercicio de la caridad y en la vida religiosa. San Vicente les repetía a las Hijas de la Caridad, de las que santa Luisa de Marillac fue cofundadora: "Ustedes tienen por monasterio sólo las casas de los enfermos, por celda una pieza en arriendo, por capilla la iglesia parroquial, por claustro las calles de la ciudad, por clausura la obediencia, por reja el temor de Dios, por velo la santa modestia". Son palabras que más que cualquier perfil biográfico describen la vida de la Santa, humilde, inteligente y hábil colaboradora del gran santo de la caridad. "Sólo Dios sabe cuánta fuerza de ánimo ella tiene", dijo san Vicente, comentando su actividad infatigable, a pesar de su poca salud y de sus muchas tribulaciones.

Era hija ilegítima de Luis de Marillac, señor de Ferrieres y consejero en el Parlamento, y tuvo una infancia acomodada, pero después que murió su padre, en el 1604, a la edad de catorce años Luisa fue retirada del colegio real y confiada a una "señorita pobre" (probablemente su madre) que la puso a trabajar. En este período Luisa conoció su origen y eso la hizo sufrir mucho, fue entonces cuando también maduró su propósito de hacerse religiosa, pero los familiares se opusieron y Luisa tuvo que casarse con el escudero y secretario de María de Medici, Antonio Le Gras, el 5 de febrero de 1613. El 19 de octubre de ese año nació su hijo, Miguel. La larga enfermedad del esposo y las grandes dificultades económicas turbaron desde el comienzo la armonía familiar, hasta el punto de que Luisa pensó en la separación.

Los frecuentes coloquios con san Francisco de Sales, a quien encontró por primera vez en París en 1618, la ayudaron a superar este difícil momento. Después Vicente de Paúl la asoció a la proyectada fundación del Instituto de las Hijas de la Caridad. Poco después, muerto el esposo, en diciembre de 1625, y cuando el hijo Miguel había entrado al seminario, Luisa pudo recibir en su casa a las primeras jóvenes que deseaban dedicarse al servicio de los pobres, en colaboración con las Damas de la Caridad. Era el primer núcleo de la nueva revolucionaria congregación.

Permaneció sobre el surco hasta el último momento. Murió el 15 de marzo de 1660, pocos meses antes del "padre de los pobres", de quien aprendió la sencillez de la vida interior y el espíritu práctico. En sintonía con el santo fundador, según el cual la santidad es más auténtica cuanto más escondida, Luisa de Marillac tuvo los honores de los altares sólo el 11 de marzo de 1934. En 1960 el papa Juan XXIII la declaró patrona de los Asistentes Sociales.

16 de marzo (del 19 de octubre)

SANTOS JUAN DE BREBEUF E ISAAC JOGUES Y COMPAÑEROS

Mártires

En estos años ha cambiado la actitud hacia los indios pielrojas. Se tiene conciencia que la prepotencia de los blancos colonizadores destruyó la vida de pueblos de los que se aprecian, también demasiado tarde, algunas características. Pero, aún para estos pueblos se puede decir que el cristianismo y sobre todo los misioneros se han preocupado realmente por entablar un diálogo que permita hacer sobrevivir los valores más genuinos. Esto queda confirmado con los acontecimientos de los ocho jesuitas que murieron mártires en Canadá a mediados del siglo XVII, y sobre todo de Juan Brébeuf.

Este había nacido en 1593 de una familia normanda que había acompañado a Guillermo el Conquistador y a san Luis IX. Se hizo jesuita y fue ordenado sacerdote a los 29 años. Tres años después, en compañía de los padres Massé y Lalemant y el franciscano Joseph Roche d'Aillon, partió para Canadá. La primera tribu con la cual tuvo contacto fue la de los Algonquinos, que acompañó cinco meses durante las cacerías por los bosques llenos de nieve; tenía grande espíritu de observación y buena memoria, y esto le facilitó el aprendizaje del idioma de la tribu, de la que escribió una gramática y un vocabulario. Pasó después entre los hurones, en cuya lengua ya desaparecida redactó un catecismo, precioso aun desde el punto de vista filológico. Con infinita paciencia recomenzó la misión entre los hurones, después que terminaron las luchas entre franceses e ingleses. Los indios lo admiraban mucho por su calma, su inteligencia y hasta por su fuerza (lo llamaban Echon, "el hombre que lleva los pesos"). Hacia 1637 pudo administrar los primeros bautismos a los adultos: cuando murió, ya habían unos 7.000 hurones cristianos.

Toda su vida fue un martirio: "Nuestras chozas son de cortezas, como las de los salvajes... El interior de las chozas es una pequeña imagen del infierno. Ordinariamente no se ve ahí sino fuego y humo; aquí y allí se ven cuerpos desnudos, ennegrecidos y medio quemados, entre tropas de perros". El 16 de marzo de 1649 los iroqueses, enemigos de los hurones, atacaron la misión, amarraron a Brébeuf a un árbol, le arrancaron las uñas, lo despellejaron, lo torturaron de mil modos y, finalmente, admirados de su valentía, le abrieron el pecho y se comieron el corazón, para adueñarse de su fuerza de ánimo. Con siete de sus compañeros mártires (Antonio Daniel, Carlos Garnier, Gabriel Lalemant, Juan de La Lande, Isaac Jogues, Natale Chabanel y Renato Goupil) fue canonizado el 29 de junio de 1931. Su fiesta cae el 19 de octubre.

17 de marzo
SAN PATRICIO
Obispo

Son inciertos los datos cronológicos del apóstol de Irlanda. Patricio nació probablemente en la Britania Mayor, en Bannhaven Taberniae (un pueblecito que hoy no se encuentra en los mapas) en el 385, y probablemente murió en el 461 cerca de Down, que ahora se llama Downpatrick, en el Ulster. La fecha del 17 de marzo para la celebración de la memoria del Santo es muy antigua. San Patricio nació en la actual Inglaterra y por un designio providencial fue a parar a la vecina isla de Irlanda, en donde vivían celtas y escotos, todavía paganos. En efecto, cayó prisionero de los piratas a la edad de 16 años y fue llevado a los mercados irlandeses para ser vendido como esclavo. El encuentro con la patria de adopción no fue, pues, muy agradable, como tampoco su estadía, pues trató de huir dos veces. La tercera vez, después de seis años, lo logró.

Después regresó a Irlanda no ya como esclavo, sino como predicador del Evangelio. Para su futura misión se preparó en Auxerre con severos estudios teológicos, bajo la guía de san Germán. Hizo un viaje a Italia en donde visitó varios monasterios. Después regresó a Irlanda, enviado por el mismo Pontífice, según la tradición, como sucesor del primer obispo, Paladio, en el 432. El buen éxito de la misión de san Patricio se debe a la inteligente organización que supo crear en esa isla, carente de ciudades y dividida en muchas tribus o clanes, dirigidos por un jefe independiente. Ante todo, él supo adaptarse a las condiciones sociales del lugar, formando un clero local y pequeñas comunidades cristianas dentro del mismo clan, sin rechazar usos ni costumbres tradicionales.

Se preocupó ante todo por la conversión de los jefes, pues sabía que inmediatamente los seguirían sus súbditos. Erigió en varios sitios de Irlanda algunas abadías, que después llegaron a ser famosas, alrededor de las cuales fueron naciendo las futuras ciudades. Patricio tuvo una vida difícil con los herejes pelagianos, que para arruinar su obra recurrieron inclusive a la calumnia. Para defenderse, Patricio escribió una *Confessio*, aclarando que su trabajo de misionero era la simple actuación de un mandamiento divino y que su aversión contra los pelagianos se debía al absoluto valor teológico que él le atribuía a la gracia. La obra del infatigable misionero dio excelentes frutos con el tiempo: lo demuestra el maravilloso florecimiento de santos irlandeses y su generosa adhesión a la fe de los padres.

18 de marzo

SAN CIRILO DE JERUSALEN

Obispo y doctor de la Iglesia

Desde el período apostólico hizo su aparición la herejía en la Iglesia, pero sin causar en las comunidades eclesiales esas profundas heridas producidas por el arrianismo y el nestorianismo en los siglos IV y V. Pero si este pulular de herejías frenó un poco la evangelización de los paganos, suscitó también grandes figuras de pastores, de teólogos, de predicadores, de escritores que con sus obras, por medio de una catequesis sistemática, las homilías y el sermón, lograron exponer claramente la doctrina cristiana y penetrar en el mismo ambiente pagano. La defensa de la ortodoxia hizo más consciente y vivida la fe en el pueblo cristiano. Una de las figuras más representativas de este período de apasionadas batallas teológicas es la del obispo de Jerusalén, san Cirilo, que dirigió esa Iglesia desde el 350 hasta su muerte, en el 386.

Cirilo nació de padres cristianos en el año 315. Tuvo alguna simpatía por los arrianos, pero se separó de ellos muy pronto y adhirió a los semiarrianos homoiusianos, esto es, a esa orientación teológica que se inclinaba a los convenios, que proponía el término "homoi-ousios" (de naturaleza semejante) en vez de "homo-ousios" (de la misma naturaleza, es decir, el Verbo de la misma naturaleza que el Padre): se trataba sólo de añadir una letra, pero era suficiente para eliminar la idea de la consubstancialidad entre el Padre y el Hijo. Cirilo abandonó también a los semiarrianos y se adhirió a la doctrina ortodoxa de Nicea. Por esto fue varias veces desterrado, bajo los emperadores Constancio y Valente. El primer Concilio Ecuménico de Constantinopla, en el que participó Cirilo, reconoció la legitimidad de su episcopado.

Las primeras incertidumbres de su pensamiento teológico demoraron, en Occidente, el reconocimiento de su santidad. En efecto, su fiesta fue instituida sólo en 1882. El papa León XIII le concedió el título de doctor de la Iglesia por las 24 *Catequesis* que Cirilo compuso probablemente al comienzo de su episcopado y que él dirigía a los catecúmenos que se preparaban para recibir los sacramentos. De las primeras 19, trece están dedicadas a la exposición general de la doctrina, y cinco, llamadas mistagógicas, están dedicadas al comentario de los ritos sacramentales de la iniciación cristiana.

Las *Catequesis* de san Cirilo nos llegaron gracias a la transcripción de un estenógrafo, en la íntegra naturalidad y sencillez con que el Santo obispo las comunicaba a la comunidad cristiana en los tres principales santuarios de Jerusalén, es decir, en los mismos lugares de la redención, en los que según la expresión del predicador, no sólo se escucha, sino que "se ve y se toca".

19 de marzo

SAN JOSE, ESPOSO DE LA VIRGEN MARIA

Solemnidad

Las fuentes biográficas que se refieren a san José son, exclusivamente, los pocos pasajes de los Evangelios de Mateo y de Lucas. *Los Evangelios Apócrifos* no nos sirven, porque no son sino leyendas. "José, hijo de David", así lo llama el ángel. El hecho sobresaliente de la vida de este hombre "justo" es el matrimonio con María, cuando era joven o en plena madurez. La tradición popular imagina a san José en competencia con otros jóvenes aspirantes a la mano de María. La elección cayó sobre él porque, siempre según la tradición, el bastón que tenía floreció prodigiosamente, mientras el de los otros quedó seco. La simpática leyenda tiene un significado místico: del tronco ya seco del Antiguo Testamento refloreció la gracia ante el nuevo sol de la redención.

El matrimonio de José con María fue un verdadero matrimonio, aunque virginal. Poco después del compromiso, José se dio cuenta de la maternidad de María y, aunque no dudaba de su integridad, pensó "dejarla ocultamente". Siendo "hombre justo", añade el Evangelio (el adjetivo usado en esta dramática situación es como el relámpago deslumbrador de un flash que ilumina toda la figura del Santo), no quiso admitir sospechas, pero tampoco avalar con su presencia un hecho inexplicable. La palabra del ángel aclara el angustioso dilema. Así él "tomó consigo a su esposa" y con ella fue a Belén para el censo, y allí el Verbo eterno apareció en este mundo, acogido por el homenaje de los humildes pastores y de los sabios y ricos magos, pero también por la hostilidad de Herodes, que obligó a la Sagrada Familia a huir a Egipto. Después regresaron a la tranquilidad de Nazaret, hasta los doce años, cuando hubo el paréntesis de la pérdida y hallazgo de Jesús en el Templo.

Después de este episodio, el Evangelio parece despedirse de José con una sugestiva imagen de la Sagrada Familia: Jesús obedecía a María y a José y crecía bajo su mirada "en sabiduría, en estatura y en gracia". San José vivió en humildad el extraordinario privilegio de ser el padre putativo de Jesús, y probablemente murió antes del comienzo de la vida pública del Redentor.

Su imagen permaneció en la sombra aun después de la muerte. Su culto, en efecto, comenzó sólo durante el siglo IX. En 1621 Gregorio V declaró el 19 de marzo fiesta de precepto (ahora ya no lo es); después Pío IX proclamó a san José patrono de la Iglesia universal. El último homenaje se lo tributó Juan XXIII, que introdujo su nombre en el Canon de la Misa.

20 de marzo

SAN SERAPION DE THMUIS

Obispo

Thmuis es una ciudad del bajo Egipto. Su nombre significa "cabra" porque antiguamente se adoraba allí ese animal. San Serapión fue obispo de Thmuis entre el 340 y el 356. No se tienen muchas noticias seguras de su vida. Al principio fue propuesto para la escuela catequistica de Alejandría, pero se hizo monje como alumno de san Antonio abad, quien al morir le dejó una de sus túnicas de piel. Esto nos lo cuenta san Atanasio, que fue buen amigo de Serapión: lo demuestran las cinco cartas al obispo de Thmuis, que a su vez sostuvo enérgicamente al "martillo de los arrianos".

Fue llamado al ministerio episcopal, pero Serapión conservó siempre mucha nostalgia por la vida monástica. Lo atestigua hermosamente la vibrante *Carta a los monjes*, en la que exalta la óptima "elección" que los monjes han sabido hacer, al renunciar a las alegrías efímeras y a los muchos disgustos de la vida del mundo, que él describe con brío y un poquito de ingenuidad y de retórica. Serapión también hace resaltar la eficacia del ministerio de propiciación que los monjes ejercen en la Iglesia y en la sociedad, a imitación de Abrahán y de Moisés. Como obispo, Serapión tuvo que dedicarse a la defensa de la doctrina cristiana. No es segura históricamente su participación en el Concilio de Sárdica (347), en el que se confirmó la rehabilitación de Atanasio; la sede romana fue reconocida como la suprema instancia de apelación para la Iglesia universal y se llevó a cabo también la primera verdadera ruptura entre Oriente y Occidente. Pero él estuvo al lado de Atanasio en la lucha anti-arriana y fue acérrimo anti-maniqueo: lo demuestra su *Libro contra los maniqueos*, que Facundo de Ermiana atribuía erróneamente a san Atanasio y que contiene el llamamiento a no dejarse "atacar por el mínimo error y a levantar un gran baluarte en nuestra alma para no caer víctima de un error más grande".

En cambio, parece que no es de Serapión, y en todo caso no es de su mano la última redacción del *Eucologio*, una reunión de 30 oraciones litúrgicas, importante para la historia de la liturgia egipcia del siglo IV. San Jerónimo, que le dedicó a Serapión un capitulito de su *De viris illustribus*, definiéndolo "escolástico" por su ciencia, nos informa que él escribió también muchas "útiles cartas a varias personas". Sozomeno refiere que él formó parte de una comisión de cinco obispos egipcios que fueron donde Constancio II a interceder por san Atanasio: la misión fracasó y el mismo Serapión fue echado de su sede por los arrianos. Murió poco después del 362 y el *Martirologio Romano* coloca su fiesta el 20 de marzo.

21 de marzo

SAN NICOLAS DE FLÜE

Ermitaño

San Nicolás de Flüe, más conocido como Hermano Klaus, es muy popular en Suiza. Pío XII lo proclamó patrono de esa nación, en donde se celebra su fiesta el 25 de septiembre. Nació en 1417 en Flüeli, cerca de Sachseln. Aunque se sentía llamado a la vida eremítica (a los 16 años tuvo la "visión de la torre"), tuvo que aceptar algunos cargos civiles (fue corregidor de Sachseln, consejero, juez y diputado) y militares. En 1445 se casó con Dorotea Wyssi tuvieron cinco hijos y cinco hijas: uno de ellos llegó a ser párroco de Sachseln, y un nieto, Corrado Scheuber, murió en olor de santidad.

Por insistencia de Matías de Bolsheim y Aimo Amgrund entró en contacto con los gottesfreunde (amigos de Dios), un movimiento religioso alsaciano. Pero la esposa se opuso siempre a sus planes de soledad. Sólo después de haber cumplido los 50 años, en junio de 1567, pudo partir para Alsacia. Pero el Señor lo quería en un lugar mucho más cercano a las regiones habitadas hasta entonces. Por otra parte, él se avergonzaba de esta especie de "fracaso" y se retiró primero a Klisterli-Alpa en Melchtal.

Su vida santa y su riguroso ayuno (existen testigos históricos que durante un período de 19 años y medio él se alimentó sólo con la Eucaristía) atrajeron la curiosidad de los vecinos. Entonces resolvió retirarse a Ranft, un lugar desierto cerca de Flüeli. Sólo salía para ir a Misa y cuando la patria tenía necesidad de él: en 1473 ante la amenaza austríaca, y en 1481 y 1482 cuando hubo un gran peligro de guerra civil: los buenos resultados de estas intervenciones le ganaron el título de "Padre de la Patria". Su oración más frecuente era: "Señor mío y Dios mío, aleja de mí todo lo que me aleja de ti. Señor mío y Dios mío, concédeme todo lo que me acerca a ti. Señor mío y Dios mío, líbrame de mí mismo y concédeme poseerte sólo a ti".

Sus vecinos, edificados por su testimonio de oración y de penitencia (lo espiaron durante todo un mes) le construyeron un yermo y una pequeña capilla, consagrada en 1469. San Nicolás de Flüe murió a los 70 años, el día de su cumpleaños, 21 de marzo de 1487. En 1501 Enrique Wolflin hizo escribir su biografía basada en "hechos confirmados con juramento por testigos oculares y auriculares". Fue beatificado en 1669 y canonizado por Pío XII en 1947.

22 de marzo

SANTA LEA

Viuda

En el año 384, en Roma, morían contemporáneamente el patricio Vezio Agorio Pretestato, cónsul designado para prefecto de la ciudad, y la matrona Lea. Esta había enviudado y había rechazado un segundo matrimonio con el rico representante de la nobleza romana para unirse a las primeras comunidades femeninas cristianas, que había organizado san Jerónimo. Este Santo, amargado por las malignas insinuaciones de influir demasiado y no sólo espiritualmente sobre las matronas Marcela, Paula, Proba y Lea, abandonó Roma y se retiró a las cercanías de Belén para llevar una vida solitaria. Cuando conoció la noticia de la muerte de Lea y del cónsul, se sirvió de la ocasión para hacer algunas consideraciones en una de sus numerosas cartas.

Esta carta es el único documento, muy valioso por lo demás, sobre la vida de la Santa: "El coro de los Angeles la llevaron al seno de Abrahán y, como Lázaro, ya pobre, ve ahora al rico cónsul, en otro tiempo vestido de púrpura, pero ahora envuelto en la oscuridad, que le pide a Lea le haga caer una gota de agua con su dedo pequeño". A san Jerónimo le gustaban los paralelismos y en este caso la comparación le era fácil: Vezio Agorio pasa de los esplendores terrenos a las tinieblas del olvido, mientras Lea "cuya vida fue considerada más o menos como un fenómeno de locura, está allá con Cristo", en la gloria, por haberlo seguido en la total renuncia al mundo.

Añade san Jerónimo: "Lea se había consagrado totalmente al Señor; en el monasterio había sido madre superiora de las vírgenes; había cambiado sus lujosos vestidos de un tiempo por el rudo traje que mortificaba sus miembros; fue maestra de perfección para las demás no sólo con las palabras, sino sobre todo con el ejemplo. Fue de una humildad tan profunda y tan sincera que, después de haber sido una gran dama, con mucha servidumbre a sus órdenes, se consideró después como una sierva. Despreciable su vestido, frugal el alimento, descuidaba el arreglo de su cuerpo; cumplía a cabalidad su deber y no hacía ninguna ostentación de las buenas obras para no recibir la recompensa en esta vida". Este "fenómeno de locura", o mejor, esta elección incómoda, que le hizo preferir "el secreto ámbito estrecho de una celda" a la comodidad de la lujosa residencia, que hubiera podido gozar como futura "primera dama" de Roma, colocó a esta matrona romana sobre el pedestal de una gloria que no teme el deterioro del tiempo, la santidad.

23 de marzo

SANTO TORIBIO DE MOGROVEJO

Obispo

En 1594, durante su tercera "visita" diocesana, escribiéndole al rey de España Felipe II, santo Toribio Alfonso de Mogrovejo hacia un pequeño balance: había recorrido unos 15.000 kilómetros, había administrado la Confirmación a unos 60.000 fieles (Toribio no podía saber que entre ellos había tres santos: Rosa de Lima, Francisco Solano y Martín de Porres). La situación de América Latina sería muy distinta de la actual si sus sucesores y todos los cristianos hubieran tenido el mismo impulso y la misma coherencia del que fue llamado "apóstol del Perú y nuevo Ambrosio" y a quien Benedicto XIV comparó con san Carlos Borromeo.

Toribio nació en España hacia el año 1538 de una noble familia; estudió en Valladolid, Salamanca y Santiago de Compostela, en donde obtuvo la "licencia" en derecho. En 1573 fue nombrado inquisidor en Granada, entró en contacto con Felipe II, por cuya petición Gregorio XIII lo preconizó, aunque todavía era laico, arzobispo de Lima, con jurisdicción sobre las diócesis de Cuzco, Cartagena, Popayán, Asunción, Caracas, Bogotá, Santiago, Concepción, Córdoba, Trujillo y Arequipa: de Norte a Sur eran más de 5.000 kilómetros, y el territorio tenía más de 6 millones de kilómetros cuadrados. Después de haber recibido todas las Ordenes sagradas y de haber sido consagrado obispo en agosto de 1580, partió inmediatamente para América, a donde llegó en la primavera de 1581.

Durante 25 años vivió exclusivamente al servicio del pueblo de Dios. Decía: "¡El tiempo es nuestro único bien y tendremos que dar de él estricta cuenta!". Fue el verdadero organizador de la Iglesia en América, a través de los diez sínodos diocesanos y los tres sínodos provinciales, de los cuales el más importante fue el primero, que se celebró en Lima en 1582 y cuya eficacia se puede comparar con la del Concilio de Trento; en 1591 fundó el primer seminario de América; intervino con energía contra los derechos particulares de los religiosos, a quienes estimuló para que aceptaran las parroquias más incómodas y pobres; casi duplicó el número de las "Doctrinas" o parroquias, que pasaron de 150 a más de 250.

Tuvo un ilimitado amor a los indios y a su cultura: con un tris de ironía en el Sínodo de Lima se invitaba a los españoles, que creían ser más inteligentes que los indios, a que hicieran el esfuerzo por aprender la nueva lengua... Y precisamente en una capillita india, Toribio recibió el viático el 23 de marzo de 1606, un Jueves Santo, y ahí expiró mientras el prior de los agustinos tocaba en el arpa los salmos 116 y 31. Fue canonizado en 1726 por Benedicto XIII.

24 de marzo

SANTA CATALINA DE SUECIA

Religiosa

Catalina Ulfsdotter, más conocida con el nombre de Catalina de Suecia, era la segunda de los ocho hijos de santa Brígida, la gran mística sueca que influyó tanto en la historia, en la vida y en la literatura de su país, mucho más que la real compatriota Cristina que llenó con sus rarezas las crónicas mundanas de la Roma del Renacimiento. Brígida y su hija Catalina unieron también sus nombres a la ciudad de Roma, pero con otros méritos.

Catalina nació en 1331, y muy jovencita se casó con Edgar von Kyren, de noble familia y sobre todo de nobles sentimientos, pues, consintió al deseo de la joven y graciosa esposa de observar el voto de continencia e inclusive, con emulación conmovedora en la práctica de la virtud cristiana de la castidad, también él hizo este voto. Catalina, claro que no para hacer más fácil el cumplimiento del voto, a los 19 años se reunió con su madre en Roma, con ocasión de la celebración del Año Santo. Aquí le llegó a la joven la noticia de la muerte del esposo.

Desde este momento la vida de las dos extraordinarias santas transcurre por el mismo binario: la hija participa con total dedicación en la intensa actividad religiosa de santa Brígida, quien había fundado en Suecia una comunidad de tipo cenobítico, en el pueblecito de Vadstena, para acoger en conventos separados de clausura hombres y mujeres bajo una regla de vida religiosa inspirada en el modelo del místico Bernardo de Claraval. Durante el período romano que se prolongó hasta la muerte de santa Brígida, el 23 de julio de 1373, Catalina estuvo continuamente junto a la madre, en las largas peregrinaciones que emprendió, frecuentemente entre graves peligros, de los que las dos santas salieron ilesas por intervención sobrenatural.

A santa Catalina se la representa frecuentemente junto a un ciervo, que, según la leyenda, apareció varias veces misteriosamente para ponerla a salvo. Después de llevar el cadáver de la madre a la patria, en 1375 Catalina entró al monasterio de Vadstena, del que fue elegida abadesa en 1380. Acababa de regresar de Roma, en donde había estado nuevamente cinco años para seguir de cerca el proceso de beatificación de la madre, que terminó positivamente en 1391. Según una leyenda, Catalina salvó a Roma de un desbordamiento del río Tíber. El papa Inocencio VIII permitió el solemne traslado de las reliquias; pero será la unánime y universal devoción popular la que le decreta el título de santa y le celebra la fiesta el día aniversario de la muerte, el 24 de marzo de 1381.

25 de marzo

ANUNCIACION DEL SEÑOR

Solemnidad

El carácter mariano de esta fiesta, que los antiguos libros litúrgicos romanos celebraban como solemnidad del Señor, lo hacen resaltar hoy el Oficio y la Misa actuales. Aunque las fuentes más antiguas respecto de esta solemnidad remontan al siglo VI, podemos pensar que es tan antigua cuanto el culto y la devoción a la Santísima Virgen. En efecto, los cristianos no podían ignorar las palabras que le dirigieron a María el Angel y la parienta Isabel.

El contenido de la Anunciación se refiere al Mesías y al mismo tiempo a la íntima relación entre Madre e Hijo, como resulta de las palabras del ángel Gabriel: "Alégrate, llena de gracia, el Señor es contigo, bendita tú entre las mujeres... El Espíritu Santo vendrá sobre ti y el poder del Altísimo te cubrirá con su sombra; por eso el niño santo que nacerá de ti será llamado Hijo de Dios". Y por esta íntima relación María será llamada "Madre de Dios".

El ángel usa el lenguaje de los profetas del Antiguo Testamento en sus profecías mesiánicas, comenzando con la invitación a la alegría y garantizando la ayuda de Dios a la Virgen elegida para la sublime misión. María es objeto de las complacencias divinas: el Señor está con ella, ha hallado gracia a los ojos del Altísimo, será virgen y Madre de Dios. María misma reconoce en las palabras del ángel los términos proféticos que preludian la revelación respecto del Mesías. Comparando la profunda religiosidad del confiado abandono de María a la voluntad divina con lo que hay de sobrenatural en el mismo anuncio, podemos afirmar que en el momento de su respuesta definitiva, del "fiat", en ella ya estaba presente de modo real lo que se manifestaría poco a poco en el transcurso de su vida, gracias al contacto con su divino Hijo. "En el momento de la Anunciación, María es la más elevada expresión de la espera de Dios y del Mesías en el Antiguo Testamento; es la síntesis y el punto culminante de la espera mesiánica hebrea. Así es como la ve san Lucas en el 'Magníficat'; así es como la ve la patrística que está reviviendo en la teología contemporánea.

A causa de la gracia de su nacimiento sin mancha y de su consagración virginal a Dios, María fue, a los ojos de la luz y de la fe, de una receptividad excepcionalmente exquisita y delicada. Gracias a esto, en su persona, ella señaló la apertura fundamental y cada vez más precisa en la que debía brotar la espera del Antiguo Testamento por Yavé-Salvador" (E. Schillebeeckx).

26 de marzo

SAN LUDGERO

Obispo

La historia de san Ludgero, primer obispo de Münster, nacido hacia el 745 en Suescnon, en Frisia, de noble familia, está unida a un hecho nuevo en el mundo cristiano: en ese tiempo el cristianismo pasó las fronteras del imperio romano, con la evangelización de la Germania transrenana. En esta obra misionera, que logró el máximo desarrollo con san Bonifacio, encontramos comprometido a san Ludgero, discípulo de san Gregorio y de Alcuino de York. Después de la ordenación sacerdotal, que recibió en Colonia en el 777, Ludgero se dedicó a la evangelización de la región pagana de Frisia, en donde san Bonifacio había sufrido el martirio.

Los métodos usados por el emperador Carlomagno para someter esta región y cristianizarla no estaban muy de acuerdo con el espíritu evangélico. En el 776, durante la primera expedición, el monarca impuso el Bautismo a todos los soldados vencidos; pero con la revuelta de Widukindo hubo una apostasía general. Ludgero tuvo que huir y, después de haber pasado por Roma, llegó a Montecassino, en donde vistió el hábito monacal sin haber emitido todavía los votos.

La rebelión de Widukindo fue aplastada en el 784, y la represión fue brutal. El rechazo del Bautismo y el incumplimiento del ayuno cuaresmal se castigaban con la muerte; pero este régimen de terror, contra el que se levantó el gran maestro Alcuino hacía odioso al mismo cristianismo, que, sin embargo, floreció maravillosamente, gracias a los auténticos predicadores del Evangelio, como san Ludgero, a quien el mismo emperador fue a buscar a Montecassino para que regresara a la patria y se dedicara a predicar en Frisia. Poco después, para premiarlo por su celo, le ofreció el episcopado vacante de Tréveris, mas el Santo lo rechazó. Pero sí aceptó su tarea de misionero y, entonces, tomó el puesto del abad Bernardo en el territorio de Sajonia.

En el 795 Ludgero erigió allí un monasterio, alrededor del cual surgió la ciudad actual de Münster (en alemán Münster quiere decir monasterio). El territorio pertenecía a la jurisdicción eclesiástica de Colonia, pues Ludgero aceptó solamente en el 804 ser consagrado obispo de la nueva diócesis. Antes de esta fecha el infatigable misionero no tenía residencia fija. Construyó iglesias y escuelas y fundó nuevas parroquias que confió a los sacerdotes que él mismo había formado en su escuela cerca de la catedral de Mimigernaeford. También se debe a él la fundación del monasterio benedictino de Werden en donde después fue sepultado. Murió el 26 de marzo del 809 y al poco tiempo fue venerado como santo. Su tumba en Werden sigue siendo meta de peregrinaciones.

27 de marzo

SAN RUPERTO

Obispo

Salsburgo, la hermosa ciudad austríaca, cuya fama está unida a la de su hijo más ilustre, Wolfgang Amadeus Mozart, se llama así porque cerca se encuentran las minas de sal; en efecto, ese nombre significa "ciudad de la sal". Su primer obispo y patrono principal, san Ruperto, aparece en los cuadros con un salero en la mano (o con un barril, lleno precisamente de sal y no de vino, como creen algunos estudiosos no bien informados). Es el único Santo local festejado, no sólo en las regiones de idioma alemán, sino también en Irlanda: en realidad, también él fue un típico representante de los "monjes irlandeses" itinerantes.

San Ruperto descendía de los robertinos o rupertinos, una importante familia que dominaba con el título de conde en la región del medio y alto Rin. De esta familia nació también otro san Ruperto (o Roberto), de Bingen, cuya vida fue escrita por santa Ildegarda. Los robertinos estaban emparentados con los carolingios y tenían su centro de actividades en Worms. Aquí recibió san Ruperto su formación de timbre monástico irlandés. Hacia el 700, como sus maestros, se sintió llevado a la predicación y al testimonio monástico itinerante y por eso viajó a Baviera, obteniendo buenos resultados en Regensburg y en Lorch. Con la ayuda de Teodoro de Baviera fundó, cerca de Salsburgo, en donde hoy es Seekirchen, una iglesia dedicada a san Pedro. Pero el lugar no parecía apropiado para los proyectos de san Ruperto, y entonces le pidió al conde otro territorio, a orillas del río Salzach, cerca de la antigua y decadente ciudad romana de Juvavum.

El monasterio que construyó allí, dedicado también a san Pedro, es el más antiguo de Austria y el núcleo de la nueva Salsburgo. Su desarrollo se debió a la obra de los doce colaboradores que san Ruperto llevó allí de su tierra natal: entre ellos Cunialdo y Gislero, venerados como santos. No lejos del monasterio de San Pedro, surgió también un monasterio femenino cuya dirección fue confiada a la abadesa Erentrude, sobrina de Ruperto.

Este grupito de valientes fue el que hizo surgir la nueva Salsburgo, que con razón considera a Ruperto como su re-fundador: "Su figura demuestra cómo una personalidad llena de fuerza y de sensibilidad, ahondando las raíces en las profundidades del espíritu cristiano, puede impedir con inteligencia y sin límites geográficos cualquier decadencia tanto interior como exterior" (J. Henning). San Ruperto murió el 27 de marzo del 718, día de Pascua. Sus reliquias se conservan en la magnífica catedral de Salsburgo, edificada en el siglo XVII.

28 de marzo

SAN GONTRAN

Rey

La conversión del pueblo franco fue rapidísima. El Rey de los francos, Clodoveo, casado con una princesa burgunda cristiana, Clotilde, venerada como santa, después de la victoria de Tolbiac contra los alemanes, adhirió al "Dios de Clotilde", y en el 506 fue bautizado por san Remigio, obispo de Reims. Siguiendo el ejemplo del jefe, todo el pueblo franco pidió el Bautismo, causando con esta plebiscitaria adhesión una viva impresión en todo el mundo cristiano.

Gontrán, sobrino de santa Clotilde, que surge de los siglos oscuros del medioevo con la aureola de la santidad, no fue ejemplar en su juventud. Repudió a la primera esposa, Veneranda, por no haberle dado sino un solo heredero que murió muy niño. La segunda esposa, Merestrude, no corrió mejor suerte, porque murió poco después junto con su hijito. Austrechilde, la tercera esposa, le dio dos hijos que murieron muy jóvenes. De estas experiencias familiares tan trágicas el Rey concluyó que eso se debía a los pecados cometidos, y para no caer de nuevo en la tentación de cambiar de esposa, adoptó al pequeño Quieldeberto, un sobrino suyo huérfano. Gontrán, en efecto, tenía tres hermanos, a cada uno de los cuales le había correspondido en herencia una buena parte del reino franco. Repartir un reino en cuatro partes quiere decir condenarlo a un fin sin gloria, devorado por el poderoso vecino. De esto se dieron cuenta los cuatro sobrinos del gran Clodoveo, que entre conjuraciones, asesinatos e incidentes de varios géneros terminaron eliminándose mutuamente, en beneficio del único sobreviviente, que fue precisamente el Santo que veneramos hoy.

Pero él pudo demostrar su magnanimidad, perdonando inclusive a los sicarios que sus cuñadas habían pagado para eliminarlo; y demostró su lealtad a la Iglesia, respetando su autoridad en la persona de los obispos; demostró también su generosidad con las varias instituciones eclesiásticas, promoviendo la fundación de monasterios y la erección de nuevas iglesias. Promovió la instrucción del pueblo, instaurando un período de paz y de prosperidad, gracias al cual los súbditos olvidaron sus errores juveniles, y con el perdón de la divina misericordia, Gontrán orientó los últimos años de su vida hacia obras de edificación espiritual, con ayunos y oraciones que le valieron la aureola de la santidad. Murió en el 593, casi a los 70 años.

29 de marzo

SAN SEGUNDO

Mártir

Dicen que el Po es el río más largo y más corto de Italia. Con la primera afirmación se hace referencia a su longitud: 652 kilómetros; y con la segunda a la brevedad de su nombre de sólo dos letras. Este río tiene un aspecto imponente con sus 1.500 metros cúbicos de agua que lleva por segundo. Estos datos tienen su significado en el perfil de san Segundo de Asti: uno de los episodios característicos de su vida es precisamente el paso del Po sobre un caballo recalcitrante. San Segundo es muy popular en el norte de Italia.

Pero lo que sabemos de él se debe mucho a leyendas: las más antiguas, históricamente verificables, se remontan a la mitad del siglo IX, cuando se habla de una iglesia en su honor. La leyenda narra que san Segundo era un joven de noble familia, pagano, pero que admirado por el heroísmo de tantos mártires cristianos iba a visitarlos a las cárceles de Asti. Allí san Calogero de Brescia, del que no tenemos datos históricos seguros, tuvo ocasión de hablarle largamente sobre el mensaje cristiano. Algún tiempo después Segundo, que era amigo de Sapricio, prefecto romano de la ciudad (pues Asti era una colonia romana), fue con él a Tortona (también colonia romana desde el 148 a.C.). En Tortona se encontraba bajo proceso Marciano, a quien una tradición posterior consideró obispo, incluso protoobispo de Tortona, martirizado bajo Adriano en el siglo II.

El testimonio de san Marciano le hizo dar a san Segundo otro paso hacia la conversión, que se realizó con ocasión de un viaje a Milán en donde se encontró con los santos Faustino y Jovita de Brescia (de los que nos ocupamos el 15 de febrero). Dice la leyenda que Segundo fue a Milán y se encontró allí con Faustino y Jovita que estaban en la cárcel, y allí ellos lo bautizaron con el agua que les trajo una nube.

Cuando Sapricio descubrió la conversión del amigo, trató en vano de hacerlo abjurar, luego lo hizo torturar y después ordenó su decapitación, que fue ejecutada el 30 de marzo, probablemente del año 119.

30 de marzo

SANTA CLAUDINA THEVENET

Religiosa

Nace el 30 de marzo de 1774 en Lyón, a orillas del Sahona; éste, con su colina y el Santuario de Nuestra Señora de Fourviere, es el escenario donde se desarrolla su vida en medio de los horrores de la Revolución Francesa. Allá surge su bella obra para educar niños pobres para lo cual funda el 6 de octubre de

1818 la comunidad de religiosas de Jesús María, dedicada a las misiones y a la formación cristiana.

Entre 1789 y 1799 se produce la Revolución Francesa como reacción contra la nobleza y búsqueda de un mundo racionalista. Después de la muerte de Luis XVI y su familia, se constituye a Chalier gobernante de Lyón, quien se dedica a perseguir todo signo de religión, implantando el terror.

En esa época, surge contra él un movimiento de rebelión, el cual es sofocado por el ejército enviado desde París. Las prisiones se llenan y hay fusilamientos en masa. Entre estos prisioneros se encuentra Claudina con sus hermanos, a quienes ayuda con valentía cristiana, superior a sus 19 años. El 5 de enero de 1794, ve a sus hermanos caer fusilados y la ciudad es destruida progresivamente.

Bonaparte restablece el orden mediante el Concordato de 1801 con la Santa Sede. En la población se dan síntomas de relajación moral; los jóvenes y los niños, abandonados o descuidados, contribuyen a la miseria social.

En esa época, Claudina con su madre, excelente financiera, reconstruye los negocios familiares de la seda. Su padre muere en 1815. Claudina enseña catecismo en la parroquia, en la Cofradía del Sagrado Corazón y organiza a sus compañeras con psicología de líder.

El joven sacerdote Andrés Coindre (1787-1826), futuro fundador de los Corazonistas (1821) encuentra a dos niñas hermanas de 3 y 4 años en el atrio del templo de San Nizier. Las lleva a Claudina, que como una madre, las viste y alimenta. Recibe otras 5 huérfanas y alquila una casa que llama Providencia de los Sagrados Corazones de Jesús y María. Paulina Jaricot y 14 jóvenes más se le unen en la Asociación. La obrera Jaricot se separa luego para fundar la gran obra de la Propagación de la Fe, hoy Obra Pontificia, constituida entre sus compañeras de trabajo, para obras misionales y de formación religiosa. Claudina le compra a Paulina la casa de la colina de Fourviere, frente a la basílica, el 18 de noviembre de 1820 y hoy es CASA MADRE DE LA PROVIDENCIA de las religiosas de Jesús María, con placa de origen a las dos obras allí nacidas y donde moriría Claudina.

El 31 de julio de 1818, día de su patrono san Ignacio de Loyola, las compañeras eligen por una unanimidad superiora a Claudina en esta asociación de educadoras para la santificación personal y la caridad con el prójimo. La postulante Victoria Ramié va a vivir con las religiosas del convento de la Natividad para prepararse como maestra de novicias. Las otras viven en sus casas.

En la Providencia hay un telar para tejidos de seda con obreras técnicas y las huérfanas. El 6 de octubre amanece Claudina en la Providencia. Es el día de san Bruno y las compañeras comienzan a trasladarse a la Providencia donde viven con gran pobreza. Los productos de la Providencia son cada vez más apreciados; se aumentan los telares. Son 12 compañeras y 23 niñas.

Claudina construye en Fourviere, en 1821, en un edificio de 4 pisos el colegio La Angélica para estudios secundarios de las niñas pudientes, con el fin de extender su carisma educador a otras clases sociales y recibir ayuda económica. Paralelo a La Angélica y separado por la capilla está el edificio de la Providencia, para cuya construcción sirvieron los mármoles de palacios romanos encontrados debajo de las excavaciones.

En 1826 muere el P. Coindre a los 39 años de edad. La madre Claudina cae enferma: dos religiosas mueren y Claudina se restablece. En 1830 nueva revolución antirreligiosa obrera y el cólera asiático , que sólo en París mata a 12.700 víctimas. El ejército ocupa la Casa Madre de la Fourviere, desde donde dispara a los rebeldes, que huyen. El ejército no quiere retirarse sino comprar la propiedad para bastión militar. Todo Lyón se opone por amor a la Basílica de Nuestra Señora de Fourviere y se retira el ejército.

El primer viernes de febrero de 1837, muere Claudina; es beatificada en 1981 y canonizada en 1993. Su fiesta se celebra el día de su muerte (3 de febrero).

Su obra recibe aprobación pontificia en 1847 y se expande a la India (1842), España (1850), Canadá (1855), Pakistán (1856), Inglaterra (1860), Estados Unidos (1877) y Suiza (1893).

El mismo día: 30 de marzo

SAN JUAN CLIMACO

Abad

El sobrenombre de Clímaco viene del célebre tratado de ascética escrito por Juan y que le había encomendado el abad del monasterio de Raithu, *La Escalera del Paraíso* (del griego *climax*, que quiere decir escalera). Su biógrafo, el monje Daniel del monasterio de Raithu, al suroeste del Sinaí, escribe que Juan nació en Palestina y a la edad de seis años abandonó el pueblo natal para retirarse a un monasterio del Sinaí. Allí recibió la tonsura monacal a los cuatro años de su ingreso y vivió 19 años de comunidad bajo la guía de un santo anciano, llamado Martirio.

Cuando murió el maestro, Juan se retiró a una celda solitaria sobre el monte Sinaí, a pocas leguas del monasterio, a donde bajaba los sábados y los domingos para participar en las ceremonias litúrgicas con los cohermanos. En la celda no había sino una gran cruz de madera, una mesa y un banco que servía de silla y de cama. Su única riqueza eran los libros de la Sagrada Escritura y las obras de los Padres de la Iglesia, entre ellos la *Regula Pastoralis* de san Gregorio Magno, traducida al griego por un patriarca de Antioquía hacia el año 600.

La alusión a esta obra no es casual. Es evidente que la *Scala Paradisi* depende de la *Regula Pastoralis*, aunque durante mucho tiempo esto fue inexplicable, porque los estudiosos creían que san Juan Clímaco había vivido en el siglo V; después se encontraron nuevos documentos que permitieron establecer la fecha de su muerte, acaecida en el 649, aclarando así la influencia de san Gregorio Magno sobre la doctrina ascética del anacoreta del Sinaí, sobre todo en el epílogo, titulado "Liber ad Pastorem". En ese epílogo están resumidos los deberes de los abades y de cuantos gobiernan una comunidad religiosa. Juan Clímaco escribió esta clara síntesis de la doctrina espiritual en los años siguientes a su experiencia de anacoreta, cuando fue sacado de su amada soledad para ponerlo al frente del monasterio del monte Sinaí.

El Santo anacoreta tenía sesenta años cuando, por obediencia, escribió el resultado de sus prolongadas meditaciones sobre la práctica de las virtudes cristianas. Así nació uno de los tratados de teología ascética más leídos y que desde su primera publicación ha sido muy difundido. Su *Scala* tiene tres escalones, es decir, treinta capítulos que corresponden a los años de la vida de Jesús, y desarrolla en tres partes, el camino o progreso del alma hacia la perfección, partiendo de la renuncia al mundo para llegar mediante la lucha contra los vicios y la adquisición de las virtudes a la cima de la perfección interior, que es la unión con Dios por medio de la caridad.

31 de marzo

AMOS

Profeta

Amós es el primer profeta escritor y sus vaticinios, que constituyen para nosotros el primer documento del profetismo, son también una preciosa fuente de noticias sobre su vida y sobre las costumbres de su pueblo, siete siglos y medio antes de Cristo. En efecto, predicó entre el 762 y el 750 aC, después de una precisa vocación divina que lo sacó de su pueblo, Teqoa, cerca de Belén, y de su oficio de criador de rebaños y cortador de sicomoros.

Jeroboán II (683-743), aprovechando el desinterés de Egipto y de Asia, había ampliado los límites de Israel; pero las fáciles victorias habían suscitado una situación social desordenada: había pocos ricos, ávidos de riqueza, y muchos pobres, marginados y explotados inhumanamente por los comerciantes, magistrados y funcionarios deshonestos; además, el ocio, la pereza y el deseo de placeres habían frenado el antiguo impulso religioso del pueblo de Dios. El sentimiento religioso de la antigua Alianza había sido remplazado por la exaltación presuntuosa del hombre y por su poder.

Contra esta mentalidad laica y el cumplimiento puramente formal de la Ley, Amós levanta su voz para anunciar el eminente castigo de Dios, que destruirá a Israel, castigará a los ricos y hará desaparecer ese vacío culto idolátrico de la riqueza: "Porque oprimís al pobre, y le imponéis tributo del grano; casas de piedras labradas habéis construido, pero no las habitaréis; habéis plantado viñas deliciosas, pero no beberéis su vino. Porque sé que son numerosos vuestros crímenes y que son grandes vuestros pecados... Buscad el bien y no el mal, a fin de que viváis y así el Señor Dios será con vosotros como decís... Odiad el mal y amad el bien, restableced el juicio en la puerta, y quizá Yavé se apiade del resto de José".

El peor mal está en la presunción de haber cumplido los propios deberes religiosos con el ofrecimiento de sacrificios pingües y generosos, es decir, con un culto exterior que oculta una vida desordenada moral y socialmente. La justicia divina lanza por boca del profeta el último llamamiento antes del desastre. Amós propone elegir entre una vida con Dios y una vida sin Dios. Pero esta prueba extrema será también un llamamiento providencial al respecto de la alianza hecha con su pueblo "elegido entre todas las familias de la tierra", esa alianza que llegará a su perfección en el eterno reino del Mesías. Terminada su misión profética, Amós regresó a su pueblo, en donde, según una tradición que cuenta Epifanio y que se encuentra en el *Martirologio Romano* fue muerto con un golpe en la cabeza por el hijo del sacerdote Amasías, para hacer callar esa voz incómoda, particularmente severa contra la hipocresía de los sacerdotes.

Cristo y los apóstoles.
Fresco de las catacumbas romanas.

Abril

1 de abril

SAN HUGO DE GRENOBLE

Obispo

Hay por lo menos 16 santos o beatos que llevan el nombre de Hugo. Los dos más importantes vivieron a poca distancia de tiempo y de lugar y su vida presenta también otros aspectos comunes. Se trata de san Hugo abad de Cluny, que vivió del 1024 al 1109, y san Hugo obispo de Grenoble, que vivió del 1053 al 1132. Ambos abrazaron muy pronto, aunque entre uno que otro contraste, la vida religiosa y el sacerdocio, y se les confiaron grandes responsabilidades: Hugo de Cluny fue ordenado sacerdote a los 20 años, y poco después fue nombrado prior mayor, y a los 25 años sucedió al abad Odilón. Fue abad durante 60 años. Hugo de Grenoble, después de haber estudiado en Valencia y en Reims, donde estuvo a la escuela de Incmaro y san Bruno, a los 27 años de edad fue nombrado por Gregorio VII obispo de Grenoble, y desempeñó ese cargo durante 52 años a pesar de sus protestas y sus reiteradas tentativas de retirarse.

Ambos fueron eficaces colaboradores de los Papas, sobre todo de Gregorio VII, Urbano II, Pascual II e Inocencio II, a quienes apoyaron en la lucha por la reforma y contra la simonía y la corrupción del clero. Ambos fueron de los primeros en dar testimonio personal de renovación y de compromiso interior. Ambos fueron propulsores de la vida monástica: Hugo de Cluny fue uno de los principales artífices de la expansión de la reforma clunyacense en los monasterios de media Europa. Y en los monasterios clunyacenses se hacían las cosas en serio, como lo atestiguó el riguroso san Pedro Damián, que visitó a Cluny en 1063: "¿Qué debemos decir de la severidad de la ascética, de la disciplina de la *Regla*, del respeto por el monasterio y el silencio? Durante el tiempo del estudio, del trabajo o de la "lectio divina" nadie se atreve a ir por los corredores o a hablar, sino en caso de necesidad... El servicio de Dios llena totalmente la jornada hasta el punto que, a más de los trabajos necesarios por los hermanos, queda sólo una media hora para una simple conversación y los coloquios necesarios. Hablan muy rara vez. Durante el silencio de la noche y, en los lugares regulares (cocina, sacristía, dormitorio, comedor y claustro), aun de día sólo se habla a señas, que son escogidas con tanta severidad que no dan lugar a la ligereza".

Por su parte, san Hugo de Grenoble fue uno de los artífices de la fundación de la Gran Cartuja: fue él, en efecto, quien recibió a su exmaestro san Bruno y puso a su disposición la montaña de Cartuja, cerca de Grenoble, sobre la que él, golpeando la roca con el bastón, como un nuevo Moisés, hizo brotar una fuente de agua.

2 de abril

SAN FRANCISCO DE PAULA

Ermitaño

Francisco nació en Paula, región de Calabria (Italia) en el año 1416, y es uno de los más jóvenes fundadores de Ordenes religiosas que recuerde la historia. A los trece años vistió el hábito franciscano, pero a los dos años desapareció de la circulación. Después de algunos años lo descubrió un cazador en un refugio en las ásperas montañas cerca de Cosenza. Un cabrito había guiado al cazador. La fama de su santidad y de sus milagros atrajo a un buen número de jóvenes deseosos de seguir su ejemplo, con los cuales fundó la Orden de los Mínimos o Ermitaños de San Francisco de Asís. A ellos los invitó a la penitencia, reduciendo su alimentación durante los 365 días del año a pan, pescado, agua y verduras. Pero las duras penitencias no acortaron su vida, pues vivió hasta la bella edad de 91 años. Murió un Viernes Santo, el 2 de abril de 1507, mientras se encontraba en Francia, en Plessis-les-Tours. Fue canonizado en 1519, a los doce años de su muerte, y aún hoy se lo propone no sólo como modelo de penitencia, sino también, como dijo Pablo VI el 27 de mayo de 1977, modelo de valentía para denunciar "las malversaciones de los poderosos".

Una vez el pobre fraile, flaco y agotado por los ayunos, iba de Cosenza a Reggio Calabria y aquí necesitaba pasar el estrecho de

Mesina, pues, se dirigía a Sicilia. Como ninguno de los barqueros quiso llevarlo, el Santo extendió su manto y sobre él navegó por el mar hasta Mesina. El prodigio le ganó la fama de taumaturgo y el título de patrono de los marineros. La vida de este austero Santo, que vivió entre honores sin ni siquiera darse cuenta, está llena de milagros. Esta fama de taumaturgo pasó los confines de Italia y llegó hasta Francia, a donde Luis XI quiso que el Papa lo enviara para que lo curara de una grave enfermedad que padecía.

El humilde fraile, avisado por un enviado pontificio, emprendió el viaje a Francia. Cuando llegó a París no le restituyó al Rey la salud que pedía, pero sí le dio la del alma: lo reconcilió con Dios y lo convenció a aceptar la voluntad de Dios. Antes de morir, Luis XI lo nombró director espiritual del hijo y sucesor Carlos III.

3 de abril

SANTOS SIXTO I, II Y III

Papas

Cinco Papas han llevado el nombre de Sixto; los primeros tres son venerados como santos. A los tres se les recuerda en el día dedicado al primero. Sexto papa (de aquí tal vez el nombre), san Sixto I ejerció el ministerio pontificio entre los años 115-117 y 125-129. La tradición dice que era romano, hijo de un tal Pastor. A él se debe la prohibición a los laicos, y sobre todo a las mujeres, de tocar los vasos sagrados; y también la invitación al pueblo a unir su voz a la del celebrante en el canto del trisagio o "sanctus". No se sabe si murió mártir. Lo que sí se sabe es que sus reliquias llegaron a Alatri de modo prodigioso, pues la mula que las llevaba no quiso seguir adelante.

En cambio, Sixto II, Papa del 30 de agosto del 257 al 6 de agosto del 258, sí fue seguramente mártir, pues Valeriano ordenó su decapitación, la confiscación de los bienes de los obispos, presbíteros y diáconos. Sixto II fue martirizado con seis diáconos, y el séptimo, san Lorenzo, los siguió unos días después. Fue enterrado en la cripta de los Papas de las catacumbas de san Calixto. Poncio, el autor de la biografía de san Cipriano, que habla también del martirio de san Sixto II, lo define como "sacerdote bueno y pacífico".

Sixto III vivió unos dos siglos después y fue Papa del 432 al 440. Contribuyó a la derrota definitiva del pelagianismo, al que él mismo había adherido cuando era sacerdote y antes que fuera condenado por el papa Zósimo; pero lo combatió con tanta energía que san Agustín tuvo que invitarlo a la moderación. También intervino en el restablecimiento de la comunión entre san Cirilo de Alejandría y Juan de Antioquía: "El beato Pedro Apóstol les transmitió a sus sucesores cuanto él había recibido... No es poca la preocupación y el trabajo que tenemos, para que la Iglesia sea sin mancha y sin arrugas". También fue un Papa constructor: a él se debe la basílica de Santa María Mayor y la terminación y ampliación de otras iglesias romanas.

4 de abril

SAN ISIDORO DE SEVILLA

Obispo y doctor de la Iglesia

San Isidoro de Sevilla (560-636) es el último de los Padres latinos, y resume en sí todo el patrimonio de adquisiciones doctrinales y culturales que la época de los Padres de la Iglesia transmitieron a los siglos futuros. Isidoro fue un escritor enciclopédico, muy leído en la Edad Media, sobre todo por sus *Etimologías*, una "summa" muy útil de la ciencia antigua, en la que condensó los principales resultados, más con celo que con espíritu crítico. Pero a pesar de poseer tan ricamente la ciencia antigua y de influir considerablemente en la cultura medieval, su gran preocupación como obispo celoso fue la de lograr una madurez cultural y moral del clero español.

Para esto fundó un colegio eclesiástico, prototipo de los futuros seminarios, dedicando mucho de su laboriosa jornada a la instrucción de los candidatos al sacerdocio. La santidad era de casa en la noble familia, oriunda de Cartagena, de la que nació (en Sevilla) Isidoro en el 560: tres hermanos fueron obispos y santos: Leandro, Fulgencio e Isidoro; una hermana, Florentina, fue religiosa y santa. Leandro, el hermano mayor fue tutor y maestro de Isidoro, que quedó huérfano cuando era muy niño.

El futuro doctor de la Iglesia, autor de muchos libros que tratan de todo el saber humano, desde la agronomía hasta la medicina, de la teología a la economía doméstica, al principio fue un estudiante poco aplicado. Como tantos otros compañeros dejaba de ir a la escuela para ir a vagar por los campos. Un día se acercó a un pozo para sacar agua y notó que las cuerdas habían hecho hendiduras en la dura piedra. Entonces comprendió que también la constancia y la voluntad del hombre pueden vencer las duras dificultades de la vida.

Regresó con amor a sus libros y progresó tanto en el estudio que mereció ser considerado el hombre más sabio de su tiempo. Isidoro sucedió al hermano Leandro en el gobierno de la importante diócesis de Sevilla. Como el hermano, fue el obispo más popular y autorizado de su tiempo, y también presidió el importante cuarto Concilio de Toledo, en el 633. Se formó con la lectura de san Agustín y de san Gregorio Magno, y aún sin tener el vigor de un Boecio o el sentido organizador de un Casiodoro, Isidoro compartió con ellos la gloria de ser el maestro de la Europa medieval y el primer organizador de la cultura cristiana. Cuenta una simpática leyenda que cuando tenía un mes de vida, un enjambre de abejas invadió su cuna y dejó en los labios del pequeño Isidoro un poco de miel, como auspicio de la dulce y sustanciosa enseñanza que un día saldría de esos labios. Isidoro fue muy sabio, pero al mismo tiempo de profunda humildad y caridad; no sólo obtuvo el título de "doctor aegregius" sino también la aureola de santo.

5 de abril

SAN VICENTE FERRER

Presbítero

"Bebe el agua del maestro Vicente" se dice todavía en España para recomendar el silencio. La expresión se refiere a un sabio consejo que el dominico san Vicente Ferrer le dio a una mujer que le preguntaba qué podía hacer para ir de acuerdo con el malgeniado marido. "Toma este frasco de agua —contestó el Santo— y cuando tu esposo regrese del trabajo, tómate un sorbo y mantenlo en la boca el mayor tiempo posible". Era el mejor modo de hacer que la mujer tuviera la boca cerrada y no contestara al marido.

La anécdota hace ver la humana simpatía de este hombre, acérrimo fustigador de las costumbres, que le mereció de sus contemporáneos el título de "ángel del Apocalipsis", porque en sus sermones acostumbraba amenazar con flagelos y tribulaciones. Vicente nació en Valencia (España) en 1350. A los 17 años había ya terminado con tanto éxito sus estudios de filosofía y teología que sus profesores lo incluyeron inmediatamente en el cuerpo docente.

Entró al convento de los dominicos de Valencia y fue ordenado sacerdote en 1378, una fecha que en la historia de la Iglesia se recuerda como el comienzo del gran cisma de Occidente (1378-1417). La gran confusión dividió a los cristianos en dos obediencias: al Papa de Roma y al de Aviñón. Era inevitable que aun espíritus rectos, como Vicente Ferrer, estuvieran de parte del Papa ilegítimo. La buena fe de Vicente Ferrer se prueba con el hecho de que él hizo todo lo posible para arreglar el gran conflicto y restituir así la unidad a la Iglesia. El recorrió toda Europa, entusiasmando con su grande oratoria a las muchedumbres de fieles, atraídos también por un fenómeno especial: al predicador dominico, que sólo conocía el castellano, el latín y un poco de hebreo, le entendían todos los fieles de varias naciones a donde él iba, cada uno en su lengua, repitiéndose así el milagro de Pentecostés.

Auténtico predicador del mensaje cristiano, san Vicente recuperaba todo el vigor juvenil aun en avanzada edad tan pronto subía al púlpito o en los palcos improvisados en las plazas, porque las iglesias no eran suficientes para las grandes muchedumbres; y esto a pesar de no conmover al auditorio con palabras de esperanza, sino que fustigaba las costumbres con tono amenazador. Lograda la unidad del pontificado con el Concilio de Constanza y con la elección de Martín V, Vicente recorrió el norte de Francia tratando de poner fin a la guerra de los Cien años. Murió el 5 de abril de 1419, durante la misión en Vannes, y fue canonizado por el compatriota Calixto III en 1455.

6 de abril

SAN MARCELINO

Mártir

El martirio de Marcelino, alto funcionario imperial y amigo de san Agustín, está unido al cisma donatista que destrozó durante un siglo a la Iglesia africana. Los comienzos remontan al 310 cuando se objetó la validez de la elección del obispo de Cartago, Ceciliano, porque había sido consagrado por obispos "traidores". Cuando el edicto de Diocleciano impuso a los cristianos que entregaran los libros sagrados para quemarlos, los que obedecieron se llamaron "traidores" y fueron considerados como públicos pecadores.

El obispo Donato (de ahí el nombre de donatismo que lleva la secta), opuesto por el partido cismático al legítimo obispo Ceciliano, resumía su doctrina en estos dos puntos: la Iglesia es la sociedad de los santos; los sacramentos administrados por pecadores son inválidos. El pretexto doctrinal en realidad ocultaba oposiciones regionales y sociales: Numidia contra Africa proconsular, proletarios contra propietarios romanos. A este punto entra en el lío san Marcelino, víctima ilustre de los donatistas.

Marcelino desempeñaba en Cartago los cargos de tribuno y notario. Buen padre de familia, cristiano ejemplar, fue definido por su amigo san Agustín hombre muy conocido por la universal estimación que tenía por su religiosidad: "fama et pietate notissimus". Como deseaba aprender, se dirigía frecuentemente a san Agustín para que le aclarara los puntos más controvertidos de la doctrina católica. A su laudable curiosidad se deben algunas obras del gran teólogo de Hipona, como el tratado *Sobre la remisión de los pecados, Sobre el espíritu y la letra* y el más célebre *Sobre la Trinidad*, que Marcelino no alcanzó a leer, porque mientras tanto pagó con la vida la valentía de ponerse de parte de la tradición católica, en la conferencia que tuvo lugar en Cartago en el 411, entre obispos católicos y los donatistas. Marcelino obtuvo la victoria para los católicos, y el emperador Onorio promulgó un decreto contra los donatistas. Estos se vengaron acusándolo de complicidad con el usurpador Eracliano. La acusación era grave y Marcelino fue condenado a muerte por el conde Marino el 13 de septiembre. Al año siguiente el mismo emperador reconoció el error cometido por la justicia romana. Aclarada la situación, fueron sancionadas y aprobadas todas las decisiones del tribuno Marcelino, a quien la Iglesia honró como mártir por su fidelidad a la verdad aun ante la muerte.

7 de abril

SAN JUAN BAUTISTA DE LA SALLE

Educador

Juan Bautista nació en Reims en 1651 en la noble y acomodada familia de La Salle; fue brillante estudiante en la Sorbona de París y recibió la ordenación sacerdotal en 1678 y poco después fue nombrado canónigo. Es uno de los más grandes innovadores de la escuela moderna. En una época en la que la cultura elemental era un privilegio de pocos afortunados, Juan Bautista comprendió la urgencia de impartir una adecuada instrucción a los niños de las clases sociales más pobres. Entonces renunció a su puesto de canónigo y con doce jóvenes valientes fundó en 1684 la Congregación de los Hermanos de las Escuelas Cristianas.

El Santo fundador entendió la educación de los niños como una obligación de todos. Por lo general, en las escuelas de ese tiempo, se aceptaban solamente a los jóvenes que iban a ser hombres políticos, diplomáticos, jefes. Juan Bautista sostuvo el principio de la gratuidad y de la universalidad de la instrucción. Naturalmente, sus métodos revolucionarios fueron atacados por muchos.

En la escuela se seguía hablando en latín y se les daba mucha importancia a las materias tradicionales. En las escuelas "populares" de los Hermanos se adoptó inmediatamente la lengua materna y se introdujo una enseñanza de carácter elemental y profesional, que comprendía la lectura, la escritura, la ortografía, la aritmética y el catecismo. Las clases se dividían según el nivel de desarrollo de los alumnos: los que habían progresado más tenían que ayudar a los más atrasados. Pero la escuela lasallista tenía sobre todo una dirección profesional, para que los muchachos del pueblo pudieran conseguir un empleo bien remunerado.

En el horario escolar se colocaron también el dibujo industrial y los ejercicios prácticos con varios instrumentos de trabajo. Pero todos los días de clase tenían que comenzar con media hora de "religión". Al comienzo de la difícil misión Juan Bautista de La Salle tuvo que contentarse con el celo de los doce voluntarios que habían aceptado vestir como él el hábito religioso y dedicarse a la institución de las escuelas populares. Cuando murió, el 7 de abril de 1719 en Rouán, la nueva Congregación contaba ya con doscientos miembros distribuidos en 22 casas.

Eran auténticos maestros, dotados de sólida cultura, pero también de las virtudes propias del buen educador: prudencia, sabiduría, paciencia, bondad, celo, piedad y generosidad. Juan Bautista de La Salle fue uno de los más iluminados educadores de la Iglesia y precursor de los métodos modernos de enseñanza. Fue canonizado en 1900.

8 de abril

SAN DIONISIO

Obispo

Se conocen por lo menos 22 santos (o beatos o venerables) con el nombre de Dionisio, y tres santas mártires Dionisia. El 8 de abril se recuerda a san Dionisio obispo de Corinto, que vivió a mediados del siglo II y del que hicieron el elogio san Jerónimo y Eusebio de Cesarea. Más célebres son otros homónimos suyos, como san Dionisio, obispo de París en el siglo III, que fue decapitado junto con Rústico y Eleuterio y a quien el calendario renovado recuerda el 9 de octubre. Sobre su tumba, en la colina de Montmartre, fue edificada una basílica, junto a la cual el rey Dagoberto fundó en el 630 una abadía. Los monjes de esta abadía son los responsables de la equivocada identificación de su mártir patrono con Dionisio el Areopagita y Dionisio de Alejandría.

Al Areopagita, de quien los Hechos de los Apóstoles nos recuerdan que fue uno de los pocos atenienses que acogieron la predicación de san Pablo, se le atribuyen obras que influyeron profundamente en la cultura medieval *(La jerarquía celestial, La teología mística, La jerarquía eclesiástica, Los nombres divinos),* pero parecen más bien redactadas por un monje siríaco entre el 480 y el 530. También parece que es leyenda lo de que el Areopagita vio el eclipse del sol que acompañó a la crucifixión de Cristo, como también que él estuvo presente en la "dormitio" de la Santísima Virgen. San Dionisio el Grande, obispo de Alejandría desde el 247 al 264, tuvo que sufrir la persecución que estalló bajo Felipe el Arabe, Decio y Valeriano.

Pero bajo Decio corrió el riesgo de no ser ni siquiera arrestado... mientras permaneció en casa. Después de cuatro días de búsqueda, el obispo seguía en su casa muy tranquilamente, pues allí a nadie se le ocurrió ir a buscarlo. Cuando finalmente resolvió huir, fue arrestado, pero fue liberado por una multitud de campesinos.

Fue discípulo de Orígenes y director del Didascaleion de Alejandría, y fecundo escritor: de él nos quedan dos cartas completas y varios fragmentos de otras sobre problemas dogmático-disciplinarios de la penitencia de los "lapsos" y de la reiteración del bautismo de los herejes; escribió también una *Confutación* y una *Apología* para aclarar el propio pensamiento sobre la doctrina trinitaria.

En tiempos más recientes, del 1402 al 1471, vivió otro gran Dionisio, el de Rijkel, llamado Dionisio "Cartusiano" (o Cartujo), cuya producción literaria se encuentra en 42 volúmenes, de los cuales 14 están dedicados a un amplio comentario de la Biblia. Declarado Venerable, su fiesta se celebra el 12 de marzo.

9 de abril

SAN EZEQUIEL MORENO DIAZ

Obispo

Nace el 9 de abril de 1848 en Alfaro, Rioja (España). Sus padres Félix y Josefa son honrados cristianos pobres. Su hermana dice: "Obediente a sus padres, muy pacífico con sus hermanos, aplicado en la escuela y con los niños vecinos amable y cariñoso".

La religiosa dominica Catalina Les, del convento de Alfaro, de cuyo templo fue Ezequiel monaguillo y después sacristán, nos cuenta: "Como tenía una voz muy hermosa, una voz de ángel, fue cantor de capilla de música de la ciudad. En una de las visitas pastorales, que debió ser sobre el año 1863, le encantó al señor obispo de Tarazona, don Cosme Marrodán, al oírle cantar las Flores con tanta gracia le mandó llamar por medio del párroco y le dijo que se lo quería llevar a Tarazona y que le daría carrera de sacerdote; él con su acostumbrado modo y respeto, le contestó que deseaba ser religioso con su hermano Eustaquio en los padres agustinos de Monteagudo. A esto le dijo el obispo: "Si quieres ser religioso, bien, vete, sí con tu hermano, que yo también quiero mucho a esos padres agustinos".

Fue novicio agustino recoleto el 21 de septiembre de 1864, con otros 13 compañeros en Monteagudo. En 1866 termina la filosofía y comienza la teología.

En octubre de 1869 sale hacia Filipinas con un grupo de 18 religiosos y llegan en febrero de 1870 a Manila. Termina sus estudios teológicos y es ordenado sacerdote el 3 de junio de 1871. Su hermano Eustaquio fue su padrino, a quien acompaña como auxiliar en Calapán de la isla Mindoro, donde es párroco. Le enseña a la perfección el tagalo, lengua de la región. En febrero de 1872 es nombrado capellán castrense en Puerto Princesa en la isla de Paraguas, donde logra numerosas conversiones. Visita a los enfermos con asiduidad. Se hace querer de todos. A 8 leguas del puerto, sobre el río Inagaguán coloca los cimientos de una nueva misión, con su cariño y santidad. Al regreso permanece una noche a la intemperie en la playa y por enfermedad tiene que regresar a Manila en enero de 1873.

Va en convalescencia a Calapán donde su hermano Eustaquio que el mismo año es nombrado secretario del Provincial y el P. Ezequiel queda de párroco en Calapán y vicario provincial en la isla de Mindoro, a pesar de sus 25 años de edad. En tres años organiza nuevos campos de misión en la isla, que recorre visitando a sanos y enfermos.

En 1876 es nombrado párroco en Las Piñas. Predicador en Manila, vive con su hermano Eustaquio en la Parroquia de Santa Cruz, barrio populoso de Manila. Buena voz, dulzura en la expresión, bello estilo natural y emotivo, que conmovía al auditorio. Gran confesor, de mucha constancia, hasta altas horas de la noche. Se multiplicaba en la peste para atender a los enfermos.

Regresa a España en febrero de 1885 como rector de la casa de formación de Monteaguado. Sus pláticas a la comunidad eran muy esperadas y los sermones en el templo tenían un amplio auditorio, con frecuencia venido de lejos, no tanto por la bella dicción cuanto porque lo que decía era lo que vivía. Su cuarto de rector era supremamente pobre.

Llega a Colombia el 2 de enero de 1889, como superior de un grupo de recoletos y reabre el noviciado en el Desierto de la Candelaria en Boyacá.

En Bula de julio de 1893 el Papa lo elige primer Vicario Apostólico del Casanare. Activo misionero escribe: "En estas inmensidades deshabitadas me distrae el acordarme de Dios, hablar con El ... Y si desde estos llanos voy al cielo, qué mas necesito y qué mas quiero". Desde allí ve la inmensidad de su diócesis y propone a la Santa Sede la formación de la Prefectura Apostólica de Caquetá, que se hace realidad en 1904.

Monseñor Ismael Perdomo, entonces obispo de Ibagué, escribió: "Monseñor Moreno era un prelado que en grado heroico se ejercitaba en la Penitencia y en la oración. Por eso después de su muerte, procuré adquirir prendas de su uso personal que yo aplicaba como reliquias a los enfermos, y varias veces se obtuvieron gracias señaladas".

Este era el común parecer del clero y de los feligreses. Era especial el afecto que profesaba a los sacerdotes ancianos, gastados por su trabajo. Perseguido escribía: "Tengo ya un gran acopio de injurias que lanzan contra mí los periódicos liberales de varias poblaciones de la república y las conservo como preciosidades".

Por su gran devoción al Sagrado Corazón, instituyó la Liga de Víctimas del Sagrado Corazón, para pedir fuerza en las penas y trabajos, de los cuales tuvo en gran medida.

A partir de 1905 sufrió muchísimo por un cáncer nasogutural, regresando a España para morir en Monteagudo en 1906.

El 1o. de noviembre de 1975 es beatificado y en 1992 (11 de octubre) canonizado como el santo de los quinientos años del descubrimiento de América.

Fue apóstol de los enfermos y de los pobres y se distinguió por su fortaleza en el dolor. En 1976, el agustino recoleto P. Sebastián López de Murga, crea en Bogotá la fundación San Ezequiel Moreno, para atender a los enfermos pobres, especialmente cancerosos terminales, llevándoles amor y pan.

El mismo día: 9 de abril

SANTA MARIA DE CLEOFAS

En los grandiosos acontecimientos de la Redención, durante el dramático epílogo sobre el Calvario, un coro silencioso y triste de "piadosas mujeres" espera un poco lejos que todo se haya terminado: "Estaban junto a la cruz de Jesús su madre, la hermana de su madre, María de Cleofás y María de Magdala" dice el evangelista san Juan. Era el grupo de las que "lo seguían desde cuando estaba en Galilea para servirlo, y muchas otras que habían venido de Jerusalén junto con él". Entre las espectadoras hay, pues, la santa que se venera hoy, cuya continua y vigilante presencia cerca del Salvador le ha merecido un puesto particular en la devoción de los cristianos, más que su parentela con la Santísima Virgen y con san José.

A María de Cleofás (así llamada por el marido Clopa o Cleofás) comúnmente se la considera la madre de los "hermanos del Señor", término semítico para indicar también a los primos, Santiago el Menor, apóstol y obispo de Jerusalén, y José. El historiador palestino Egesipo dice que Cleofás era hermano de san José y padre de Judas, Tadeo y Simón, elegido este último a suceder a Santiago el Menor en la sede episcopal de Jerusalén.

La identificación de Alfeo con Cleofás, que sostenían sobre todo los antiguos, lleva por consiguiente a considerar a María de Cleofás, cuñada de la Virgen María, madre de tres apóstoles. Cleofás-Alfeo es, además, uno de los discípulos que el día de la resurrección de Jesús, mientras iban hacia Emaús, fueron alcanzados por Jesús a quien reconocieron en la "fracción del pan".

Mientras el esposo se alejaba de Jerusalén, con el corazón lleno de melancolía y desilusión, la esposa María de Cleofás, siguiendo el impulso de su corazón, iba de prisa a la tumba del Redentor para rendirle el extremo homenaje de la unción ritual con varios ungüentos. En efecto, el viernes por la tarde se había quedado atrás con María Magdalena para ver "en dónde lo dejaban". Dice el evangelista Marcos: "María la Magdalena y María la madre de José estuvieron mirando dónde lo ponían".

Pasado el sábado, muy de mañana, mientras el marido regresaba a casa, María de Cleofás y las otras compañeras "compraron perfumes y fueron a hacerle las unciones". Pero: "¡No está aquí, ha resucitado!" les anuncia el ángel. A las "piadosas mujeres", que fueron al sepulcro con sus ungüentos y con su dolor, les corresponde el privilegio del testimonio más comprometedor: "¿Por qué buscan entre los muertos al que vive?". Si Cristo no resucitó —dirá san Pablo— nuestra fe no vale nada y nosotros seríamos unos mentirosos. Y añade: "Pero Cristo resucitó y es la primicia de los otros que ahora duermen y resucitarán". Esta alegre noticia se la llevaron a los "Doce y a todos los otros" unas pocas mujeres, entre ellas María de Cleofás.

10 de abril (del 11)

SANTA GEMA GALGANI

Virgen

La historia de esta Santa, tan cercana a nosotros por el tiempo (1878-1903) y por las costumbres de la vida cotidiana, tiene cosas increíbles por los fenómenos místicos de que fue protagonista. En ciertos períodos de su atormentada vida soportó vejámenes de toda clase. El demonio se le aparecía hasta bajo la figura del confesor para sugerirle obscenidades. Otras veces se le aparecía como un ángel luminoso; cuando se veía desenmascarado, desaparecía en una gran llama roja dejando en el suelo un montón de ceniza. A veces la golpeaba y la dejaba exánime en el suelo, en donde la encontraban con el rostro tumefacto y con los huesos dislocados.

Pero la animaba a menudo la compañía de Cristo, de la Virgen y de su Angel guardián. Así narró ella misma, por obediencia, los acontecimientos que precedieron el misterioso fenómeno de los estigmas: "Era la noche del 8 de junio de 1899, cuando de repente siento un dolor interno de mis pecados... Apareció Jesús, con todas las heridas abiertas; pero de esas heridas ya no salía sangre, sino que salían unas como llamas de fuego, que vinieron a tocar mis manos, mis pies y mi corazón. Creí morir...".

Las llagas que se habían abierto aparecían cada semana de las ocho de la noche del jueves hasta las tres de la tarde del viernes, acompañadas con el éxtasis. Ante estos fenómenos misteriosos, que fueron pronto motivo de curiosidad de los vecinos de Lucca en donde vivía Gema, la gente comenzó a llamarla: "La niña de la gracia". Era una jovencita crecida rápidamente y madurada por la experiencia del dolor.

Era hija de un farmacéutico de la provincia de Lucca, y cuando tenía ocho años perdió a la madre. Cuidaron de ella los siete hermanos. Pocos años después murió también el padre y ella, curada prodigiosamente de una grave enfermedad que la atormentaba, pidió entrar al convento, pero su petición fue rechazada. Fue recibida en casa del caballero Mateo Giannini, y allí llevó una vida muy retirada, serena y obediente a las directivas del padre espiritual y de las Hermanas pasionistas que se preocuparon por ella. Debajo de los guantes y del modestísimo vestido ocultaba los signos de su participación en la pasión de Cristo.

Mientras tanto las manifestaciones de su santidad habían pasado los límites del barrio y de la ciudad. Muchos, que habían ido a su casa movidos por la curiosidad, salían transformados en su espíritu. La enfermedad ósea que la había atacado desde muy joven volvió a aparecer y la hacía sufrir atrozmente. Comprendió que su calvario estaba por terminar. Pero en su humildad no creía haber pagado suficientemente con la moneda del sufrimiento el privilegio de haber sido asociada a la pasión de Cristo. Murió a los 25 años, en 1903. Era la mañana del Sábado Santo.

11 de abril

SAN ESTANISLAO

Obispo y mártir

La historia recuerda al rey Boleslao II de Polonia (1058-1079) por sus victorias militares que consolidaron su joven Estado y lo ampliaron, por la valorización de las tierras que él promovió con una nueva organización territorial, y por las reformas jurídicas y económicas. Pero el primer historiador polaco, Vicente Kadlubeck, de este Rey recuerda también las graves injusticias y la conducta privada inmoral. Pero en su camino Boleslao se encontró con un severo censor. Como Juan Bautista respecto de Herodes, el valiente obispo de Cracovia, Estanislao, levantó la voz, amonestando al poderoso soberano sobre el deber de respetar los derechos ajenos.

Estanislao nació en Szczepanowski (Polonia) hacia el año 1030, de padres más bien pobres. Hizo sus primeros estudios con los benedictinos de Cracovia, y después los perfeccionó en Bélgica y en París. Cuando regresó a la patria, se distinguió por su celo y por las benéficas iniciativas que realizó con caridad e inteligencia. Muerto el obispo de Cracovia, el papa Alejandro II lo nombró su sucesor. Su nombramiento fue promovido no sólo por el pueblo y el clero, sino también por el mismo Boleslao II, que en los primeros años colaboró en la obra de evangelización en toda la región y en la formación del clero local, secular, que poco a poco debería ocupar el puesto de los monjes benedictinos en la administración de la Iglesia polaca.

La buena armonía entre el obispo y el soberano duró hasta cuando el valiente Estanislao tuvo que anteponer sus deberes de pastor a la tolerancia para con las faltas del amigo, pues, la reprochable conducta del soberano podía fomentar las malas costumbres de los súbditos. En efecto, las crónicas del tiempo narran que el Rey se enamoró de la bella Cristina, esposa de Miecislao, y sin pensarlo dos veces la hizo raptar, con grave escándalo para todo el país.

Lo amenazó con la excomunión y después lo excomulgó; entonces el rey Boleslao se enfureció y ordenó asesinar a Estanislao en Cracovia, en la iglesia de Santa Matilde, durante la celebración de la misa. Parece que el horrible "asesinato en la catedral" lo cometió el mismo soberano, después que los guardias se vieron obligados a retirarse por una fuerza misteriosa. Desde el mismo día de su martirio, los polacos comenzaron a venerarlo. San Estanislao fue canonizado el 17 de agosto de 1253 en la basílica de San Francisco de Asís, y desde entonces se difundió su culto en toda Europa y en América.

12 de abril

SAN ZENON DE VERONA

Obispo

Zenón nació en Mauritania y fue a vivir a Verona en donde fue obispo del 362 al 372. Tuvo que enfrentarse a varios problemas por el paganismo todavía reinante y por el arrianismo y los desórdenes que se originaron en la Iglesia de Verona.

Tenía una buena preparación retórica y su estilo deja ver la influencia de los modelos africanos, tales como Apuleyo de Madaura, Tertuliano, Cipriano y Lactancio. Se conservan de él 16 sermones (o tratados) largos y 77 breves: algunos son simples bocetos y unos pocos son auténticas copias. Los temas son los tratados en la predicación: la pureza de la doctrina trinitaria, la mariología, la iniciación sacramental (el Bautismo, al que él admitía a los paganos solamente después de una cuidadosa preparación y un serio examen, y la Eucaristía), la liturgia pascual, las virtudes cristianas (sobre todo la humildad, la pobreza, la caridad y la liberalidad para con los pobres y los necesitados).

En el tratado 15, que la *Liturgia de las Horas* propone el sábado de la VIII semana, se hace un interesante paralelo entre Cristo y Job: "A Job se le quitaron todas las riquezas que tenía; Cristo, por amor nuestro, se privó de todos los bienes celestiales y se hizo pobre, para hacernos ricos a nosotros. El diablo mató con su furor a los hijos de Job. También el pueblo fariseo en su loco odio mató a los profetas, hijos del Señor... Job recuperó la salud de su cuerpo y sus bienes. El Señor con su resurrección ha dado a cuantos creen en él no sólo la salvación, sino también la inmortalidad, y ha recuperado el dominio sobre todas las cosas, según cuanto él mismo afirma: 'Todo me ha sido dado por mi Padre' (Mt 11, 27)".

13 de abril

SAN MARTIN I

Papa y mártir

Oriundo de Todi y diácono de la Iglesia romana, Martín fue elegido Papa para suceder al papa Teodoro, muerto el 13 de mayo del 649. Inmediatamente demostró mucha firmeza en la conducción de la Iglesia. En efecto, no pidió ni esperó el consentimiento para su elección por parte del emperador Constante II que un año antes había promulgado el *Tipo*, un documento en defensa de la tesis herética de los monotelitas. Para acabar con la difusión de esta herejía, a los tres meses de su elección, el papa Martín convocó en la basílica lateranense un gran concilio, al que fueron invitados todos los obispos de Occidente.

La condena de todos los escritos monotelitas, decretada en las cinco solemnes sesiones conciliares, suscitó la furiosa reacción de la corte bizantina. El emperador ordenó al exarca de Ravena, Olimpio, que fuera a Roma y arrestara al Papa. Olimpio no sólo se propuso cumplir las órdenes imperiales, sino que trató de asesinar al Papa por medio de un sicario durante la celebración de la misa en Santa María Mayor. En el momento de recibir la Hostia de manos del Pontífice, el vil sicario sacó el puñal, pero en ese momento quedó repentinamente ciego.

Probablemente este hecho convenció a Olimpio a cambiar de actitud y a reconciliarse con el Santo Pontífice y a proyectar una lucha armada contra Constantinopla. En el 653, muerto Olimpio de peste, el emperador pudo llevar a cabo su venganza, haciendo arrestar al Papa por medio del nuevo exarca de Ravena, Teodoro Caliopa.

Martín, acusado de haberse apoderado ilegalmente del alto cargo pontificio y de haber tramado con Olimpio contra Constantinopla, fue llevado por mar a la ciudad del Bósforo. El largo viaje, que duró quince meses, fue el comienzo de un cruel martirio. Durante las numerosas escalas no se permitió a ninguno de los fieles que salieron a saludar al Papa que se acercaran a él. Al prisionero no se le daba ni siquiera el agua para bañarse. El 17 de septiembre del 654 llegó a Constantinopla, fue colocado en una camilla y expuesto durante todo un día a los insultos del pueblo, y después lo encerraron durante tres meses en la cárcel Prandiaria. Después comenzó un largo y extenuante proceso, durante el cual fueron tales las sevicias que le hicieron murmurar al imputado: "Hagan de mí lo que quieran; cualquier clase de muerte será un bien para mí".

Degradado públicamente, desnudo y expuesto a los rigores del frío, encadenado, fue encerrado en la celda reservada a los condenados a muerte. El 26 de marzo del 655 lo hicieron partir secretamente para el destierro en Crimea. Sufrió el hambre y padeció en el abandono más absoluto durante cuatro meses más, hasta cuando la muerte le llegó, agotado en el cuerpo pero no en la voluntad, el 16 de septiembre del 655.

14 de abril

SAN HERMENEGILDO

Mártir

Los acontecimientos de san Hermenegildo, interesantes como los de una novela, han suscitado varias perplejidades entre los historiadores y hagiógrafos: uno que otro, muy de mala gana, le reconoce la santidad. No todos consideran "justificada" su rebelión armada contra el padre. El desacuerdo comenzó con los primeros cuatro biógrafos: mientras Juan, abad de Biclaro y después obispo de Gerona, le es hostil, y san Isidoro de Sevilla queda perplejo, san Gregorio de Tours presenta una atenta narración y san Gregorio Magno hace de él un gran panegírico. La verdad, como de costumbre, está en el medio. Y el medio prácticamente es éste. Hermenegildo era hijo de Leovigildo que en el 567 sucedió a Atanagildo y fue el primer visigodo que obtuvo el título de rey y delegado imperial en España.

Los visigodos, que Clodoveo había definitivamente relegado a España, habían abrazado el cristianismo, pero siguiendo la herejía arriana, que les había propuesto en la segunda mitad del siglo IV el obispo de Ulfila (o Wulfila). En cambio eran católicos los francos, sus vecinos, con los cuales por motivos políticos contraían matrimonios. También Hermenegildo, cuya madre Teodosia era católica, había recibido una educación arriana, pero se casó con una princesa católica. Esta, Ingonda, era incluso nieta de la segunda esposa de Leovigildo, Goswinta, viuda de Atanagildo y arriana "fanática": la tradicional hostilidad entre católicos y arrianos había aumentado en Goswinta por el hecho de que su hija, tía de Ingonda, había muerto trágicamente por mano de un príncipe católico.

Goswinta trató en vano, a las buenas y a las malas, de hacer "convertir" a Ingonda: un día, después de haberla golpeado duramente, la desnudó y la arrastró a una piscina para rebautizarla contra su voluntad. Para acabar con las tensiones, Leovigildo desterró al hijo Hermenegildo a Sevilla. Allí el joven abrazó el catolicismo y, probablemente con la aprobación de san Leandro, hermano de san Isidoro, llevó a cabo precisamente un plan de insurrección contra el padre. Pero fue derrotado y se rindió bajo garantías propuestas por intermedio de su hermano Recaredo.

Fue encarcelado en Valencia y en Tarragona, en donde se desarrolló el último drama. El día de Pascua del 585, el 25 de marzo, Hermenegildo rehusó recibir la Comunión de manos del obispo arriano que le había enviado el padre, y por eso ordenó la inmediata ejecución: precisamente por esta circunstancia su martirio fue auténtico. Por la insistente intervención de Felipe II, en 1586 el papa Sixto V fijó la memoria de san Hermenegildo mártir para el 13 de abril.

15 de abril

SAN BENITO JOSE LABRE

Peregrino

"En este mundo todos somos peregrinos en el valle de lágrimas: caminamos siempre por el camino seguro de la Religión, en Fe, Esperanza, Caridad, Humildad, Oración, Paciencia y Mortificación cristiana, para llegar a nuestra patria del Paraíso". Esta era una de las máximas preferidas de san Benito José Labre, que corresponden perfectamente a su testimonio de vida. Vivió 35 años, y 13 los pasó como "peregrino" por las calles y caminos. Con razón se le llamó "el vagabundo de Dios" o también "el gitano de Cristo", mejores expresiones que la de "santo de los piojos" como también se le decía.

Benito José Labre nació en Amettes, cerca de Arras, el 26 de marzo de 1748, primero de 15 hijos de modestos agricultores. Hizo algunos estudios en la escuela del pueblo y un tío materno le dio algunas clases de latín. Inclinado más a la vida contemplativa que al sacerdocio, pidió en vano a los padres que lo dejaran irse de trapense. Sólo a los 18 años pudo hacer la petición de entrada a la cartuja de San Aldegonda, pero el parecer de los monjes fue contrario. El mismo rechazo recibió de los cistercienses de Montagne en Normandía, a donde llegó después de haber recorrido 60 leguas a pie en pleno invierno. Sólo seis semanas permaneció en la Cartuja de Neuville, y un poco más en la abadía cisterciense de Sept-Fons, de la que siempre llevó la túnica y el escapulario de novicio.

A los 22 años tomó la gran decisión: su monasterio sería el camino, y más exactamente las calles de la ciudad de Roma. En el hábito de pobre peregrino llevaba todos sus tesoros: el Nuevo Testamento, la *Imitación de Cristo* y el breviario que rezaba todos los días; sobre el pecho llevaba un crucifijo, en el cuello una corona, y en las manos una camándula. No comía sino un pedazo de pan y una que otra legumbre; no pedía limosna, y si se la daban, la repartía con los otros pobres, corriendo el riesgo de que el benefactor, pensando que era por descontento, junto con la moneda le proporcionara también una buena paliza (como efectivamente le sucedió un día). Pasaba las noches en las ruinas del Coliseo y durante el día permanecía en oración contemplativa y en peregrinaciones a los varios santuarios: el más querido era el de Loreto.

Murió agotado por las fatigas y por la absoluta falta de higiene el 16 de abril de 1783, en la trastienda del carnicero Zaccarelli, cerca de la iglesia de Santa María dei Monti, en donde fue sepultado con asistencia de muchísimo pueblo. Fue canonizado por León XIII en 1881.

16 de abril

SANTA BERNARDITA SOUBIROUS

Virgen

El 11 de febrero la fiesta de la Santísima Virgen de Lourdes, que tiene una celebración especial litúrgica, nos recuerda las apariciones de la Virgen a una niña de 14 años que no sabía leer ni escribir, pero que rezaba todos los días el Rosario, Bernardita Soubirous. Había nacido en Lourdes en 1844 de padres muy pobres. Por medio de ella la Virgen hizo surgir la prodigiosa fuente del milagro, a la cual acuden peregrinos de todo el mundo para reavivar su fe y su esperanza. Muchos regresan de Lourdes curados también en su cuerpo. La Virgen, durante la segunda aparición, le dijo: “No te prometo hacerte feliz en este mundo, pero sí en el otro”.

Bernardita no se contaminó con la gloria humana. El día que el obispo de Lourdes ante 50.000 peregrinos, colocó la estatua de la Virgen sobre la roca de Massabielle, Bernardita tuvo que permanecer en la pequeña pieza que le habían asignado las Hermanas, víctima de un ataque de asma. Y cuando el dolor físico se hacía más insoportable, suspiraba: "No, no busco alivio, sino sólo la fuerza y la paciencia". Su breve existencia transcurrió en la humilde aceptación del sufrimiento físico, como generosa respuesta a la invitación de la Inmaculada para pagar con la penitencia el rescate de tantas almas que viven prisioneras del mal.

Mientras junto a la gruta de las apariciones se estaba construyendo un grande santuario para acoger a los numerosos peregrinos y enfermos en busca de alivio, Bernardita pareció desaparecer en la sombra. Pasó seis años en el instituto de Lourdes, de las Hermanas de la Caridad de Nevers, y después fue admitida como novicia en el mismo instituto, en Nevers. Su entrada se demoró debido a su falta de salud. En la profesión tomó el nombre de Sor María Bernarda. Durante los quince años de vida conventual no conoció sino el privilegio del sufrimiento. Las mismas superioras la trataban con indiferencia, por un designio providencial que les impide a las almas elegidas la comprensión y a menudo hasta la benevolencia de las almas mediocres. Al principio fue enfermera dentro del convento, después sacristana, hasta cuando la enfermedad la obligó a permanecer en la cama, durante nueve años, siempre entre la vida y la muerte.

A quien la animaba le contestaba con la radiante sonrisa de los momentos de felicidad cuando estaba a la presencia de la blanca Señora de Lourdes: "María es tan bella que quienes la ven querrían morir para volver a verla". Bernardita, la humilde pastorcita que pudo contemplar con sus propios ojos a la Virgen Inmaculada, murió el 16 de abril de 1879. Pío XI la elevó al honor de los altares el 8 de diciembre de 1933.

17 de abril

SANTOS ROBERTO DE CHAISE-DIEU, ROBERTO DE MOLESME Y ESTEBAN DE CITEAUX

Abades

Estos tres abades fueron protagonistas de una misma historia de renovación religiosa que tuvo como epicentro a la Francia del siglo XI y que confirma la obra del Espirítu en la Iglesia: en todo tiempo él suscita personas que, por medio de un "regreso a los orígenes", buscan un vivo contacto con la Palabra de Dios y el servicio a los hermanos. Roberto de Turlande nació en Alvernia de una familia señorial hacia el 1001. Muy joven les fue confiado a los canónigos de san Julián de Brioude y llegó a ser sacerdote y canónigo. Aunque ya había edificado con dineros propios un hospital para pobres y peregrinos, aspiraba a un más explícito testimonio de vida. Por eso pensó entrar en Cluny, entonces en pleno fulgor, pero sus cohermanos y protegidos se opusieron.

Entonces resolvió ir a Roma en peregrinación para pedir iluminación al Señor. Fue a Montecassino y allí sintió más confirmada su vocación monástica. De regreso a Brioude, junto con dos laicos se retiró en 1043 a un lugar solitario, que después tomaría el nombre de "La Chaise-Dieu" o Casa de Dios. Pobreza e inserción en la Iglesia local fueron las características del grupo de monjes primero y de los monasterios después. San Roberto murió entre la veneración general el 17 de abril de 1067 y fue canonizado en 1070 por Alejandro II.

San Roberto de Molesme y san Esteban de Citeaux vieron su fama opacada por san Bernardo, pero no hay que olvidar que precisamente ellos fueron los iniciadores de una de las Ordenes más vivas de la Iglesia, los Cistercienses (Citeaux en latín se dice Cistercium). Roberto de Molesme nació en el 1028-29, y fue como el grano de trigo que debe morir para poder dar fruto; y su *muerte* se debió a sus mismos cohermanos. Después de la fundación de Molesme, fue rodeado por muchos hermanos, que no tenían su misma aspiración a la renuncia de las riquezas y el prestigio. Entonces trató de dar vida a una nueva fundación: lo hizo en Citeaux con la colaboración de san Esteban Harding, que había nacido en Inglaterra en 1060; pero los cohermanos envidiosos lo hicieron regresar a Molesme, pero sin permitirle realizar las reformas necesarias.

Tal vez su sacrificio (análogo al de Abrahan) fue precisamente el que permitió a san Esteban Harding y luego a san Bernardo encaminar y consolidar la experiencia reformadora de Citeaux, con su vida pobre y austera, en una rigurosa fidelidad a la regla benedictina, con la invitación a mantenerse con el trabajo de las propias manos.

18 de abril

SAN GALDINO

Obispo

San Galdino, arzobispo de Milán en una época muy delicada de la historia de la Iglesia, fue hombre de virtud y de empeño religioso, social y político. Nació en Milán a comienzos del siglo XII. Siguió la carrera eclesiástica y llegó a ser canciller y archidiácono de la diócesis de Milán. Precisamente como archidiácono estuvo al lado del arzobispo Oberto de Pirovano en su decidida oposición al antipapa Víctor IV y al emperador Federico Barbarroja que lo apoyaba.

Como Milán se atrevió a oponerse al poder imperial, en 1162 la ciudad fue totalmente destruida. Oberto tuvo que refugiarse donde el Papa legítimo, Alejandro III. Cuando murió el arzobispo Oberto en Benevento, el Papa nombró inmediatamente a Galdino como sucesor, y él mismo lo consagró obispo el 18 de abril de 1166, y después lo nombró cardenal. Fue, pues, el primer cardenal de Milán. El nuevo arzobispo apoyó las empresas de la Liga lombarda de los Comunes y se preocupó por la vida religiosa de la diócesis.

Dio testimonio concretamente de la caridad de Cristo interesándose por los pobres, sobre todo por los que se avergonzaban de extender la mano para pedir limosna, y por los que habían sido encarcelados como deudores insolventes: para ellos instituyó lo que más tarde se llamó "el pan de san Galdino". Otra grande preocupación suya fue por la ortodoxia cristiana de sus fieles: por eso combatió con energía contra las nacientes herejías cátaras. La importancia que él le daba a tal lucha lo demuestra el hecho de que san Galdino murió literalmente sobre el púlpito, el 18 de abril de 1176, inmediatamente después de haber terminado un discurso contra los cátaros.

Su primer biógrafo, el monje Hilarión, narra lo siguiente: "Encendido de celo contra los herejes, fue como de costumbre a la iglesia de Santa Tecla para celebrar allí los oficios divinos... Antes que se leyera el Evangelio al pueblo, subió al púlpito y pronunció un hermosísimo sermón contra los cátaros y sus secuaces... Cuando hubo terminado de hablar,... ante la presencia de mucho clero y mucho pueblo entregó su espíritu al Señor".

19 de abril

SANTA EMA

Viuda

Hay dos santas con este nombre: Ema de Gurk (Austria) y Ema de Sajonia (Germania o Alemania). Muchos particulares de su vida concuerdan: vivieron en el mismo siglo (XI); ambas eran de noble familia; casadas y viudas siendo todavía jóvenes; regalaron sus riquezas a los pobres y llevaron una vida austera, entregadas a la oración y a las obras de caridad. Ema de Gurk, fundadora de dos monasterios, murió el 27 de mayo de 1045, y Ema de Sajonia murió el 19 de abril de 1040. En el monasterio de san Ludgero en Werden, cerca de Düsseldorf, inexplicablemente lejos de Sajonia, se conserva una reliquia de la Santa: una mano prodigiosamente intacta.

Un cronista alemán del mismo siglo, Adán de Brema, en su *Historia eclesiástica*, nos habla de una "nobilissima senatrix Emma", hermana de Meinwerk, obispo de Paderborn (muerto en 1036), y esposa del conde Ludgero de Sajonia. Siendo todavía joven y bella, rica y sin hijos, quedó viuda, pero no pensó en casarse nuevamente, sino que se dedicó a las obras de caridad.

Generosa con los demás, pero austera e intransigente consigo misma, se dedicó a la perfección en el difícil estado de la viudez, una condición muy incómoda para una mujer, que quedaba sola pero no libre, expuesta a muchas insidias por carecer de apoyo y porque siendo rica era blanco de los cálculos interesados de parientes cercanos y lejanos. Pero Ema prefirió dedicarse a la perfección. Su mano, que sigue intacta después de nueve siglos y medio de su muerte, es testimonio de su virtud: la generosidad. Una generosidad efectiva, de obras y no de palabras.

Auténtica sierva de Cristo, Ema sirvió a su Esposo celestial con la oración y la caridad, esto le mereció la devoción no de un marido sino de millones de cristianos que desde hace más de nueve siglos le tributan culto público. Su cuerpo, sin la mano de la que se ha hablado, reposa en la catedral de Brema.

20 de abril

SANTA INES DE MONTEPULCIANO

Virgen

En un famoso cuadro de Tiepolo se encuentran las tres grandes santas dominicas: Catalina de Siena, Rosa de Lima e Inés de Montepulciano. Esta última está arrodillada a los pies de la Virgen y contempla un pequeño crucifijo que el Niño Jesús le dio durante una aparición. La vida de santa Inés está llena de prodigios, desde el día de su nacimiento (en el año 1274 en Gracciano Vecchio a orillas del lago Trasimeno) cuando su cuna quedó iluminada improvisadamente, hasta sesenta años después de su muerte, cuando Catalina de Siena fue a su tumba en peregrinación: cuando la santa de Siena se inclinó para besarle el pie, éste se levantó y así quedó en esa posición.

Una mañana, mientras sor Inés estaba en la oración ante el altar, después que el obispo había celebrado la misa, el mantel quedó tapado repentinamente por una capa de “maná”. En Chianciano, a donde había ido por unas aguas saludables y por obedecer a los superiores, de improviso surgió una nueva fuente, que todavía hoy lleva su nombre. Pero el prodigio más grande es la conmovedora sencillez y la transparencia de su alma, de la que salía un encanto irresistible.

Catalina de Siena en su colorido lenguaje, define a santa Inés “Comedora y gustadora de almas”, porque “la caridad siempre ardía en su corazón”. Su biógrafo, el beato Raimundo de Capua, habla de “visible fuerza ejercitada por su santidad”, que tenía que difundirse y comunicarse. Nació de noble familia y a los nueve años entró en el monasterio de las dominicas del Sacco, llamadas así por la forma del hábito que llevaban (*sacco* quiere decir talego o costal). A los quince años, por un indulto especial del Papa, fue nombrada superiora del monasterio de Proceno, un pueblo de la diócesis de Acquapendente. Pero los habitantes de Montepulciano la reclamaron para ellos con reiteradas peticiones al obispo y súplicas a la interesada; entonces Inés, viendo que esa era la voluntad de Dios, aceptó y regresó definitivamente a la ciudad que después la eligiría como su protectora.

El nuevo monasterio de Montepulciano fue inaugurado el 3 de julio de 1306 y al mes siguiente hacía sus votos el primer grupo de religiosas. El 23 de septiembre siguiente Inés fue elegida superiora, y lo fue hasta su muerte, 20 de abril de 1317. Sobre la tumba de la humilde abadesa de Montepulciano siguieron manifestándose los signos de la divina predilección. Su fiesta se celebraba en Montepulciano desde comienzos de 1500, doscientos años antes de la canonización oficial que tuvo lugar el 10 de diciembre de 1726.

21 de abril
SAN ANSELMO

Obispo y doctor de la Iglesia

Nació en Aosta (Italia) en 1033, de noble familia y fue educado por los benedictinos. Desde muy niño se sintió inclinado hacia la vida contemplativa. Pero su padre, Gandulfo, fue irremovible: su primogénito no podía hacerse monje, sino seguir sus huellas. Anselmo sufrió tanto que se enfermó gravemente, pero el padre no se dio por vencido. Recuperó la salud y el joven pareció consentir al deseo paterno, porque se adaptó a la vida mundana, y hasta pareció bien dispuesto a las fáciles ocasiones de placeres que le proporcionaba su rango; pero en su corazón seguía intacta la antigua llama, o sea, el deseo de ser monje. En efecto, pronto abandonó la casa paterna, pasó a Francia y luego a Bec, en Normandía, en cuya famosa abadía enseñaba el célebre maestro de teología, el monje Lanfranco.

Anselmo se dedicó de lleno al estudio, siguiendo fielmente las huellas del maestro, del que fue sucesor como abad, cuando todavía era muy joven, y también como profesor. Fue predicador y reformador de la vida monástica, y sobre todo teólogo: él representa los comienzos de la teología escolástica. Su austeridad ascética le suscitó fuertes oposiciones, pero su amabilidad terminaba ganándose el amor y la estimación hasta de los menos entusiastas. Era un genio metafísico de piadoso corazón: con corazón e inteligencia se acercó a los misterios cristianos: "Haz, te lo ruego, Señor —escribía— que yo sienta con el corazón lo que toco con la inteligencia".

Sus dos obras más conocidas son el *Monologio*, o modo de meditar sobre las razones de la fe, y el *Proslogio*, o la fe que busca la inteligencia. Es necesario, decía él, impregnar cada vez más nuestra fe de inteligencia, en espera de la visión beatífica. Sus obras filosóficas, como sus meditaciones sobre la Redención, provenían del vivo impulso del corazón y de la inteligencia. En esto, el padre de la Escolástica se asemejaba mucho a san Agustín. Fue elevado a la dignidad de arzobispo primado de Inglaterra, con sede en Cantórbery, y allí el humilde monje de Bec tuvo que luchar contra la hostilidad de Guillermo el Rojo y Enrique I. Los contrastes, al principio velados, se convirtieron en abierta lucha, y dos veces fue desterrado.

Fue a Roma no sólo para pedir que se reconocieran sus derechos, sino también para pedir que se mitigaran las sanciones decretadas contra sus adversarios, alejando así el peligro de un cisma. Y esta moderación suya terminó desarmando a sus opositores. Murió en Cantórbery el 21 de abril de 1109. En 1720 el papa Clemente XI lo declaró doctor de la Iglesia.

22 de abril
SANTOS SOTERO, CAYO Y AGAPITO

Papas

Estos tres Papas que el *Martirologio Romano* conmemora el mismo día no tienen mucho en común. Como generalmente sucede para los Papas de los primeros siglos, hay que hacer una crítica severa sobre los (pocos) datos que se nos han transmitido. Es el caso concreto de Sotero y Cayo. Una nota de los redactores del nuevo calendario declara, por ejemplo: "Queda cancelada la memoria de san Sotero (muerto hacia el año 175) y de san Cayo (muerto el 22 de abril del 296) y que fue introducida al calendario romano en el siglo XIII: en efecto, no hay motivo para enumerar a san Sotero y a san Cayo en la lista de los mártires. A san Cayo se lo recuerda en la *Depositio episcoporum* (354), y de san Sotero se ignora el día de su nacimiento.

Pero de san Sotero sabemos que fue Papa del 166 al 175 y que escribió una carta para animar a los perseguidos de Corinto: Eusebio de Cesarea refiere la entusiasta respuesta de Dionisio que agradecía al Papa "por la abundancia con que había enviado auxilios a los santos, y por el consuelo que había ofrecido con palabras de ánimo a los hermanos que habían recurrido a él, tal como un padre amoroso haría con sus hijos". Y comunicaba también que la carta del Papa había sido leída en la pública reunión dominical y que sería consultada con la misma atención que se le daba a la carta que san Clemente había enviado a esa comunidad.

De san Cayo se decía que era pariente de Diocleciano y también tío de una santa Susana, no identificada. A él se le atribuye la definitiva estructuración de las Ordenes inferiores al episcopado; pero son noticias no verificables, y hay que excluir su martirio, pues fue Papa del 283 al 296, es decir, murió antes de comenzar la persecución de Diocleciano (en el 303).

San Agapito, pariente de san Gregorio Magno, fue Papa y celoso defensor de la tradición católica, y murió en Constantinopla el 22 de abril del 536. Había ido a la capital del Imperio Romano de Oriente para tratar de hacer cesar la desastrosa guerra griego-gótica en Italia que había estallado en el 535. Pero no lo logró. "Sus funerales fueron como no los había habido (en Constantinopla) para ningún obispo o emperador". En cambio, sí tuvo éxito su intervención contra el patriarca Antimio que estaba de parte del monofisismo y a quien él sustituyó con el obispo católico Mena. Como relievó el mismo Agapito en una carta a Pedro, obispo de Jerusalén, era la primera vez desde los tiempos de san Pedro que una Iglesia oriental recibía a un obispo consagrado por el obispo de Roma.

23 de abril
SAN JORGE
Mártir

Si de san Jorge tuviéramos sólo los *Hechos* del martirio y más exactamente su *Passio* (ya considerada apócrifa por el *Decreto Gelasiano* del siglo VI), podríamos hasta dudar de su existencia histórica. Pero no se puede acabar así como así con una tradición tan universal: la Iglesia de Oriente lo llama "el gran mártir" y todo calendario cristiano lo ha incluido en la lista de los santos. San Jorge, a más de haber dado el nombre a ciudades y países, fue proclamado patrono de ciudades como Génova, y de varias regiones de España, Portugal, Lituania y patrono de Inglaterra. Para esta última recibió solemne confirmación del papa Benedicto XIV.

Este culto extraordinario tiene orígenes muy antiguos, pues su sepulcro en Lida (Palestina) en donde el mártir fue decapitado al comienzo del siglo IV, era meta de peregrinos desde la época de las cruzadas, cuando el sultán Saladino hizo derribar la iglesia construida en su honor. La imagen, conocida por todos, del valiente caballero que lucha contra el dragón, tiene sus orígenes en la leyenda que se creó alrededor de este mártir y que de distintos modos narran las muchas *Pasiones*.

Esa leyenda narra que un horrible dragón salía de vez en cuando del fondo de un lago y se acercaba a la ciudad causando la muerte a muchos solo con su pestilente olor. Entonces para tener alejado al dragón los habitantes del lugar le ofrecían jóvenes víctimas que sacaban por suerte. Un día le tocó a la hija del Rey. El monarca, no pudiendo impedir la trágica suerte de su tierna hijita, la acompañó llorando hasta las orillas del lago. La princesa parecía irremediablemente perdida, cuando en ese momento se adelantó un valiente caballero que había llegado de Capadocia. Era precisamente Jorge.

El heroico guerrero sacó su espada y obligó al horrible monstruo a seguirlo como un corderito; en efecto, así lo llevó el joven hasta las puertas de la ciudad, amarrado con un cordoncito; aunque ya era inofensivo, la gente se encerró en sus casas llena de terror. Entonces Jorge gritó en la plaza diciendo que él había ido en nombre de Cristo para que se convirtieran y se bautizaran.

La gloriosa muerte de este mártir también tiene algo de leyenda. Condenado a muerte por haber renegado de los dioses del imperio, los verdugos le aplicaron los más atroces tormentos, pero parecía que fuera de hierro. Ante su heroica valentía y su fe, se convirtió hasta la esposa del emperador. Esto enfureció más al emperador, y muchos cristianos fueron martirizados. Por último fue decapitado.

24 de abril

SAN FIDEL DE SIGMARINGA

Sacerdote y mártir

Lo llamaban "el abogado de los pobres" porque defendía gratuitamente a los que no tenían dinero suficiente para pagar un abogado. Marco Reyd —el futuro capuchino fray Fidel— nació en Sigmaringa (Alemania) en 1578 y se graduó brillantemente en filosofía y en derecho en la Universidad de Friburgo en Suiza. En Colmar (Alsacia) se dedicó a la carrera forense. Marco Reyd, más inclinado a los severos estudios filosóficos que a las arengas en los tribunales, aceptó la invitación del conde de Stotzingen, que le confiaba a los hijos y a un grupo de jóvenes para que los dirigiera en los estudios y en el conocimiento de los problemas del mundo contemporáneo.

Durante seis años visitó varias ciudades de Italia, España y Francia, impartiendo a los jóvenes y nobles alumnos sabias enseñanzas, por lo cual fue llamado el "filósofo cristiano". A los 34 años de edad abandonó todo y regresó a Friburgo, en donde ingresó a la Orden de los frailes capuchinos. Por su sabiduría fue propuesto como guía de varios conventos, y cuando era guardián del convento de Weltkirchen los habitantes de la región pudieron admirar su extraordinaria caridad y su valentía en la asistencia a los atacados por la peste.

La Sagrada Congregación para la Propagación de la fe le encomendó la misión de Recia, en plena crisis protestante. Las conversiones fueron numerosas, pero la intolerancia de muchos terminó creándole al Santo predicador una grande hostilidad, sobre todo por parte de los campesinos calvinistas del cantón suizo de los Grigiones, que le declararon la guerra al emperador de Austria. Naturalmente, fray Fidel fue acusado de ser espía al servicio del emperador católico.

Pero el Santo continuaba impávido su misión, pasando de ciudad en ciudad a predicar. "Si me asesinan —les dijo a sus cohermanos antes de partir para Séwis— aceptaré con alegría la muerte por amor a nuestro Señor. La consideraré como una grande gracia". Era casi una profecía. En Séwis, durante la predicación, se oyó un disparo. Fray Fidel terminó su sermón y se dirigió a su casa. De repente se le acercaron unos veinte soldados, dirigidos por un ministro, que más tarde se convertiría. Le ordenaron que renegara todo lo que había predicado antes. "No puedo, es la fe de sus antepasados. Daría con gusto la vida para que ustedes regresaran a esta fe". Lo golpearon fuertemente en la cabeza y sólo tuvo tiempo para pronunciar algunas palabras de perdón, y luego lo remataron con una espada. Era el 24 de abril de 1622. Fue canonizado en 1746 por Benedicto XIV.

25 de abril

SAN MARCOS

Evangelista

En los libros del Nuevo Testamento se recuerda a Marcos diez veces, con el nombre hebreo de Juan, con el nombre romano de Marcos o con el doble nombre de Juan Marcos. Según algunos estudiosos habría que distinguir a dos o hasta tres Marcos. Nosotros aceptamos aquí la opinión más común de un solo Juan Marcos, hijo de aquella María en cuya casa se reunían los primeros cristianos de Jerusalén y a donde fue a refugiarse san Pedro después de la prodigiosa liberación de la cárcel.

Marcos, hebreo de origen, nació probablemente fuera de Palestina, y era de familia rica. San Pedro, que lo llama "hijo mío", lo tuvo ciertamente consigo en sus viajes misioneros en Oriente y en Roma, en donde escribió el Evangelio. La antigüedad cristiana, comenzando con Papías (muerto en el 130), llamó a Marcos "intérprete de Pedro": "Marcos, un intérprete de Pedro, escribió exactamente todo lo que recordaba. Pero escribió, sin seguir un orden, lo que dijo e hizo el Señor. Es decir, Marcos no oyó al Señor, ni lo acompañó; pero después oyó a Pedro, que exponía sus enseñanzas según las necesidades...".

A más de la familiaridad con san Pedro, el evangelista Marcos gozó de una larga comunidad de vida con el apóstol Pablo, a quien encontró por primera vez en el año 44, cuando Pablo y Bernabé llevaron a Jerusalén la generosa oferta de la comunidad de Antioquía. Al regreso, Bernabé llevó consigo a su joven sobrino Marcos. Después de la evangelización de Chipre, cuando Pablo proyectó un viaje más difícil y arriesgado al corazón de Asia Menor, entre las desconfiadas y belicosas gentes semibárbaras del Tauro, Marcos "se separó de Pablo y de Bernabé y regresó a Jerusalén" como nos cuentan los *Hechos de los Apóstoles*. Más tarde Marcos se encuentra de nuevo al lado de san Pablo, cuando estaba prisionero en Roma.

En el año 66 san Pablo da la última información sobre Marcos, cuando escribía desde la cárcel romana a Timoteo: "Trae contigo a Marcos. Puedo necesitar de sus servicios". Los datos cronológicos de la vida de san Marcos no son muy seguros. Probablemente murió en el año 140, del imperio de Nerón (68), de muerte natural, según una relación, y según otra, como mártir, en Alejandría de Egipto.

Los *Hechos de san Marcos*, un escrito de mitad del siglo IV, refieren que san Marcos el 24 de abril fue arrastrado por los paganos por las calles de Alejandría, atado con cuerdas al cuello. Después lo llevaron a la cárcel y al día siguiente le volvieron a aplicar el mismo martirio hasta cuando falleció. Luego echaron su cuerpo a las llamas, pero los fieles lograron sacarlo y evitar su destrucción. El robo de su cuerpo por parte de dos mercaderes venecianos en el 828 pertenece a la leyenda, pero a esta leyenda se debe la construcción (del 976 al 1071) de la estupenda basílica de Venecia dedicada a san Marcos.

26 de abril

SANTOS ANACLETO Y MARCELINO

Papas

A san Anacleto le sucedió una cosa muy curiosa: tenía dos nombres, Cleto y Anacleto, y dos fiestas en el *Martirologio Romano*: el 26 de abril para Cleto, y el 13 de julio para Anacleto. Parece que el error se debió a un copiante que, al ver abreviado en alguna lista de los Papas el nombre de Anacleto en Cleto, creyó bien reintroducir el desaparecido nombre de Anacleto, pero dejó también el de la abreviación. Con base en los estudios de Duchesne, la orientación actual es que Anacleto y Cleto son una sola persona: por eso la Congregación de los Ritos abolió en 1960 la fiesta del 13 de julio, dejando sólo la del 26 de abril.

Más severos fueron los redactores del nuevo calendario: "La memoria de los santos Cleto y Marcelino, introducida en el Calendario romano en el siglo XIII, queda cancelada: se ignora el día de la muerte de san Cleto, que no parece haya sido mártir; igualmente se discute respecto de la muerte de san Marcelino, que murió en el año 304, cuando recrudecía con rigor la persecución de Diocleciano". Aunque no fue mártir, Anacleto, de origen ateniense y Papa del 79 al 90, se hizo benemérito por haber edificado una memoria, es decir un sepulcro, a san Pedro, junto al cual fue enterrado él mismo.

El caso de Marcelino es todo lo contrario, porque se trató de hacer de él y de san Marcelo una sola persona. De san Marcelo ya hablamos el 16 de enero. El *Martirologio Romano* recuerda a san Marcelino el 26 de abril y también el 25 de octubre, conmemorando: "El nacimiento de san Marcelino, papa y mártir, que por la fe de Cristo fue decapitado bajo Maximiano junto con Claudio, Cirino y Antonino...".

En realidad, hoy ya se le reconoce a san Marcelino el martirio por fines apologéticos: en el siglo V se había difundido una leyenda de origen donatista que calumniaba su memoria, diciendo que él había cedido a la persecución, "entregando" los libros sagrados, y que por tanto era un "traditor". San Agustín ya había reaccionado contra esa calumnia, pero los chismes seguían, con un expediente que no impresiona nuestra sensibilidad moderna, pero que en ese tiempo sí era muy comprensible, se admitió la "caída" de san Marcelino, pero después la "reparó" con el martirio: ¡efectos de la opinión pública! No conocemos nada seguro ni de su muerte ni de su vida; solamente que fue Papa entre el 296 y el 304-305 y que fue enterrado en el cementerio de Priscila, junto al mártir Crescencio.

27 de abril
SANTA ZITA
Virgen

Zita ejerció durante casi cincuenta años el humilde oficio de doméstica en la ciudad de Lucca (Italia), de la que ahora es patrona. Dante la cita en su *Comedia*, treinta años después de su muerte, y su nombre está ya unido al de la ciudad: hablando de un magistrado de Lucca, Dante, o mejor un diablo negro, se limita a identificarlo como un "anciano de santa Zita". Zita nació en 1218 en Monsagrati, un pueblito cerca de Lucca, de pobre familia campesina, cuyas muchachas para buscar una dote o para no ser de peso a la familia, se colocaban de sirvientas en las familias ricas de la ciudad.

Antes de las actuales conquistas sociales la profesión de doméstica equivalía a una "esclavitud". Zita, colocada a sólo doce años de edad, al servicio de la familia de los Fatinelli, aceptó serenamente su condición social, consciente de que sirviendo a esa familia, servía a Dios. Tuvo que soportar los desaires por parte de los patrones, que la trataban con injusta severidad, y también por parte de los compañeros de trabajo, envidiosos de su celo y de su total desinterés.

Daba generosamente limosnas a los pobres que tocaban a la puerta de la rica familia de los Fatinelli; pero daba de lo suyo, porque vivía con mucha parsimonia y lo que lograba ahorrar iba todo a parar a manos de los pobres. Se cuenta que una compañera de trabajo, envidiosa de la estimación que Zita había sabido ganarse (después de las primeras pruebas humillantes, se le había confiado la dirección de la casa), la había acusado ante el patrón, diciendo que daba demasiadas cosas a los pobres. En efecto, un día Zita fue sorprendida mientras salía de casa con el delantal lleno y se dirigía a visitar a una familia necesitada. A la pregunta del patrón, ella contestó que llevaba flores y hojas, y dejando caer los bordes del delantal, cayeron efectivamente flores y hojas.

Toda su vida fue un conjunto de virtudes cristianas, demostrando así que en cualquier condición social se pueden practicar los consejos evangélicos. Durante su vida fue admirada por todos los que la trataban porque sobresalía por sus virtudes, y, después de muerta, 27 de abril de 1278, gozó inmediatamente de la devoción popular. Su tumba en la basílica de San Frediano, en donde todavía se encuentra su cuerpo, intacto hasta el último reconocimiento en 1652, sigue siendo meta de muchas peregrinaciones. Su culto fue solemnemente aprobado el 5 de septiembre de 1696 por el papa Inocencio XII. Pío XII la proclamó patrona de las domésticas.

28 de abril

SAN PEDRO M. CHANEL

Presbítero y mártir

Futuna es una pequeña "expresión geográfica", una isla muy pequeña, señalada en los mapas con un puntico entre el Ecuador y el trópico de Capricornio en el inmenso Océano Pacífico, un pedazo de las Islas Figi. Hoy es una posesión francesa, meta de los turistas amantes de lo exótico, y los habitantes son todos católicos y viven una vida pacífica. Pero hace 140 años, precisamente el 12 de noviembre de 1837, cuando desembarcó allí el misionero marista Pedro Chanel, junto con un cohermano laico, la isleta estaba dividida por una montaña central y por dos tribus continuamente en guerra. No era, pues, un sitio turístico...

Sólo la valentía y la caridad de un hombre de Dios podían escoger esta meta con todos los riesgos que conllevaba. En efecto, Pedro Chanel concluyó aquí su aventura de evangelizador, asesinado a golpes de garrote y hacha el 28 de abril de 1841 por el yerno del Jefe de tribu, Musumusu, enfurecido porque entre los convertidos al cristianismo se encontraban algunos miembros de su familia.

Pedro Chanel había nacido en Cuet (Francia) el 12 de julio de 1803. A los doce años, por invitación del celoso párroco Trompier, comenzó los estudios secundarios, y en 1824 entró al seminario mayor de Bourg, en donde tres años después fue ordenado sacerdote. Hubiera querido ir inmediatamente a tierra de misión, pero el obispo tenía mucha necesidad de sacerdotes. Fue coadjutor en Amberieu y en Gex, en donde se unió a un grupo de sacerdotes diocesanos, los maristas, que en el mismo ámbito parroquial vivían el ideal misionero, bajo la guía del Padre Colin.

La Sociedad de María, aprobada por el Papa en 1836, contó entre sus primeros miembros al padre Chanel, que ese mismo año se embarcó en Le Havre hacia Valparaíso, con destino a Oceanía. Cuando la nave llegó a Futuna, se invitó al padre Chanel a bajar a tierra y a permanecer ahí con el compañero laico Nicezio, que tenía veinte años.

Fue lenta y paciente la tarea de penetración en el pequeño mundo de esa gente tan distinta por costumbres de vida y por mentalidad. Pero el anuncio del Evangelio fue calando en las jóvenes generaciones. Pero este éxito suscitó al mismo tiempo la hostilidad de las viejas generaciones. El tributo de sangre de Pedro Chanel fue el precio para abrir finalmente las puertas a la evangelización de toda la isla. El nuevo mártir cristiano, beatificado el 17 de noviembre de 1889, fue canonizado el 12 de junio de 1954 y declarado patrono de Oceanía.

29 de abril

SANTA CATALINA DE SIENA

Virgen y doctora de la Iglesia

Lo que más maravilla en la vida de santa Catalina de Siena no es tanto el papel insólito que desempeñó en la historia de su tiempo, cuanto el modo exquisitamente femenino como desempeñó este papel. Al Papa, a quien ella llamaba con el nombre de "dulce Cristo en la tierra", le reprochaba la poca valentía y lo invitaba a dejar a Avignón y regresar a Roma, con palabras humanísimas como éstas: "¡Animo, virilmente, Padre! Que yo le digo que no hay que temblar". A un joven condenado a muerte y a quien ella acompañó hasta el patíbulo, le dijo en el último instante: "¡Giuso! ¡A las bodas, dulce hermano mío!, que pronto estarás en la vida duradera".

Cuando se sentaba a la mesa con sus discípulos, se preocupaba por no despertar los celos de nadie y con frecuencia, como hace la madre con el niño puntilloso, daba la comida con su propia cuchara al que se sentía descuidado por ella. Pero la voz sumisa de la mujer cambiaba de tono y se traducía frecuentemente en ese "yo quiero" que no admitía tergiversaciones cuando entraba en juego el bien de la Iglesia y la concordia de los ciudadanos.

Catalina nació en Siena (Italia) el 25 de marzo de 1347 y era la vigésima cuarta hija de Santiago y Lapa Benincasa. A los siete años celebró su místico matrimonio con Cristo. Esto no se debió a fantasías infantiles, sino que era el comienzo de una extraordinaria experiencia mística, como se lo pudo comprobar muy pronto. A los quince años entró a la Tercera Orden de Santo Domingo, comenzando una vida de penitencia muy rigurosa. Para vencer la repugnancia hacia un leproso maloliente, se inclinó y le besó las llagas.

Como no sabía leer ni escribir, comenzó a dictar a varios amanuenses sus cartas, afligidas y sabias, dirigidas a papas, reyes, jefes y a humilde gente del pueblo. Su valiente compromiso social y político suscitó no pocas perplejidades entre sus mismos superiores y tuvo que presentarse ante el capítulo general de los dominicos, que se celebró en Florencia en mayo de 1377, para explicar su conducta.

En Siena, en el recogimiento de su celda dictó el *Diálogo sobre la Divina Providencia* para tributar a Dios su último canto de amor. Aceptó el llamamiento de Urbano VI en cuyas filas militó desde el comienzo del gran cisma, porque el Papa la quiso en Roma en ese momento de gran confusión. Aquí se enfermó y murió rodeada de sus muchos discípulos a quienes recomendó que se amaran unos a otros. Era el 29 de abril de 1380: hacía un mes que había cumplido 33 años. Fue canonizada el 29 de abril de 1461. En 1939 fue declarada patrona de Italia junto con san Francisco de Asís, y el 4 de octubre de 1970 Pablo VI la proclamó doctora de la Iglesia.

30 de abril

SAN PIO V

Papa

Se recuerda principalmente como el Papa de la victoria de Lepanto, no porque fuera un hombre belicoso, sino porque con su autoridad y con su prestigio personal logró imponer una tregua en las discordias caseras de los Estados europeos y llevarlos a una "santa alianza" para detener la amenazadora avanzada de los turcos. El 7 de octubre la flota cristiana obtuvo en las aguas de Lepanto una definitiva victoria contra la flota turca. Ese mismo día Pío V, que no disponía de los rápidos medios de comunicación de hoy, ordenó que tocaran todas las campanas de Roma, invitando a los fieles a darle gracias a Dios por la victoria obtenida.

Michele Ghisleri, elegido Papa en 1566 con el nombre de Pío V, había nacido en Bosco Marengo, Provincia de Alessandria (Italia) en 1504. A los 14 años había entrado a la Orden de los dominicos. Después de la ordenación sacerdotal, quemó todas las etapas de una carrera excepcional: profesor, prior del convento, superior provincial, inquisidor en Como y en Bérgamo, obispo de Sutri y Nepi, cardenal, grande inquisidor, obispo de Mondoví, papa. El título de inquisidor puede hacerlo antipático a los ojos del hombre de hoy, porque tiene un concepto deformado de la Inquisición debido a narraciones superficiales. En verdad, Pío V fue un Papa incómodo, como son incómodos todos los reformadores de las costumbres. Pero tiene el mérito de haber descubierto la simonía de la Curia romana y el nepotismo. A los numerosos familiares que acudieron a Roma con la esperanza de algún privilegio, Pío V les dijo que un familiar del Papa puede considerarse suficientemente rico si no conoce la indigencia.

Entre las reformas en campo pastoral, que él promovió siguiendo el Concilio de Trento, recordamos la obligación de residencia para los obispos, la clausura de los religiosos, el celibato y la santidad de vida de los sacerdotes, las visitas pastorales de los obispos, el impulso a las misiones, la corrección de los libros litúrgicos, la censura de las publicaciones. La rígida disciplina que el Santo Pontífice impuso a la Iglesia fue también norma constante de su vida. Primero como obispo y cardenal, después como Papa, vivía el ideal ascético del fraile mendicante.

Condescendiente con los humildes, paterno con la gente sencilla, pero sumamente severo con cuantos comprometían la unidad de la Iglesia, no dudó en excomulgar y decretar la destitución de la reina de Inglaterra, Isabel I, a sabiendas de las consecuencias trágicas que esto acarrearía a los católicos ingleses.

Pío V murió el lo. de mayo de 1572, a los 68 años de edad. Fue canonizado en 1712. El nuevo Calendario fijó su memoria para el 30 de abril, pero anteriormente se celebraba el 5 de mayo.

San José en el taller de Nazaret.
Fresco de Savinen Petit, Catedral de Bordeaux.

Mayo

1 de mayo
SAN JOSE OBRERO
Obrero

Al instituir en 1955 la fiesta de san José obrero, Pío XII quiso ofrecerle al trabajador cristiano un modelo y un protector. En el radiomensaje navideño de 1942 había dicho: "Todo trabajador tiene una dignidad inalienable, y al mismo tiempo, un íntimo lazo con el perfeccionamiento de la persona: noble dignidad y prerrogativa, que de ningún modo humillan la fatiga y el peso que hay que soportar como efecto del pecado original, en obediencia y sumisión a la voluntad de Dios". Cristo mismo quiso ser trabajador manual, pasando gran parte de la vida en el taller de José, el santo de las manos encallecidas, el carpintero de Nazaret.

Pocos años antes que san José abriera su humilde taller, Cicerón escribía: "... Tienen bajo oficio todos los artesanos, porque en un taller no puede haber nada decoroso". El filósofo Aristóteles había sido más categórico, preguntándose en el primer libro de la *Política*: "¿Se deben enumerar entre los ciudadanos también los obreros mecánicos?".

La respuesta la dio Cristo con su ejemplo, pues quiso compartir la vida del obrero junto a José, y nos viene de la toma de conciencia del mismo movimiento obrero, que en este día celebra la fiesta del trabajo y las conquistas en el campo social, sindical y económico. En el manual de la Acción Católica italiana se lee: "Desde el punto de vista cristiano, el movimiento obrero no es sino una forma del movimiento general de elevación de la humanidad, un aspecto especial de ese fenómeno general de subida, oculto en la parábola de los talentos".

Para subrayar la nobleza del trabajo, la Iglesia nos propone a la meditación a san José obrero. La fiesta de hoy remplaza a la del Patrocinio de san José sobre la Iglesia universal, prescrita por Pío IX en 1847.

Pío XII y Juan XXIII rindieron homenaje a este maestro ejemplar de vida cristiana, al hombre trabajador, honesto, fiel a la palabra de Dios, obediente, virtudes que el Evangelio sintetiza con dos palabras: "hombre justo". El papa León XIII escribía en la *Rerum Novarum:* "Los proletarios y los obreros tienen derecho especial de recurrir a san José y a imitarlo. En efecto, José, de estirpe real, unido en matrimonio con la más grande y la más santa de las mujeres, considerado como el padre del Hijo de Dios, pasa su vida trabajando y obtiene de su trabajo de artesano todo lo necesario para el sustento de la familia".

2 de Mayo

SAN ATANASIO

Obispo y doctor de la Iglesia

Atanasio nació en Alejandría de Egipto en el año 295, y es la figura más dramática y desconcertante de la rica galería de los Padres de la Iglesia. Tozudo defensor de la ortodoxia durante la gran crisis arriana, inmediatamente después del Concilio de Nicea, pagó su heroica resistencia a la herejía con cinco destierros decretados por los emperadores Constantino, Constancio, Julián y Valente. Arrio, un sacerdote salido del seno mismo de la Iglesia de Alejandría, negando la igualdad substancial entre el Padre y el Hijo, amenazaba atacar el corazón mismo del cristianismo. En efecto, si Cristo no es Hijo de Dios, y él mismo no es Dios, ¿a qué queda reducida la redención de la humanidad?

En un mundo que se despertó improvisamente arriano, según la célebre frase de san Jerónimo, quedaba todavía en pie un gran luchador, Atanasio, que a los 33 años fue elevado a la prestigiosa sede episcopal de Alejandría. Tenía el temple del luchador y cuando había que presentar batalla a los adversarios era el primero en partir lanza en ristre: "Yo me alegro de tener que defenderme" escribió en su *Apología por la fuga*. Atanasio tenía valentía hasta para vender, pero sabiendo con quién tenía que habérselas (entre las acusaciones de sus calumniadores estaba la de que él había asesinado al obispo

Arsenio, que después apareció vivo y sano), no esperaba en casa a que vinieran a amarrarlo. A veces sus fugas fueron sensacionales. El mismo nos habla de ellas con brío.

Pasó sus últimos dos destierros en el desierto, en compañía de sus amigos monjes, esos simpáticos anárquicos de la vida cristiana, que aunque rehuyendo de las normales estructuras de la organización social y eclesiástica, se encontraban bien en compañía de un obispo autoritario e intransigente como Atanasio. Para ellos escribió el batallador obispo de Alejandría una grande obra, la *Historia de los arrianos, dedicada a los monjes,* de la que nos quedan pocas páginas, pero suficientes para revelarnos abiertamente el temperamento de Atanasio: sabe que habla a hombres que no entienden las metáforas, y entonces llama al pan pan y al vino vino: se burla del emperador, llamándolo con apodos irrespetuosos, y se burla también de los adversarios; pero habla con entusiasmo de las verdades que le interesan, para arrancar a los fieles de las garras de los falsos pastores.

Durante las numerosas e involuntarias peregrinaciones llegó a Occidente, a Roma y a Tréveris, en donde hizo conocer el monaquismo egipcio como estado de vida organizado de modo muy original en el desierto, presentando al monje ideal en la sugestiva figura de un anacoreta, san Antonio, de quien escribió la célebre *Vida*, que se puede considerar como una especie de manifiesto del monaquismo. Murió en el año 373.

3 de mayo

SANTOS FELIPE Y SANTIAGO

Apóstoles

Los evangelistas Mateo, Marcos y Lucas nos dan de Felipe sólo el nombre y el lugar de nacimiento: Betsaida. Juan nos da más datos sobre la personalidad de Felipe, presentándolo ante todo como amigo del apóstol Natanael-Bartolomé, a quien él presenta a Jesús: "Hemos hallado a Aquel de quien Moisés escribió en la Ley y los Profetas... Ven y verás".

En la narración de la multiplicación milagrosa de los panes es a Felipe a quien Jesús dirige la conocida pregunta: "¿Dónde compraremos pan, para que esta gente pueda comer?". Felipe no comprende el significado de la pregunta, y después de echar una mirada sobre la multitud, contesta: "Doscientos denarios de pan no bastan para dar un pedazo a cada uno".

La índole un poco embarazosa de Felipe sale a flote en el último dato evangélico que lo atañe. En la Ultima Cena Jesús habla a sus Apóstoles sobre el arcano misterio trinitario. El pobre Felipe está abismado por el misterio, y entonces, sin más ni más, pregunta: "¡Señor, muéstranos al Padre y esto nos basta!". El resto de la vida de Felipe queda en la oscuridad. Tampoco se sabe nada de su muerte. La tradición más común afirma que Felipe murió crucificado en Gerápolis en tiempos del emperador Domiciano, o de Trajano, a la edad de 87 años. Se dice también que sus reliquias fueron llevadas a Roma y colocadas junto a las del apóstol Santiago en la iglesia de los Santos Apóstoles. Este sería el motivo por el cual la Iglesia latina celebra la fiesta de los dos apóstoles el mismo día.

Santiago, a quien el evangelista Marcos llama "el Menor" para distinguirlo del homónimo hermano de Juan, entra en escena como obispo de Jerusalén, después del martirio de Santiago el Mayor, en el año 42, y cuando Pedro se ha alejado de Jerusalén. Su figura austera salta a la vista por la carta que él dirigió a manera de encíclica a todas las comunidades cristianas. En ella se leen fuertes expresiones de amonestación que, después de 19 siglos, son de grande actualidad: "Oh ricos, lloren por la miseria que vendrá sobre ustedes... He aquí que grita la paga que ustedes les han quitado a los obreros, que han cosechado sus campos".

Tenemos noticias muy antiguas respecto de la muerte de Santiago. La más importante es la que nos narra el historiador José Flavio, según el cual el apóstol fue condenado a la lapidación en el año 61 ó 62 por el sumo sacerdote Anás II, que parece aprovechó el interregno que siguió después de la muerte del procurador Festo para eliminar al obispo de Jerusalén.

4 de mayo

SAN CIRIACO

Obispo y mártir

San Ciríaco, ¿quien fue en realidad éste a quien la ciudad de Ancona (Italia) festeja hoy como su patrono? ¿Fue obispo de esa ciudad, o de Jerusalén, o de ambas en tiempos distintos? Según un texto apócrifo, conocido por san Gregorio de Tours, cuando se llevaron a cabo los trabajos para el hallazgo de la Cruz de Cristo en la Ciudad Santa, por iniciativa del obispo de Jerusalén y de la piadosa madre del emperador Constantino, Helena, estaba presente un hebreo de nombre Judas. Entre los primeros milagros obrados por la Santa Cruz habría que citar la conversión de este hebreo.

Cambió su nombre por el de Ciríaco (nombre de origen griego que quiere decir "patricio", muy difundido en todo el mundo romano), recorrió a Palestina y después fue elegido obispo de Jerusalén, en donde fue martirizado junto con la madre, Ana, durante la persecución de Julián el Apóstata. Pero la tradición de Ancona, corroborada por conspicuos testimonios de culto y antiguos monumentos, y acogida por el mismo *Martirologio Romano,* concuerda con el texto apócrifo sólo en la primera parte.

Según esta otra tradición, Judas, ya con el nombre de Ciríaco recibido en el Bautismo, para huir de sus antiguos correligionarios, abandonó a Palestina y se refugió en Ancona (Italia). Aquí fue elegido obispo de la ciudad, en una época de extraordinario florecimiento del cristianismo, que desde hacía poco había salido de la clandestinidad con el edicto de Milán. Después de un largo tiempo de episcopado, lleno de méritos, Ciríaco va en peregrinación a Tierra Santa para volver a ver la patria de Jesús y la suya propia. Aquí lo esperaba la espada del perseguidor romano, Julián el Apóstata, y el Santo anciano recibió la palma del martirio. Más tarde las reliquias del obispo regresaron a Ancona en una caja llevada por las olas hasta el puerto de la ciudad. Para recordar esta leyenda, el 4 de mayo, en la catedral de Ancona se distribuyen manojos de juncos bendecidos.

5 de mayo (del 30 de abril)

SAN JOSE BENITO COTTOLENGO

Presbítero

Pío IX la llamaba "la Casa del Milagro". El canónigo Cottolengo, cuando las autoridades le ordenaron cerrar la primera casa, ya repleta de enfermos, como medida de precaución al estallar la epidemia de cólera en 1831, cargó sus pocas cosas en un burro, y en compañía de dos Hermanas salió de la ciudad de Turín, hacia un lugar llamado Valdocco. En la puerta de una vieja casona leyó: "Taberna del Brentatore". La volteó y escribió: "Pequeña Casa de la Divina Providencia". Pocos días antes le había dicho al canónigo Valleti con sencillez campesina: "Señor Rector, siempre he oído decir que para que los repollos produzcan más y mejor tienen que ser transplantados. La 'Divina Providencia' será, pues, transplantada y se convertirá en un gran repollo...".

José Cottolengo nació en Bra, un pueblo al norte de Italia. Fue el mayor de doce hermanos, y estudió con mucho provecho hasta conseguir el diploma de teología en Turín. Después fue coadjutor en Corneliano de Alba, en donde celebraba la misa de las tres de la mañana para que los campesinos pudieran asistir antes de ir a trabajar. Les decía: "La cosecha será mejor con la bendición de Dios". Luego fue nombrado canónigo en Turín. Aquí tuvo que asistir, impotente, a la muerte de una mujer, rodeada de sus hijos que lloraban, y a la que se le habían negado los auxilios más urgentes, porque era sumamente pobre. Entonces José Cottolengo vendió todo lo que tenía, hasta su manto, alquiló un par de piezas y comenzó así su obra bienhechora, ofreciendo albergue gratuito a una anciana paralítica.

A la mujer que le confesaba que no tenía ni un centavo para pagar el mercado, le dijo: "No importa, todo lo pagará la Divina Providencia". Después del traslado a Valdocco, la Pequeña Casa se amplió enormemente y tomó forma ese prodigio diario de la ciudad del amor y de la caridad que hoy el mundo conoce y admira con el nombre de "Cottolengo". Dentro de esos muros, construidos por la fe, está la serena laboriosidad de una república modelo, que le habría gustado al mismo Platón.

La palabra "minusválido" aquí no tiene sentido. Todos son "buenos hijos" y para todos hay un trabajo adecuado que ocupa la jornada y hace más sabroso el pan cotidiano. Les decía a las Hermanas: "Su caridad debe expresarse con tanta gracia que conquiste los corazones. Sean como un buen plato que se sirve a la mesa, ante el cual uno se alegra". Pero su buena salud no resistió por mucho tiempo al duro trabajo. "El asno no quiere caminar" comentaba bonachonamente. En el lecho de muerte invitó por última vez a sus hijos a dar gracias con él a la Providencia. Sus últimas palabras fueron: "In domum Domini ibimus" (Vamos a la casa del Señor). Era el 30 de abril de 1842.

6 de mayo

SAN LUCIO DE CIRENE

De por lo menos 22 santos que han llevado el nombre de Lucio, hoy se celebra, según el *Martirologio Romano,* al más antiguo y al más desconocido de todos: "En Cirene, en Libia, (se festeja) a san Lucio obispo, citado por san Lucas en los Hechos de los apóstoles". La mención de san Lucas en realidad es muy poca cosa: "Había en la comunidad de Antioquía profetas y doctores: Bernabé, Simeón apodado Niger, Lucio de Cirene, Manajén, compañero de infancia de Herodes tetrarca, y Saulo". Los exegetas de la *Biblia de Jerusalén* hacen notar que "los cinco profetas doctores aquí enumerados representan el gobierno de la Iglesia de Antioquía; confrontar las listas de los doce (1, 13) y la de los siete (6, 5). Como estos últimos, parece que también los cinco de Antioquía eran judíos helenistas".

También era natural de Cirene otro Lucio, que el *Martirologio Romano* recuerda el 20 de agosto: "En Chipre san Lucio senador, que, al ver la constancia de Teodoro, obispo de Cirene, sometido al martirio, se convirtió a la fe de Cristo y atrajo también a ella al jefe Digniano, con quien fue a Chipre y allí, al ver que otros cristianos eran coronados por la confesión del Señor, se ofreció espontáneamente, y con la decapitación mereció la misma corona del martirio". También fueron mártires los otros Lucios conmemorados en el Martirologio, menos el festejado el 3 de diciembre: "En Coira, Alemania, san Lucio, Rey de los Bretones, que fue el primero de esos Reyes que abrazaron la fe de Cristo, en tiempos de san Eleuterio Papa", es decir, hacia fines del siglo II.

El Lucio más importante tiene su fiesta el 4 de marzo: "En Roma, en la vía Appia, el natalicio de san Lucio primero, papa y mártir, quien en la persecución de Valeriano por la fe de Cristo, primero fue enviado al destierro, y después por el querer divino habiendo obtenido el permiso de regresar a su iglesia, finalmente, después de haber luchado contra los novacianos, sufrió el martirio con la decapitación. Después san Cipriano lo celebró con sumas laudes". En realidad, una nota crítica de los redactores del nuevo Calendario advierte que "la memoria de san Lucio (muerto en Roma en el 254), introducida en el Calendario romano en 1602, debe ser suprimida: en efecto, no hay ningún motivo para colocar a san Lucio entre los mártires: su nombre, efectivamente, se encuentra en la *Depositio episcoporum* (354)".

Los hechos históricos y las leyendas nos recuerdan, entre otras cosas, que Cristo elige sus "testigos" en todos los lugares y en todos los tiempos, como también en todas las clases sociales, porque él es Camino, Verdad y Vida.

7 de mayo
SANTA FLAVIA DOMITILA
Mártir

A fines del siglo I el Evangelio ya había penetrado en la aristocracia romana. En efecto, se lee en la *Historia eclesiástica* de Eusebio de Cesarea: "Se cuenta que en el año decimoquinto de Domiciano (95 d.C.) Flavia Domitila, sobrina por parte de la hermana, de Flavio Clemente, que era entonces uno de los cónsules de Roma, junto con muchas otras personas fue deportada a la isla de Ponza por haber confesado a Cristo". El historiador romano Dione Cassio afirma, por su parte, que el emperador Domiciano "le quitó la vida, como a muchos otros, también a Flavio Clemente, a pesar de ser su primo", con la acusación de "ateísmo". A los cristianos se les decía ateos por rehusar adorar a los dioses de Roma. Y añade el historiador romano: "Muchos fueron condenados a muerte y otros a la confiscación de los bienes".

Después de medio siglo de vida de la floreciente comunidad cristiana de Roma, todavía se identificaba a los judíos con los cristianos. Flavia Domitila fue, pues, deportada a la isla de Ponza, en donde sufrió un largo martirio: "Longum martyrium duxerat". Son las palabras de san Jerónimo, quien refiere que la viuda Paola, con ocasión de su viaje a Oriente, pasó a la isla a visitar los lugares en donde vivió la santa. A la escasez de noticias respecto de la patricia romana que pagó duramente su fidelidad a Cristo, viene en ayuda una legendaria *Passio*, no anterior al siglo V, que tiene muchos detalles, pero poco seguros. Por ejemplo, se habla de dos eunucos, Nereo y Aquileo, que, cuando Domitila se preparaba para el matrimonio con Aureliano, hijo de un cónsul, le hablaron de Cristo y de la belleza de la virginidad, "hermana de los Angeles", y la convencieron a renunciar al matrimonio y a cubrirse la cabeza con el cándido velo que distingue a las vírgenes de Dios.

El emperador Domiciano, instigado por el novio rechazado, desterró a la joven a la isla que ya había sido lugar de detención de las hijas de Calígula y de un hijo de Germánico. A Nereo y a Aquileo les correspondió la misma suerte. Aureliano, después de haber tratado de convencer a los dos siervos para que hicieran desistir a Flavia Domitila de su propósito, los hizo decapitar a ambos. Una tentativa de hacer mella en el corazón de la exnovia con una noche de baile terminó con la muerte por agotamiento del mismo Aureliano. Un hermano suyo, para vengar la trágica muerte, hizo quemar la casa de Domitila, que pereció entre el fuego, víctima incontaminada de su amor por Cristo. Aunque sugestiva, la narración parece muy legendaria.

8 de mayo
SAN VICTOR
Mártir

Si el apelativo no corriera el riesgo de parecer demasiado ligero e irrespetuoso, podríamos decir que san Ambrosio fue uno de los más eficaces "talent-scout" de la historia. Excavando, literalmente, en la historia de Milán, encontró personajes ilustres que honraban la diócesis que se le había confiado. Y como buen "talent-scout" sabía lanzar sus pupilos con todos los medios de la publicística de entonces, sobre todo las fiestas populares, los himnos sagrados y los monumentos. Uno de los descubrimientos de san Ambrosio es precisamente el de san Víctor, de quien él habla ampliamente en la *Expanatio evangelii secundum Lucam* y en el himno *Víctor, Nabor, Felix pii*. La otra fuente "histórica" por la que conocemos la vida y sobre todo el martirio de san Víctor son los *Hechos*, que remontan al siglo VIII.

Víctor, Nabor y Félix eran tres soldados provenientes de Mauritania y que se encontraban en Milán. Obligados, como otros compañeros en la milicia y en la fe, a elegir entre el emperador y Dios, su elección fue clara y decidida. Pero su objeción de conciencia le procuró a Víctor sólo el arresto y la celda de rigor. Después de haberle hecho pasar seis días sin comer ni beber para enflaquecer su resistencia, fue llevado al hipódromo del circo (cerca de la actual Puerta Ticinesa): aunque el interrogatorio fue hecho por el mismo Maximiano Ercúleo y su consejero Anulino, Víctor se negó rotundamente a sacrificar a los ídolos, y así continuó aun después de una severa flagelación. De nuevo lo llevaron a la cárcel en donde ahora se encuentra la Puerta Romana, y allí lo torturaron: entre otras cosas, le echaron plomo derretido sobre las llagas, pero el heroico soldado africano permaneció firme en su fe.

Una vez aprovechó el descuido de sus carceleros y logró evadirse y refugiarse en un establo cercano, junto a un teatro. Pero su peregrinación terrena estaba por terminar: fue descubierto y llevado a un bosque cercano en donde fue decapitado. Dejaron su cuerpo a la intemperie durante una semana, hasta cuando el obispo san Materno lo encontró todavía intacto y custodiado por dos fieras.

Le edificaron una hermosa tumba, junto a la cual san Ambrosio quiso enterrar a su hermano Sátiro. San Víctor es uno de los santos más queridos de los milaneses. A él le han dedicado muchas iglesias y monumentos, el más tristemente célebre es... la cárcel de San Víctor. No por nada él es patrono de los prisioneros y desterrados.

9 de mayo

SAN PACOMIO

Abad

La extraordinaria vida de los ermitaños, con sus mortificaciones a veces exageradas y con aquella especie de encarnizamiento en sobrecargarse de abstinencias, ayunos, vigilias, era verdaderamente la traducción práctica del Evangelio. Su soledad podía de hecho tapar el engaño de sus extravagancias y de su orgullo. Para eliminar este peligro un monje egipcio del siglo IV, san Pacomio, tuvo la idea de una nueva forma de monaquismo: el cenobitismo, o la vida en común, donde la disciplina y la autoridad reemplazaba la anarquía de los anacoretas.

Educó a sus monjes a la vida en común, constituyendo, poco lejos de las riberas del Nilo, la primera "koinonía", una comunidad cristiana, a imitación de la fundada por los apóstoles en Jerusalén, basada en la comunión, en la oración, en el trabajo y en el alimento y concretada en el servicio recíproco. El documento fundamental que regulaba esta vida era la Sagrada Escritura, que el monje aprendía de memoria y recitaba en voz baja durante el trabajo manual. Esta era también la forma principal de oración: un contacto con Dios mediante el sacramento de la Palabra.

San Pacomio nació en el Alto Egipto el año 287, de padres paganos. Enrolado a la fuerza en el ejército Imperial a la edad de 20 años, acabó en prisión en Tebas con todos los reclutas. Protejidos por la oscuridad, por la noche los cristianos les llevaban un poco de alimento. El gesto de los desconocidos conmovió a Pacomio, quien preguntó quién los incitaría a hacer esto. "El Dios de los cielos" fue la respuesta de los cristianos. Aquella noche Pacomio rezó al Dios de los cristianos que lo liberara de las cadenas, prometiéndole a cambio dedicar su propia vida a su servicio. Tan pronto recobró su libertad cumplió el voto uniéndose a una comunidad cristiana de una aldea del Sur, la actual Kasr-es-Sayad en donde tuvo instrucción necesaria para recibir el Bautismo.

Por algún tiempo llevó una vida de asceta entregándose al servicio de la gente del lugar, después se puso por siete años bajo la guía de un monje anciano, Palamone. Durante un paréntesis de soledad en el desierto una voz misteriosa lo invitó a establecer su residencia en aquel lugar, al cual después habrían llegado numerosos discípulos. A la muerte del Abad Pacomio, los monasterios masculinos eran nueve, más uno femenino.

Del Santo se desconoce el lugar de la sepultura, pues en su lecho de muerte dijo al discípulo Teodoro que escondiera sus restos para evitar que sobre su tumba edificaran una iglesia, a imitación de los "martyrion" o capillas construidas en las tumbas de los mártires.

10 de mayo

SAN ANTONINO DE FLORENCIA

Obispo

Antonio Pierozzi, llamado Antonino (o Toñito) por su pequeña estatura, nació en 1389, y era hijo de un notario florentino. Desde muy joven entró al convento de los dominicos, en donde fue recibido por el beato Juan Dominici, a quien recitó de memoria las *Decretales* de Gracián, para demostrar su preparación cultural, a pesar de ser autodidacta. Del 1413, año de su ordenación sacerdotal, al 1446, cuando fue elegido arzobispo de Florencia, ocupó varios cargos en su Orden: Vicario, Visitador, Prior en Fiesole, en Roma, en Nápoles y en Florencia.

A él se debe el mérito de haber encargado al beato Angelico la tarea de decorar con afrescos el convento de San Marcos en Florencia. Entre tanta actividad maravilla el hecho de haber tenido tiempo para escribir numerosas obras, entre las cuales merece una mención particular la *Summa moral*, definida "una grande enciclopedia sistemática del pensamiento y de la praxis de la vida cristiana en pleno cuatrocientos". En todos sus escritos se nota la tendencia a descartar las "doctrinas sublimes" para detenerse solamente en lo que consideraba útil para él y para los demás.

Era un hombre práctico, sensible a los problemas sociales de su tiempo, deseoso de dar un significado cristiano a los nuevos fermentos humanísticos. Lo llamaban ingeniosamente "Antonino de los consejos" por su extraordinaria versatilidad en el campo religioso, jurídico, político y económico, que lo ocupaba diariamente en audiencias a los numerosos visitantes de toda clase que iban a plantearle sus problemas. Cuando quedó vacante la sede episcopal de Florencia, el papa Eugenio IV lo nombró arzobispo, parece que por sugerencia del beato Angelico, que en ese momento estaba en Roma haciendo una obra de arte por encargo del Papa.

El primero en maravillarse, e incluso hasta asustarse ante el inesperado nombramiento, fue el humilde fraile Antonino, que huyó a esconderse en Maremma. Su delicada salud y los achaques físicos que lo acompañaron desde su juventud, desde cuando era novicio, no le impidieron desarrollar una actividad prodigiosa. A lomo de mula cabalgaba como un humilde fraile para visitar todas la parroquias de su diócesis y de las sufragáneas de Fiesole, Pistoia y Prato. El pueblo florentino lo amaba mucho, y él defendió sus derechos aun contra el mismo Cosimo de Medici, de quien era amigo. Humilde e ingenioso, celoso y bondadoso, el buen pastor se entregó de lleno a su grey hasta la víspera de su muerte, el 2 de mayo de 1459. Fue canonizado por Adriano VI el 31 de mayo de 1523.

11 de mayo
SAN IGNACIO DE LACONI
Religioso

Cuando san Francisco fundó los frailes menores no pensó en una comunidad de sabios, sino de hombres que predicaran el Evangelio después de haberlo vivido en la pobreza más absoluta, en la obediencia y en la humildad, realizando aquella que los franciscanos llamarían conversión del corazón a la perfección evangélica, en la renuncia al pecado, a la riqueza y a cualquier propiedad terrena. En efecto, las únicas condiciones que san Francisco ponía a los primeros discípulos para ser admitidos era el despojo total de los bienes y el "servicio a los leprosos". "Nosotros vemos mendigar todos los días por la ciudad a un santo viviente, que es un fraile laico de los capuchinos y que se ha ganado con muchos milagros la veneración de sus compatriotas": así escribía en 1773 el pastor protestante José Fues, capellán del batallón de infantería alemán al servicio del rey de Cerdeña.

Ese santo viviente era el fraile capuchino Ignacio de Láconi, a quien los habitantes de Cagliari llamaban "Padre Santo". Parafraseando una hermosa frase de Manzoni, ese humilde mendicante era como el mar que recibía el agua de todas partes y después la distribuía, como lluvia, a toda la tierra. Francisco Ignacio Vicente Peis, segundo de nueve hermanos, nació en Láconi (Cerdeña) el 17 de noviembre de 1701. Los padres, pobres materialmente pero ricos humana y cristianamente, lo educaron en el cumplimiento de los preceptos cristianos.

Desde muy joven Ignacio practicaba severas mortificaciones. A los 20 años, después de haber escapado de dos peligros mortales, en cumplimiento de un voto se fue a Cagliari para entrar al convento capuchino del Buencamino. Pero por su delicada salud, no lo aceptaron inmediatamente. El 10 de noviembre de 1721 ya vestía el sayal franciscano. Después del noviciado peregrinó durante quince años en varios conventos, y posteriormente fue llamado definitivamente al convento de Cagliari en donde se encargó de la limosna, que él cumplió con espíritu realmente franciscano: ejemplo vivo de pobreza, pero también de absoluta disponibilidad hacia los pobres, los necesitados de todo género, los "leprosos" del espíritu más que del cuerpo, esto es, los pecadores, a muchos de los cuales él llevó al buen camino.

Dos años antes de su muerte, acaecida el 11 de mayo de 1781, quedó ciego, pero siguió observando escrupulosamente la vida común con todas las reglas del convento. Durante su vida fue dotado de extraordinarios carismas, y después de la muerte su fama de taumaturgo se difundió cada vez más con la repetición de los milagros que se obtenían por su intercesión. Pío XII lo beatificó en 1940, y lo canonizó el 21 de octubre de 1951.

12 de mayo

SANTOS NEREO, AQUILEO Y PANCRACIO

Mártires

"Todos los caminos llevan a Roma" dice un proverbio, y de Roma parten algunas de las más célebres vías del mundo, como las vías Ardeatina y Aurelia, sobre las cuales fueron sepultados los mártires Nereo, Aquileo, y Pancracio. Aunque a los tres se les festeja el 12 de mayo, su culto estuvo siempre separado, como afirman los redactores del nuevo Calendario: "La memoria de los santos Aquileo y Nereo, y la memoria de san Pancracio se celebra por separado con formularios propios según la antigua tradición romana. En cambio, la memoria de santa Domitila, introducida en el Calendario romano en 1595, queda suprimida, porque su culto no encuentra ningún fundamento en la tradición". Esto resuelve también la cuestión de la época en la que Nereo y Aquileo fueron martirizados.

El papa Dámaso, que poco después de la mitad del siglo IV hablaba con insólita seguridad de los dos mártires, dice que ellos vivieron a fines del siglo III y murieron durante la persecución militar con la que se abrió la "era de los mártires" diocleciana. Ellos eran llevados obligatoriamente ante el tribunal de un "tirano", cuyas órdenes de tortura y de ejecución de los "rebeldes" cristianos ellos cumplían, hasta cuando, impresionados por la valentía y la constancia de los mártires cristianos, decidieron seguir su ejemplo. Privados de las insignias militares, fueron conducidos al suplicio, que ellos soportaron con coraje y alegría.

El bajorrelieve que representa a san Aquileo al ser golpeado por el verdugo se considera como la más antigua representación de martirio que ha llegado hasta nosotros. Así se abandona cuanto refiere una tardía y legendaria *Passio* del siglo VI, que unía la tradición del martirio de Nereo y Aquileo con los de Petronila y Domitila, respectivamente hija de san Pedro y sobrina del emperador Domiciano.

La historia de san Pancracio, muerto joven bajo Diocleciano, también está llena de muchos elementos legendarios, debidos a una tardía *Passio*, que hacen difícil aislar los reales acontecimientos históricos de éste que ha sido uno de los santos más populares no sólo en Roma y en Italia, sino en todo el mundo: es patrono de la Juventud de Acción Católica, y se le han dedicado iglesias y monasterios: el de Roma fue fundado por san Gregorio Magno y el de Londres por san Agustín de Cantórbery (a san Pancracio se intitula hasta una estación de la metropolitana londinense, e inglés era Wiseman, que hizo de san Pancracio uno de los personajes principales de *Fabiola*). La leyenda lo convirtió en un riguroso vengador de la veracidad y de los juramentos. Su basílica era una de las estaciones cuaresmales.

13 de mayo

NUESTRA SEÑORA DE FATIMA

El 5 de mayo de 1917 el papa Benedicto XV invitaba a los católicos de todo el mundo a unirse en una cruzada de oración para obtener el fin de la Primera Guerra Mundial por intercesión de la Virgen. A los ocho días María Santísima les daba su respuesta a los hombres, apareciéndose el 13 de mayo a tres pastorcitos portugueses: Lucía de 10 años, Francisco de 9, y Jacinta de 7. La Virgen los citó en ese mismo lugar, llamado Cueva de Iria, para el 13 de cada mes. Lucía les dijo a sus compañeros que no contaran nada en casa. Pero Jacinta dejó escapar el secreto, y el 13 de junio siguiente ya los pastorcitos no estaban solos en la cita.

El 13 de julio Lucía no quería ir a la cita porque los padres la habían reprendido, pero después Jacinta la convenció y precisamente en la tercera aparición la Virgen prometió un milagro para que la gente creyera lo que decían los niños. El 13 de agosto los videntes no pudieron acudir a la Cueva de Iria, porque los habían encarcelado. El 13 de octubre, última cita, había más de 70.000 personas en el lugar de las apariciones y pudieron presenciar el milagro anunciado: el sol, como cuenta un testigo ocular, "apareció en el cenit como un disco de plata que podían mirar los ojos sin deslumbrarse. Alrededor del disco mate se distingue una brillante corona. De pronto, se pone a temblar, a sacudirse con bruscos movimientos y, finalmente, da vueltas sobre sí mismo como una rueda de fuego, proyectando en todas direcciones unos haces de luz cuyo color cambia muchas veces. El firmamento, la tierra, los árboles, las rocas, el grupo de videntes y la inmensa multitud aparecen sucesivamente como teñidos de amarillo, verde, rojo, azul, morado... Todos tienen la sensación que el sol se desprende del firmamento y, a pequeños saltos, a derecha e izquierda, parece precipitarse sobre ellos, irradiando un calor cada vez más intenso".

La Virgen recomendó a todos los cristianos el rezo del Santo Rosario, rezar mucho y hacer sacrificios por la conversión de los pecadores. Anunció que la Primera Guerra Mundial estaba por terminar, pero que si no se dejaba de ofender al Señor, pronto comenzaría otra guerra peor que la primera, como efectivamente sucedió.

14 de mayo

SAN MATIAS

Apóstol

Matías, un nombre muy común entre los hebreos, significa "don del Señor"; en realidad este apóstol recibió el don de ser agregado al grupo de los Doce, en remplazo de Judas, para ser, con los demás apóstoles, testigo de la Resurrección del Señor. Después de la Ascensión del Señor, Pedro propuso que se eligiera el remplazo del traidor. Dijo, entre otras cosas: "Conviene, pues, que de los varones que nos han acompañado todo el tiempo que entre nosotros permaneció el Señor, Jesús, a partir del bautismo de Juan hasta el día en que fue elevado a lo alto, sea constituido uno de ellos testigo de su Resurrección, con nosotros". Presentaron a dos: José, llamado Barsabá, y a Matías. Y concluye el libro de los Hechos de los Apóstoles: "Lo echaron a suertes, y cayó la suerte sobre Matías, que fue contado con los once apóstoles".

Matías, pues, estuvo constantemente cerca de Jesús, desde el comienzo hasta el final de la vida pública del Redentor. Testigo de Cristo, y sobre todo de su resurrección, porque la Resurrección del Salvador es la razón misma del cristianismo. Matías vivió con los Once el milagro de la Pascua, y con todo derecho podrá anunciar a Cristo, por haber sido espectador de la vida y de la obra de Jesús "desde el bautismo de Juan". Esta era la primera condición que proponía Pedro. La segunda y la tercera eran el llamamiento divino y la invitación, y que vemos en la oración del colegio apostólico: "Muéstranos, Señor, a quien has elegido".

A nosotros nos puede maravillar el modo de elegir a Matías: echando a suertes. Interrogar a la suerte para conocer la divina voluntad es un método conocido en la Sagrada Escritura. La división misma de la tierra prometida se hizo por medio de la suerte; y los apóstoles pensaron que era oportuno seguir el mismo método. La comunidad propuso dos candidatos: José, hijo de Sabas, llamado el

Justo, y Matías. La suerte cayó sobre Matías. El nuevo apóstol, cuyo nombre brilla en la Escritura sólo en el momento de la elección, vivió con los Once la fulgurante experiencia de Pentecostés antes de emprender, como los otros, los caminos del mundo a anunciar "las glorias del Señor".

No se sabe nada de su actividad apostólica, ni si murió mártir o de muerte natural, porque las narraciones sobre él pertenecen a escritos apócrifos. A la tradición de la muerte por decapitación con una segur se une el patrocinio especial que le atribuyen los carniceros y los carpinteros. Durante mucho tiempo su fiesta se celebraba el 24 de febrero, pero para evitar el período cuaresmal el nuevo calendario la pasó al 14 de mayo, fecha más aproximativamente cercana al día de su elección.

15 de mayo
SAN ISIDRO
Labrador

Con cuatro decretos emanados el mismo día (12 de marzo de 1622), el papa Gregorio XV canonizó a Ignacio de Loyola, a Teresa de Avila, a Francisco Javier, a Felipe Neri y a Isidro labrador. Habían llegado a la santidad por caminos muy distintos. Isidro se hizo santo labrando tierra. La pobreza de la familia (nació en Madrid hacia el año 1080) lo había obligado a buscar trabajo en el campo desde muy joven. Como muchos campesinos de su tiempo, se levantaba a la madrugada para poder asistir a la santa misa antes de ir a trabajar. Su primer patrón, un tal Vera, lo apreció inmediatamente por su deseo de trabajar y por su rectitud y honestidad. A pesar de eso este infatigable trabajador fue acusado por sus compañeros nada menos que por "ausentismo", como cualquier parlamentario de hoy.

Por apartarse a rezar, decían sus compañeros envidiosos, Isidro abandona su puesto de trabajo. Era cierto, pero el joven recuperaba esa horita que pasaba alabando a Dios trabajando con más empeño. Entonces el patrón le exigió que entregara toda la cosecha del campo que le había confiado y que abandonara las prácticas de piedad durante el tiempo de trabajo. Dios premió la paciencia del humilde labrador, multiplicando el poco trigo que le había quedado en el granero. Cuando pudo regresar a su barrio madrileño, después de la forzosa emigración, lo contrató un hacendado más comprensivo, Juan Vargas, que lo hizo su brazo derecho.

Pero nuevamente fue víctima de la envidia de los otros trabajadores, sin embargo, Isidro aceptó serenamente la prueba sin protestar. Vargas quiso darse cuenta personalmente y se escondió cerca del campo en donde trabajaba Isidro. En efecto, lo sorprendió arrodillado rezando, pero también vio a un ángel que manejaba el arado y a otro que guiaba a los bueyes. Desde ese día, como bien se puede comprender, la estimación se convirtió en devoción. Ayudado por la piadosa esposa, en una noble competencia de caridad para con el prójimo, Isidro no sacó ninguna ventaja personal de la benevolencia de su patrón: siguió trabajando la tierra con todo empeño, y repartía con los pobres los bienes materiales que ganaba con el sudor de su frente.

Siempre tenía algo para dar a los necesitados, aun a los pájaros, a los que les iba dejando por el camino manotadas de trigo, sin que éste disminuyera. Murió hacia el año 1130. Felipe II, atribuyendo su curación a la intercesión del santo campesino, del que se había hecho llevar algunas reliquias, se convirtió en el más celoso promotor de su canonización que, aunque se demoró, fue una verdadera apoteosis.

16 de mayo

SAN UBALDO

Obispo

El nombre de Gubbio es famoso por el episodio de san Francisco de Asís que amansó al temible lobo. Pero un siglo antes otro santo, manso y valiente, había obtenido la serenidad entre los habitantes de ese pueblo, que eran más temibles que el lobo. Sus biógrafos cuentan que durante una terrible lucha el obispo Ubaldo se metió entre los que estaban peleando para poner paz entre ellos. Pero también a él le pegaron, y sólo cuando cayó al suelo, los conciudadanos, arrepentidos y confundidos, depusieron las armas, unidos finalmente por un mismo sentimiento de amor para con su Santo obispo.

Ubaldo había nacido de una noble familia de origen germánico hacia el 1085. Siendo todavía muy niño quedó huérfano de ambos padres, y un tío lo educó muy cristianamente. Pero, cuando, más o menos a los quince años, manifestó el deseo de retirarse a la soledad a llevar una vida eremítica lejos de los halagos de la ciudad, fue el mismo tío quien se opuso al proyecto, pero le permitió que hiciera vida común con los canónigos de San Segundo. De aquí lo llevó en 1104 el obispo Juan para que estuviera con él y para confiarle la reforma de la disciplina eclesiástica.

En 1114 Ubaldo recibió la Ordenación Sacerdotal e inmediatamente fue elegido prior de la comunidad religiosa que se había formado en la casa parroquial de san Mariano, titular de la catedral. Impulsó la vida ascética de esta pequeña comunidad, siguiendo el ejemplo de san Pedro Damián, que había transformado Fuente Avellana en un centro ejemplar de vida religiosa. Ubaldo se dirigió a Fuente Avellana, después que un incendio acabó con la catedral, la casa parroquial y dispersó a su comunidad.

En 1129 el papa Onorio II lo nombró obispo de Gubbio y él mismo lo consagró. Fue obispo durante 31 años, y pastor celoso, manso, generoso, activísimo y valiente. Su pueblo lo amó por la firmeza con la que defendió a los débiles contra la arrogancia de los señores feudales, como también cuando en 1155 defendió a la ciudad contra la amenaza de total destrucción por parte de Federico Barbarroja. Pero Ubaldo era esencialmente hombre de paz: siempre recurría a las armas de la persuasión, de la caridad y de la dulzura para doblegar a los adversarios, aun a los más hostiles.

Murió en la madrugada el 16 de mayo de 1160. El unánime tributo de devoción de los habitantes de Gubbio, que lo proclamaron su patrono inmediatamente después de la muerte, aceleró el reconocimiento oficial de la Iglesia, que lo canonizó a sólo treinta años de su muerte, el 5 de marzo de 1192.

17 de mayo

SAN PASCUAL BAYLON

Religioso

Nació el 16 de mayo de 1540, día de Pentecostés, en Torre Hermosa, provincia de Aragón (España), y murió en Villa Real (cerca de Valencia) el 17 de mayo de 1592, también día de Pentecostés. Puede decirse que este humilde “fraile laico”, que no se sintió digno de recibir la Ordenación Sacerdotal, fue realmente "pentecostal", es decir, dotado de los extraordinarios dones del Espíritu Santo, como el de la ciencia infusa.

Pascual Baylón, iletrado, pasó los años de su vida religiosa desempeñando el humilde oficio de portero, pero se lo considera nada menos que como "el teólogo" de la Eucaristía, no sólo por las disputas que él sostuvo con los calvinistas de Francia, durante un viaje que hizo a París, sino también por los escritos que dejó, y que son una especie de compendio de los grandes tratados sobre este tema.

A más de sus sabias disertaciones, la Eucaristía fue el centro de su intensa vida espiritual, por lo que el papa León XIII lo proclamó patrono de las obras eucarísticas, y más tarde patrono de los congresos eucarísticos internacionales. Cuentan sus biógrafos que durante las exequias, en el momento de la elevación de la Hostia y el Cáliz, el cadáver abrió los ojos para mirar el Pan y el Vino consagrados, demostrando así el último testimonio de su amor a la Sagrada Eucaristía.

Sus padres eran muy pobres y, desde muy niño, lo mandaron a trabajar: primero a cuidar las ovejas de la familia, y después como muchacho de un rico hacendado. Lejos de la convivencia humana y de la Iglesia, pasaba horas y horas en oración, y ayunaba para mortificar el cuerpo, al que frecuentemente sometía a dolorosas flagelaciones. A los 18 años hizo la petición de entrada al convento de Santa María de Loreto de los franciscanos reformados, pero fue rechazado. El, a su vez, rechazó una magnífica herencia que le ofreció un rico señor de la región, un tal Martín García. Finalmente, la fama de su santidad y de algunos prodigios que había realizado le abrieron las puertas del convento, en donde hizo los votos el 2 de febrero de 1564, como "hermano laico", porque no se sentía digno de aspirar al sacerdocio.

Antes de entrar al convento, mientras cuidaba el rebaño, quedaba en éxtasis al escuchar el sonido de las campanas en el momento de la elevación. Este ímpetu de devoción eucarística fue también la característica de su vida religiosa, durante la cual aumentó las mortificaciones a su cuerpo, debilitándolo hasta el límite de las capacidades de resistencia. Murió joven, a la edad de 53 años. Veintiséis años después, el 29 de octubre de 1618, fue proclamado beato, y en 1690 fue canonizado.

18 de mayo

SAN JUAN I

Papa y mártir

"Muchas y graves, a juicio de los hombres, son tus culpas de hombre y de rey: avidez de posesión y de matanzas, tolerancia excesiva con la ferocidad y la concupiscencia de tus secuaces, vanidad e impostura...". Así, por boca de un ángel, Giovanni Papini apostrofa a Teodorico en su *Juicio universal;* la réplica de Teodorico es apasionada: "Yo era jefe de una de estas muchedumbres hambrientas nómadas, y toda mi autoridad de capitán y de rey no podía cambiarla de un momento a otro en un rebaño de salmodiantes y de arrodillados... Romanos revigorizados y godos paganizados hubieran podido fundirse en un pueblo único y fuerte, capaz de cederle a Italia el primer puesto sobre la tierra. No sólo yo tuve la culpa si ese magnífico sueño no pasó de ser sólo sueño". La memoria de Juan I está unida al drama político-religioso de Teodorico.

San Juan I era toscano y sucedió al papa Ormisda el 15 de agosto del 523. Algún estudioso lo identifica con Juan, el diácono, autor de una *Epistola ad Senarium*, importante por la historia de la liturgia bautismal, porque probablemente es el único documento que confirma la tradición de la Iglesia romana que el Sábado Santo se consagraba siete altares y echaba en el cáliz una mezcla de leche y miel. A Juan diácono se lo reconoce también como autor del tratado *De fide catholica*, que los antiguos transmiten entre las obras de Severino Boecio.

Cuando el hijo de Constancio llegó a ser Papa, no hacía sino cinco años que Ormisda y el emperador Justino, tío de Justiniano, habían hecho cesar el cisma entre Roma y Constantinopla. Este cisma había estallado en el 484 por el *Henoticon* del emperador Zenón, que había tratado de realizar un convenio imposible entre cristianos y monofisitas. Como la jugada había obtenido interesantes consecuencias políticas y los godos eran arrianos, hacia fines del 524 Justino publicó un edicto con el que ordenaba el cierre de las iglesias arrianas de Constantinopla y la exclusión de los herejes de cualquier cargo civil y militar. Entonces Teodorico obligó al papa Juan I a ir a Constantinopla a pedirle al emperador la revocación del decreto: lo recibieron con júbilo extraordinario: 15.000 fieles salieron a su encuentro con velas y cruces, y el Papa presidió las solemnes ceremonias de Navidad y de Pascua.

Justino aceptó restituirles a los arrianos las iglesias confiscadas, pero insistió en privar de los derechos de los arrianos convertidos al catolicismo y que después volvían al arrianismo. La reacción de Teodorico no se hizo esperar: primero hizo matar a Boecio y a Simmaco, y después encarceló al papa Juan I en Ravena, en donde murió el 18 de mayo del año 526.

19 de mayo

SAN PEDRO CELESTINO V

Papa

Pedro de Morrone, penúltimo de doce hijos de humildes campesinos de Isernia, en donde nació en 1215, es una figura emblemática del siglo de grandes santos, como san Francisco de Asís y Santo Domingo, pero también de grandes tribulaciones en el seno de la Iglesia. En efecto, los cardenales reunidos en cónclave en Perusia emplearon dos años para poderse poner de acuerdo en la elección del papa. Se decidieron por el humilde ermitaño Pedro de Morrone, que tomó el nombre de Celestino V. Fue elegido el 5 de julio de 1294, a la edad de ochenta años, y el 13 de diciembre del mismo año renunció al pontificado.

Su gesto fue interpretado de varios modos por sus contemporáneos. Dante coloca a Celestino V en su *Infierno*, señalándolo como "aquel que hizo por vileza el gran rechazo". Por el contrario, el Santo Pontífice demostró en esta ocasión una extraordinaria firmeza de espíritu, renunciando a la tiara cuando se dio cuenta de las peligrosas maniobras políticas que tramaban los príncipes y los cardenales, sirviéndose de su persona.

Había crecido en la serena paz del campo, primero en el monasterio de Santa María de Faifoli (1231-32), luego en una gruta del monte Pelleno en completa soledad; después viajó por primera vez a Roma en 1238, y allí fue ordenado sacerdote con el permiso de llevar una vida eremítica. En efecto, se fue a vivir al monte Morrone, luego pasó al monte Maiella, en donde fundó en 1246 la primera comunidad ermitaña, aprobada por Urbano IV en 1263, pero adjuntándola a la ordenación monástica benedictina. Para defender la nueva Orden de los Hermanos del Espíritu Santo (más conocidos como Celestinos), Pedro de Morrone no dudó en ir al Concilio de Lyón en 1274, en donde obtuvo la reconfirmación por parte del papa Gregorio X.

De regreso a Italia, el Santo eremita, llevado por el deseo de soledad, se dedicó a visitar las varias comunidades monásticas, pero lo hacía sobre todo para evitar las visitas de los devotos admiradores que acudían a él atraídos por la fama de su santidad. En 1286 convocó el Capítulo General de su congregación, y en esa asamblea renunció a su cargo de prior y se retiró al yermo de San Bartolomé de Logio, después al de San Juan de Orfente y, por último, al yerno de San Onofre, en donde recibió la inesperada noticia de su elección al pontificado, al que renunció a los cinco meses.

No pudo regresar a la anhelada paz del desierto, porque su sucesor, Bonifacio VIII, creyendo que los seguidores de Celestino V le iban a crear nuevas dificultades a la Iglesia, lo encerró en el castillo de Fumone, en donde el expapa vivió los últimos meses de su vida en completo aislamiento. Aquí murió el 19 de mayo de 1296. Clemente VI lo proclamó santo el 5 de mayo de 1313.

20 de mayo
SAN BERNARDINO DE SIENA

Presbítero

Taquigrafiadas con un método que se inventó un discípulo suyo, los *sermones populares* de san Bernardino de Siena han llegado hasta nosotros con toda la naturaleza y el estilo rápido y colorido con que los pronunciaba en las varias plazas italianas. Al releerlos hoy, se descubre en ellos la actualidad de los temas, entre los más corrientes el de la caridad, la unidad, la armonía y la justicia. Atacaba la avaricia de los nuevos ricos, comerciantes, banqueros, usureros, negociantes: “Sé muy bien que los bienes que tú tienes no son tuyos; Dios los ha dado al mundo para provecho del hombre: no son del hombre, no, sino para las necesidades del hombre”.

Les dirigía palabras durísimas a los que “renegaban de Dios por una cabeza de ajo”, y a “las fieras de largas uñas que roen los huesos del pobre”. “Si tú tienes muchos bienes y no tienes necesidad de ellos, y no los regalas y mueres, vas a parar a una casa muy caliente”.

Aun después de su muerte, acaecida en la ciudad de Aquila, en 1444, san Bernardino continuó su obra de pacificación. En efecto, había llegado a esa ciudad casi moribundo y no pudo predicar los sermones que se había propuesto. Como las luchas seguían entre los bandos, su cuerpo comenzó dentro del cajón a echar sangre a borbotones, y el chorro de sangre cesó solamente cuando los conciudadanos de Aquila pactaron la paz. En acción de gracias decretaron la construcción de un magnífico monumento sepulcral, llevado a cabo después por Silvestre de Santiago.

San Bernardino fue canonizado en 1450, es decir, a los seis años de su muerte, y había nacido en 1380 en Massa Marittima, de una noble familia de Siena. Como quedó huérfano de ambos padres, siendo todavía muy niño, lo criaron dos tías. Estudió en Siena hasta los 22 años, cuando abandonó la vida mundana y vistió el hábito franciscano. Dentro de la Orden fue uno de los principales propulsores de la reforma de los franciscanos observantes. Difundió la devoción al Santísimo nombre de Jesús, y en unas tablitas de madera hizo grabar el monograma "JHS" que le hacía besar al publico al final de sus sermones.

21 de mayo (del 22)
SANTA CATALINA DE GENOVA
Religiosa

Santa Catalina, a quien sus contemporáneos llamaban Catalinita, nació en Génova en 1447. Sus padres eran Francisca di Negro y Santiago Fieschi, que había sido virrey de Nápoles bajo Renato de Anjou. La familia Fieschi había dado a la Iglesia dos Papas (Inocencio IV y Adriano V) y con la familia Grimaldi dirigían al partido Güelfo. A la edad de 16 años sus padres la hicieron casar con el gibelino Julián Adorno, a pesar de que tres años antes ella había hecho petición de ser canóniga lateranense como su hermana Limbania. La vida desordenada de Julián (que tenía más de cinco hijos ilegítimos) influyó negativamente a Catalina, quien menciona los primeros años de su matrimonio en el autobiográfico *Diálogo de la llamada Catalinita entre el alma y el cuerpo. Junto con el amor propio reducido después al espíritu con la humanidad.*

La Santa imagina el alma haciendo un pacto con el cuerpo: "Iremos por el mundo, y si yo encuentro algo que me guste, lo disfrutaré; y lo mismo harás tú, cuando encuentres algo que te guste, y quien mejor encuentre se lo gozará" (*Obras de santa Catalina de*

Génova, Ed. Paulinas). Pero la alianza entre el cuerpo y el amor propio reduce pronto el alma dejándola maltrecha: "Al alma no le quedó sino un pequeño remordimiento, (estímulo), pero le importaba muy poco... Esta pobre alma, en poco tiempo, se vio con tantos pecados y tanta ingratitud a las espaldas, sin ver ningún remedio, que casi no tenía camino de salida" (*Op. cit.*): entonces exclama: "Oh miserable de mí, ¿quién me sacará de tantos males? ¡Sólo Dios puede! Señor, haz que yo vea la luz, para que yo pueda liberarme de tantos lazos" (*Op. cit.*).

Entonces comenzaron sus experiencias interiores en las que Catalina se inspiró para su otra célebre obra, el *Tratado del purgatorio*, cuyo prólogo la declaraba "colocada en el purgatorio del encendido amor divino que la quemaba toda y la purificaba de cuanto tenía que purificar" (*Op. cit.*). Catalina llevó a cabo su deseo de renovación espiritual en la mortificación y en la caridad.

Fue ella quien estimuló a Héctor Vernazza a transformar la Compañía de la Misericordia en Compañía (y después en Oratorio), del Divino Amor, una iniciativa que se difundió también en Roma y en Nápoles y que tuvo como "socios" a san Gaetano de Thiene y al futuro Pablo IV. Era la actuación de cuanto había escrito en el *Diálogo*: "No se encuentra camino ni más corto, ni mejor, ni más seguro para nuestra salvación que este nupcial y dulce vestido de la caridad" (*Op. cit.*).

22 de mayo

SANTA RITA DE CASIA

Religiosa

Vista de cerca, sin el halo de la leyenda, nos revela el rostro humanísimo de la mujer que no pasó indiferente ante la tragedia del dolor y de la miseria material, moral y social. Su vida terrena podría ser de ayer como de hoy. Rita nació en 1381 en Roccaporena, un pueblito perdido en las montañas apeninas. Sus ancianos padres la educaron en el temor de Dios, y ella respetó a tal punto la autoridad paterna que abandonó el propósito de entrar al convento y aceptó unirse en matrimonio con Pablo de Ferdinando, un joven violento y revoltoso. Las biografías de la Santa nos pintan un cuadro familiar muy común: una mujer dulce, obediente, atenta a no chocar la susceptibilidad del marido, cuyas maldades ella conoce, sufre y reza en silencio.

Su bondad logró finalmente cambiar el corazón de Pablo, que cambió de vida y de costumbres, pero sin lograr hacer olvidar los antiguos rencores de los enemigos que se había buscado. Una noche fue encontrado muerto a la orilla del camino. Los dos hijos, ya grandecitos, juraron vengar a su padre. Cuando Rita se dio cuenta de la inutilidad de sus esfuerzos para convencerlos de que desistieran de sus propósitos, tuvo la valentía de pedirle a Dios que se los llevara antes que mancharan sus vidas con un homicidio. Su oración, humanamente incomprensible, fue escuchada. Ya sin esposo y sin hijos, Rita fue a pedir su entrada en el convento de las agustinas de Casia. Pero su petición fue rechazada.

Regresó a su hogar desierto y rezó intensamente a sus tres santos protectores, san Juan Bautista, san Agustín y san Nicolás de Tolentino, y un día sucedió el prodigio. Se le aparecieron los tres santos, le dijeron que los siguiera, llegaron al convento, abrieron las puertas y la llevaron a la mitad del coro, en donde las Religiosas estaban rezando las oraciones de la mañana. Así Rita pudo vestir el hábito de las agustinas, realizando el antiguo deseo de entrega total a Dios. Se dedicó a la penitencia, a la oración y al amor de Cristo crucificado, que la asoció visiblemente a su pasión, clavándole en la frente una espina.

Este estigma milagroso, recibido durante un éxtasis, marcó el rostro con una dolorosísima llaga purulenta hasta su muerte, esto es, durante catorce años. La fama de su santidad pasó los límites de Casia. Las oraciones de Rita obtuvieron prodigiosas curaciones y conversiones. Para ella no pidió sino cargar sobre sí los dolores del prójimo. Murió en el monasterio de Casia en 1457 y fue canonizada en el 1900.

23 de mayo

SAN JUAN BAUTISTA ROSSI

Presbítero

Juan Bautista de Rossi representa el triunfo de la voluntad sobre la fragilidad física, del generoso empeño apostólico sobre los obstáculos de la enfermedad. A pesar de su doble enfermedad, la epilepsia y una enfermedad a los ojos, multiplicó el trabajo cotidiano en beneficio de los pobres de la ciudad de Roma y de los recogidos en los hospicios. Había nacido en Voltaggio, provincia de Génova, el 22 de febrero de 1698, pero a los trece años se estableció definitivamente en Roma, en casa de un primo sacerdote, canónigo de Santa María en Cosmedin, para poder estudiar en el colegio romano de los jesuitas. En 1714 siguió los estudios eclesiásticos, y con los dominicos terminó los estudios de teología. Fue ordenado sacerdote el 8 de marzo de 1721, pero desde antes ya había comenzado su intenso apostolado. Antes de su ordenación había dirigido varios grupos de estudiantes, y de esta experiencia nació la idea de la fundación de la Pía Unión de Sacerdotes Seculares, anexa al hospicio de S. Gala, que él dirigió y que, durante más de dos siglos, hasta 1935, contó con los mejores nombres del clero romano, algunos de los cuales llegaron al honor de los altares.

A más del hospicio de S. Gala, no suyo (había sido fundado por Marco Antonio Anastasio Odescalchi, primo de Inocencio XI) y sólo para hombres, quiso ampliar el radio de su apostolado fundando el hospicio para mujeres, dedicado a san Luis Gonzaga, su santo predilecto. Ayudado por su confesor, el siervo de Dios Francisco María Galluzzi, a pesar de su delicada salud redobló su actividad. Parecía omnipresente en cualquier parte en donde había que animar, instruir, socorrer, a cualquier hora del día o de la noche. No era raro verlo en las plazuelas romanas improvisar un sermón entre los desocupados o por la noche cuando la gente regresaba del trabajo.

La simpatía que despertaba entre la gente humilde de los barrios atraía a su confesonario largas filas de penitentes. Era, efectivamente, un maestro de espiritualidad y en toda parte en donde ponía mano a una iniciativa, imprimía un ritmo de santo fervor. Cuando fue elegido canónigo de Santa María en Cosmedin, quedó dispensado de la obligación del coro para poderse dedicar con más libertad a sus compromisos apostólicos. En los últimos meses de la vida la gravedad de la enfermedad lo sometió a un verdadero calvario. Murió el 23 de mayo de 1764, y fue beatificado por Pío IX, que había sido sucesor en la dirección de la Pía Unión de los Sacerdotes Seculares de San Gala. León XIII lo canonizó el 8 de diciembre de 1881.

24 de mayo

SAN VICENTE DE LERINS

Abad

Después que la Iglesia tuvo vía libre con el edicto del emperador Constantino y pudo obrar libremente, entrando a formar parte por derecho en la nueva sociedad que surgía de las cenizas del secular imperio romano, muchos cristianos sentían un más vivo deseo de "desapego del mundo", y el llamamiento al "desierto", esto es, a la tranquilidad de la vida contemplativa, se tradujo en varias formas de vida monástica o comunitaria. San Jerónimo vivió por largo tiempo en una gruta cerca de Belén, Paulino de Nola abandonó todas las riquezas y se fue a vivir en una pequeña pieza cerca de la tumba de san Félix. Muchos se retiraban al desierto propiamente dicho, como san Antonio abad; otros se refugiaban en alguna isla para alejarse del tumulto de la sociedad.

Uno de los principales refugios monásticos del siglo V fue la isla de Lérins, o Lerino en el Mediterráneo, frente a Cannes. Fundado por san Honorato, futuro obispo de Arles, el monasterio de Lérins se convirtió en un semillero de obispos, de santos y de escritores. Recordemos a Euquerio que, antes de ser obispo de Lyón, pasó bastante tiempo en la isleta con la esposa y los hijos y allí escribió dos libros con títulos significativos: *Elogio de la soledad* y *El desprecio del mundo*. Pero el nombre más famoso salido de esta "nutriz de santos" es el de san Vicente de Lérins.

No tenemos muchas noticias respecto de su vida. Su notoriedad se debe a un librito sobre la tradición de la Iglesia, intitulado *Commonitorium*, que san Roberto Belarmino definió "un libro todo de oro". Se trata de un manual de reglas de conducta por seguir para vivir integralmente el mensaje evangélico. No tenía muchas novedades. En el año 434 (el año en que fue publicado el precioso librito), el monje les proporcionaba a los futuros teólogos el famoso canon de la ortodoxia, es decir, la medida para juzgar la bondad de una afirmación teológica: "Quod ubique, quod semper, quod ab omnibus creditum est": es decir, atengámonos a lo que ha sido creído en todas partes, siempre y por todos. Pero san Vicente desea un progreso: "Es necesario que crezcan, y que crezcan muy vigorosamente la comprensión, la ciencia y la sabiduría, sea por parte de los individuos y de todos, sea por parte de un solo hombre como por parte de toda la Iglesia, a medida que van pasando las edades y los siglos".

Vicente de Lérins vivió en los años de la lucha de la Iglesia contra la herejía pelagiana; había nacido en la Francia septentrional, tal vez en Bélgica; después se estableció definitivamente en Lérins, en cuya paz murió en el 450. Con sus escritos proporcionó un arma muy eficaz contra "los engaños y lazos de los herejes".

25 de mayo

SAN GREGORIO VII

Papa

Su vocación era la vida monástica. Usaba la cogulla benedictina aun en la silla pontificia. Hildebrando de Soana, toscano, nació hacia el 1028 y parece que comenzó la vida monástica en Cluny. Después de haber colaborado con los papas san León IX, que lo nombró abad de san Pablo, y Alejandro II, fue proclamado papa unánimemente por el pueblo. Era el 22 de abril de 1073. A los ocho días los cardenales confirmaron la elección, que él aceptó con "mucho dolor, gemido y llanto". Tomó el nombre de Gregorio VII y llevó a cabo con mucha valentía el programa de reformas, que él mismo había impulsado como colaborador de sus predecesores: lucha contra la simonía y la intromisión del poder civil en el nombramiento de los obispos, de los abades y de los mismos pontífices; restauración de una severa disciplina sobre el celibato. Hubo violentas resistencias aun por parte del clero.

En el Concilio de Maguncia los clérigos gritaron: "¡Si al papa no le bastan los hombres para gobernar las Iglesias locales, trate de buscar ángeles!". El Papa confiaba sus penas a los amigos con cartas que revelan su espíritu sensible, sujeto a profundos desalientos, pero siempre dispuesto a seguir la voz del deber: "Me rodean un inmenso dolor y una tristeza universal —escribía en enero de 1075 al amigo san Hugo, abad de Cluny— porque la Iglesia oriental se aparta de la fe; y si miro hacia Occidente, al mediodía o al Septentrión, casi no encuentro obispos legítimos por la elección o por la vida, que gobiernen el pueblo cristiano por amor a Cristo. Lo hacen por ambición mundana".

Al año siguiente comenzó el duro choque con el emperador Enrique IV, que se humilló en Canosa, pero inmediatamente después retomó las riendas del imperio, se vengó haciendo elegir un antipapa y marchando sobre Roma. Gregorio VII, abandonado por los mismos cardenales, se refugió en el Castillo de S. Angelo, de donde lo liberó el duque normano Roberto Guiscardo. Después el Papa se retiró en destierro voluntario a Salerno, en donde murió al año siguiente, pronunciando la famosa frase: "He amado la justicia y odiado la iniquidad...". Era el 5 de mayo de 1085.

Su cuerpo fue sepultado en la catedral de Salerno. Fue canonizado en el 1606. Acostumbrados a ver en este Papa al luchador férreo contra el revoltoso emperador, no debemos olvidar al humilde siervo de la esposa de Cristo, la Iglesia, por cuyo decoro él trabajó y sufrió para que "permaneciera libre, casta y católica". Son las últimas palabras que escribió desde el destierro de Salerno para invitar a los fieles a "socorrer a la madre", la Iglesia.

26 de mayo

SAN FELIPE NERI

Presbítero

Antes de morir, a los ochenta años de edad, Felipe Neri quemó los manuscritos de sus libros que tenía en el cajón del escritorio. Mucho tiempo antes, a la edad de 24 años, había reunido todos los libros que tenía (menos la Biblia y la *Summa* de santo Tomás) y los había vendido para distribuir ese dinero entre los pobres. Desde ese momento sólo Dios ocuparía sus pensamientos y su corazón. Repetía: "Si queremos dedicarnos totalmente a nuestro prójimo, no podemos reservar para nosotros ni tiempo ni espacio". Felipe Neri reunía a los muchachos traviesos de los barrios romanos y los educaba divirtiéndolos. A los que protestaban por el ruido que hacían, contestaba: "Con tal que no cometan el mal, me contentaría con que me rompan los palos en la cabeza".

Para socorrer a los más necesitados, salía a mendigar por las calles. Una vez un tipo, sintiéndose importunado, le dio una bofetada. "Esta es para mí —le contestó el santo sonriendo—. Ahora deme algo para mis muchachos". En pleno clima de reforma y contrarreforma, el santo expresó al respecto su punto de vista con una frase muy eficaz: "Es posible restaurar las instituciones humanas con la santidad, pero no restaurar la santidad con las instituciones".

Felipe nació en Florencia en 1515. Vivaz, alegre y optimista por temperamento (hasta merecerse el apelativo de "Pippo (Felipito) el bueno"), se dedicó a varios oficios , como el de comerciante en San Germano cerca de Cassino, a los 18 años. En Roma estudió durante tres años, pero luego abandonó los estudios y, como ya se dijo, vendió los libros y se dedicó totalmente a las actividades de beneficencia. A los 36 años fue ordenado sacerdote y poco después fundó el Oratorio, una congregación religiosa de sacerdotes, dedicados especialmente a la educación de los jóvenes.

A pesar de las apariencias, Felipe tenía una sólida cultura; promovió los estudios de la historia eclesiástica, dedicando a esta disciplina a uno de sus sacerdotes, Baronio. Cuando cumplió los 75 años de edad, limitó su actividad al confesionario y a la dirección espiritual. Poseía el secreto de la simpatía y de la amistad. En el lecho de muerte se sintió en culpa al pensar que él estaba en una cama suave y limpia, mientras Cristo murió clavado en la cruz. Después de la muerte, acaecida el 26 de mayo de 1595, los médicos descubrieron en el tórax una insólita encorvadura de las costillas, como dando más espacio a los latidos del gran corazón del apóstol de Roma.

El mismo día: 26 de mayo

SANTA MARIANA DE JESUS PAREDES

Virgen

Mariana de Jesús Paredes y Flores nació en Quito (Ecuador) el 31 de octubre de 1618, de familia cristiana y honorable. Desde sus más tiernos años, fue asidua su oración, su amor al Crucificado, su devoción a la Inmaculada y su entrega a la mortificación corporal. Previa la autorización de su director espiritual, hizo voto de pobreza, castidad y obediencia, cuando apenas cumplía diez años, y los guardó esmeradamente hasta su muerte. Alentada por la historia de los misioneros, tomó la resolución de marcharse entre los indígenas, para consagrarse a su evangelización. La Providencia, por una circunstancia humanamente inexplicable, le impidió la actuación de su proyecto. Fue entonces cuando resolvió reducirse a la intimidad de su casa paterna, en donde vivió un género de vida más riguroso que el del claustro. En el austero retiro, en medio de voluntarias privaciones, pasó el resto de su vida sin salir de allí, a no ser cuando se lo exigían el amor de Dios o de su prójimo. Ofrecía sus sacrificios por la conversión de los pecadores. Gozó del don de curaciones, predijo con exactitud muchos acontecimientos y discernía con claridad lo íntimo de los espíritus. Admirable por sus milagros y por el ejercicio esmerado de la ley divina, es Mariana un claro ejemplo de virtud para los cristianos de América Latina. El último ejemplo de su vida no deja ninguna duda de su santidad: mientras una terrible peste azotaba la ciudad, Mariana ofreció su vida a cambio de la salvación de Quito. Pocos días después, agobiada por dolorosa y repentina enfermedad se fue al cielo a la edad de 26 años. En 1853 Pío IX la colocó en el número de los beatos, con el expresivo título de Azucena de Quito. Pío XII, el día 9 de junio de 1950, la declaró santa de la Iglesia universal, proponiéndola a los fieles, especialmente a la juventud, como modelo de inocencia y penitencia.

27 de mayo

SAN AGUSTIN DE INGLATERRA

Obispo

La Gran Bretaña, evangelizada desde los tiempos apostólicos (según la leyenda, el primer misionero que desembarcó en la isla fue José de Arimatea), había recaído en la idolatría después de la invasión de los sajones en el quinto y sexto siglo. Cuando el rey del Kent, Etelberto, se casó con la princesa cristiana Berta, hija del rey de París, éste le pidió que fuera erigida una iglesia y que algunos sacerdotes cristianos celebraran allí los ritos sagrados. Cuando el papa san Gregorio Magno supo la noticia, juzgó que los tiempos estaban maduros para la evangelización de la isla. Le encomendó la misión al prior del monasterio benedictino de San Andrés, cuya principal cualidad no era la valentía, sino la humildad y la docilidad. Ese monje era Agustín.

En el año 597 salió de Roma encabezando un grupo de cuarenta monjes. Se detuvo en la isla de Lérins. Aquí le hablaron del temperamento belicoso de los sajones, y esto lo aterró hasta el punto de hacerlo regresar a Roma a pedirle al Papa que le cambiara de programa. Para animarlo, Gregorio lo nombró abad y poco después, casi para hacerle dar el paso definitivo, tan pronto llegó a Galia, lo hizo consagrar obispo. Continuó su viaje con breves etapas. Finalmente, llegó a la isla británica de Thenet, a donde el Rey fue personalmente a darle la bienvenida, por invitación de su piadosa esposa.

Los misioneros avanzaron hacia el cortejo real en procesión y cantando las letanías, según el rito recientemente introducido en

Roma. Para todos fue una feliz sorpresa. El Rey acompañó a los monjes hasta la residencia que le habían preparado en Cantórbery, a mitad de camino entre Londres y el mar, en donde se levantó la célebre abadía que después llevará el nombre de Agustín, corazón y sagrario del cristianismo inglés. La obra de los monjes misioneros tuvo un éxito inesperado, pues el mismo Rey pidió el Bautismo, llevando con su ejemplo a miles de súbditos a abrazar la religión cristiana.

El Papa se alegró con la noticia que llegó a Roma y expresó su satisfacción en las cartas escritas a Agustín y a la Reina. El Santo Pontífice envió con un grupo de nuevos colaboradores el palio y el nombramiento a Agustín como arzobispo primado de Inglaterra, y al mismo tiempo lo amonestaba paternalmente para que no se enorgulleciera por los éxitos alcanzados y por el honor del alto cargo que se le confería. Siguiendo las indicaciones del Papa para la repartición en territorios eclesiásticos, Agustín erigió otras sedes episcopales, la de Londres y la Rochester, consagrando obispos a Melito y a Justo. El santo misionero murió el 26 de mayo del 604 y fue enterrado en Cantórbery en la iglesia que lleva su nombre.

28 de mayo (del 25)

SAN BEDA EL VENERABLE

Presbítero y doctor de la Iglesia

El nombre de Beda o Baeda en lengua sajona quiere decir oración. San Beda, "padre de la erudición inglesa" como lo definió el historiador Burke, murió a los 63 años en la abadía de Jarrow, en Inglaterra, después de haber dictado la última página de un libro suyo y de haber rezado el "Gloria Patri". Era la víspera de la Ascensión, el 25 de mayo del 735. Cuando sintió que se acercaba la muerte, dijo: "He vivido bastante y Dios ha dispuesto bien de mi vida". Beda nació en el año 672 de una modesta familia obrera de Newcastle y recibió su formación en dos monasterios benedictinos de Wearmouth y Jarrow, en donde fue ordenado a los 22 años.

Las dos más grandes satisfacciones de su vida las condensó él mismo en tres verbos: aprender, enseñar, escribir. La mayor parte de su obra de escritor tiene su origen y finalidad en la enseñanza. Escribió sobre filosofía, cronología, aritmética, gramática, astronomía, música, siguiendo el ejemplo de san Isidro. Pero san Beda es ante todo un teólogo, de estilo sencillo, accesible a todos.

Se le presenta como uno de los padres de toda la cultura posterior, influyendo, por medio de la escuela de York y la escuela carolingia, sobre toda la cultura europea. Entre los monumentos insignes de la historiografía queda su *Historia eclesiástica gentis Anglorum*, que le mereció ser proclamado en el sínodo de Aquisgrana, en el 836, "venerabilis et modernis temporibus doctor admirabilis". Le gustaba definirse "historicus verax", historiador veraz, consciente de haber prestado un servicio a la verdad.

Terminó su voluminosa obra histórica con esta oración: "Te pido, Jesús mío, que me concediste saborear con delicia las palabras de tu sabiduría, concederme por tu misericordia llegar un día a ti, fuente de sabiduría, y contemplar tu rostro". El papa Gregorio II lo había llamado a Roma, pero Beda le suplicó que lo dejara en la laboriosa soledad del monasterio de Jarrow, del que se alejó sólo por pocos meses, para poner las bases de la escuela de York, de la que después salió el célebre Alcuino, maestro de la corte carolingia y fundador del primer estudio parisiense.

Después de haber dictado la última página de su *Comentario a san Juan*, le dijo al monje escribano: "Ahora sosténme la cabeza y haz que pueda dirigir los ojos hacia el lugar santo donde he rezado, porque siento que me invade una gran dulzura". Fueron sus últimas palabras.

29 de mayo (del 25)

SANTA MARIA MAGDALENA DE PAZZI

Virgen

La familia de Pazzi, a cuyo nombre está unida la famosa conjuración contra el gran duque de Medici, en tiempos de nuestra Santa, era todavía de las más importantes de Florencia. Catalina de Pazzi (María Magdalena es el nombre que asumió la Santa carmelita el día de su profesión religiosa) nació en 1566, en un siglo rico de acontecimientos en la historia civil y religiosa de Italia y caracterizado por el florecimiento excepcional de grandes santos. También María Magdalena de Pazzi participó en la situación histórica y social de su tiempo escribiendo cartas muy valientes al Papa, a los cardenales, a los obispos y a los príncipes, señalando las causas de los males que afligían a la Iglesia, que ella atribuía a las deficiencias espirituales de los cristianos y de sus pastores.

Este es uno de los lados maravillosos de la Santa, asociada a la pasión de Cristo con los estigmas y otros fenómenos místicos como las visiones, los éxtasis, los arrobamientos, durante los cuales trataba de difíciles cuestiones teológicas. Tres cohermanas, encargadas por el director espiritual, transcribían las revelaciones de sor María Magdalena. El libro, intitulado *Contemplaciones* y redactado de ese modo tan excepcional es considerado como un importante tratado de teología mística, y al mismo tiempo nos revela el itinerario espiritual de la Santa, que a los 18 años había entrado al más austero convento florentino, el de las carmelitas.

Desde muy niña, Catalina de Pazzi se mostró más inclinada a la devoción que a la vida cómoda de su tiempo. Efectivamente, tuvo el privilegio, en ese tiempo muy raro, de hacer la primera Comunión a la edad de diez años. Después de darle el adiós al mundo y de haber cambiado de nombre, sor María Magdalena fue dócil instrumento de la gracia divina, atravesando todos los estadios de la experiencia mística, desde las audacias de la contemplación hasta las torturantes pruebas de la noche de los sentidos, en la oscuridad abismal de la aridez espiritual, que duró cinco años, durante los cuales fue probada en la fe, en la esperanza y en la caridad. Y, finalmente, en Pentecostés de 1590, su espíritu quedó nuevamente sumergido por la brillante luz del éxtasis, fortaleciéndose para la nueva prueba sucesiva, la del dolor físico.

Martirizada en el cuerpo por llagas dolorosísimas, cuando el dolor se hacía insoportable, sor María Magdalena, que había sido nombrada maestra de novicias, hallaba la fuerza para repetir las palabras que se convirtieron en el lema de su vida: "Pati, non mori", sufrir y no morir. Murió el 25 de mayo de 1607, en el convento de Santa María de los Angeles en Florencia. Fue canonizada en 1669.

30 de mayo
SANTA JUANA DE ARCO

Virgen

Una jovencita de 13 años, de Domremy (Francia), llamada Juana de Arco, mientras rezaba en la iglesia de su pueblo, oyó voces misteriosas que la invitaban a liberar a Francia que estaba dominada en gran parte por los ingleses. Cuatro años después el gobernador de la provincia, a quien Juana de Arco le había contado lo que le había sucedido, la llevó donde el Delfín a Chinon. Al hablar con el futuro rey Carlos, ella demostró que conocía cosas secretísimas que solamente el cielo había podido revelarle. El Delfín, al principio, desconfió pero después se convenció de que la joven era enviada de Dios; entonces le confió el mando de las tropas que sitiaban a Orléans, y en poco tiempo reconquistaron casi todo el territorio francés. El Delfín fue coronado rey de Francia en Reims, pero, celoso de la popularidad de Juana, pactó una tregua con los ingleses. La joven, convencida de que esta tregua anulaba los esfuerzos y las victorias de su ejército, indignada, recomenzó la lucha con los pocos soldados que estaban de su parte.

En una emboscada cayó prisionera en manos del conde de Luxemburgo, que la entregó a los ingleses por un rescate digno de un rey. Ahora había que demostrar que Juana era una bruja, para poder declarar a Carlos VII como usurpador, pues había llegado a ser rey gracias a "diabólicas maquinaciones de una hereje". Sólo los jueces eclesiásticos tenían la autoridad de llevar a cabo este proceso. El obispo de Cauchon se prestó para esta intriga política. La ilegalidad del proceso era tal que Juana de Arco rechazó la legitimidad y apeló al Papa.

La heroica joven, encerrada en una cárcel militar contra toda ley eclesiástica, no pudo hacer llegar su voz a Roma y sus enemigos triunfaron y la condenaron a la hoguera. El atroz suplicio tuvo lugar en Rouen el 30 de mayo de 1431. Juana tenía 19 años. Los actos del proceso fueron sometidos a revisión entre el 1450 y el 1456, y con la absolución de la imputada comenzó un irresistible desarrollo de veneración de la valiente Juana de Arco, por su fe pura y su genuino amor por la justicia y la verdad, llevados hasta el extremo sacrificio. En 1920 el papa Benedicto XV la elevó al honor de los altares.

De todas las historias de los santos, la de santa Juana de Arco es sin duda la más extraordinaria e increíble: una joven, campesina y sin estudios, a la cabeza de un ejército derrota a un aguerrido ejército, derriba fortalezas, corona a un rey y termina en la hoguera. Y todo en cuestión de dos años. Un acontecimiento unido a la historia de toda una nación, coloreada con fuertes tintas patrióticas y místicas.

31 de mayo

VISITACION DE LA VIRGEN MARIA

Fiesta

Después del anuncio del ángel, María se pone en camino ("de prisa" dice san Lucas) para ir a visitar a la parienta Isabel y prestarle un servicio. Uniéndose probablemente a una caravana de peregrinos que se dirigen a Jerusalén, atraviesa Samaria y llega a Ain-Karim (en Judea), en donde vive la familia de Zacarías. Es fácil imaginar los sentimientos que invadían su espíritu al meditar el misterio que le había anunciado el ángel. Son sentimientos de humilde agradecimiento con la grandeza y bondad de Dios, que María expresará en su encuentro con la prima con el himno del *Magníficat*, la expresión del amor jubiloso "que canta y alaba al amado" (san Bernardino de Siena): "Mi alma glorifica al Señor, y mi espíritu se regocija...".

La presencia del Verbo encarnado en María es causa de gracia para Isabel, que, inspirada, descubre los grandes misterios que se han obrado en la joven prima, su dignidad de Madre de Dios, su fe en la Palabra Divina y la santificación del precursor, que salta de alegría en el seno de la madre. María se queda con Isabel hasta el nacimiento de Juan Bautista, esperando probablemente ocho días más para el rito de la imposición del nombre. Aceptando este cómputo del período transcurrido con la parienta Isabel, la fiesta de la Visitación, de origen franciscano (los frailes Menores la celebraban ya en el 1263), se celebraba el 2 de julio, es decir, al final de la visita de María. Hubiera sido más lógico colocarlo después del 25 de marzo, fiesta de la Anunciación, pero se quiso evitar que cayera en el período cuaresmal.

Después el papa Urbano VI extendió la fiesta a toda la Iglesia latina para pedir por intercesión de María la paz y la unidad de los cristianos divididos por el gran cisma de Occidente. El sínodo de Basilea, en la sesión del lo. de julio de 1441, confirmó la festividad de la Visitación, que al principio no habían aceptado los Estados que estaban de parte del antipapa.

El actual calendario litúrgico, sin tener en cuenta la cronología según la narración evangélica, abandonó la fecha tradicional del 2 de julio (antiguamente la Visitación se conmemoraba también en otras fechas) y estableció la memoria para el último día de mayo, como coronación del mes que la devoción popular consagra al culto particular de la Virgen. Mayo es, en efecto, el mes de María. San Francisco de Sales comentaba: "En la Encarnación, María se humilla confesando ser la sierva del Señor... Pero María no duda en humillarse ante Dios, porque sabe que caridad y humildad no son perfectas si no pasan de Dios al prójimo. No es posible Amar a Dios a quien no vemos, si no amamos a los hombres a quienes vemos. Esto se cumple en la visitación".

Visitación.

Alberto Durero. Grabado en madera.

Junio

1 de junio

SAN JUSTINO

Mártir

Filósofo cristiano y cristiano filósofo, como con razón fue definido, Justino (que nació a principios del siglo II en Flavia Neápolis —Nablus—, la antigua Siquem, en Samaria, de familia pagana) pertenece a ese gran número de pensadores que en todo período de la historia de la Iglesia han tratado de hacer una síntesis de la provisional sabiduría humana y de las inalterables afirmaciones de la revelación cristiana. El itinerario de su conversión a Cristo pasa a través de la experiencia estoica, pitagórica, aristotélica y neoplatónica. De aquí el desemboque casi inevitable, o mejor, providencial, hacia la verdad integral del cristianismo.

El mismo cuenta que, insatisfecho de las respuestas que le daban las varias filosofías, se retiró a un lugar desierto, a orillas del mar, a meditar, y que un anciano al que le había confiado su desilusión le contestó que ninguna filosofía podía satisfacer al espíritu humano, porque la razón es incapaz por sí sola de garantizar la plena posesión de la verdad sin una ayuda divina.

Así fue como Justino descubrió el cristianismo a los treinta años, se convirtió en convencido predicador y para proclamar al mundo este feliz descubrimiento escribió sus dos *Apologías*. La primera se la dedicó en el año 150 al emperador Antonino Pío y al hijo Marco Aurelio, y también al Senado y al pueblo romano. Escribió otras obras, por lo menos unas ocho, entre ellas la más importante es la intitulada *Diálogo con Trifón*, y se la recuerda porque abre el camino a la polémica antijudaica en la literatura cristiana. Pero las dos

Apologías siguen siendo el documento más importante, porque por estos escritos sabemos cómo se explicaba el cristianismo en ese tiempo y cómo se celebraban los ritos litúrgicos, sobre todo la administración del Bautismo y la celebración de la Eucaristía. Aquí no se encuentran argumentos filosóficos, sino testimonios conmovedores de vida en la primitiva comunidad cristiana, de la que Justino está feliz de pertenecer: "Yo, uno de ellos...". Semejante afirmación podía costarle la vida. Y, en efecto, Justino pagó con la vida su pertenencia a la Iglesia.

Había ido a Roma, y allí fue denunciado por Crescencio, un filósofo con quien Justino había disputado mucho tiempo. El magistrado que lo juzgó, Rústico, también era un filósofo estoico, amigo y confidente de Marco Aurelio. Pero para el magistrado, Justino no era más que un cristiano, igual a sus compañeros, todos condenados (en total seis) a la decapitación por su fe en Cristo. Todavía hoy se conservan *Actas* auténticas del martirio de Justino.

2 de junio

SANTOS MARCELINO Y PEDRO

Mártires

Muchísimas veces en la historia se ha confirmado el dicho: "El hombre propone y Dios dispone", es decir, que a menudo Dios "dispone" lo contrario de lo que el hombre se ha "propuesto". Fue lo que sucedió con los santos Marcelino y Pedro. San Dámaso, casi adivinando su misión de transmitir la memoria de innumerables mártires, como él mismo dice, escribió a un niño la narración del verdugo de los santos Marcelino y Pedro. El "precursor" refirió que él había dispuesto la decapitación de los dos en un bosque apartado para que no quedara de ellos ni el recuerdo: incluso los dos tuvieron que limpiar el lugar que se iba a manchar con su sangre.

Los últimos tres versos, de los nueve que componen el poema 23 del papa Dámaso, informan que los "santísimos miembros" de los mártires permanecieron ocultos durante algún tiempo en una "cándida gruta", hasta cuando la piadosa matrona Lucila, llevada por la devoción, les dio digna sepultura. El martirio se había llevado a cabo en donde hoy se encuentra Torpignattara, a tres millas de la antigua vía Labicana, la actual Casilina. Constantino edificó ahí una basílica, cerca de donde reposaban los restos de su madre santa Helena, antes que el emperador los hiciera llevar a Constantinopla. Más tarde fue violada por los godos, y entonces el papa Virgilio la hizo restaurar e introdujo los nombres de los santos Marcelino y Pedro en el Canon Romano de la misa, garantizando así el recuerdo y la devoción por parte de los fieles.

En Roma hay una basílica dedicada a los santos Marcelino y Pedro, edificada en 1751 sobre una base que parece se remonta a la mitad del siglo IV y en donde parece que se encontraba la casa de uno de los santos. Una *Passio* del siglo VI habla de la vida del presbítero Marcelino y del exorcista Pedro, aunque tiene mucho de leyenda. Dicha *Passio* cuenta que Pedro y Marcelino fueron encerrados en una prisión bajo la vigilancia de un tal Artemio, cuya hija Paulina estaba endemoniada. Pedro, exorcista, le aseguró a Artemio que, si él y su esposa Cándida se convertían, Paulina quedaría inmediatamente curada. Después de algunas perplejidades, la familia se convirtió y poco después dio testimonio de su fe con el martirio: Artemio fue decapitado, y Cándida y Paulina fueron ahogadas debajo de un montón de piedras.

3 de junio

SANTOS CARLOS LWANGA Y COMPAÑEROS

Mártires

Esa mañana, cuando el rey Mwanga reunió la corte, vibraba en el aire una espasmódica espera. En la sala se notaba la presencia insólita de algunos energúmenos, mientras el grupo de los pajes reales, espléndidos ejemplares de belleza negra, se agolpaban alrededor del trono. Mwanga les dio una orden extraña: "Todos los que no quieran rezar pueden quedarse aquí cerca del trono; en cambio, los que quieran rezar reúnanse allá contra la pared". El jefe de los pajes, Carlos Lwanga, fue el primero en apartarse, y luego lo siguieron otros quince. "¿Pero ustedes rezan de verdad?", preguntó el Rey. "Sí, señor mío, nosotros rezamos de verdad" contestó Carlos en nombre de todos sus compañeros cristianos, que habían pasado toda la noche anterior rezando. "¿Y están resueltos a seguir rezando?" insistió el Rey. "Sí, señor mío, siempre, hasta la muerte". "Entonces mátenlos" les dijo bruscamente el Rey a los verdugos. En efecto, "rezar" equivalía a "ser cristianos" en ese reino de Mwanga, rey de

Buganda, una región que actualmente pertenece a Uganda. Y en el reino de Mwanga rezar, es decir, ser cristianos, estaba absolutamente prohibido.

Los comienzos, en realidad, habían sido buenos. El rey Mutesa al principio había acogido bien, en 1879, a los Padres Blancos de Lavigérie, que después tuvieron que retirarse por las intrigas de algunos jefes. Después, en 1885, fueron llamados nuevamente por Mwanga, y encontraron cristianos comprometidos que ocupaban cargos de responsabilidad. El "katikiro", una especie de canciller, había tramado una conjuración contra el Rey, pero fue descubierto por los cristianos. Entonces éste se alió con los notables y brujos, y esta alianza fue fatal para los cristianos. José Mukasa Balikuddembe, consejero del Rey, fue decapitado el 15 de noviembre de 1885; en mayo de 1886 fueron muertos Dionisio Sbuggwawo, Ponciano Ngondwe, Andrés Kaggwa, Atanasio Bazzekuketta, Gonzaga Gonga, Matías Kalemba, Noé Mwaggali.

Después les tocó el turno a los pajes de los que hablábamos; pero tres se salvaron, según el uso, sacados a suerte. Entre los trece "mártires" se encontraba Mbaga Tuzinda, hijo del jefe de los verdugos. Naturalmente, trató repetidamente de salvarlo, pero él no quiso separarse de sus compañeros. Entre ellos también había un niño de trece años, Kizito. Los veintidós mártires de Uganda fueron beatificados por Benedicto XV, y canonizados por Pablo VI el 18 de octubre de 1964, en presencia de los Padres del Concilio Vaticano II; y el mismo Pablo VI consagró en 1969 el altar del grandioso santuario construido en Namugongo, en donde los trece pajes, dirigidos por Carlos Lwanga, quisieron "rezar hasta la muerte".

4 de junio
SAN FRANCISCO CARACCIOLO
Presbítero

A veces el error del cartero puede ser providencial. En el caso de nuestro Santo el error era casi inevitable: él se llamaba Ascanio Caracciolo, y el correo le llegaba a la Congregación de los Blancos de la Justicia, que se dedicaba a la asistencia de los condenados a muerte; en esa misma Congregación ejercía la misma obra humanitaria otro sacerdote con el idéntico nombre de Ascanio Caracciolo. La carta la enviaba el genovés Agustín Adorno, venerable, y Fabricio Caracciolo, abad de Santa María Mayor de Nápoles. Los dos se dirigían a Ascanio Caracciolo pidiéndole su colaboración para la fundación de una nueva Orden, la de los Clérigos Regulares Menores. Pero ¿a cuál de los dos Ascanio Caracciolo?

El cartero la entregó al joven sacerdote, que había nacido el 13 de octubre de 1563 en Villa Santa María de Chieti y que después a los 22 años había ido a Nápoles para terminar sus estudios teológicos. Los años de su juventud pasaron sin nada especial que hiciera presagiar en él la extraordinaria actividad apostólica que realizó en su corta vida (murió a los 45 años de edad). Con los dos remitentes fue al yermo de Camaldoli para redactar la *Regla*, que después aprobó Sixto V el 1o. de julio de 1588.

A Francisco Caracciolo se debe la inserción de un cuarto voto, a más de los de castidad, pobreza y obediencia, es decir, el de no aceptar ninguna dignidad eclesiástica. Al año siguiente Ascanio Caracciolo hacía los votos religiosos con el nombre de Francisco. En 1593 la pequeña congregación, que tenía su sede en una modesta casa cerca de la iglesia de la Misericordia, reunió el primer Capítulo General, y Francisco tuvo que aceptar por obediencia el cargo de superior general. Después la joven congregación fundó una casa en Roma, cerca de la Iglesia de Santa Inés en la plaza Navona. Cuando terminó el período de su mandato, regresó a España en donde ya había estado en 1593, y allí fundó una casa religiosa en Valladolid y un colegio en Alcalá. Fue maestro de novicios en Madrid, y de nuevo superior de la Casa de Santa María Mayor de Nápoles.

Las múltiples actividades habían minado su ya débil salud. Durante una estadía en Agnone, donde los Padres del Oratorio, se enfermó gravemente y murió el 4 de junio de 1608. Su cuerpo fue llevado a Nápoles, en donde fue sepultado en la Iglesia de Santa María Mayor. El primero de sus muchos milagros, la curación de un tullido precisamente durante los funerales, fue la chispa que encendió el gran fuego de la devoción de los napolitanos para con este Santo. Fue canonizado por Pío VII el 24 de mayo de 1807.

5 de junio

SAN BONIFACIO

Obispo y mártir

Sin la obra misionera de san Bonifacio no habría sido posible la organización política y social europea de Carlomagno. Bonifacio o Winfrid parece que perteneció a una noble familia inglesa de Devonshire, en donde nació en el año 673 (ó 680). Fue monje en la abadía de Exeter y de Nurslig, y después se dedicó a la evangelización de los pueblos germánicos, más allá del Rin. Quiso ir a Frisia, pero no le fue posible por la hostilidad entre el duque alemán Radbod y Carlos Martelo. Entonces Winfrid fue a Roma en peregrinación para orar sobre las tumbas de los mártires y recibir la bendición del Papa. San Gregorio II apoyó el compromiso misionero, y Winfrid regresó a Alemania. Se detuvo en Turingia, luego pasó a Frisia, recientemente sometida por los francos, y allí logró las primeras conversiones.

Durante tres años recorrió gran parte del territorio germánico. Los sajones correspondieron con entusiasmo a su predicación. El Papa lo llamó a Roma, lo consagró obispo y le dio el nuevo nombre de Bonifacio. Durante el viaje de regreso a Alemania, en un bosque de Hessen, hizo derribar un gigantesco roble al que los pueblos paganos le atribuían poderes mágicos, porque decían que era sede de un dios. Ese gesto fue considerado como un desafío a la divinidad y los paganos corrieron para presenciar la venganza del dios ofendido. Bonifacio aprovechó la ocasión para transmitirles el mensaje evangélico. A los pies del roble derribado hizo construir la primera iglesia, que dedicó a san Pedro.

Antes de organizar la iglesia a orillas del Rin, pensó en la fundación, entre las regiones de Hessen y Turingia, de una abadía, que fuera el centro propulsor de la espiritualidad y de la cultura religiosa de Alemania. Así nació la célebre abadía de Fulda, comparable con la de los benedictinos de Montecassino por la actividad y el prestigio. Eligió a Maguncia como sede arzobispal, pero expresó el deseo de ser enterrado en Fulda.

Ya anciano, pero todavía infatigable, regresó a Frisia. Lo acompañaban unos cincuenta monjes. El 5 de junio había citado cerca de Dokkum a un grupo de catecúmenos. Era el día de Pentecostés; estaban comenzando la celebración de la misa cuando un grupo de frisones armados con espadas asaltaron a los misioneros. Bonifacio les dijo a los compañeros: "No teman. Todas las armas de este mundo no pueden matar nuestra alma". Cuando la espada de un infiel cayó sobre su cabeza, él trató de cubrirse con el misal, pero el enemigo derribó el libro y le cortó la cabeza al mártir.

6 de junio

SAN NORBERTO

Obispo

Norberto nació en Xanten (Alemania) de la noble familia de los Gennep, hacia el 1080. Como era costumbre para todo segundo hijo de la nobleza, a Norberto le correspondía seguir la carrera militar o eclesiástica. Prefirió el segundo camino, no por vocación, sino por simple oportunidad. En efecto, siendo diácono pudo gozar de los muchos privilegios al lado del gran elector de Colonia y del emperador Enrique V, que lo propuso para una importante sede episcopal. Pero Dios tenía otros planes. Durante un paseo a caballo por el bosque, lo sorprendió un violento huracán que lo derribó del caballo y, como Saulo en el camino de Damasco, dijo: "Señor, ¿qué quieres que haga?".

La respuesta que cambió radicalmente su vida poco edificante fue: "Abandona el camino del mal y haz el bien". Ese episodio fue el comienzo de su conversión. Abandonó los lugares mundanos y se puso a la escuela del abad benedictino de Siegburg y de los canónigos de Klosterrath; después siguió el ejemplo del ermitaño Liudolfo pasando tres años en penitencia y en oración. En 1115 fue ordenado sacerdote por el arzobispo de Colonia, y comenzó su actividad misionera itinerante.

Quiso dar el ejemplo despojándose de todos sus bienes y distribuyéndoselos a los pobres. Conservó para él una mula y diez monedas de plata, pero después dejó también esto y continuó sus peregrinaciones a pie y descalzo. En Francia, cerca a Nimes, se encontró con el papa Calixto II quien lo animó a continuar por ese camino. El obispo de Laon, para tenerlo en su diócesis, le propuso ser el guía de los Canónigos regulares que seguían la Regla de san Agustín, y a quienes se les había asignado el convento de Praemonstratum. Así nació la Orden de los premonstratenses. Mientras tanto Norberto había continuado su actividad de predicador ambulante.

Se encontraba en Magdeburgo asistiendo a los funerales del obispo de esa ciudad, cuando el clamor popular lo eligió como sucesor. Fue un obispo incómodo para muchos. Tenaz, buen organizador, se ganó aplausos y enemistades. El emperador Lotario lo nombró canciller del imperio para Italia y el papa Inocencio II extendió su jurisdicción a Polonia. Pero Norberto no olvidó la regla monástica de la pobreza y del ejercicio del apostolado entre la gente humilde del campo, y vivió integralmente el ideal de vida activa y contemplativa de los premonstratenses aun en el fulgor de los altos cargos. Murió en Magdeburgo, de regreso de una misión de paz en Italia, el 6 de junio de 1134. Fue canonizado en 1582.

7 de junio

SAN ANTONIO MARIA GIANELLI

Presbítero

Nació en el año de la Revolución Francesa, el 12 de abril de 1789, en Cereta (Italia). En cierto sentido fue un revolucionario. A los 19 años entró al seminario, y cuatro años después fue ordenado sacerdote. Profesor de literatura de retórica, tuvo entre sus alumnos jóvenes que después brillaron en el firmamento cristiano, como el venerable Frassinetti. Para recibir al nuevo obispo, monseñor Lambruschini, el profesor Gianelli organizó en Génova una recitación intitulada "La reforma del seminario", que tuvo un grande eco. Eran los años de la Restauración, después de la llamarada napoleónica.

De 1826 a 1838 fue arcipreste en Chiavari. Este período, que él definirá "del mal cultivo", se caracteriza por un montón de innovaciones pastorales en su parroquia y por la creación de varias instituciones, como un seminario propio y el redescubrimiento de la *Summa* de santo Tomás en la preparación teológica y filosófica de los candidatos al sacerdocio. Bajo el nombre insólito de Sociedad Económica comenzó una benéfica institución cultural y asistencial confiada por el padre Gianelli "a los cuidados de las Señoras de la Caridad" para la instrucción gratuita de las niñas pobres. Era el bosquejo de la fundación, que tuvo lugar en 1829, de las Hijas de María, conocidas todavía con el nombre de Hermanas Gianelinas, que han realizado un grande apostolado en América Latina.

Dos años antes había creado una pequeña congregación misionera, bajo el patrocinio de san Alfonso de Ligorio, para la predicación de misiones particulares al pueblo y la organización del clero. En 1838 fue elegido obispo de Bobbio; ayudado por los Ligorianos, su joven congregación, que se reconstituyó con el nombre de Oblatos de San Alfonso, arregló muchos problemas eclesiásticos de su diócesis, cambiando párrocos poco celosos y expulsando a los indignos.

Entre sus Ligorianos hubo también un apóstata, el padre Cristóbal Bonavino, una brillante inteligencia, más conocido con el seudónimo de Ausonio Franchi; racionalista y ateo, que después regresó a la fe genuinamente cristiana, retractándose de sus obras anteriores con una *Ultima crítica* y dando público testimonio de devoción a monseñor Gianelli, que le estuvo cerca en los momentos más críticos de su crisis espiritual. El "santo de las Hermanas" como se lo conoce en América Latina, en donde siguen floreciendo sus instituciones femeninas, terminó prematuramente su vida terrena, a la edad de 57 años, el 7 de junio de 1846. Fue declarado beato en 1925, y canonizado por Pío XII el 21 de octubre de 1951.

8 de junio

SAN MEDARDO

Obispo

San Medardo tenía de la propiedad privada y del robo ideas totalmente distintas de las de Dracón, el severo legislador de Atenas, que así habla en el *Juicio universal* de Papini: "La propiedad es una sola cosa con el hombre; es casi su misma posibilidad de vivir, casi su sangre... El ladrón merecía, pues, por su semejanza con el homicida, la muerte, y por eso en mis leyes ordené la pena capital para todo el que robe, cualquiera sea el valor y la cantidad de las cosas robadas". Medardo tenía, en cambio, ideas que se asemejaban a las del buen monseñor Myriel de *Los Miserables* de Víctor Hugo, que probablemente se inspiró precisamente en san Medardo, santo muy popular en Francia.

Nació de una familia franca y estudió en Augusta Veromanduorum (la actual Saint-Quentin), junto con san Eleuterio (lea el 20 de febrero). Ordenado sacerdote, se dio de lleno a su misión y al testimonio del amor. En este contexto fue en el que san Medardo realizó los gestos de desapego a los que aludíamos. Una noche un ladrón penetró en la viña, pero fue descubierto porque no lograba encontrar el camino de salida: el buen Medardo se apresuró a mostrárselo, sin quitarle lo robado, sino más bien añadiéndole más.

Otro ladrón proyectaba robarle al Santo una vaca: pero ésta llevaba en el cuello una campana que hacía mucho ruido. El ladrón trató de quitársela, la llenó de paja y de trapos, pero la campana seguía sonando, hasta cuando Medardo hizo cesar la señal de alarma, permitiéndole al ladrón, ya legítimo propietario, llevarse el animal. Otro día fueron las abejas las que se rebelaron contra el ladrón que quería robar la miel; entonces Medardo las invitó prodigiosamente a permanecer en calma. Pero san Medardo no tuvo que habérselas sólo con los ladrones, o por lo menos con los ladrones en acción. Un día, siendo obispo de Saint-Quentin, se le presentó, jadeante, la reina Radegonda, que había huido de su esposo Clotario, que había asesinado al hermano, y a la que le había concedido que entrara al convento.

Clotario reconoció su culpa, y como san Medardo murió poco tiempo después, en el 560, hizo llevar los restos a su capital, a Soissons, en donde le construyó una basílica y cerca un monasterio, que se volvió famoso porque en él encerraron a Ludovico Pío, el tercer hijo de Carlomagno, emperador de Occidente desde el 814 hasta el 840. Un dicho popular de origen campesino asegura que "si llueve el día de san Medardo, el 8 de junio, el tiempo seguirá lluvioso por lo menos durante cuarenta días, a menos que san Bernabé (11 de junio) no le dé por las narices".

9 de junio

SAN EFREN

Diácono y doctor de la Iglesia

Muy poco es lo que sabemos de la vida de san Efrén. Nació en Nisibi, en la Mesopotamia septentrional a comienzos del siglo IV, probablemente en el 306. Por tanto, tenía siete años cuando Constantino emanó el edicto de Milán. Pero parece que Efrén no pudo gozar de la libertad de culto en el seno de la propia familia, porque el padre era sacerdote pagano y no estaba de acuerdo con la formación cristiana que la piadosa madre quería impartirle. A los 18 años recibió el Bautismo y vivió del propio trabajo, en Edesa, como empleado en un baño público. En el 338 Nisibi fue atacada por los persas, y Efrén acudió en su ayuda.

Cuando Nisibi cayó en mano de los persas, Efrén, que ya era diácono, se estableció definitivamente en Edesa en el 365, y allí dirigió una escuela. Allí murió el 9 de junio del 373. Benedicto XV lo declaró doctor de la Iglesia en 1920. La tradición nos lo recuerda como un hombre austero. No conocía el griego y probablemente esta fue la razón por la cual no encontramos en su obra literaria ese influjo teológico contemporáneo, caracterizado por las controversias trinitarias. El es el transmisor genuino de la doctrina cristiana antigua. El medio usado por san Efrén para la divulgación de la verdad cristiana es sobre todo la poesía, por lo cual con razón se le ha definido "la cítara (o el arpa) del Espíritu Santo".

En su época se estaba organizando el canto religioso "alternado" en las iglesias. Los iniciadores fueron san Ambrosio en Milán y Diodoro en Antioquía. El diácono de Nisibi, en las fronteras de la cristiandad y del mundo romano, compuso en la lengua nativa poesías de contenido didáctico o exhortativo, y propias para adaptarlas al canto colectivo. El carácter popular de sus poesías hizo que pronto se difundieran muchísimo. Gracias también a las cuidadosas traducciones en griego, pronto pasaron de Siria al Oriente mediterráneo.

Efrén no escribía para buscar éxitos literarios; él se servía de la poesía como de un excelente medio pastoral hasta en las homilías y en los sermones. El profundo conocimiento de la Sagrada Escritura le ofrecía a su rica vena poética el elemento más original para penetrar en los misterios de la verdad y sacar útiles enseñanzas para el pueblo de Dios. Efrén es también el poeta de la Virgen, a la que dirigió 20 himnos y a quien se dirigía con expresiones de tierna devoción. El llamaba a María "más resplandeciente que el sol, conciliadora del cielo y de la tierra, paz, alegría y salud del mundo, corona de las vírgenes, toda pura, inmaculada, incorrupta, beatísima, inviolada, venerable, honorable...".

10 de junio

BEATO JUAN DOMINICI

Religioso

Admirador y seguidor de santa Catalina de Siena, discípulo y colaborador del beato Raimundo de Capua, el beato Juan Dominici fue maestro del beato Angélico y de san Antonino de Florencia. El beato Angélico lo pintó en un cuadro de la Crucifixión en el capítulo de san Marcos en Florencia, y san Antonino lo recuerda así: "Voz sonora como una trompeta... apta no sólo para enseñar y deleitar, sino también para doblegar y sensibilizar los corazones endurecidos... Todos los días celebraba con devoción y fervor. Humilde en el vestido, grave en el caminar, grande de estatura, simpático en el aspecto, amable con los pobres y con los desconocidos, tratable con los campesinos, digno de reverencia con los poderosos, grande por sus consejos sobre cualquier materia, alegre en el rostro y serio; pudicísimo y vigilante... sencillo... y recto. Tan amante de la pobreza que no tenía libros para enseñar y predicar, ni siquiera la Biblia... Fue el primer impulsor de la Observancia regular en Italia".

La Observancia regular, que comenzó a fines del siglo XIV, tenía como finalidad la reforma de los dominicos, que estaban en dificultades por los escándalos y la crisis de reclutamiento, sobre todo después de la peste negra de 1348. Y precisamente el empeño por la Observancia, o sea por la reforma, fue una de las actividades más características del beato Juan Dominici. Había nacido en Florencia a finales de 1355 o a comienzos del 1356. Su madre, Paola Zorzi, una noble veneciana, había quedado viuda a los veinte años, poco antes de su nacimiento. A los 17 años, después de dos años en Venecia, resolvió entrar al convento de los dominicos de Santa María Novella, a pesar de su tartamudez, de la que quedó curado en 1381 por intercesión de santa Catalina.

Después de haber estudiado en Pisa y París, fue íntimo colaborador del B. Raimundo de Capua, que lo envió a Venecia, en donde inauguró en 1394 el monasterio del Corpus Christi, al que entró también su mamá. Debido a contrastes con la República de Venecia, regresó a Toscana, y en Fiesole fundó el convento en donde tuvo como discípulo a san Antonino. Fue, pues, predicador aplaudido, embajador de Florencia, arzobispo de Ragusa, delegado papal y cardenal.

Gregorio XII lo envió como su representante al Concilio de Constanza. Murió el 10 de junio de 1418 en Budapest, a donde Martín V lo había enviado para buscar la reconciliación con los Husitas. Fue protagonista de una famosa disputa con el humanista Coluccio Salutati sobre el problema del estudio de los autores paganos, que él, cuidadoso y estimulante pedagogo, apreciaba, pero teniendo en cuenta los riesgos en la *Lucula noctis*, en el *Gobierno de cuidado familiar* y en el *Libro de amor de caridad*.

11 de junio

SAN BERNABE

Apóstol

"José, llamado por los apóstoles Bernabé, que quiere decir hijo de consolación, levita, natural de Chipre, tenía un campo; lo vendió y llevó el precio que puso a los pies de los apóstoles". Así nos lo presentan los Hechos de los apóstoles. Antiguas fuentes refieren que Bernabé, llamado apóstol por los mismos Hechos, aunque no pertenecía a los Doce, fue probablemente uno de los setenta discípulos de los que habla el Evangelio. En todo caso es una figura de primer plano en la fervorosa comunidad cristiana, que se formó en Jerusalén después de Pentecostés. Los apóstoles tenían mucho aprecio a Bernabé y lo escogieron para la evangelización de Antioquía.

Bernabé es el hombre de las grandes intuiciones. En Antioquía se dio cuenta inmediatamente de que ese era un terreno apto para sembrar la Palabra de Dios. Fue a decirlo a Jerusalén y pidió la aprobación para ir en busca del neoconvertido Saulo, sacándolo de su retiro de Tarso. Así comenzó su extraordinaria asociación. Después de un año de trabajo, habían logrado tantas conversiones que "hicieron noticia", como se diría hoy en el lenguaje periodístico. Dicen los Hechos de los apóstoles: "Por primera vez los discípulos tomaron el nombre de cristianos en Antioquía".

Saulo, que ahora prefería usar el nombre romano de Pablo, y Bernabé, satisfechos por haber abierto el camino al anuncio evangélico entre los paganos, partieron hacia otros lugares. Primera etapa: Chipre, patria de Bernabé, que había llevado consigo al joven primo Juan Marcos, el futuro evangelista. Otra magnífica escogencia, aunque más tarde, al comienzo del segundo y más peligroso viaje misionero, el joven no estaba muy decidido y Pablo no creyó oportuno cambiar el programa, y prefirió separarse hasta de Bernabé, que se quedó en Chipre.

Pablo y Bernabé, dos personalidades diferentes, pero que se completan mutuamente. En Listra, en Licaonia, al final del primer viaje misionero, durante la predicación Pablo notó la presencia de un pobre tullido. "Levántate y camina", le dijo. Y el tullido quedó curado. "La muchedumbre, al ver lo que Pablo había hecho, comenzó a gritar: ¡los dioses en forma humana han bajado hasta nosotros! Y a Bernabé lo llamaban Júpiter, y a Pablo Mercurio, porque era el más elocuente de los dos". A Bernabé se le atribuye la paternidad de la Carta paulina a los hebreos y de otro escrito, llamado El Evangelio de Bernabé, ahora perdido. Después que se separó de Pablo, no se tienen más noticias de Bernabé. Escritos apócrifos hablan de un viaje a Roma y de su martirio, hacia el año 70, en Salamina, por mano de los judíos de la diáspora que lo lapidaron.

12 de junio

SAN GASPAR DEL BUFALO

Presbítero

San Vicente Strambi, que fue su compañero en las misiones que se hicieron en las regiones cercanas a Roma, lo definió "terremoto espiritual". La gente que acudía a escuchar sus sermones lo llamaba "ángel de la paz". En efecto, con las armas pacíficas de la palabra y de la caridad logró detener el fenómeno del bandolerismo que devastaba los campos que rodeaban a Roma.

En 1810 una piadosa religiosa hizo una profecía, según la cual vendrían tiempos de grandes calamidades para la Iglesia y que surgiría un celoso sacerdote que despertaría a los pueblos de la indiferencia mediante la devoción a la Preciosa Sangre, de la que él sería la "trompeta". En ese año, Gaspar del Búfalo, era sacerdote desde hacía dos años, y estaba encarcelado por haberse negado a prestar juramento de fidelidad a Napoleón.

Gaspar nació en Roma el 6 de enero de 1786. Sus padres eran Antonio y Anunciación Quartieroni. Había comenzado en silencio su obra de evangelización de la gente de los barrios pobres, dedicándose sobre todo a los zorreros y a los campesinos. Estos habían transformado el Foro Romano, a los pies del Palatino, en un depósito y mercado de heno. Cuando cayó Napoleón, Gaspar del Búfalo fue liberado de la cárcel, y Pío VII y León XII lo encargaron de las misiones populares para la restauración religiosa y moral del Estado Pontificio.

Emprendió esta nueva cruzada en el nombre de la Preciosa Sangre de Jesús, de cuya devoción fue ardiente apóstol; en 1815 fundó la Congregación de los Misioneros de la Preciosísima Sangre, y en

1834, con la colaboración de la B. María De Mattias, fundó el Instituto de las Hermanas Adoratrices de la Preciosísima Sangre. Cuando murió, en Roma el 28 de diciembre de 1837, en una pieza sobre el Teatro Marcelo, san Vicente Pallotti, su coetáneo, tuvo la visión de su alma que subía al encuentro de Cristo como una estrella luminosa. Pronto la fama de su santidad se difundió por todo el mundo. Fue beatificado en 1904, y canonizado por Pío XII en 1954.

Mucho después, el lo. de noviembre de 1975, fue beatificado otro Gaspar, un poco más anciano que él, Gaspar Bertoni, que nació en Verona en 1777 y murió el 12 de junio de 1853. Este, cuya fiesta cae precisamente el 12 de junio puede considerarse como una verdadera imagen del Crucifijo, que él presentó a la adoración de sus Estigmatinos, habiendo tenido que soportar, de los 35 a los 76 años, unas 300 intervenciones quirúrgicas.

13 de junio

SAN ANTONIO DE PADUA

Presbítero y doctor de la Iglesia

San Francisco de Asís, que encontró al joven fraile Antonio con ocasión del Capítulo General inaugurado en Pentecostés de 1221, lo llamaba confidencialmente "mi obispo". Antonio, cuyo nombre anagráfico es Fernando de Bulloes y Taveira de Azevedo, nació en Lisboa hacia el 1195. A los quince años entró al colegio de los canónigos regulares de san Agustín, y en sólo nueve meses, profundizó tanto el estudio de la Sagrada Escritura que más tarde fue llamado por el papa Gregorio IX "arca del Testamento". A la cultura teológica añadió la filosófica y la científica, muy viva por la influencia de la filosofía árabe.

De esta vasta formación cultural dio muestras en los últimos años de vida predicando en la Italia septentrional y en Francia. Aquí recibió el título de "guardián del Limosino" por la abundante doctrina en la lucha contra la herejía. En 1946 Pío XII lo declaró doctor de la Iglesia con el apelativo de "Doctor evangelicus". Cinco franciscanos habían sido martirizados en Marruecos, a donde habían ido a evangelizar a los infieles. Fernando vio los cuerpos, que habían sido llevados a Portugal en 1220, y resolvió seguir sus huellas: entró al convento de los frailes mendicantes de Coimbra, con el nombre de Antonio Olivares.

Durante el viaje de regreso de Marruecos, en donde no pudo estar sino pocos días a causa de su hidropesía, una tempestad empujó la embarcación hacia las costas sicilianas. Estuvo algunos meses en Mesina, en el convento franciscano, y el superior de ese convento lo llevó a Asís para el Capítulo General. Aquí Antonio conoció a san Francisco de Asís. Lo mandaron a la provincia franciscana de Romaña en donde llevó vida de ermitaño en un convento cerca de Forlí. Lo nombraron para el humilde oficio de cocinero y así vivió en la sombra hasta cuando sus superiores, dándose cuenta de sus extraordinarias cualidades de predicador, lo sacaron del yermo y lo enviaron al norte de Italia y a Francia a predicar en donde más se había difundido la herejía de los albigenses.

Finalmente, Antonio fijó su residencia en el convento de la Arcella, a un kilómetro de Padua. De aquí iba a donde lo llamaban a predicar. En 1231, cuando su predicación tocó la cima de intensidad y se caracterizó por los contenidos sociales, Antonio se agravó y del convento de Camposampiero lo llevaron a Padua sobre un furgón lleno de heno. Murió en Arcella el 13 de junio de 1231. "El Santo" por antonomasia, como lo llaman en Padua, fue canonizado en Pentecostés de 1232, es decir, al año siguiente de su muerte, por la gran popularidad que se había ampliado con el correr de los tiempos.

14 de junio
ELISEO
Profeta

El continuador de la obra de Elías era un rico hacendado, originario de Abelmeula. Su nombre, Eliseo ("Dios salva") corresponde muy bien a la naturaleza de la misión que realizó entre el pueblo de Israel, bajo el reinado de Joram (853 -842 a.C.), Jehú (842-815), Joacaz (814-798) y Joas (798-783). Eliseo era un hombre decidido y lo demuestra la prontitud con la que responde al gesto simbólico de Elías que, por orden de Yavé, lo consagraba profeta y su sucesor.

En el capítulo 19 del libro I de los Reyes, se lee: "Partió, pues, (Elías) de allí, y fue a encontrar a Eliseo, hijo de Safat, el cual estaba arando; tenía delante de sí doce yuntas de bueyes, y él araba con la duodécima. Elías pasó junto a él, y le echó encima su capa. Eliseo, entonces, dejando los bueyes, corrió detrás de Elías, y le dijo:

'Déjame dar un beso a mi padre y a mi madre, y luego te seguiré'. Respondió Elías: 'Anda, vuélvete; pero mira lo que he hecho contigo'. Se volvió de junto a Elías, y, tomando la yunta de bueyes, la inmoló, y con los aperos de los bueyes coció la carne, y la repartió a la gente, la cual comió. Luego, levantándose, siguió a Elías y fue su servidor".

El rico agricultor, con ese gesto significativo, quería decir a su maestro que estaba dispuesto a renunciar a todo para corresponder plenamente a la vocación profética. Y con la misma prontitud obedeció las órdenes del maestro hasta el momento de la misteriosa despedida, más allá del Jordán, cuando Elías desapareció en un carro de fuego. Elías le había preguntado: "¿Qué quieres antes de que me vaya de la tierra?". La petición de Eliseo fue muy importante: "Yo pido que viva en mí un espíritu doble del tuyo". Durante seis años había sido un fiel discípulo, ahora le pedía una herencia, no de bienes materiales, sino de virtud carismática. La petición de Eliseo fue escuchada.

Efectivamente, él es el más taumatúrgico de los profetas. La Biblia recuerda una larga serie de prodigios obrados por él: al extender el manto de Elías dividió las aguas del Jordán; con un puñado de sal hizo potable el agua de Jericó; hizo inagotable el aceite de una viuda; resucitó al hijo de la sunamita que lo había hospedado; multiplicó los panes para saciar el hambre de un centenar de personas; curó de la lepra a Naamán, general del rey de Damasco. Hizo milagros aun después de muerto: un muerto que había sido echado rápidamente sobre la tumba del profeta por el sepulturero aterrorizado por la llegada de unos ladrones, "resucitó, se levantó y se fue". El profeta Eliseo murió hacia el año 790 aC, y fue enterrado cerca de Samaria, en donde en tiempos de san Jerónimo existía todavía su sepulcro.

15 de junio

SAN VITO

Mártir

San Vito fue uno de los santos más populares de la Edad Media. Lo atestigua su inserción en el restringido grupo de los santos Auxiliares, los catorce (o quince, según los lugares) santos, cuya intercesión se consideraba muy eficaz en tiempo de enfermedades o necesidades características. Estos catorce santos Auxiliares son, en orden alfabético: Acacio, Bárbara, Blas, Catalina de Alejandría, Ciríaco, Cristóbal, Dionisio, Egidio, Erasmo, Eustaquio, Jorge, Margarita, Pantaleón y Vito. A san Vito se lo invocaba sobre todo para conjurar la corea, o baile de san Vito, el letargo, la mordida de animales venenosos y la hidrofobia.

A la vida de san Vito se le ha mezclado mucha leyenda, que se encuentra en la legendaria *Passio* redactada en el siglo VII; actualmente es casi imposible distinguir lo que sucedió realmente y lo que es sólo leyenda. De todos modos sí hay que rechazar ciertas invenciones de mal gusto. Precisamente a esto se debe lo que anotaron los redactores del nuevo Calendario, para el día 15 de junio: "La memoria de san Vito, mártir en Lucania, aunque muy antigua, queda reservada para los calendarios particulares. En cambio, Modesto y Crescencia parece que son personas ficticias, cuyos nombres fueron introducidos en el Calendario romano en el siglo XI".

La leyenda es muy conocida: Vito, siciliano de nacimiento, a los siete años es ya un cristiano convencido y comienza a hacer muchos milagros. El gobernador Valeriano manda arrestarlo y trata de hacerlo apostatar con promesas de premios y con amenazas de castigo. Pero de nada sirven ni siquiera los apasionados llamados de su padre, que era un pagano terrible. En efecto, el pequeño Vito tenía a su lado, ejemplo de valentía y fidelidad, a su propio maestro Modesto y a su nodriza Crescencia. Los tres fueron prodigiosamente liberados por un ángel, y se retiraron a Lucania, en donde siguieron dando testimonio de su fe con la palabra y con los prodigios. La fama de san Vito llegó a oídos de Diocleciano, cuyo hijo (inventado por la *Passio*) era epiléptico, enfermedad que en ese tiempo era impresionante.

Vito va a Roma, cura a su coetáneo, y como recompensa lo torturan y lo echan nuevamente a la cárcel. Pero el ángel lo libera y, cuando regresa a Lucania, junto con Modesto y Crescencia rinde su último testimonio con el martirio. A pesar de la leyenda, san Vito es muy popular en Europa, y su nombre es muy usado: Vito, en Italia: Vite o Guy en Francia, y Veit en Alemania.

16 de junio

SAN CHECCARDO

Obispo y mártir

Luni, la ciudad etrusca situada en el límite entre la región de Liguria y la de Toscana (Italia), un tiempo rica y próspera, debe probablemente su más terrible devastación a un error de cálculo de la flota vikinga que navegaba a lo largo de las costas del Mediterráneo en busca de tesoros por robar, de botines y ciudades por saquear. Según una antigua leyenda los normandos del rey Hasting confundieron a Luni con Roma, que era la víctima escogida para sus andanzas. Los normandos o vikingos, en el 850, ya se habían apoderado de Inglaterra y habían pasado el estrecho de Gibraltar. Roma era la última meta deseada: sabían que la ciudad de los césares se veía desde lejos, y cuando, después de haber pasado un promontorio, divisaron una ciudad esplendorosa a los rayos del sol, creyeron que habían llegado a la meta.

El rey Hasting pensó en un plan ingenioso: dejaron las naves en un lugar no muy lejano, y él entró solo en la ciudad. Hizo creer que iba a comprar víveres para sus hombres y que los pagaría con objetos preciosos; además, le pidió al obispo que lo instruyera en la religión de Cristo para ser admitido al Bautismo. En el 826 su predecesor, el rey Aroldo, después de la primera predicación del monje Ansgario, había hecho lo mismo. Pero Hasting tenía otras intenciones. Admitido en la comunidad cristiana, se fingió enfermo y, tan pronto llegó donde sus hombres, se hizo el muerto.

Los habitantes de Luni y su obispo fueron a recibir el cadáver para darle cristiana sepultura; pero tan pronto el féretro llegó a la catedral acompañado de los vikingos, el rey salió del cajón, vivo y sano y armado hasta los dientes. Era la señal para la gran matanza, en la que pereció también el obispo. Sin tener en cuenta el colorido legendario, la incursión normana que marcó la decadencia definitiva de Luni sucedió efectivamente en el 860. Pero hay dos versiones sobre el papel que desempeñó san Checcardo, a quien, según una de estas versiones, le correspondió la tarea de reconstruir material y espiritualmente la hermosa ciudad etrusca, como sucesor del obispo Gualquiero, asesinado en esa matanza.

Checcardo fue a Carrara a escoger los mármoles para la nueva catedral, pero fue asesinado por algunos "bárbaros" a quienes no les gustaban las piadosas exhortaciones del obispo. Según la otra versión, más digna de crédito y confirmada por antiguas fuentes escritas, san Checcardo era el pastor de Luni durante la matanza de la que fue la víctima más ilustre. Los sobrevivientes de Luni llevaron el cadáver de su obispo para enterrarlo en Carrara a donde fueron a refugiarse.

17 de junio

SAN GREGORIO BARBARIGO

Obispo

A quien le preguntaba quién iba a ser el nuevo obispo de Bérgamo, el cardenal Carafa, delegado papal en Bolonia, contestaba: "Lee a san Carlos Borromeo, y lo sabrás". Gregorio Barbarigo, consagrado obispo el 29 de julio de 1657, para aligerar el peso del traslado de Roma a Bérgamo, se privó de gran parte de sus pertenencias y de sus amados libros, menos de las *Actas* de san Carlos, "pues ese libro —escribió—, se puede decir, es de lo único que tengo necesidad en Bérgamo". Gregorio nació en Venecia el 16 de septiembre de 1625 de noble familia originaria de Istria. Su padre, Gianfrancesco, fue para él un auténtico maestro de vida y de ciencia y hasta de espiritualidad, y de él aprendió la costumbre de rezar todos los días el oficio de la Virgen.

Después de haberse graduado en Padua el 25 de septiembre de 1655, fue ordenado sacerdote el 21 de diciembre siguiente y a los dos meses se trasladó a Roma por invitación de Alejandro VII, que lo había conocido en Münster, a donde Barbarigo había ido como secretario del embajador de Venecia para el congreso de paz de Westfalia. Quería una comida sobria, pero muchos libros para alimentarse intelectualmente. En Roma lo sorprendió la epidemia de la peste: "Al principio sentía tanto miedo que me parecía morir"; pero aceptó el puesto de organizador de sanidad pública, y se demostró activísimo y valiente.

Cuando lo nombraron obispo de Bérgamo, hizo su entrada en privado el 27 de marzo de 1658. Puso su esmero sobre todo en las escuelas cristianas y en la formación de los candidatos al sacerdocio. En 1660 fue nombrado cardenal, y a los cuatro años elegido para la importante sede episcopal de Padua. Concluía su programa pastoral así: "El ver ciertas ocasiones de escándalos, de pecados, sin saber qué camino coger: estos, hermanos, son mis angustias, mis males, estas mis lágrimas".

En las frecuentes visitas pastorales a las 320 parroquias, el infatigable obispo se mezclaba con los bulliciosos niños para explicarles el catecismo. Su preocupación principal fue la formación de los seminaristas. Vendió todos los objetos de plata del palacio y compró un viejo monasterio que transformó en seminario; después no ahorró gastos con tal de llevar profesores de Milán y hasta del extranjero.

Todos los días iba a estar con los alumnos, porque, como le escribió al gran duque Cósimo III, "el seminario es un poco de descanso, o por decir mejor el único descanso que encuentro entre las espinas del gobierno episcopal". En los dos últimos cónclaves en los que participó casi resulta elegido Papa. A fines de mayo de 1697 salió para su última visita pastoral. Murió el 18 de junio de ese mismo año. En 1960 lo canonizó Juan XXIII.

18 de junio

SAN CALOGERO

Ermitaño

Cuenta una leyenda que un cazador de Naro, en Sicilia, iba detrás de una cierva herida, cuando encontró una gruta en donde vivía un anciano negro como el betún. Betún negro, claro está. El ermitaño dijo que él era Calogero, hermano de Diego y Gerlano, dos santos venerados respectivamente en Canicattí y en Agrigento. Por deseo expreso de Calogero (el nombre en la etimología griega quiere decir simplemente "hermoso anciano", y con este apelativo se señalaba a los ermitaños) el cazador calló por algunos años la noticia; después, cuando los habitantes de Naro fueron en procesión a la gruta, no encontraron sino los huesos del Santo ermitaño.

En Fragalá, en provincia de Mesina, se ha descubierto el testimonio más antiguo del culto de san Calogero: algunas odas, escritas por un monje de nombre Sergio, del siglo IX, en las que se habla de un anciano ermitaño, que vivió en una cueva y que tenía poderes excepcionales taumatúrgicos contra los espíritus malignos. San Calogero, dicen, llegó a Sicilia desde Cartago, y llevado por el deseo de soledad se ocultó en una cueva cerca de Lilibeo. Otro texto, utilizado en las lecciones del oficio, y que concuerda sustancialmente con el anterior, dice que san Calogero, nativo de Constantinopla, después de una juventud que pasó en el estudio de la Escritura y en los ejercicios ascéticos, fue a Roma a visitar al Papa, quien le dio el permiso para vivir como ermitaño, en Sicilia, a donde fue en compañía de Onofrio, Felipe y Arquileón.

Los compañeros siguieron para Paternó y Agira, y Calogero se quedó en la isla de Lipari. Más tarde, respondiendo al llamamiento de una visión angélica, se trasladó a Sciacca, en donde vivió en una gruta cerca del monte Gemmariaro. Allí vivió otros 35 años meditando en soledad, y sólo bajaba de vez en cuando para predicar la Palabra de Dios al pueblo, haciendo prodigios de toda clase.

19 de junio

SAN ROMUALDO

Abad

El abad Romualdo, padre de los monjes camaldulenses, desde muy joven había manifestado una fuerte inclinación a la vida solitaria y a la oración, a pesar de vivir entre fáciles tentaciones y ejemplos de mundanidad, pues era hijo de un duque de Ravena. Después de haber profesado durante tres años la regla cisterciense en el monasterio de San Apolinar en Classe, no contento con esta vida, a los 23 años obtuvo el permiso para vivir como ermitaño en las colinas vénetas, en compañía del ermitaño Marino. Aquí tuvo noticia del monasterio pirineo de San Miguel de Cuixá y quiso emprender esta nueva aventura espiritual, en compañía del jefe de la República de Venecia, Pedro Orseolo, que llegó a ser santo. Allí pasó diez años, dando al monasterio español una clara orientación eremítica.

En todas partes el monje de Ravena iba difundiendo el contagio de la vida solitaria. Cuando regresó a Ravena, Romualdo convenció incluso a su mismo padre a que se hiciera monje en San Severo. Sus peregrinaciones tenían una finalidad muy precisa: la reforma de los monasterios y yermos, teniendo como ejemplo o modelo los antiguos cenobios orientales. Así nació, entre los bosques alpinos el yermo de Camaldoli, que toma el nombre del "campo" de un tal Máldolo, que le regaló ese lugar al hombre de Dios que buscaba la soledad.

Pero este hombre, tan deseoso de apartarse de los hombres para seguir su inclinación a la vida contemplativa, parecía destinado a la inquieta peregrinación por los caminos de Italia. El emperador Otón III, que tenía una profunda admiración por el Santo monje, lo eligió abad de San Apolinar en Classe. La dignidad de abad no iba de acuerdo con su ideal de vida religiosa, y por eso un año después Romualdo renunció, arrepentido de haber cedido a lo que él consideraba la tentación del prestigio y se fue a vivir lo más lejos posible, a la abadía de Montecassino. También aquí impuso su rigor ascético y dio a la espiritualidad benedictina un acento más contemplativo y ermitaño.

De Montecassino salió para nuevas aventuras espirituales, reformando monasterios y fundando otros en Verghereto, en Lemmo, en Roma, en Fontebuona y Vallombrosa, cerca de Siena y en Val de Castro, cerca de Fabriano, en donde murió el 19 de junio de 1027. Ni siquiera después de muerto tuvo una residencia fija. El 7 de febrero de 1481 sus restos fueron llevados a Fabriano. Y ese día se celebraba su fiesta litúrgica hasta la reciente reforma del Calendario, que estableció la memoria del Santo en el día de su muerte.

20 de junio (del 22)

SANTOS JUAN FISHER Y TOMAS MORO

Obispo y mártires

En 1935 Pío XI, al canonizar el mismo día a estos dos santos, que pagaron con la decapitación la valentía de defender la propia fe, los señaló como "dos ejemplos de fidelidad que hay que proponer a los cristianos de nuestro tiempo". La segur del verdugo, que truncó sus vidas en 1535, cayó también sobre muchos otros católicos, cuyo único delito fue el de no haberse adherido al llamado "Acto de supremacía", por medio del cual el año anterior el rey Enrique VIII se había proclamado jefe de la Iglesia nacional inglesa, porque el Papa había declarado que no le podía conceder el divorcio de la primera esposa, Catalina de Aragón, para casarse con Ana Bolena. Los dos santos que se conmemoran hoy son las víctimas más insignes de las inaceptables pretensiones del Rey.

Juan Fisher nació en Beverley en 1469 y fue ordenado sacerdote a los 22 años; como su amigo Tomás Moro, fue un hombre de gran cultura. Pero a la vasta erudición, que hizo de él un auténtico hijo de su época, unió un gran celo y una total abnegación en el ejercicio de sus deberes de obispo de la pequeña diócesis de Rochester, para la que había sido elegido en 1504, junto con el cargo de canciller de la Universidad de Cambridge. Aceptó serenamente la condena a muerte, que fue ejecutada el 22 de junio de 1535, un mes después de su elevación a la dignidad cardenalicia, con la que Pablo III quiso honrarlo por su fidelidad y su valentía.

A los quince días fue decapitado Tomás Moro, culpable también de no haber reconocido al Rey la pretendida supremacía espiritual. Había nacido en Londres en 1477, y en su juventud había querido consagrarse a Dios en un monasterio cartujo; pero siguió la carrera de abogado, llegando a la cumbre de la fama con el nombramiento de canciller de Inglaterra en 1529. Tuvo cuatro hijos y siempre fue de conducta ejemplar. Se levantaba a las dos de la mañana a rezar y a estudiar hasta las siete, y luego iba a la misa. No interrumpía sus piadosas prácticas ni siquiera cuando lo llamaba el Rey. Fue encerrado en la Torre de Londres, mientras se le seguía el proceso, que tuvo lugar el lo. de julio de 1535. En ese tiempo escribió *El diálogo de la confortación contra las tribulaciones*, una de las obras maestras de la literatura inglesa.

Valiente y sereno, en el patíbulo tuvo la fuerza de bromear con su verdugo: "Ayúdeme a subir; para bajar me las arreglaré sólo". Rezó el salmo "Miserere", se puso la venda en los ojos e inclinó la cabeza sobre el cepo. Durante un mes fue expuesta su cabeza sobre un palo en el Puente de Londres; después su hija predilecta pagó una buena suma para rescatarla y que no fuera echada al río. Es también famosa su obra *Utopía*, y su "Oración por el buenhumor".

21 de junio

SAN LUIS GONZAGA

Religioso

Herrante Gonzaga, marqués de Castiglione delle Stiviere y hermano del duque de Mantua, hubiera querido que su primogénito Luis, que nació el 9 de marzo de 1568, siguiera sus huellas de soldado y comandante en el ejército imperial. A los cinco años, Luis vestía ya una mini coraza, con casco y penacho y cinturón con espada, y jugueteaba detrás del ejército paterno, aprendiendo de los rudos soldados el uso de las armas y su colorido vocabulario. Un día aprovechó la distracción de un centinela y le prendió fuego a la pólvora de un pequeño trozo de artillería. Quedó desmayado mas no asustado. Pero ese niño le daría fama a la familia de los Gonzaga, aunque con otras armas. Lo enviaron a Florencia como paje del gran duque de Toscana, pero a los diez años le imprimió a su vida una dirección muy precisa, haciendo voto de perpetua virginidad.

Un viaje a España, en donde vivió unos dos años como paje del Infante Don Diego, le sirvió para dedicarse al estudio de la filosofía en la Universidad de Alcalá de Henares y a la lectura de libros devotos, como el *Compendio de la doctrina espiritual* de fray Luis de Granada. A los doce años, después de haber recibido la primera Comunión de manos de san Carlos Borromeo, resolvió entrar en la Compañía de Jesús. Pero necesitó otros dos años para vencer la oposición del padre, que lo envió a las cortes de Ferrara, Parma y Turín. "Hasta los príncipes —escribirá más tarde— son ceniza como los pobres: tal vez cenizas más fétidas".

Para que su alma se perfumara con las virtudes cristianas, Luis renunció al título y a la herencia paterna, y a los catorce años entró al noviciado romano de la Compañía de Jesús, bajo la dirección de san Roberto Belarmino. Olvidó totalmente su origen noble y escogió para sí los encargos más humildes, dedicándose al servicio de los enfermos, sobre todo durante la epidemia de peste que afligió a Roma en 1590. Quedó contagiado probablemente por un acto de piedad: había encontrado en la calle a un enfermo y, sin pensarlo dos veces, se lo echó a la espalda y lo llevó al hospital en donde prestaba sus servicios.

Murió a los 23 años, en el día que él había anunciado: era el 21 de junio de 1591. El cuerpo de san Luis, patrono de la juventud, se encuentra en Roma, en la iglesia de San Ignacio. Este Santo, víctima de cierta hagiografía amanerada, a pesar de las apariencias, era de un temperamento fuerte. Las duras penitencias a las que se sometió son el signo de una determinación no común hacia una meta que se había fijado desde su infancia.

22 de Junio

SAN PAULINO DE NOLA

Obispo

"Los corazones que se entregan a Cristo rechazan a las Musas y se cierran a Apolo", así le escribía Paulino al maestro Décimo Magno Ausonio, que lo había iniciado a la retórica y a la poesía. Paulino había sido un joven de temperamento de artista. Descendía de rica familia patricia romana (nació en el 355 en Burdeos, en donde el padre era empleado imperial) y como tenía amistades de alto rango en la política, fue nombrado "cónsul suffectus", es decir, sustituto, y gobernador de la Campania. Tuvo la fortuna de encontrarse con el obispo Ambrosio de Milán y con el joven Agustín de Hipona, que lo llevaron a la conversión a Cristo. Después de recibir el Bautismo a los 25 años, durante un viaje a España conoció y se casó con Therasia.

Después de la muerte prematura del único hijo, Celso, ambos resolvieron dedicarse totalmente a la ascética cristiana, siguiendo el modelo de vida monacal en voga en Oriente. Así, de común acuerdo se despojaron de sus inmensas riquezas que tenían en muchas partes, distribuyéndoselas a los pobres, y se retiraron a Cataluña para comenzar una experiencia ascética. Paulino tenía ya cuarenta años. Conocido y admirado en la alta sociedad, era también amado por el pueblo, que pidió insistentemente al obispo de Barcelona que lo ordenara sacerdote.

Paulino aceptó con la condición de no quedar encardinado en el clero de esa diócesis. Declinó también la invitación de Ambrosio, que lo quería en Milán. Paulino deseaba el ideal monástico de una vida devota y solitaria. En efecto, se fue casi inmediatamente a Campania, a Nola, en donde la familia poseía la tumba de un mártir, san Félix. Comenzó la construcción de un santuario, pero ante todo se preocupó por la fundación de un hospicio para los pobres, adaptando el segundo piso para monasterio, en donde se retiró con Therasia y algunos amigos en "fraternitas monacha", es decir, en comunidad monástica.

Mantenía los contactos con el mundo por medio de la correspondencia epistolar (se conservan 51 cartas) con amigos y personalidades de alto rango en el mundo cristiano, entre ellos precisamente Agustín. Escribía epitalamios y poesías para los amigos. Pero en el

409 terminó esa mística tranquilidad, pues fue elegido obispo de Nola. Se acercaban tiempos tempestuosos para Italia. Genserico había atravesado el mar a la cabeza de los vándalos y se proponía saquear a Roma y todas las ciudades de Campania. Paulino se reveló un verdadero padre, preocupado por el bien espiritual y material de todos. Murió a los 76 años, en el 431, un año después de su amigo Agustín.

23 de junio

SAN JOSE CAFASSO

Presbítero

Los habitantes de Turín lo llamaban "el cura de la horca", con una mezcla de admiración y de compasión, porque en todas las ejecuciones capitales junto al condenado estaba siempre el padre José Cafasso, un curita flaco, encorvado no por los años (murió a los 49 años en 1860), sino por una desviación de la columna que lo obligaba a estar agachado aun en las pocas horas del día que pasaba fuera del confesonario. En efecto, el padre José dedicaba gran parte de su ministerio sacerdotal a escuchar las confesiones y las confidencias de los que frecuentaban su iglesia, atraídos por las grandes cualidades humanas de inteligencia y de bondad de ese pequeño sacerdote que comprendía los problemas de todos, y sabía hablar a los doctos como a los sencillos, a las almas devotas como a los galeotes. Fue proclamado santo en 1947, y es patrono de los presos y de los condenados a la pena capital, porque durante su vida las cárceles fueron el lugar preferido para el ejercicio del apostolado sacerdotal.

José Cafasso nació en Castelnuovo d'Asti, cuatro años antes de su paisano Juan Bosco, en 1811. Era todo lo contrario, por temperamento, del apóstol de los jóvenes: reflexivo, devoto, manso y estudioso, le gustaba dedicar muchas horas a la meditación ante el tabernáculo en los breves períodos de vacaciones que pasaba en su pueblo durante los años de seminario. Juan Bosco se burlaba amablemente de él, llamándolo "señor abad", y lo invitaba a asistir a los inocentes espectáculos para la fiesta del patrono. "Los espectáculos del sacerdote —le contestaba el clérigo Cafasso— son las ceremonias religiosas". Pero los dos estaban destinados a encontrarse y a comprenderse profundamente.

José Cafasso, ordenado sacerdote a los 22 años, frecuentó el curso de teología en Turín, en donde era profesor el teólogo Guala, a quien poco después remplazó en la cátedra, teniendo entre los alumnos al mismo Juan Bosco. El joven paisano puso a dura prueba su sólida paciencia cuando le llenó su casa cural con un montón de bulliciosos niños recogidos en los barrios periféricos de la ciudad. Cuando Juan Bosco quitó el disturbio, no ciertamente por la amonestación de José Cafasso, y se llevó a sus muchachos a Valdoco, el padre Cafasso estuvo constantemente cerca, inclusive con ayudas económicas, y antes de morir le regaló a él lo poco que poseía, y también a la obra del Cottolengo, en donde fue sepultado. Después sus restos mortales fueron trasladados al santuario de la Consolata.

24 de junio

NACIMIENTO DE SAN JUAN BAUTISTA

Solemnidad

Juan, llamado el ""bautizador", es hijo de Zacarías y de Isabel, ambos de estirpe sacerdotal. Por las palabras del ángel Gabriel sabemos que Juan (que significa "Dios es propicio"), les fue concedido a los esposos cuando eran de edad avanzada. Vaticinado en la Escritura como precursor del Mesías, Juan encarna el carácter fuerte de Elías. Su misión, en efecto, se asemejará "en el espíritu y en el poder" a la del profeta Elías, enviado a preparar "un pueblo perfecto" para la llegada del Mesías. Antes de nacer siente la presencia de Jesús "saltando de alegría" en el seno materno, cuando María fue a visitar a su parienta Isabel. Enviado por Dios a "enderezar los caminos del Señor", fue santificado por la gracia divina antes de nacer. Isabel "llena del Espíritu Santo, dijo a María: 'He aquí que tan pronto como tu saludo sonó en mis oídos, el infante saltó de alegría en mi seno'".

Según la cronología del ángel Gabriel ("Isabel está en su sexto mes") la Iglesia latina estableció el nacimiento del precursor tres meses después de la Anunciación y seis meses antes de Navidad. La celebración del nacimiento del Bautista es, con el nacimiento de Jesús y de María, la única festividad litúrgica que la Iglesia dedica al nacimiento de un santo. San Juan Bautista es el primer santo venerado en la Iglesia universal con una fiesta litúrgica particular, en fecha antiquísima. San Agustín nos dice que el Santo era conmemorado el 24 de junio en la Iglesia africana.

Igualmente es antiquísima la celebración de la vigilia del Santo, conocida ya por el *Sacramentario Leoniano*, suprimida sólo por el nuevo calendario. Esto demuestra el grande interés que en todos los tiempos ha suscitado este austero profeta, que Cristo mismo definió como "el más grande entre los nacidos de mujer".

En la historia de la Redención, el Bautista es la personalidad más singular: es el último profeta y el primer apóstol, en cuanto precede al Mesías y da testimonio de él. "Es más que un profeta —dice Jesús—. Es aquel de quien está escrito: he aquí que yo envío mi mensajero delante de tu faz; quien preparará tu camino delante de ti". Fustigador de la hipocresía y de las malas costumbres, pagó con el martirio el rigor moral que él no sólo predicaba, sino que practicaba, sin ceder mínimamente ni siquiera ante las amenazas de muerte. El 29 de agosto la Iglesia celebra litúrgicamente el martirio del Bautista, prototipo del monje y del misionero.

25 de junio

SANTOS GUILLERMO DE VERCELLI Y MAXIMO DE TURIN

Abad y obispo

Quien visita el santuario mariano de Montevergine siente la sensación de encontrarse fuera del mundo, es decir, en un lugar en donde los hombres pueden olvidar el ritmo alborotado de la vida cotidiana y sumergirse en la inmóvil atmósfera de la naturaleza intacta. Aquí llegó en el lejano siglo XII el peregrino Guillermo en busca de soledad. Guillermo había nacido en Vercelli hacia el 1085, de noble familia. A los quince años, vestido el hábito monástico, se puso en viaje por toda Europa para visitar los más famosos santuarios. La última meta de sus peregrinaciones era Tierra Santa, pero fue disuadido por san Juan de Matera, a quien había visitado, y por una solemne paliza que le dieron unos ladrones.

Este providencial incidente lo llevó hacia la inhóspita montaña de Montevergine. De aquí, después de haber fundado la Congregación benedictina de Montevergine, en 1128, salió en busca de soledad hacia el Monte Cognato y a la llanura de Goleto (en donde permaneció todo un año en el hueco de un gigantesco árbol); en todas partes iba fundando monasterios, hasta cuando cerró los ojos a la vida terrena, el 24 de junio de 1142 en el monasterio de Goleto. En 1807 su cuerpo fue llevado al monasterio de Montevergine.

San Máximo, obispo de Turín, nació hacia la mitad del siglo IV en Piamonte, y murió entre el 408 y el 423. Se le considera como el fundador de la diócesis de Turín, erigida por iniciativa de san Ambrosio y san Eusebio de Vercelli, de quien el mismo san Máximo se consideraba discípulo. De su gran celo apostólico dan fe los numerosos *Sermones y Homilías*, escritos con estilo claro y persuasivo, en los que se nota un carácter manso y benévolo, pero que sabe reprochar y amonestar con firmeza y a veces con delicada ironía. El exhorta a sus fieles, atemorizados por el acercamiento del ejército de los bárbaros, a empuñar las armas del "ayuno, de la oración y de la misericordia", y a los miedosos que están listos para huir de la ciudad, les dice: "Es hijo injusto y malo el que abandona a la madre en peligro. Dulce madre es en cierto modo la patria...". A menudo recurre a la ironía para combatir las supersticiones, como la de lanzar gritos a la luna cuando se está ocultando "para ayudarla a vencer la fatiga". El comenta: "En realidad, para ustedes la luna pasa trabajos cuando ustedes llenan sus estómagos con una abundante comida y la cabeza les da vueltas por las demasiadas libaciones". Cuando trataba los temas de la catequesis dogmática, su palabra iluminadora acudía a las páginas de la Escritura, que interpretaba con perfecta ortodoxia.

26 de junio

SANTOS JUAN Y PABLO

Mártires

Los estudiosos están de acuerdo sobre la personalidad histórica de los mártires romanos Juan y Pablo y sobre la autenticidad de su *Passio*. En Roma hay una iglesia dedicada a ellos, la basílica Celimontana, debajo de la cual están los restos de una casa romana con varios ambientes decorados con magníficos afrescos. El pequeño hueco de la *"confessio"*, debajo de la cual se encontró una fosa para la sepultura de dos cuerpos ("bisoma") tiene escenas de martirio. Una casa, pues, construida en época romana (algunos afrescos ilustran claramente temas paganos) pero habitada y transformada por cristianos. ¿Cómo explicar la presencia de un sepulcro en el corazón de Roma, si las ejecuciones capitales y las inhumaciones se hacían rigurosamente fuera de las murallas de la ciudad? Parece que hay una explicación, y es la que presenta la narración de la *Passio* que, despojada de todos los elementos legendarios y de las interpolaciones y adaptaciones varias, tiene datos históricos auténticos, según los más recientes estudios.

La *Passio,* pues, narra las hazañas de los santos Juan y Pablo, hermanos de sangre y de fe, decapitados secretamente en su casa sobre el Celio, y sepultados ahí, la noche del 26 de junio del 362, durante la persecución contra los cristianos reactivada por el emperador Julián el Apóstata. Juan y Pablo eran dos hermanos, ricos y generosos con los pobres. Julián, que se proponía apoderarse de los bienes que les había confiado Constantina, hija de Constantino, invitó a los dos hermanos a la corte. Pero ambos se negaron a causa de la maldad del emperador. El jefe de la guardia imperial, Terenciano, fue a su casa en el Celio con la orden de que ofrecieran incienso al simulacro de Júpiter. Tenían diez días de plazo.

Pasados los diez días de relegación, Terenciano trató en vano de seducirlos a la idolatría, como narra la *Leyenda áurea*, entonces "ordenó que fueran degollados secretamente y enterrados en su casa, e hizo correr la voz de que se habían ido a los confines". El sucesor de Julián, el emperador Joviniano, encargó después al senador Bizante para que buscara los cuerpos de los hermanos Juan y Pablo, y que se construyera una iglesia sobre su tumba. Pero parece que la persecución de Julián el Apóstata atacó sólo a los cristianos de Oriente, en donde residía Julián, y no a los cristianos de Roma; algún estudioso cree, por tanto, que hay que anticipar el martirio de los dos hermanos más de medio siglo y colocarlo en tiempo de la persecución de Diocleciano.

27 de junio
SAN CIRILO DE ALEJANDRIA

Obispo y doctor de la Iglesia

San Cirilo nació en el año 370, y desde el 412 al 444, año de su muerte, tuvo firmemente en mano las riendas de la Iglesia de Egipto, dedicándose al mismo tiempo en una de las épocas más difíciles en la historia de la Iglesia de Oriente a la lucha por la ortodoxia, en nombre del papa san Celestino. En esta firmeza al servicio de la doctrina y en la valentía demostrada en defensa de la verdad católica está la santidad del luchador obispo de Alejandría, aunque reconocida tardíamente, por lo menos en Occidente. En efecto, solamente bajo el pontificado de León XIII su culto se extendió a toda la Iglesia latina, y tuvo el título de "doctor".

Por la defensa de la ortodoxia, contra el error de Nestorio, obispo de Constantinopla, corrió el riesgo de ser desterrado y durante algunos meses vivió la humillación de la cárcel: "Nosotros —escribió— por la fe de Cristo estamos listos a padecerlo todo: las cadenas, la cárcel, todas las incomodidades de la vida y la misma muerte". En el Concilio de Efeso, del que Cirilo fue protagonista, quedó derrotado su adversario Nestorio, que había suscitado una verdadera tempestad en el seno de la Iglesia, pues negaba la maternidad divina de María.

Título de gloria para el obispo de Alejandría fue el haber elaborado en esta ocasión una auténtica y límpida teología de la Encarnación. "El Emmanuel tiene con seguridad dos naturalezas: la divina y la humana. Pero el Señor Jesús es uno, único verdadero hijo natural de Dios, al mismo tiempo Dios y hombre; no un hombre deificado, semejante a los que por gracia se hacen partícipes de la divina naturaleza, sino Dios verdadero que por nuestra salvación apareció en la forma humana". De particular interés es la cuarta de las siete homilías que pronunció durante el Concilio de Efeso, el célebre *Sermo in laudem Deiparae*. En este importante ejemplo de predicación mariana, que da comienzo a un rico florecimiento de literatura en honor de la Virgen, Cirilo celebra las grandezas divinas de la misión de María, que es verdaderamente Madre de Dios, por la parte que tuvo en la concepción y en el parto de la humanidad del Verbo hecho carne.

Controversista maravilloso, Cirilo volcaba los ríos de su fecunda oratoria. Teólogo de mirada aguda, fue al mismo tiempo celoso pastor de almas. En efecto, a más de sus tratados exclusivamente doctrinales, tenemos de él 156 *Homilías sobre san Lucas* de carácter pastoral y práctico, y las más conocidas *Cartas pastorles*, que se encuentran en 29 homilías pascuales.

28 de junio

SAN IRENEO

Obispo y mártir

Pacificador de nombre y de hecho (el nombre "Ireneo" en griego quiere decir pacífico y pacificador), san Ireneo fue presentado al Papa por los cristianos de la Galia con palabras de grande elogio: "Guardián del testamento de Cristo". En Roma honró su nombre sugiriendo moderación al papa Víctor, aconsejándole respetuosamente que no excomulgara a las Iglesias de Asia que no querían celebrar la Pascua en la misma fecha de las otras comunidades cristianas. Con los mismos fines pacificadores este hombre ponderado insistió a los obispos de las otras comunidades cristianas para que trabajaran por el triunfo de la concordia y de la unidad, sobre todo manteniéndose unidos a la tradición apostólica para combatir el racionalismo gnóstico. De sus escritos nos quedan, efectivamente, los cinco libros del *Adversus haereses*, en los que Ireneo aparece no sólo como el teólogo más equilibrado y penetrante de la Encarnación redentora sino también como uno de los pastores más completos, más apostólicos y más católicos que hayan servido a la Iglesia. Se nota que sus argumentaciones contra los herejes, aunque nacieron de la polémica, son fruto de la oración y de la caridad.

Ireneo era oriundo de Asia Menor. Entre sus recuerdos de juventud se encuentra el contacto con Policarpo de Esmirna, el Santo obispo "que fue instruído por los testigos oculares de la vida del Verbo", sobre todo por el apóstol Juan, que había fijado su sede en Esmirna. Ireneo, pues, por medio de Policarpo se une a los apóstoles. Después de dejar el Asia Menor, pasa a Roma y sigue para Lyón (Francia). No perteneció a la lista de los mártires de Lyón, víctimas de la persecución del 177, porque precisamente en ese tiempo su Iglesia lo había enviado a Roma para presentar al papa Eleuterio algunos asuntos de orden doctrinal, relacionados sobre todo con el error montanista. Este error se debía a un grupo de fanáticos que habían llegado de Oriente, predicando el disgusto por las cosas del mundo y anunciando el inminente regreso de Cristo. De regreso a Lyón, Ireneo sucedió en el 178 al obispo mártir san Fotino, y gobernó la Iglesia de Lyón hasta su muerte, hacia el año 200. Aunque no está comprobado su martirio, la Iglesia lo venera como mártir.

En todo caso, él fue un auténtico testigo de la fe en un período de dura persecución; su campo de acción fue muy vasto, si se tiene en cuenta que probablemente no había ningún otro obispo en las Galias ni en las tierras limítrofes de Alemania. Su lengua era el griego, pero aprendió las lenguas "bárbaras" para poder evangelizar a esos pueblos.

29 de junio

SANTOS PEDRO Y PABLO

Apóstoles y mártires, solemnidad

La fiesta, o más exactamente la solemnidad, de los santos Pedro y Pablo es una de las más antiguas y más solemnes del año litúrgico. Fue incluida en el santoral mucho antes de la fiesta de Navidad y ya en el siglo IV se acostumbraba celebrar en este día tres santas misas: la primera en la basílica de San Pedro en el Vaticano, la segunda en San Pablo extramuros, y la tercera en las catacumbas de San Sebastián, en donde fueron escondidas por algún tiempo las reliquias de los dos santos para evitar que fueran profanadas. Hay un eco de esta costumbre en el hecho de que a más de la misa del día hay otra misa vespertina para el día de la vigilia. Después de la Virgen Santísima, son precisamente san Pedro y san Pablo, con san Juan Bautista, los santos recordados más frecuentemente y con mayor solemnidad en el año litúrgico: a más de la fiesta del 29 de junio, hay otras: 25 de enero (conversión de san Pablo), 22 de febrero (Cátedra de san Pedro) y 18 de noviembre (dedicación de las basílicas de los santos Pedro y Pablo).

Durante mucho tiempo se creyó que el 29 de junio fue el día en el cual, en el año 67, san Pedro fue martirizado en la colina Vaticana, y san Pablo en el sitio que hoy se conoce con el nombre de las Tres Fuentes. En realidad, aunque el hecho del martirio es históricamente cierto, y también históricamente confirmado que tuvo lugar en Roma durante la persecución de Nerón, es incierto no solamente el día, sino también el año de la muerte de los dos apóstoles. Para Pablo concuerdan muchos testimonios antiguos que fijan su muerte en el 67; los pareceres no concuerdan para Pedro, y los estudiosos parecen preferir ahora el año 64. En este año, en efecto, como lo confirma el historiador pagano Tácito, "una ingente multitud" de cristianos pereció en la persecución que siguió al incendio de Roma.

Parece que la fiesta del 29 de junio haya sido la "cristianización" de una celebración pagana que exaltaba la figura de Rómulo y

Remo, los dos míticos fundadores de la Ciudad Eterna. San Pedro y san Pablo, en efecto, aunque no fueron los primeros en llevar la fe a Roma, son realmente los "fundadores" de la Roma cristiana: el antiguo himno litúrgico "Decora lux aeternitatis" los definía "Romae parentes", procreadores de Roma, y uno de los himnos del nuevo breviario habla de Roma que, "fundata tali sanguine", "celsum verticem devotionis extulit". La palabra y la sangre son la semilla con la que los santos Pedro y Pablo, unidos a Cristo, han engendrado y engendran la Roma cristiana y a toda la Iglesia.

30 de junio

SANTOS PROTOMARTIRES DE LA IGLESIA DE ROMA

La celebración de hoy, introducida por el nuevo calendario romano universal, se refiere a los protomártires de la Iglesia de Roma, víctimas de la persecución de Nerón después del incendio de Roma, que tuvo lugar el 19 de julio del año 64. ¿Por qué Nerón persiguió a los cristianos? Nos lo dice Cornelio Tácito en el libro XV de los *Annales*: "Como corrían voces que el incendio de Roma había sido doloso, Nerón presentó como culpables, castigándolos con penas excepcionales, a los que, odiados por sus abominaciones, el pueblo llamaba cristianos". En tiempos de Nerón, en Roma, junto a la comunidad hebrea, vivía la pequeña y pacífica de los cristianos. De ellos, poco conocidos, circulaban voces calumniosas. Sobre ellos descargó Nerón, condenándolos a terribles suplicios, las acusaciones que se le habían hecho a él. Por lo demás, las ideas que profesaban los cristianos eran un abierto desafío a los dioses paganos celosos y vengativos... "Los paganos —recordará más tarde Tertuliano— atribuyen a los cristianos cualquier calamidad pública, cualquier flagelo. Si las aguas del Tíber se desbordan e inundan la ciudad, si por el contrario, el Nilo no se desborda ni inunda los campos, si hay sequía, carestía, peste, terremoto, la culpa es toda de los cristianos, que desprecian a los dioses, y por todas partes se grita: ¡los cristianos a los leones!".

Nerón tuvo la responsabilidad de haber iniciado la absurda hostilidad del pueblo romano, más bien tolerante en materia religiosa, respecto de los cristianos: la ferocidad con la que castigó a los presuntos incendiarios no se justifica ni siquiera por el supremo interés del imperio. Episodios horrendos como el de las antorchas humanas, rociadas con brea y dejadas ardiendo en los jardines de la colina Oppio, o como aquel de mujeres y niños vestidos con pieles de animales y dejados a merced de las bestias feroces en el circo, fueron tales que suscitaron un sentido de compasión y de horror en el mismo pueblo romano. "Entonces —sigue diciendo Tácito— se manifestó un sentimiento de piedad, aun tratándose de gente merecedora de los más ejemplares castigos, porque se veía que eran eliminados no por el bien público, sino para satisfacer la crueldad de un individuo", Nerón. La persecución no terminó en aquel fatal verano del 64, sino que continuó hasta el año 67.

Entre los mártires más ilustres se encuentran el príncipe de los apóstoles, crucificado en el circo neroniano, en donde hoy está la basílica de San Pedro, y el apóstol de los gentiles, san Pablo, decapitado en las "Acque Salvie" y enterrado en la vía Ostiense. Después de la fiesta de los dos apóstoles, el nuevo calendario quiere celebrar la memoria de los numerosos mártires que no pudieron tener un lugar especial en la liturgia.

Sacrificio de la misa de un oratorio.
Miniatura de un manuscrito.
Siglo IX

Julio

1 de julio
AARON

El perfil de Aarón lo traza magistralmente la Biblia, que por lo demás es la única fuente de su biografía. A más del amplio y detallado tratado de los primeros cinco libros de la Sagrada Escritura (el Pentateuco), hay dos trozos en la Carta a los hebreos y en el libro de Sirac. La Carta a los hebreos se refiere a Aarón al principio del capítulo quinto, cuando se hace una reflexión sobre el significado y la extensión del sacerdocio de Cristo: "Porque todo pontífice, tomado de entre los hombres, es constituido para intervenir a favor de los hombres en sus relaciones con Dios, para que ofrezca dones y sacrificios por los pecados. Capaz de mostrarse comprensivo con los ignorantes y extraviados, ya que también él está rodeado de debilidad, y por su causa debe ofrecer sacrificios por sus pecados, así como lo hace por los del pueblo. Y nadie puede arrogarse este honor si no es llamado por Dios, como Aarón" (Hb 5, 1-4).

El libro de Sirac (que se llama también Eclesiástico) exalta la figura de Aarón incluyéndola en los primeros puestos de la galería de "hombres ilustres", a los cuales Jesús Ben Sirac atribuye una importancia particular. En efecto, en la exaltación de estos "nuestros antepasados por generación" el autor sagrado puede subrayar los aspectos que le parecen más significativos para la comprensión del "pacto" que Dios ha hecho con su pueblo. Y el sacerdocio de Aarón (y de sus sucesores, hasta el contemporáneo Simón) es uno de los más importantes.

Era hermano de Moisés, y fue una gloria para él ser colaborador privilegiado (aunque un poco celoso) del gran jefe carismático que

Dios envió a su pueblo esclavo en Egipto para guiarlo hacia la tierra prometida. "El (Dios) exaltó a Aarón, Santo como él (Moisés), su hermano, de la tribu de Leví. Estableció con él una alianza perenne y le dio el sacerdocio entre el pueblo. Lo honró con espléndidos ornamentos y le revistió con un vestido de gloria". El elogio continúa con la detallada descripción de los magníficos ornamentos que llevaba Aarón en el ejercicio de su ministerio. "Moisés lo consagró y lo ungió con el óleo santo. Constituyó una alianza perenne para él y sus descendientes, mientras dure el cielo: la de presidir el culto y ejercer el sacerdocio y bendecir al pueblo en el nombre del Señor". Hombre débil y pecador como todos, Aarón es, sin embargo, modelo de colaboración con Dios para la realización de su "designio de amor".

2 de julio

SAN BERNARDINO REALINO

Presbítero

La ciudad de Lecce (Italia) tiene un primado: el de haber elegido su propio santo protector no sólo antes que la Iglesia lo hubiese proclamado oficialmente santo, sino inclusive antes de la muerte del protector. En efecto, antes que el piadoso jesuita Bernardino Realino muriese, el concejo municipal de Lecce fue a la cabecera del moribundo a pedirle que aceptara oficialmente la protección de la ciudad. Probablemente los habitantes de Lecce, que tuvieron la fortuna de dar hospitalidad a un santo varón al que acudían discípulos de todas las regiones de Italia, temían que la protección del futuro Santo fuera reclamada por el pueblo de Carpi, en donde nació Bernardino Realino el lo. de diciembre de 1530.

En los años juveniles Bernardino obtuvo halagüeños éxitos literarios, fruto de un vivo amor por los estudios humanísticos, que comenzó en su casa bajo la guía de buenos preceptores. Después los continuó en la Academia de Módena, luego en la Universidad de Bolonia, en donde frecuentó durante tres años cursos de filosofía y medicina, luego los de derecho civil y eclesiástico, graduándose en 1556. Por la brillante carrera administrativa, que comenzó bajo la protección del gobernador de Milán, a cuyo servicio estaba su padre, Bernardino Realino puede ser invocado como protector de ciertas categorías de ciudadanos, que probablemente creen que no pueden contar con muchos santos: en efecto, Bernardino Realino fue alcalde de Felizzano (para garantizar la imparcialidad en la administración ciudadana, en un tiempo los alcaldes eran importados de otros pueblos), fue abogado fiscal en Alessandria, después nuevamente alcalde de Cassine, más tarde pretor en Castel Leone, y finalmente fue a Nápoles como auditor y lugarteniente general.

Los cuadros de devoción del Santo nos lo presentan recibiendo en sus brazos al Niño Jesús. En efecto, debido a la aparición de la Virgen Santísima y el Niño Jesús, Bernardino abandonó la brillante carrera administrativa y entró a la Compañía de Jesús, en 1564; a los tres años recibió la Ordenación Sacerdotal y fue nombrado director espiritual y maestro de los novicios. En 1574 lo mandaron a Lecce para fundar un colegio, y allá permaneció hasta su muerte, acaecida el 2 de julio de 1616. Elegido, como queda dicho, protector de la ciudad antes de la muerte, fue beatificado en 1895 por León XIII, y canonizado por Pío XII el 22 de junio de 1947, y propuesto como ejemplo de educador.

3 de julio
SANTO TOMAS
Apóstol

El apóstol Tomás, al que obstinadamente le aplicamos el título de incrédulo, se despide del Evangelio con una breve y resonante exclamación de fe: "¡Señor mío y Dios mío!".

Hasta ese momento nadie, ni siquiera Pedro y Juan, habían pronunciado la palabra "Dios" refiriéndose a Jesús. Al titubeante y sufriente Tomás y a su necesidad interior de claridad, debemos las alentadoras palabras de Cristo, epílogo del Evangelio y punto de fuerza para los futuros creyentes: "Porque me has visto, Tomás, has creído. Bienaventurados los que creen sin haber visto". La incredulidad de Tomás, como la negación de Pedro, fueron la consecuencia del dolor y del amor, y por eso se transformaron en bendición y en apoyo de la debilidad humana por parte de la misericordia divina.

Tomás entra en el Evangelio casi inobservado. Las primeras palabras que pronuncia son fruto del desaliento. Marta y María habían pedido a Jesús que acudiera a la cabecera de Lázaro; pero regresar a Judea, después de las amenazas de los enemigos, equivalía a exponerse a un gran riesgo. Ante las objeciones de los discípulos, Jesús se muestra irremovible, y entonces Tomás gritó: "¡Vamos juntos y muramos con él!". La segunda intervención de Tomás también es melancólica. Jesús ha reunido a los discípulos en el cenáculo y los prepara para los grandes acontecimientos de los que serán protagonistas, y luego concluye con tono de despedida: "A donde voy yo lo sabéis y sabéis también el camino". Todos callan, llenos de conmoción; sólo Tomás se atreve a objetar: "Señor, no sabemos a dónde vas, y ¿cómo podemos conocer el camino?". La respuesta de Jesús es otro don, que introduce a Tomás y a nosotros en la intimidad del misterio trinitario: "Jesús le contesta: yo soy el Camino, la Verdad y la Vida. Nadie va al Padre sino por mí. Si vosotros me conocéis, conoceréis también a mi Padre. Desde este momento lo conocéis".

Tomás, que más que cualquier otro tenía necesidad de la Pascua para tener una respuesta definitiva a sus interrogantes, suscitó con su ausencia de la comunidad de los apóstoles a quienes visitó Cristo resucitado, otro providencial incidente: "Si no veo en sus manos la señal de los clavos y no meto mi dedo en el lugar de los clavos y la mano en su costado, no creeré". Y Jesús puede responderle: "¡Mete tu dedo aquí y mira mis manos!... Y no seas incrédulo, oh Tomás, sino creyente". No se puede dar crédito históricamente al *Evangelio de Tomás* ni a sus *Hechos*.

4 de julio

SANTA ISABEL DE PORTUGAL

Viuda

Isabel, hija del rey de Aragón y esposa del rey de Portugal parece una de esas criaturas irreales como las protagonistas de ciertas novelas. En la pompa real, entre los lujosos vestidos de las damas, las intrigas de corte, los celos, las infidelidades, los odios, las rivalidades amorosas, los adulterios, los arrepentimientos, se desarrolla el drama de una auténtica heroína de la santidad hecha de amor, perdón, lágrimas escondidas, silencio magnánimo. Isabel nació en España en 1271. Entre sus familiares hubo santos, reyes y emperadores.

Su padre, Pedro de Aragón, cuando le nació la hija Isabel, era todavía un joven príncipe con muchos deseos de divertirse. Así dejó que su abuelo Santiago I, que se había convertido a la vida devota, fuera el que se ocupara de la educación de la nietecita. En el lecho de muerte, acariciando a la niña de seis años, el anciano le predijo que sería la perla esplendorosa de la casa de Aragón. La profecía se cumplió. Cuando tenía doce años, la pidieron para esposa tres príncipes. Los padres le escogieron al más cercano, Dionisio, heredero del trono de Portugal, que puso sobre su cabeza la diadema de reina, y sobre sus frágiles espaldas la cruz pesada de una convivencia de mártir.

Isabel le dio al rey dos hijos: Constanza, futura reina de Castilla, y Alfonso, heredero al trono de Portugal. Las numerosas aventuras extraconyugales del esposo la humillaban profundamente. Pero Isabel se mostraba magnánima en el perdón, criando junto con sus hijos también los ilegítimos de Dionisio, a quienes brindaba igual afecto. Dionisio, por su parte, llevado por los celos, creyó en las calumnias de un cortesano hasta llegar al delito. Pero la inocencia de Isabel triunfó. Entre sus familiares continuamente en lucha, desarrolló una obra pacificadora que le mereció con toda razón el apelativo de ángel de la paz.

Cuando murió el marido, no pudiendo vestir el hábito de las clarisas ni profesar los votos en el monasterio que ella misma había fundado, se hizo terciaria franciscana, después de haber depuesto la corona real en el santuario de Santiago de Compostela y haber regalado sus bienes personales a los más necesitados. Vivió el resto de su vida en la pobreza voluntaria, dedicada a los ejercicios de piedad y de mortificación. A quien le recomendaba un poco de moderación en las penitencias diarias que se imponía, contestaba: "¿En dónde, sino en la corte, son más necesarias las mortificaciones? Aquí los peligros son mayores".

5 de julio

SAN ANTONIO MARIA ZACCARIA

Presbítero

"Es propio de los grandes corazones ponerse al servicio de los demás sin recompensa, combatir sin mirar a la paga". Son las palabras que Antonio María, que pertenecía a la rica familia de los Zaccaria, de origen genovés, les dirigía a los jóvenes valientes que, siguiendo su ejemplo, se dedicaban al apostolado de la promoción de la vida cristiana en las familias. Antonio había nacido en Cremona (Italia) en 1502. Su madre, que quedó viuda a los 18 años de edad, rechazó un segundo matrimonio para dedicarse totalmente a la educación del hijo. Los buenos frutos no se hicieron esperar. Un día, al regresar de la escuela, Antonio llegó sin el manto de lana: lo había puesto sobre la espalda de un pobre que temblaba de frío. Durante los años que pasó en Pavía como estudiante de filosofía y en Padua, en donde se graduó en medicina, llevó una vida muy austera, alejado de las juergas universitarias.

Desde mucho antes había dejado los vestidos de terciopelo y los adornos propios de su rango, para vestirse como la gente pobre. Ejerció la profesión de médico para estar más cerca de los pobres, curar gratuitamente las enfermedades del cuerpo, distribuir las medicinas del alma, el conforte, la esperanza, la paz con Dios. En 1528, abandonado el consultorio de médico, fue ordenado sacerdote. Dejó nuevamente sola a la mamá, como en los años de universidad, y se fue a vivir a Milán, en donde con la colaboración de Santiago Morigia y Bartolomé Ferrari fundó la Congregación de los Clérigos regulares de San Pablo, más conocidos como Barnabitas, por el nombre de la Iglesia cerca de la cual se encontraba la casa madre.

La finalidad de la nueva Congregación era la promoción de la reforma del clero y de los laicos. Al lado de ésta, con la colaboración de la condesa de Guastalla, Ludovica Torelli, nació la congregación femenina de las Angélicas, para la reforma de los monasterios femeninos. La palabra "reforma" era el emblema del Quinientos. Antonio María Zaccaria no se quedaba en las palabras, sino que iba a los hechos. Puso los remedios, contribuyendo con numerosos santos de la época a preparar el Concilio de Trento, que marcará la consagración de la gran reforma católica.

Gran promotor de la devoción eucarística, instituyó la piadosa práctica de las 40 horas de adoración al Santísimo Sacramento. Murió cuando todavía no había cumplido los 37 años de edad, el 5 de julio de 1539, en la casa en donde había nacido y a donde había ido, al sentir que le fallaban las fuerzas, durante una de sus numerosas misiones de oración y de predicación. Murió asistido por la valiente madre, que había aceptado una vida de soledad con tal de no obstaculizar la vocación del hijo.

6 de julio

SANTA MARIA GORETTI

Virgen y mártir

María Teresa Goretti, o Marietta, como la llamaban sus familiares, no es la única niña que ha preferido morir antes que ceder a las insidias de un perverso. Casi todos los días las crónica hablan de violencia llevada a cabo contra muchachas inermes. El motivo de fondo por el cual la Iglesia nos presenta como ejemplo a esta Santa de doce años no es sólo la defensa a ultranza de una virtud como la pureza, sino toda su vida ejemplar, la clara elección no en razón del honor, sino del mandamiento divino: "¡No, no, Dios no lo quiere; es pecado!" le gritó al joven Alejandro Serenelli, que trataba de violentarla.

La familia Goretti, originaria de Corinaldo, en la provincia de Ancona, llevada por la necesidad, había emigrado al inhóspito Agro Pontino, a unos diez kilómetros de Nettuno, no lejos de Roma, a fines del siglo pasado. La familia, acostumbrada a los trabajos del campo, se adaptó como pudo en una vieja casa, y mientras papá y mamá iban al campo a trabajar, María cuidaba a los cuatro hermanos más pequeños que ella. No tenía sino diez años cuando murió el padre. La mamá Assunta, para conseguir lo más indispensable pasaba todo el día trabajando en el campo y María, que no había podido ir a la escuela sino de vez en cuando ahora tuvo que renunciar totalmente. Se dedicaba al arreglo de la casa y al cuidado de los hermanitos, y cuando podía corría a la lejana iglesia para el catecismo; así, a los doce años, en un domingo de mayo pudo hacer la primera Comunión.

Era una niña muy desarrollada para la edad que tenía y por eso llamó la atención de Alejandro Serenelli, un joven de dieciocho años y muy inquieto. Sus propuestas fueron enérgicamente rechazadas. Pero Alejandro no desistió. Una mañana, cuando mamá Assunta salió para el campo, dejando sola en casa a María con la hermanita más pequeña (que más tarde se hizo religiosa entre las franciscanas misioneras de la Inmaculada), después del enésimo rechazo de la niña, la hirió repetidamente con un punzón. La llevaron al hospital de Nettuno, pero murió al día siguiente, pronunciando palabras de perdón para el asesino: "Por amor a Jesús lo perdono y quiero que venga conmigo al paraíso". Era el 6 de julio de 1902.

Alejandro Serenelli fue condenado a trabajos forzados, pero quedó libre después de 27 años por buena conducta. En 1910 dijo que se le había aparecido la pequeña mártir, y desde ese momento cambió de vida. La madre y los hermanos de María Goretti pudieron asistir en 1950 a la solemne canonización de la jovencita que no se dejó contaminar por el pecado.

7 de julio

BEATO BENEDICTO XI

Papa

Treviso, la diócesis que le dio a la Iglesia a san Pío X, es la patria de otro Papa, elevado a los honores de los altares: Benedicto XI. Como san Pío X, también Benedicto XI, cuyo nombre era Niccoló Boccasini, nació en Treviso en 1240 y era de una modestísima familia. Su madre trabajaba como lavandera en el convento cercano de los dominicos, y este oficio ayudó a la entrada del hijo en la joven Orden de Santo Domingo. A los 17 años vistió el hábito religioso, y luego terminó sus estudios en Milán. Después de recibir la Ordenación Sacerdotal, Niccoló regresó a Treviso y fue profesor en el propio convento. Se distinguió por mansedumbre de carácter, pureza de vida, humildad y piedad. En 1286 fue elegido superior provincial de la vasta región lombarda, y diez años después fue llamado a suceder a Esteban de Besancon como superior general de la Orden.

Poco después, el hijo de una humilde lavandera de Treviso logró conseguir una difícil tregua de armas entre el rey de Inglaterra, Eduardo I, y el rey de Francia, Felipe el Hermoso. Esta misión de paz, coronada por el inesperado éxito, le valió al general de los dominicos el capelo cardenalicio, que le concedió el papa Bonifacio VIII. Con este nombramiento el Papa quiso premiar también a toda la Orden dominica por su adhesión al pontífice. El cardenal Boccasini estaba en Anagni con Bonifacio VIII, cuando éste fue abofeteado por el emisario de Felipe el Hermoso, Guillermo de Nogaret.

Cuando murió Bonifacio VIII, los cardenales, reunidos en cónclave en Roma, el 22 de octubre de 1303 eligieron como sucesor al cardenal Boccasini, hombre conciliador y el más indicado para arreglar el conflicto entre el papado y el rey de Francia. El nuevo Pontífice, que tomó el nombre de Benedicto XI, no los defraudó.

Aunque se demostró duro con el ejecutor del sacrílego gesto (renovó la excomunión a Nogaret y a Sciarra Colonna), liberó al rey de las censuras en las que había incurrido.

Benedicto XI prefirió vivir en Perusia en vez de Roma, para mantenerse alejado de los tumultos y de las insidias, y dedicarse al pacífico gobierno de la Iglesia. Pero allá lo alcanzó el odio de sus enemigos: al sentirse mal por haber probado un higo fresco, probablemente inyectado con veneno, hizo abrir las puertas del palacio para conceder una última audiencia y bendecir a los fieles. Entre los actos de su breve pontificado (22 de octubre de 1303-7 de julio de 1304) está el decreto por el cual todos los cristianos tienen la obligación de confesarse al menos una vez al año.

8 de julio

BEATO EUGENIO III Y SAN ADRIANO III

Papas

San Bernardo así les escribía a los cardenales después de la elección de Eugenio III, monje de su Orden: "Es un hijo delicado y su modestia está más acostumbrada al retiro y a la quietud que a tratar cosas exteriores, que es de temer que no sepa cumplir los oficios de su apostolado con la necesaria autoridad". El temor de que el manso Pontífice no estuviera a la altura de la situación lo condividían muchos. Pero el Señor —como escribe el cardenal Bosone, su contemporáneo y su biógrafo— le concedió tal ciencia y elocuencia, tal liberalidad y fuerza en la administración de la justicia que superó en actividad y fama a muchos de sus antecesores.

Eugenio III, cuyo nombre de pila era Pier Bernardo, era hijo de una noble familia de Montemagno (en donde nació), cerca de Pisa. Después del encuentro con san Bernardo, en 1138, entró a la Orden cisterciense. Elegido Papa, gobernó a la Iglesia durante ocho años y cinco meses (1145-1153) en un período muy difícil. Después de la elección tuvo que huír de Roma por la noche para hacerse coronar, el 18 de febrero en el monasterio de Farfa, para escapar de las intimidaciones del pueblo, que, instigado por agitadores como Arnaldo de Brescia, reclamaban para Roma las libres instituciones comunales, con elección directa de los senadores. Por sugerencia de san Bernardo, se dedicó a la reforma de la Iglesia y de la curia romana; se preocupó por la defensa de la cristiandad contra la amenaza de los turcos, por medio de una cruzada; presidió cuatro concilios (París, Tréveris, Reims y Cremona); promovió los estudios eclesiásticos; defendió la ortodoxia, y él mismo supo conciliar la austeridad de la vida monástica con las exigencias de la dignidad papal.

Cuando murió, en Tivoli el 8 de julio de 1153, el cardenal Hugo, obispo de Ostia, escribió: "Inmaculado, emigró de su carne hacia Cristo".

Muy poco, en cambio, sabemos de la vida de san Adriano III. El *Liber Pontificalis* nos dice solamente que era romano, hijo de Benito, y que gobernó la Iglesia un solo año, de 884 al 885. Los pocos datos biográficos se refieren a la narración de su muerte, de la sepultura y de los milagros que hizo. Los *Annales Fuldenses* del año 885 hablan de la partida de Adriano III de Roma, de su muerte y sepultura en el monasterio de Nonantola.

El viaje del pontífice era la respuesta a la invitación del sucesor de Carlomagno, Carlos el Gordo, que había invitado a Adriano III a la dieta de Worms, porque la presencia del Papa confirmaría la autoridad imperial del heredero del Sacro romano imperio. Un detalle interesante de la personalidad de este Santo es su actitud conciliadora con el patriarca de Constantinopla, Focio, a quien le comunicó su elección.

9 de julio

NUESTRA SEÑORA DEL ROSARIO DE CHIQUINQUIRA

El señor Antonio de Santana, alcalde de Sutamarchán (Boyacá), era devoto de la Virgen María, pero en ese tiempo, 1555, no había en la región un cuadro digno de la Madre de Dios. Entonces le pidió al pintor Alonso de Narváez que le hiciera un cuadro de la Virgen del Rosario. Y como sobraba espacio al lado y lado de la imagen, le hizo pintar a un lado a san Antonio con el Niño, pues este santo era el patrono de don Antonio Santana; y al otro lado le hizo pintar al apóstol san Andrés, porque también era devoto de ese santo.

El cuadro fue colocado en la capilla de los indios de Sutamarchán, pero a los veinte años estaba tan deteriorado que ya no se distinguían las imágenes. Con el tiempo la tela no sirvió sino para poner granos a secar al sol. Después la familia Santana se trasladó a Chiquinquirá, y, entre los trastos, se llevó también la tela en donde había sido pintada la Virgen del Rosario. Allí, cuentan, una señora llamada María Ramos, sabiendo que esa tela había tenido en otros tiempos la imagen de la Virgen, la colocó en la pared de su humilde casa y dizque diariamente le pedía que volviera a aparecer, pues en esa región no se conseguían cuadros de la Virgen. Y el 26 de diciembre de 1586, al regresar la mujer del mercado vio que la tela despedía rayos de luz y que la imagen de la Virgen iba apareciendo. Entonces María Ramos exclamó: "¡Estás hermosa como una rosa, Virgencita mía!". En ese momento, cuentan, pasaba por frente una india con su niño en brazos que le dijo: "¡Mamá, mire a Mamá linda!", y le mostraba el cuadro renovado.

Otros cuentan que, sin que María Ramos le pidiera a la Virgen la renovación del cuadro, éste comenzó a despedir rayos de luz de variados colores, y las imágenes comenzaron a aparecer cada vez más nítidas. Sea como sea, lo cierto es que el cuadro fue pintado por Alonso de Narváez, que las imágenes desaparecieron por la humedad del lugar y por el material usado, y que después se renovaron milagrosamente. Hoy se puede apreciar la nitidez de las imágenes, pues el cuadro se encuentra en el altar mayor de la basílica de Nuestra Señora del Rosario en Chiquinquirá.

El suceso de la renovación se conoció por todos los alrededores y por las muchas señales y prodigios comenzó la veneración a la Virgen, que ha ido aumentando día a día. Quienes la invocan frecuentemente obtienen la salud del cuerpo, el consuelo en las aflicciones, la ayuda en las tentaciones, el auxilio en las necesidades y el remedio en las calamidades públicas. Nada de extraño tiene el que la capilla se haya convertido en un bellísimo santuario, a donde acuden los fieles desde distintas y remotas regiones. Pío XI, a solicitud del arzobispo de Santafé de Bogotá (en ese entonces Chiquinquirá pertenecía a la arquidiócesis de Bogotá), concedió en 1829 que se honrara a la Santísima Virgen con la singular solemnidad de oficio y misa propios, bajo la advocación de Nuestra Señora del Rosario de Chiquinquirá, y la declaró Patrona principal de la arquidiócesis de Bogotá.

El 9 de julio de 1919 todos los obispos de Colombia, reunidos con el Presidente de la República, D. Marco Fidel Suárez, la declararon patrona principal de Colombia.

10 de julio

SIETE HERMANOS SANTOS

Mártires

En tiempos del emperador Antonino estalló una revuelta de los pontífices y fue arrestada y encarcelada la "nobilísima Felicidad con sus siete cristianísimos hijos". Así comienzan los *Hechos* del martirio de santa Felicidad y de sus siete hijos, que algún estudioso no considera auténticos, aunque sean muy antiguos. En efecto, en este documento es muy evidente la inspiración en otros dos clamorosos casos de martirio colectivo: el de los llamados "hermanos Macabeos", de quienes habla la Sagrada Escritura en el capítulo 7 del segundo libro de los Macabeos, y el de santa Sinforosa. Inclusive, parece que no se puede hablar ni siquiera de verdaderos siete "hermanos", aunque esto lo afirme hasta san Gregorio Magno: éste, en efecto, aceptando la petición de santa Teodolinda, le envió algunas gotas de aceite de la lámpara que ardía cerca del sepulcro de la mártir; y como ahí cerca había también una pintura en la pared que representaba a santa Felicidad junto con otras siete figuras, fue muy obvio para el gran Papa declarar que se trataba de los protagonistas de los *Hechos de Felicidad*, e identificar las siete figuras con otros tantos hijos de la mártir. Y con ocasión de una celebración litúrgica en la basílica construída sobre la tumba de santa Felicidad por orden del papa Bonifacio I, san Gregorio Magno se sirvió ampliamente de la *Passio* para su homilía.

En todo caso, lo cierto es que, a más de santa Felicidad, hubo siete mártires, cuyos nombres recuerda el *Martirologio Romano*, junto con la narración sobre la forma del martirio: "En Roma (se festeja) la pasión de los santos siete hermanos Mártires, hijos de santa Felicidad Mártir, es decir, Genaro, Félix, Felipe, Silvano, Alejandro, Vidal y Marcial, en tiempos del emperador Antonino, siendo Publio prefecto de la ciudad. Genaro, después de haber sido golpeado con varas y arrastrado a la cárcel, fue muerto con flagelos plomados; Félix y Felipe fueron asesinados con bastones; Silvano fue echado a un precipicio; Alejandro Vidal y Marcial fueron castigados con sentencia capital".

Los *Hechos* del martirio concluyen con este grito de triunfo: "Así, muertos con diversos suplicios, fueron sin embargo vencedores y mártires de Cristo, y triunfando con la madre, fueron al cielo a recibir los premios que habían merecido. Ellos que, por amor a Dios habían despreciado las amenazas de los hombres, los castigos y los tormentos, se convirtieron en el Reino de los cielos en amigos de Cristo, que, con el Padre y el Espíritu Santo, vive y reina por los siglos de los siglos. Amén".

11 de julio

SAN BENITO

Abad

En 1964 Pablo VI declaraba a san Benito patrono principal de Europa, tributando así un justo reconocimiento al Santo a quien la civilización europea le debe tanto. Cuatro años antes de su nacimiento, que tuvo lugar en Nursia, región de Umbría, hacia el 480, el bárbaro rey de los Hérulos mataba al último insignificante emperador romano y cerraba así el capítulo del dominio de Roma: la supervivencia de su cultura sólo fue posible gracias al empeño religioso y cultural de los monjes. Con san Benito se abre precisamente el glorioso capítulo del monaquismo occidental.

Hombre amante de lo concreto y de lo claro, Benito compendiaba su *Regla* con una frase eficaz: "Ora et labora", reza y trabaja, restituyendo a la ascética cristiana el carácter de contemplación y de acción, como está en el espíritu y en la letra del Evangelio. El verdadero monje debía ser —así se lee en el segundo capítulo de la *Regla*— "no soberbio, no violento, no comilón, no dormilón, no perezoso, no murmurador, no denigrador... sino casto, manso, celoso, humilde, obediente". Como nos informa el libro II de los *Diálogos* de san Gregorio Magno, Benito, joven patricio de la familia Anicia, enviado a Roma para que se dedicara al estudio de la retórica y de la filosofía, desilusionado de la vida que allí se llevaba, abandonó la ciudad y se retiró a Enfide (la actual Affile), dedicándose al estudio en una vida de rigurosa disciplina ascética. No satisfecho de esa relativa soledad, cuando tenía 20 años se escondió en una gruta de Subiaco bajo la guía de un piadoso ermitaño.

Así pasó tres años de meditación y penitencia, luego siguió un breve paréntesis entre los monjes de Vicovaro que lo eligieron prior y después trataron de deshacerse de él, dándole veneno en una bebida, porque no aceptaban la disciplina que él había impuesto. Con un grupo de jóvenes, entre ellos Plácido y Mauro, emigró hacia Nápoles y se estableció en la montaña de Cassino, en donde edificó el primer monasterio, cerrado por los lados como una fortaleza y abierto a la luz de lo alto, como un gran recipiente que recibe del cielo la benéfica linfa para después derramarla sobre el mundo. El emblema monástico, la cruz y el arado, se convirtió en expresión de este nuevo modo de concebir la ascética cristiana, oración y trabajo, para edificar espiritual y materialmente la nueva sociedad sobre las ruinas del mundo romano. Benito predijo el día de su propia muerte, acaecida el 21 de marzo del año 547 poco días después de la muerte de su hermana, santa Escolástica. Pero desde finales del siglo VIII en muchos lugares comenzó a celebrarse su memoria en el día de hoy.

12 de julio

SAN JUAN GUALBERTO

Abad

Después de haberlo buscado inútilmente, Juan Visdomini se encontró un Viernes Santo con el asesino del propio hermano. Se encontraron en un lugar solitario. El joven, hijo del noble Gualberto Visdomini, desenvainó instintivamente la espada. El antiguo adversario, desarmado, cayó de rodillas y extendió los brazos, tácitamente implorante. Esa actitud que proyectaba la sombra de una cruz, amansó al fiero caballero. Con gesto inesperado y generoso levantó al asesino del hermano y lo abrazó en señal de perdón. Con el corazón todavía en tumulto, fue a arrodillarse ante un crucifijo de la iglesia de San Miniato. El Cristo, cuentan los biógrafos del Santo, movió la cabeza en señal de aprobación. Entonces lo invadió una gran paz. Decidió, entonces, abandonar el mundo y fue a tocar a la puerta del monasterio benedictino, venciendo las comprensibles resistencias del padre.

La fiereza del noble caballero, mitigada pero no domada por la rígida disciplina monástica, resurgió cuando se trató de defender el honor de la Iglesia, humillada por la corrupción de los falsos pastores. Blanco de su santa indignación fueron el mismo abad del monasterio y el obispo de Florencia Mezzabarba. Amenazado por ambos, tuvo que huir a la selva de Apenino, sobre el monte a lo largo del valle del Arno, cuyo nombre de Vallombrosa será famoso en los siglos siguientes por el monasterio que construyó allí san Juan Gualberto. Una gran casa rústica construída con madera y argamasa, ofreció refugio a los numerosos jóvenes que acudieron allí, atraídos por la santidad del integérrimo monje, y resueltos como él a dar la batalla a la simonía.

De Vallombrosa, en efecto, bajaron los monjes templados por la reformada regla benedictina, y primero en la cercana Florencia y luego en varias ciudades de Italia obraron esa bienhechora transfusión de operosa santidad, siguiendo el ejemplo del santo abad, corrigiendo las costumbres de las mismas instituciones civiles. Los florentinos les confiaron a estos monjes hasta las llaves del tesoro y el sello de la República. Juan Gualberto le había declarado guerra a los abusos y a la desenfrenada búsqueda de dinero y de honores. Pero no pudo evitar la fama de sabiduría que se difundió en toda Italia.

El papa León IX hizo un largo viaje para ir a visitarlo. Antes de morir, en 1073, les dijo a sus monjes: "Cuando vayan a elegir un abad, escojan entre los frailes al más humilde, al más dulce, al más mortificado". Sin ostentación ni retórica, él había trazado el perfil de su propia alma.

13 de julio

SAN ENRIQUE

Rey

El ambiente en el que maduró la santidad de este soberano alemán a primera vista podría parecer el menos indicado para el ejercicio de la perfección cristiana. Pero creció en compañía de santas personas. Enrique, hijo del duque de Baviera, nació en un castillo a orillas del Danubio en el año 973. Su padre era tan cascarrabias que lo llamaban "el reñidor", pero progresó tanto en el dominio del carácter, siguiendo el ejemplo de su mansa esposa, que después lo llamaron "el pacífico".

Enrique tuvo un hermano, Bruno, que renunció a los lujos de la vida de la corte para convertirse en pastor de almas, como obispo de Augusta. Tuvo dos hermanas: Brígida, que se hizo monja; y Gisela, que fue esposa de un santo, el rey Esteban de Hungría. La madre del príncipe Enrique lo confió a los canónigos de Hildesheim, y más tarde al obispo de Ratisbona, san Wolfgang, que lo formó cultural y espiritualmente.

Un episodio singular, que tiene sabor de leyenda, contribuyó a mantenerlo por el recto camino durante sus años juveniles. Tenía 23 años, cuando en sueños se le apareció su preceptor, san Wolfgang, que había muerto hacía poco. El Santo escribió en la pared de la pieza de Enrique sólo dos palabras: "Fra sei", esto es, "dentro de seis". Enrique creyó que iba a morir dentro de seis días, y se preparó con piadosos ejercicios. Pasaron los seis días, pero no sucedió nada. Entonces interpretó el anuncio por seis meses, y continuó su preparación para morir. Después de los seis meses, Enrique seguía con vida, y le agradeció a Dios, por considerar que le quedaban todavía seis años, tiempo para acumular méritos. A los seis años Enrique se encontró en el trono de Alemania, bien preparado espiritualmente para no ceder a las fáciles tentaciones del poder y de la mundanidad.

No le faltaron ocasiones para dar prueba de cuanto había aprendido de san Wolfgang. Llevó adelante grandes iniciativas con firmeza y al mismo tiempo con moderación. El primer beneficiado fue el duque de Svevia, Hermann. Dos años después de su elección como rey de Alemania, el papa Benedicto VIII puso sobre su cabeza y sobre la de su piadosa esposa Cunegonda la corona del sacro romano imperio. Poco antes los feudatarios italianos, cansados con el despotismo de Arduino, marqués de Ivrea, lo coronaron en Pavía como rey de Italia. Enrique, aconsejado por san Odilón, abad de Cluny y reformador del espíritu monástico, promovió la reforma del clero y de los monasterios. Raro ejemplo de rectitud civil y de honestidad moral en el gobierno de las cosas terrenas, mereció también la otra corona, más prestigiosa, de la santidad. Murió el 13 de julio de 1024 y fue sepultado en Bamberga. El Beato Eugenio III lo incluyó en la lista de los santos en 1146.

El mismo día: 13 de julio

SANTA TERESA DE LOS ANDES - JUANITA FERNANDEZ SOLAR

Nació en Santiago de chile el 13 de Julio de 1900 en una familia acomodada y por ello se lamentaba, por no ser pobre como Jesús.

Era tímida, sensible, de carácter suave y alegre, paciente y comprensiva con todos.

Desde los 6 años según sus palabras, Jesús comenzó a tomar su corazón para El. A los 7 años se confesó y, en esa época surgió en ella una devoción muy grande a la Santísima Virgen, con quien estaba en comunicación interior, permanentemente.

En 1907 entró al colegio de las religiosas del Sagrado Corazón y, al perder parte de la fortuna familiar, debieron vivir más modestamente, para su contento.

Anhelaba hacer la primera Comunión y se preparó un año para este acontecimiento, el cual se llevó a cabo el 11 de septiembre de 1910, día "sin nubes" e inolvidable para ella.

En 1914 sintió el llamado del Señor a ser carmelita. En 1917 lee sobre *Isabel de la Trinidad* y decide imitarla, luchando por ser santa; en palabras textuales: "Creo que el amor es la santidad. Quiero ser santa". Para lograrlo se empeña en ser más amable y no permitirse ninguna palabra ni acto de mal humor; intenta tomar la Cruz de Jesús con amor y alegría para que El descanse. En 1918 abandona definitivamente el colegio y pasa unas vacaciones maravillosas en familia. En ellas todo lo que ve la lleva a Dios: "El mar en su inmensidad me hace pensar en Dios, en su infinita grandeza... Jesús y María me han protegido y mimado toda la vida".

En el convento encuentra una amiga verdadera con la cual comparte los mismos ideales, sentimientos, gustos y carácter, alentándose mutuamente y esforzandose para ser "cada día más de Dios", viviendo alegremente y siguiendo en cuanto pueden "el reglamento de una carmelita".

Así pasa la vida orando y trabajando, en profunda alegría, pues, está presa por el Señor y vive por El: "Soy feliz y jamás dejaré de serlo porque pertenezco a mi Dios... lo he dado todo, pero también he llegado a poseer el Todo".

En una Semana Santa enferma de tifus y recibe el santo viático.

Hace con inmensa alegría su profesión religiosa y comulga por última vez el 7 de abril y el 12 de abril, al comenzar la noche, se queda dulcemente dormida, sumergiéndose dulcemente en el amor.

La Madre María de los Angeles dice: "La hermana Teresa sin duda entró ya santa en el convento. Jesús vivía en ella y todo su ser irradiaba a Jesús. Bastaba sólo mirarla para comprender que su alma estaba como sumergida en Dios. Tal su aspecto, tal su expresión dulce y recogida, con algo tan sobrehumano, que uno se creía como en presencia de un ángel".

Una cristiana, agradecida en el Santuario de Rinconada de los Andes, dijo ante su tumba en el convento: "Al fin sor Teresa desaparece y queda Dios".

Juan Pablo II la beatificó en Santiago de Chile el 3 de abril de 1987 y la canonizó el 21 de marzo de 1993.

14 de julio

SAN FRANCISCO SOLANO

Presbítero misionero

Nació en Montilla, Andalucía, en 1549, hijo de Mateus Sánchez y Ana Jiménez. Como sus padres eran profundamente cristianos, lo bautizaron el mismo día de su nacimiento. Más tarde lo matricularon en el colegio de los jesuítas, en donde pronto se ganó la estimación de todos; era vigoroso, sensible y dotado de una firme voluntad.

A los veinte años recibió el hábito franciscano en su pueblo natal. Fue un religioso ejemplar y por eso mereció pronto la confianza de sus superiores, que le encomendaron cargos importantes en la Orden. Pero siempre le dio más valor a la predicación, aunque no tenía cualidades extraordinarias de orador y, sin embargo, cautivaba los oyentes por su fe y su convicción.

Siempre tuvo deseos de ir a tierra de misiones. En una ocasión en que la peste asolaba el país, pidió ser aceptado como enfermero. Contrajo el contagio, pero siguió asistiendo a los enfermos. Después quiso ser enviado a América, y como Felipe II en 1589 pidió un refuerzo de misioneros, escogieron a Francisco para ir a Perú. Una terrible tempestad lanzó la nave sobre un banco de arena. A pesar del gran peligro, aprovechó el tiempo para bautizar a los esclavos negros que viajaban con él y a muchos otros pasajeros. Les garantizó a todos sus compañeros de viaje que todos se salvarían, y al tercer día pudieron continuar el viaje. A los dos meses llegaron a Lima.

Estuvo poco en Lima y luego pasó a Tucumán (Argentina), su futuro campo de acción. Durante quince años fue el viajero infatigable de Dios en el Nuevo Continente. Lo que san Francisco Javier hizo por las Indias orientales, Francisco Solano lo hizo por las Indias occidentales. Aprendió los idiomas indígenas; anunciaba a Dios de un modo que todos lo comprendían; tenía el don de lenguas, pues Dios mismo era su intérprete con los corazones americanos. Muchos enfermos quedaban curados sólo con tocar el cordón del religioso. Resucitó a un niño. Con su bendición libró a toda una región atacada por una plaga. Hizo brotar agua en un lugar en donde hacía falta, y muchos enfermos quedaban curados cuando bebían de esa agua. Recorrió los 3.000 kilómetros entre Lima y Tucumán, y llegó hasta Paraguay y Chile. En 1604 Francisco predicó contra la corrupción general, pareciéndose a veces a un profeta del Antiguo Testamento, amenazando y profetizando terribles castigos. Pero su celo se alimentaba con la oración, la humildad, la pobreza sincera, su unión con Dios. Impuso a su cuerpo el duro yugo de la mortificación, hasta el punto que al final de su vida se inquietó por, tal vez, haberse excedido en este punto. Una visión de Dios lo tranquilizó.

Fue el Guardián (o Superior) de las casas de Tucumán y de Paraguay. Los últimos cinco años de su vida los pasó en Lima en cumplimiento de una orden superior para restablecer la disciplina de la Orden.

En la vida de san Francisco Solano fue característica su alegría espiritual. Nadie lo vio nunca triste, y en sus horas libres componía himnos religiosos. Su lugar predilecto era la iglesia, en donde pasaba largas horas en profunda oración ante el Santísimo. Celebraba la santa misa con profundo recogimiento y devoción.

Por una gracia especial tuvo conocimiento de su próxima muerte. Y así se preparó: en un clima de acción de gracias y perfecta unión con Dios. Sus últimas palabras fueron: "¡Bendito sea Dios!". Murió el 14 de julio de 1631, a los 64 años de edad, y fue canonizado en 1726. En Colombia una bahía lleva su nombre: la Bahía Solano.

El mismo día: 14 de julio

SAN CAMILO DE LELIS

Presbítero

Los caminos de Dios son infinitos. Camilo de Lelis (que nació en Bucchiánico de Chieti en 1550) se impuso a la veneración del mundo entero a causa de una trivial llaga que se obstinaba y no quería curarse, obligándolo a periódicas estadías en el hospital de Santiago en Roma. Su padre, marqués, hombre de armas, al morir le dejó al hijo la herencia de su valentía y de su espada. El joven fue a Roma para hacerse curar una fastidiosa llaga en el pie y fue al hospital de Santiago en donde trabajó como sirviente para pagar sus gastos. Pero el vicio del juego le hizo perder hasta la camisa, a más de la poca plata que había reunido como soldado de aventura. Después pasó al servicio de los capuchinos y mientras cabalgaba entre dos canastos de provisiones, por el camino que va de San Juan Rotondo a Manfredonia, como san Pablo en el camino de Damasco, quedó fulgurado por la gracia.

Resuelto a cambiar de vida, pidió ser admitido entre los franciscanos. Pero no pudo a causa de la llaga que lo seguía mortificando. Regresó a Roma a curarse de la obstinada enfermedad, y esta vez se dedicó al servicio de los enfermos pero ya con otro espíritu. Se quedó como servidor voluntario. Asiduo a las camas de los enfermos más nauseabundos, decía en tono animador: "Ordénenme, porque ustedes son mis patrones". Los domingos y las pocas horas de libertad que le quedaban los pasaba con san Felipe Neri, cuya influencia fue determinante para la obra que estaba por comenzar.

Acababa de pasar el Año Santo de 1575, durante el cual los pocos hospitales romanos se demostraron totalmente inadecuados para atender a los tantos peregrinos necesitados de asistencia. Entonces Camilo de Lelis fundó la Congregación de los Ministros, es decir, los servidores de los enfermos, porque la finalidad de los miembros de la nueva Congregación era la de dedicarse de lleno al cuidado espiritual y a la asistencia corporal de los enfermos.

Dos años después Camilo fue ordenado sacerdote. Durante 20 años dirigió con firmeza casi militar a sus religiosos. Ningún compromiso podía alejar a san Camilo del lecho de los enfermos: "Tengan paciencia, decía cuando lo llamaban a otra parte, estoy ocupado con Nuestro Señor Jesucristo". Siete años antes de la muerte, acaecida en Roma el 14 de julio de 1614, Camilo de Lelis renunció al superiorato general. Su cuerpo es venerado en la iglesia de la Magdalena, en Roma. Fue incluído en la lista de los santos en 1746, y en 1886 fue declarado patrono de los enfermos y de los hospitales, junto con san Juan de Dios.

15 de julio

SAN BUENAVENTURA

Obispo y doctor de la Iglesia

Buenaventura, que nació en 1218 en Bagnorea, la actual Bagnoregio, dijo que había preferido la Orden fundada por san Francisco por haber encontrado una admirable semejanza entre el crecimiento de la Iglesia y el de la familia franciscana: ambas contaban en sus comienzos con hombres sencillos, pescadores y campesinos, y más tarde con hombres de ciencia. Cuando Buenaventura entró a la Orden, los hijos de san Francisco, como los de Santo Domingo, habían llegado hasta París, Oxford, Cambridge, Estrasburgo y a otras universidades europeas. La evolución no se había efectuado sin dolor. Muchos de la "vieja" generación miraban con perplejidad la floja disciplina religiosa y la nueva apertura cultural de los jóvenes frailes. Pero Buenaventura sabía decir palabras tranquilizadoras y estimulantes a los unos y a los otros.

A fray Egidio que en su sencillez le preguntaba cómo podría él salvarse, careciendo de toda ciencia teológica, fray Buenaventura le contestó: "Si Dios le da al hombre sólo la gracia de poder amar, esto es suficiente... Una viejita puede amar más a Dios que un maestro de teología". Dotado de buen sentido, práctico y especulativo al mismo tiempo, Buenaventura había sabido aplicar al sólido tronco franciscano los injertos de las jóvenes generaciones con las nuevas exigencias, aun culturales, desmintiendo a cuantos sostenían, como Jacopone de Todi, que la ciencia perjudicaba la sencillez de la regla franciscana.

Buenaventura, discípulo de Alejandro de Hales en París, como santo Tomás, se había quedado en esa ciudad primero como maestro de teología, y después como general de los frailes Menores, cargo al que fue elegido cuando sólo tenía 36 años. Creado cardenal, tuvo que aceptar también la consagración episcopal, que anteriormente había rechazado por humildad, y así se convirtió en obispo de Albano Laziale, diócesis suburbicaria de Roma. El papa Gregorio X lo encargó de preparar el Concilio de Lyón, al que también fue invitado santo Tomás de Aquino, pero no pudo participar porque murió dos meses antes de la apertura, el 7 de mayo de 1274. El 15 de julio del mismo año moriría también fray Buenaventura, asistido personalmente por el Papa.

A la base de la doctrina teológica enseñada por fray Buenaventura con la palabra y con los escritos (entre sus libros más conocidos está el *Itinerario de la mente en Dios*) está el amor o caridad. "No basta —escribía— la lectura sin la unción; no basta la especulación sin la devoción; no basta la investigación sin la maravilla; no basta la circunspección sin la exultación; la industria sin la piedad; la ciencia sin la caridad; la inteligencia sin la humildad; el estudio sin la gracia".

16 de julio

NUESTRA SEÑORA DEL CARMEN

La Orden de los carmelitas, una de las más antiguas en la historia de la Iglesia, aunque considere al profeta Elías como su patriarca y modelo, no tiene un verdadero fundador, pero tiene un grande amor: el culto a María, honrada como la Virgen del Carmelo. "El Carmelo —dijo el carmelita cardenal Piazza— existe para María, y María es toda para el Carmelo, en su origen y en su historia, en su vida de luchas y de triunfos, en su vida interior y espiritual". Elías y María están unidos en una narración que tiene sabor de leyenda. El *Libro de las instituciones* de los primeros monjes dice: "En recuerdo de la visión que le señaló al profeta la venida de esta Virgen bajo la figura de una pequeña nube que subía desde la tierra hacia el Carmelo (Cf. 1R 18, 20-45), los dichos monjes, en el año noventa y tres de la Encarnación del Hijo de Dios, destruyeron su antigua casa y construyeron en honor de esta primera Virgen entregada a Dios, una capilla sobre el monte Carmelo, cerca de la fuente de Elías".

En el siglo XIII los sarracenos sacaron de allí a los monjes. Entonces éstos, que ya habían recibido de san Alberto, patriarca de Jerusalén, una regla aprobada en 1226 por Onorio III, se fueron a Occidente y fundaron varios monasterios, venciendo muchas dificultades, pero experimentando la particular protección de la Virgen María. Un episodio llamó sobre todo la atención de los devotos: "Los hermanos le suplicaban humildemente para que los liberara de estas insidias infernales, pues ella los había llevado a estos lugares. A uno de ellos, Simón Stock, mientras oraba así, la Madre de Dios se le apareció en compañía de una multitud de ángeles, teniendo en las manos el escapulario de la Orden y le dijo: he aquí el don que te hago a ti y a todos los hijos del Carmelo: el que esté revestido con este hábito se salvará". Los críticos consideran espuria, es decir no auténtica, la bula de Juan XXII en la que se habla de este privilegio "sabatino" de ser preservados del infierno y de ser liberados del purgatorio el primer sábado después de la muerte; pero muchos papas han hablado de ella en sentido positivo. En una bula del 11 de febrero de 1950 Pío XII invitaba a "poner en primer lugar, entre las devociones marianas, el escapulario, que está a la mano de todos": entendido como *vestidura mariana*. Efectivamente, es un óptimo símbolo de la protección de la Madre celestial, mientras que como *sacramental* saca su valor de las oraciones de la Iglesia y de la confianza y el amor de los que lo llevan.

17 de julio

SAN ALEJO

Mendicante

Entre los más sugestivos itinerarios turísticos romanos, sobre el monte Aventino, una etapa obligatoria, después de visitar la antigua basílica de Santa Sabina, es la de la Iglesia de San Alejo, en donde muchos jóvenes esposos quieren celebrar sus matrimonios. La iglesia, que antes se llamaba de San Bonifacio, fue dedicada en 1217 por el papa Onorio III a san Alejo. Pero el primitivo edificio desapareció casi completamente con la restauración barroca del 1700. Mas todavía hoy turistas y devotos buscan la escalera de madera, colocada en la capilla lateral, en donde un discípulo de Bernini, Bergondi, hizo la estatua del Santo. En efecto, una antigua tradición dice que debajo de esa escalera pasó las noches el joven patricio romano, Alejo, que se había hecho mendicante por amor a Cristo.

Su historia, de la que se apoderaron teatro y poesía y mucho antes la leyenda, la cuentan de varios modos. La versión hagiográfica siríaca de este Santo, anónimo hombre de Dios, asceta y mendicante en Edessa en el siglo V, es la que más ha tenido fortuna. Se encuentra en un antiguo manuscrito de fines del siglo V. En ella se narra la historia de un joven romano, hijo de padres ricos, que en la noche del matrimonio se alejó a escondidas de la sala del banquete y huyó hasta Edessa, en donde pasó algunos años mendigando para sobrevivir. Pedía limosna en la puerta de una iglesia, pero todo el día se la pasaba en oración y penitencia. Antes de su muerte le reveló su identidad al sacristán. Este le contó al obispo, que de inmediato se fue al cementerio en donde había sido enterrado el pordiosero, pero en la tumba no se encontraron sino unos pocos harapos.

La versión greco-romana introdujo una variante significativa: Alejo, único hijo de los patricios Eufemiano y Aglae, el día del matrimonio, después de un largo coloquio con la esposa, se pusieron de acuerdo para vivir en absoluta continencia; después parte de Roma hacia una meta desconocida. Diecisiete años después regresa, y en la casa de sus padres lo reciben como a un mendigo y lo ponen a trabajar en los oficios más humildes. En la basílica inferior de San Clemente hay dibujos de la segunda mitad del siglo XI que representan el regreso a Roma de san Alejo con vestidos de mendigo, su encuentro con el padre, que no lo reconoce; después la visita del papa Inocencio que descubre en el cuerpo del desconocido peregrino el signo de su identidad real y la natural escena de los padres, visiblemente acongojados, a la cabecera del hijo moribundo.

18 de julio

SAN ARNULFO

Obispo

San Arnulfo, obispo de Metz, es un santo sumamente interesante por muchos aspectos humanos y religiosos. Nació en el año 582 de una noble familia, de la que se tienen muy pocas noticias. Fue educado en el palacio del duque Gondolfo, quien lo llevó hacia la carrera administrativa en tiempos del rey Teodeberto. Se casó con una mujer de la alta nobleza, Doda, y tuvo dos hijos: Ansegiso y Clodolfo. Ansegiso será el padre de Pepino de Héristal, el primero de los grandes "maestros de palacio" que detendrán efectivamente el poder, quitado a los "reyes holgazanes". Los más lejanos descendientes del santo venerado hoy son Pepino de Héristal, Carlos Martelo, Pepino el Breve y Carlomagno, que son los creadores de la nueva dignidad imperial que reunificará a todo el Occidente, desmembrados desde hace más de trescientos años en varios reinos bárbaros. En el 613 Arnulfo contribuyó notablemente a la reunificación de las dos ramas de Austrasia y Neustrasia, primer paso hacia la futura potencia carolingia.

El segundo hijo, Clodolfo, sucederá al padre en la sede episcopal de Metz, para la que fue elegido Arnulfo a pesar de ser laico, en el 614; en ese tiempo era frecuente la intromisión del poder civil en la administración de la Iglesia. El nombramiento de Arnulfo fue una elección feliz. Cumplió sus funciones de institutor del futuro rey Dagoberto y de consejero del reino, pero al mismo tiempo desarrolló una gran actividad pastoral. Lo encontramos presente en los Concilios de Clichy (626) y de Reims (630), aunque había renunciado en el 627 a la sede episcopal para seguir su deseo, nunca acallado, de vida eremítica. En efecto, obtuvo de Dagoberto el permiso para retirarse en soledad a Habend, en el monasterio fundado por un amigo suyo, Romarico, un conde palatino que, después de haber abandonado el título y el feudo, se había retirado a vida eremítica.

Cuentan sus biógrafos que Arnulfo en sus últimos años de vida estaba intranquilo por haberle quitado al servicio de Dios los mejores años de su vida, echó su anillo episcopal a las aguas del río Mosela, pidiéndole a Dios que se lo restituyera en señal de perdón. Algún tiempo después unos pescadores sacaron del río un enorme pez y se lo ofrecieron al Santo obispo. En el vientre del pez estaba el anillo, que todavía hoy se conserva en la catedral de Metz.

Arnulfo murió en el año 640, en Habend. Sus restos fueron llevados más tarde a la catedral de Metz que lleva su nombre. Su fiesta se celebra actualmente el 19 de agosto en Metz, pero el Martirologio cita al santo el 18 de julio.

19 de julio

SAN ARSENIO

Ermitaño

En la Iglesia primitiva las debilidades humanas se combatían con una disciplina muy rigurosa. En tiempo de persecución el ideal era morir mártir por la fe en Cristo. Después, a partir del siglo IV, se buscaba otra muerte: la renuncia al mundo y la soledad del desierto. La vida eremítica, de la que el egipcio san Antonio abad fue el ejemplo más imitado y más popular, gracias a la biografía escrita por san Atanasio, fue durante muchos años el refugio preferido de estos simpáticos anarquistas del espíritu, inicialmente autónomos como los primeros precursores del West norteamericano, pero después organizados por una regla ascética, que establecía el tiempo de ayuno y de oración en la vida parcialmente comunitaria, que mitigaba la rígida separación de sus semejantes.

Muchos cristianos emprendían largas y difíciles peregrinaciones para ir a hablar con estos anacoretas iluminados, entre los cuales se encuentra precisamente san Arsenio, ermitaño en Egipto y uno de los más famosos "padres del desierto". Pero al Santo anacoreta no le gustaba interrumpir el rígido cumplimiento del silencio ni siquiera con un peregrino que llegase de lejos. Cuando no podía evitar estas visitas de obligación, sus raras y monosilábicas respuestas desanimaban al más devoto, hasta el punto de irse más desconcertado que edificado. Arsenio había nacido en Roma hacia el año 354 de noble familia senatorial. Una antigua tradición dice que fue ordenado diácono por el mismo papa Dámaso.

En el 383 el emperador Teodosio lo llevó a Constantinopla para encargarlo de la educación de los hijos Arcadio y Onorio. Allí se quedó once años, hasta el 394, cuando por una profunda crisis espiritual obtuvo el permiso de dejar ese cargo y se retiró al desierto de Egipto. Dicen que le pidió a Dios le indicara un camino seguro para la salvación, y una voz misteriosa dizque le dijo: "Huye de los hombres". Arsenio, que tenía entonces cuarenta años, siguió a la letra el consejo: cuando desembarcó en Alejandría de Egipto, se agregó a la comunidad de los anacoretas de Scete, en pleno desierto. Se permitía muy poco sueño y pasaba noches enteras en oración y meditación: una oración hecha más con lágrimas que con palabras, pues él tuvo de Dios el *don del llanto*.

Del 434 al 450, que se presume sea el año de su muerte, Arsenio se vio obligado a vivir lejos de la tranquila Scete, invadida por una tribu libia. Murió en Troe, cerca de Menfis. De él, a más de una cron-historia y a sabias máximas, referidas por Daniel de Pharan, amigo de dos discípulos de Arsenio, nos queda un retrato, según el cual tenía una hermosa figura, majestuosamente alto y flaco.

20 de julio

ELIAS

Profeta

Elías, con Eliseo y Samuel, es uno de los más grandes profetas de acción (distintos de los profetas escritores, como Isaías, Jeremías, Ezequiel y Daniel, que dejaron escritos incluidos en el canon de los libros sagrados), y su misión consistió en incitar al pueblo a la fidelidad hacia el único verdadero Dios, sin dejarse seducir por la influencia del culto idolátrico y licencioso de Canaán. Elías, cuyo nombre significa "mi Dios es Yavé", nació a fines del siglo X aC. y desarrolló su misión bajo el reino del medroso Ajab (873-854), dócil instrumento en las manos de la intrigante esposa Jezabel, de origen fenicio, que al principio favoreció y luego impuso el culto al dios Baal.

Cuando ya el monoteísmo parecía sofocado y la mayoría del pueblo había abrazado la idolatría, Elías se presentó ante el rey Ajab para anunciarle, como castigo, tres años de sequía. Cuando llegó el flagelo sobre Palestina, Elías regresó donde el Rey y para demostrar la inanidad de los ídolos desafió sobre el monte Carmelo a los 400 profetas de Baal. Cuando el fuego se encendió prodigiosamente sobre el solo altar de Elías, y el agua invocada por él bajó poniendo fin a la sequedad, el pueblo exultante linchó a los sacerdotes idólatras. Elías creyó llegado el momento del triunfo de Yavé, y por eso le pareció más amargo e incomprensible tener que huir para escapar de la ira de la furiosa Jezabel.

Buscado con avidez en el desierto como un animal de caza, el enérgico e intransigente profeta pareció ceder por un instante al desánimo. Su trabajo y su misma vida le parecieron inútiles y pidió a Dios la muerte. Pero un ángel lo animó, presentándole un pedazo de pan y una jarra con agua; después se le apareció Dios, devolviéndole la indomable valentía de un tiempo. Elías comprendió que Dios no propicia el triunfo del bien con signos espectaculares, sino que obra con infinita paciencia, porque él es eterno y domina el tiempo.

El fiero profeta, que vestía un manto de piel y una rústica correa a la cintura, como ocho siglos después vistió el precursor de Cristo, Juan Bautista, de quien es la prefiguración, regresó con renovado celo entre el pueblo de Dios, pero no asistió al pleno triunfo de Yavé. La obra de restauración espiritual, que había comenzado con tanta fatiga, la llevó adelante con total éxito su discípulo Eliseo, a quien comunicó la divina llamada mientras estaba arando el campo. Eliseo fue el único testigo del misterioso fin de Elías, cuando en el 850 aC, fue llevado en un carro de fuego.

21 de julio

SAN LORENZO DE BRINDISI

Presbítero

Por lo general, los llamados "niños prodigios" resplandecen como brillantes meteoros por pocos instantes, y después con los años se colocan en el mismo nivel de los otros mortales. Son pocas las excepciones, y entre ellas el Santo que conmemoramos hoy. Su nombre era Julio César Russo, y había nacido en Brindisi en 1559. Con ese nombre ambicioso sus padres esperaban probablemente tener en la familia un émulo del gran conductor romano. Ese pequeño Julio César correspondería más tarde a este anhelo, y lo encontramos combatiendo en primera línea para detener el avance del ejército turco, que ya había invadido a Hungría y marchaba hacia el corazón de la Europa cristiana. Pero no tenía la espada, sino una gran cruz de madera, como capellán del ejército cristiano, comandado por Felipe Emanuel de Lorena.

A los seis años era el orgullo de sus padres por la extraordinaria facilidad de aprender de memoria páginas enteras de libros, que después declamaba en público, inclusive desde el púlpito de la catedral. Las costas de Italia eran víctimas de las andanzas de los sarracenos, por la cercanía de Albania, posesión de ellos. La familia de los Russo, como muchas otras, vivían en el terror de horribles sorpresas; por eso la madre de Julio César, tan pronto quedó viuda, arregló maletas y se fue para Venecia, para confiar al hijo, ya de catorce años, a los cuidados de un tío. Dos años después el joven entraba en el convento de los Menores conventuales, para pasar poco después al de los capuchinos de Verona, en donde profesó con el nombre de Lorenzo de Brindisi, completando su formación en la Universidad de Padua.

Su vasta erudición, más el extraordinario dominio de las lenguas, entre ellas el griego y el hebreo, hicieron que la Orden le confiara muchos cargos, y también el Papa. Fue provincial de Toscana, de Venecia, de Génova, de Suiza, comisario en el Tirol y en Baviera. Sobre todo fue un grande animador de los que combatían contra la amenaza de los turcos y un predicador aplaudido en toda Europa en defensa de la ortodoxia católica contra la reforma protestante. Pablo V lo nombró embajador de paz ante príncipes y reyes en discordia. La muerte le sobrevino precisamente durante un segundo viaje a la Península Ibérica. Murió el 21 de julio de 1619 en Lisboa y fue sepultado en Villafranca de Bierzo. En 1881 fue incluido en la lista de los santos, y en 1959 el papa Juan XXIII le dio el título de doctor de la Iglesia (*"doctor apostolicus"*).

22 de julio

SANTA MARIA MAGDALENA

La Iglesia latina acostumbraba mezclar en la liturgia las tres distintas mujeres de que habla el Evangelio y que la liturgia griega conmemora por separado: María de Betania, hermana de Lázaro y de Marta; la llamada pecadora "a la que mucho le ha sido perdonado, porque ha amado mucho", y María Magdalena o de Magdala, la posesa curada por Jesús, y que lo siguió y asistió con las otras mujeres hasta la crucifixión y que tuvo el privilegio de verlo resucitado. La identificación de las tres mujeres le facilitó el nombre María, común al menos a dos, y la sentencia de san Gregorio Magno que consideró que los varios pasajes evangélicos hablaban de una misma mujer.

Los redactores del nuevo calendario, reconfirmando la memoria de una sola María Magdalena sin otra indicación, como el adjetivo "penitente", se han propuesto celebrar la memoria de la Santa mujer a quien Jesús se le apareció después de la Resurrección. En el capítulo octavo san Lucas, después de haber descrito la unción de la pecadora que entra improvisamente en la sala del banquete y derrama sobre los pies de Jesús ungüentos perfumados y después los seca con sus cabellos, continúa así su narración: "Después de esto, caminaba por las ciudades y las aldeas, predicando el Reino de Dios. Lo acompañaban los Doce, y algunas mujeres que habían sido curadas de los malos espíritus y de enfermedades: María, llamada Magdalena, de la que había arrojado siete demonios; Juana, mujer de Cusa, administrador de Herodes, Susana y algunas otras, las cuales le servían con sus bienes".

La ignota pecadora, que por la contrición perfecta mereció el perdón de los pecados, es distinta de la Magdalena, muy conocida, que siguió constantemente al Maestro desde Galilea hasta Judea, hasta los pies de la Cruz y cuyo amor premia Jesús el día de la Resurrección. Ella está inconfundiblemente "junto a la cruz de Jesús", después vigila amorosa "sentada frente al sepulcro" y, finalmente, al alba del nuevo día es la primera en ir de nuevo al sepulcro, en donde ella vuelve a ver y reconoce a Cristo resucitado de la muerte. A la Magdalena, que lloraba por haber encontrado el sepulcro vacío y la gran piedra por el suelo, Jesús se dirige llamándola simplemente "María", y a ella le confía la misión de anunciar el gran misterio: "Ve a decir a mis hermanos: subo a mi Padre y a vuestro Padre, a mi Dios y a vuestro Dios". A María Magdalena es a la que la Iglesia conmemora hoy, y que, según una tradición griega muy antigua, fue a vivir a Efeso, en donde probablemente murió. En esa misma ciudad vivieron también Juan, el apóstol predilecto, y María, la Madre de Jesús.

23 de julio

SANTA BRIGIDA

Religiosa

Brígida nació en Finstand, cerca de Upsala (Suecia), en 1303, y murió en Roma el 23 de julio de 1373. Por tanto, es contemporánea de santa Catalina de Siena. Las dos tienen en común no sólo los particulares dones carismáticos, como visiones y éxtasis, sino también el vivo interés por la paz entre los Estados y la unión de los cristianos. Las *Revelaciones* que tuvo durante los frecuentes éxtasis las escribió en sueco y después fueron traducidas al latín. En total son 8 volúmenes. Esta extraordinaria mujer se casó antes de los 18 años con el noble Ulf Gudmarsson y tuvo 8 hijos.

Durante algún tiempo fue dama de corte de la reina Blanca de Namur, pero se mantuvo siempre fiel a la rígida educación cristiana que le dio una austera tía, y con su sereno desapego de las comodidades mundanas y con su efectiva caridad para con los necesitados impregnó de fervor el ambiente de la corte. El esposo Ulf, después de haberla acompañado en peregrinación al famoso santuario de Compostela, entró al monasterio cisterciense de Alvastra, en donde ya vivía un hijo suyo, y murió santamente en 1344. Entonces Brígida siguió el ejemplo del esposo y del hijo y se retiró a Alvastra a vivir valientemente el ideal monástico.

La nueva orientación que le dio a su vida le sirvió para llevar a cabo el ideal que tenía desde hacía mucho tiempo: la fundación en Vadstena de una Orden religiosa que llevara el nombre del Santísimo Salvador con un plan muy original: el monasterio "mixto" en donde hombres y mujeres se encontraran solamente en la iglesia para las oraciones en común. Siguiendo el ejemplo de la comunidad apostólica (72 discípulos y 12 Apóstoles más san Pablo) las varias comunidades de la Orden, bajo la regla de san Agustín, lo compondrían 85 miembros: 60 monjas, 13 monjes, 4 diáconos y 8 hermanos laicos.

El rey de Suecia aprobó el proyecto de la fundadora, y se llevó a cabo en 78 monasterios en toda Europa, a pesar de las rígidas reglas geométricas. La Orden, aprobada por el papa Urbano V y dirigida desde Roma por la misma Santa fundadora, que en 1349 fijó su residencia en la plaza Farnese en donde después surgiría la iglesia dedicada a ella, tuvo su más grande expansión después de la muerte de santa Brígida, bajo la dirección de su misma hija, santa Catalina. Brígida de Suecia fue canonizada en 1391, a los 18 años de su muerte.

24 de julio

SANTA CRISTINA

Mártir

Son muchos los documentos históricos sobre el culto a la joven mártir Cristina, patrona de Bolsena, el pueblito italiano en donde se obró el milagro del famoso corporal que quedó manchado con la sangre de Cristo (vino consagrado durante la misa por un sacerdote que dudaba) y que ahora se conserva en la catedral de Orvieto. En el siglo pasado se hicieron algunos descubrimientos arqueológicos, de los cuales resulta que en Bolsena desde el siglo IV se veneraba a una santa Cristina. Cerca de su sepulcro había un cementerio subterráneo. Son también muchos los testimonios iconográficos: la Santa aparece entre las vírgenes mártires de los mosaicos de la iglesia de san Apolinar Nuevo de Ravena del siglo VI. Muchos son también los artistas que se han inspirado en los episodios narrados en su *Passio* con abundancia de detalles, que recalcan en gran parte los *Hechos* de los más famosos mártires.

De esta *Passio* hay varias redacciones griegas y latinas, que no están de acuerdo sobre la ciudad natal de la mártir. Según las versiones griegas, Cristina era de Tiro, Fenicia; y, según las versiones latinas, era de Bolsena. La fabulosa narración de su *Passio*, que por lo antigua (no anterior al siglo IX) entra en el número de las leyendas hagiográficas de escaso valor histórico, habla de una niña de once años, llamada Cristina, a quien el padre, Urbano, oficial del emperador, la encerró en una torre con doce doncellas, debido a su extraordinaria belleza.

Pero en realidad lo que el padre quería era obligarla a abjurar de la peligrosa religión (se había hecho cristiana) y librarla de la persecución. Pero la niña rompió las preciosas estatuitas de los dioses y dio el metal a los pobres. Entonces el padre pasó de las promesas a los castigos: la hizo flagelar y la metió a la cárcel. Como Cristina persistió en su profesión de fe, Urbano la entregó a los jueces que la sometieron a muchos y terribles suplicios. En la cárcel, en donde la metieron llena de llagas, fue consolada y curada por tres ángeles. Como las amenazas y los castigos no surtieron efecto, se pasó a la solución final: le colgaron una pesada piedra en el cuello y la echaron al lago (Bolsena queda a orillas de un gran lago); pero la piedra, sostenida por los ángeles, se convirtió como en un flotador y sacó la niña a la orilla.

Dios castigó con la muerte al desnaturalizado padre; pero las tribulaciones de Cristina no terminaron. Los jueces no se desanimaron y la siguieron sometiendo a terribles tormentos, como el de la parrilla ardiente, el del horno encendido, el de la mordedura de serpientes venenosas, el del corte de los senos; pero como nada de esto acababa con su vida y ya no se podían inventar más suplicios, resolvieron cortarle la cabeza y así la mandaron al cielo.

25 de julio

SANTIAGO

Apóstol

Santiago (el Mayor), hijo de Zebedeo y de Salomé, hermano mayor del evangelista Juan, aparece como seguidor de Jesús desde el comienzo de la predicación del Mesías. Los dos hermanos se encontraban a orillas del lago de Tiberíades, cuando Jesús "los llamó". La respuesta fue inmediata y total: "Ellos, dejando a su padre y la barca, lo siguieron". Esta actitud nos revela su carácter fuerte y ardiente, que les mereció de Jesús el apodo, entre alabanza y reproche, de "hijos del trueno". Lo confirma su comportamiento, sobre todo en dos ocasiones: la primera vez, cuando los samaritanos no quisieron recibirlos, Santiago y Juan dijeron: "Señor, ¿hacemos caer fuego del cielo que los devore?". Más tarde, durante el último viaje hacia Jerusalén, ambos hicieron la petición de sentarse uno a la derecha y el otro a la izquierda del Mesías triunfador.

En ambas ocasiones demuestran que no han comprendido la lección de amor y de humildad del Maestro. Pero son muy generosos cuando se trata de lanzarse a la lucha. A la pregunta de Jesús: "¿Podéis beber el cáliz?", Santiago fue el primero en contestar: "¡Podemos!". Jesús lo tomó en serio, y Santiago cumplió lo prometido. Después de Pentecostés, cuando del cielo bajó no el fuego destructor, sino el fuego vivificador del amor, Santiago como los otros apóstoles fue víctima de la persecución por parte de las autoridades judías: fue encarcelado y flagelado, “alegrándose mucho por haber sido digno de padecer por el nombre de Jesús” (como se lee en los Hechos de los apóstoles). Hubo una segunda persecución, de la que fue víctima ilustre san Esteban, y después una tercera, más cruel que las anteriores, por orden de Herodes Agripa “para complacer a los judíos”.

Este Herodes, para no ser menos que su tío, el asesino del Bautista, y que el abuelo, llamado Herodes el Grande, que trató de matar a Jesús recién nacido, por un simple cálculo político, durante las fiestas pascuales del 42 “se dedicó a perseguir a algunos miembros de la Iglesia; hizo matar a espada a Santiago, hermano de Juan, y, sabiendo que hacía cosa agradable a los judíos, mandó arrestar a Pedro”. Según una tradición, no anterior al siglo VI, el apóstol Santiago fue el primer evangelizador de España. Refuerza esta tradición la afirmación del obispo Teodomiro de Iria en el siglo IX, según la cual él encontró las reliquias del apóstol, y desde ese tiempo Iria, que tomó el nombre de Compostela, se convirtió en meta de todos los peregrinos de Europa.

26 de julio

SANTOS JOAQUIN Y ANA

Padres de la Virgen María

En la Sagrada Escritura se narra que la madre del profeta Samuel, Ana, en la dolorosa esterilidad que le había quitado el privilegio de la maternidad, se dirigió con ardiente oración al Señor e hizo voto de consagrar al servicio divino al hijo que Dios le concediera. Obtuvo la gracia y, después de haber criado al pequeño Samuel, lo llevó a Silos, en donde se guardaba el Arca de la Alianza, y se lo entregó al sacerdote Helí después de haberlo ofrecido al Señor. Sirviéndose de esta historia, el *Protoevangelio de Santiago*, apócrifo del siglo II, narra la historia de Joaquín y de Ana, padres de la Virgen María. La esposa de Joaquín, después de una prolongada esterilidad, obtuvo del Señor el nacimiento de María, a quien llevó al Templo a los tres años y la dejó al servicio divino en cumplimiento del voto que había hecho.

El fundamento histórico, probable aun en la discordante literatura apócrifa, se encuentra en todo caso falsamente revestido de elementos secundarios, copiados del episodio de la madre de Samuel. Como en los Evangelios no se encuentra ninguna alusión a los padres de la Virgen María, no nos quedan sino los escritos apócrifos, en los que es posible encontrar, entre los predominantes elementos fantásticos, alguna noticia auténtica, recogida por antiguas tradiciones orales. El culto hacia los padres de la Virgen María es muy antiguo, sobre todo entre los griegos. En Oriente se veneraba a santa Ana en el siglo VI, y esa devoción se fue extendiendo poco a poco en todo el Occidente a partir del siglo X, y llegó a su máximo desarrollo en el siglo XV. En 1584 se instituyó la festividad de santa Ana, pero a san Joaquín se le había dejado discretamente aparte, probablemente por la misma discordancia respecto de su nombre que se revela en los escritos apócrifos, posteriores al *Protoevangelio de Santiago*.

A más del nombre de Joaquín, al padre de la Virgen María se le da el de Cleofás, el de Sadoc y el de Helí. Los dos santos se celebraban por separado: santa Ana el 25 de julio por los griegos, y el día siguiente por los latinos. En 1584 fue también incluido en el calendario de los santos Joaquín, primero el 20 de marzo, después el domingo de la octava de la Asunción en 1738, luego el 16 de agosto en 1913, y actualmente el 26 de julio, unido a su santa esposa. "Por sus frutos los conoceréis" dijo Jesús. Nosotros conocemos la flor y el fruto suavísimo producido por la planta añosa: la Virgen, Inmaculada desde su concepción, la que por divino privilegio fue libre del pecado original para ser después el tabernáculo vivo del Dios hecho hombre. Por la santidad del fruto, o sea por María, deducimos la santidad de sus padres, Ana y Joaquín.

27 de julio

SAN CELESTINO

Papa

Los diez años de pontificado de san Celestino I (10 de septiembre del 422-27 de julio de 432) marcan un período, aunque breve, de grandes realizaciones. El sucesor de Bonifacio I era un hombre de mucha energía y al mismo tiempo de conmovedora liberalidad. Mientras se preocupaba por la restauración de Roma, todavía adolorida por el terrible saqueo a que la sometió el bárbaro Alarico en el 410, no perdía de vista los intereses espirituales de toda la cristiandad. Defendía el derecho del Papa de recibir apelaciones por parte de cualquier fiel, laico o clérigo, y respondía con solicitud. Al Papa se le pedía sobre todo establecer normas según las cuales todo fiel tenía que conformar su propia conducta.

De estas respuestas, que se conocen con el nombre de *Decretales,* tomó forma el primer embrión del derecho canónico. Escribió cartas a los obispos de Iliria, de Galia Narbonesa y Vienesa, de las Pulias y de Calabria, para corregir abusos, disipar dudas doctrinales, combatir herejías, o simplemente para prohibir a los obispos llevar el cinturón o el manto propios de los monjes. Tuvo correspondencia con el amigo obispo de Hipona, san Agustín, cuya doctrina, a un año de la muerte (28 de agosto del 430), defendió calurosamente en la disputa antipelagiana, con palabras que consagraron definitivamente la autoridad y la santidad.

En esta carta, dirigida a los obispos de la Galia, el Papa afirmaba que Agustín siempre había estado en comunión con la Iglesia de Roma y lo colocaba entre los más autorizados maestros de doctrina. En ella se advertía no sólo la afectuosa solidaridad para con un amigo, sino también la clara visión que el Santo Pontífice tenía de los problemas de toda la comunidad eclesial, en la que él desarrollaba con evangélica evidencia la parte del buen pastor, solícito por la suerte de todos, inclusive del hereje Nestorio, patriarca de Constantinopla, que el Concilio de Efeso, convocado por el Papa en el 431, acababa de destituir y condenar. El 15 de marzo del 432 el papa Celestino dirigía una carta a los Padres conciliares, al emperador, al nuevo patriarca, al clero y al pueblo, en la que expresaba su alegría por el triunfo de la verdad e invitaba a todos a la magnanimidad para con el derrotado.

Este es el último documento del Santo Pontífice. Murió el 27 de julio de este mismo año, y fue sepultado en el cementerio de Priscila, en una capilla adornada con afrescos que representaban los episodios del reciente Concilio de Efeso, que había proclamado solemnemente la maternidad divina de María. En el 817 las reliquias del Santo Pontífice fueron trasladadas a la basílica de Santa Praxedes, y parte de ellas parece que fueron llevadas a la catedral de Mantua.

28 de julio

SAN INOCENCIO I

Papa

Elegido pontífice en el 401, san Inocencio I, natural de Albano Laziale, gobernó la Iglesia durante 16 años. Fue un período histórico muy difícil para el Imperio Romano de Occidente y para Roma en particular, porque el 24 de agosto del 410 fue conquistada y saqueada por los godos de Alarico. Muchos ciudadanos, todavía no convertidos al cristianismo, celebraron solemnes sacrificios a las antiguas divinidades. El papa Inocencio, gracias al prestigio que tenía aun entre los bárbaros, obtuvo una tregua de armas, aceptando la condición de ir a Ravena a encontrarse con el pávido emperador Onorio para que le concediera a Alarico poderes especiales.

La misión no logró los resultados que esperaban los invasores, y por eso Alarico dio la orden para el dramático saqueo de Roma y para las devastaciones durante tres días. Los bárbaros respetaron las iglesias. Inclusive, parece que los bárbaros llevaron a la tumba de los Príncipes de los apóstoles los vasos preciosos que los particulares habían ocultado en sus casas. Sin embargo, la caída de Roma, comentada con expresiones de gran dolor por san Agustín y san Jerónimo, no marcó el ocaso de la autoridad pontificia. La solicitud hacia todas las Iglesias está comprobada por el gran número de cartas escritas por Inocencio I, 36 de las cuales constituyen el primer núcleo de las colecciones canónicas, o cartas encíclicas, que forman parte del magisterio ordinario de los pontífices. Inocencio I estableció un punto muy importante en la disciplina eclesiástica, es decir, la uniformidad que las varias Iglesias deben tener con la doctrina y las tradiciones de la Iglesia de Roma.

Sus intervenciones doctrinales se refieren a la liturgia sacramental, la Penitencia, la Unción de los enfermos, el Bautismo y la indisolubilidad del matrimonio, claramente confirmada aun en los casos de adulterio. Durante su pontificado se difundió la doctrina de Pelagio, condenada en el 416 por los Concilios de Milevi y de Cartago por iniciativa de san Agustín y con la aprobación de Inocencio I. La solicitud del Papa no se limitaba sólo a la defensa de la doctrina tradicional de la Iglesia: con tacto humanísimo él sabía animar y mitigar sufrimientos.

A san Jerónimo, que desde su retiro de Belén le había escrito para confiarle algunas aflicciones suyas, el Papa le contestó con una carta paternal, demostrando no sólo que sabía dirigir con mano firme el timón de la barca de Pedro, sino también que tenía un corazón abierto a la comprensión de tantos pequeños y grandes dramas individuales. Murió en Roma en el 417, el 28 de julio según el *Liber Pontificalis*, y fue enterrado en el cementerio de Ponciano sobre la vía Portuense.

29 de julio
SANTA MARTA

Marta es la hermana de María y de Lázaro de Betania, un pueblito que queda a unos tres kilómetros de Jerusalén. En su casa le gustaba a Jesús hospedarse durante su predicación en Judea. En una de estas visitas aparece por primera vez Marta. El Evangelio nos la presenta como la ama de casa, solícita y preocupada por acoger dignamente al amigo huésped, mientras que la hermana María prefiere dedicarse a escuchar las palabras del Maestro. No nos maravilla, pues, el reproche que Marta le hace a María: "Señor, ¿no te importa que mi hermana me deje sola sirviendo? Dile, pues, que me ayude".

La amable respuesta de Jesús puede parecer un reproche a la activa ama de casa: "Marta, Marta, tú te inquietas y te afanas por muchas cosas; una sola es necesaria: María, en cambio, ha escogido la mejor parte, que no le será quitada". Pero no es un reproche, según comenta san Agustín: "Marta, tú no has escogido el mal; pero María ha escogido mejor que tú". A pesar de esto, María, considerada el modelo evangélico de las almas contemplativas por san Basilio y san Gregorio Magno, no parece figurar en el calendario litúrgico (Cf. 22 de julio): la santidad de esta dulce figura de mujer no se puede poner en duda, pues la confirman las mismas palabras de Cristo; pero sólo Marta, y no María ni Lázaro, aparece en el calendario universal, como para pagarle las solícitas atenciones que le brindó a la persona del Salvador y para proponerla a las mujeres cristianas como modelo de laboriosidad.

La incomprendida profesión de ama de casa es dignificada por esta Santa activa de nombre Marta, que quiere decir simplemente "señora". Marta vuelve a aparecer en el Evangelio en el dramático episodio de la resurrección de Lázaro, en el que implícitamente pide un milagro con una sencilla y estupenda profesión de fe en la omnipotencia del Salvador, en la resurrección de los muertos y en la divinidad de Cristo; y aparece también en un banquete en el que participa también Lázaro, poco después de su resurrección: también esta vez aparece como la mujer ocupada en todo. La lección que le dio el Maestro no se refería, evidentemente, a su encomiable laboriosidad, sino al exceso de afán por las cosas materiales con perjuicio de la vida interior. De los años siguientes de la Santa no tenemos ningún dato históricamente cierto, aunque abundan las leyendas. Los primeros en dedicar una celebración litúrgica a santa Marta fueron los franciscanos en 1262, el 29 de julio, es decir, ocho días después de la fiesta de santa María Magdalena, impropiamente identificada con su hermana María.

30 de julio
SAN PEDRO CRISOLOGO

Obispo y doctor de la Iglesia

En el cuarto y quinto siglo una tenaz proliferación de herejías frenó la evangelización del mundo pagano; pero, por otra parte, suscitó grandes figuras de pastores, de teólogos, de escritores y de predicadores que, con su inteligencia, hicieron que la fe entre los cristianos fuera más consciente y vivida en la práctica. La catequesis sistemática, la homilía y el "sermón" sirvieron para exponer con claridad la ortodoxia. También se hicieron las primeras tentativas de una construcción teológica no solamente especulativa. Sobre todo el obispo de Ravena, Pedro (nacido en Imola hacia el año 380) mereció el apelativo de Crisólogo, es decir, "hombre de la palabra de oro", por ser el autor de estupendos sermones, ricos de doctrina, que le merecieron también el título de doctor de la Iglesia, que Benedicto XIII le decretó en 1729.

De él conservamos 176 homilías, breves, de estilo popular, muy expresivas, en las que explica el Evangelio, el Símbolo o el "Padre nuestro", o se proponen ejemplos de santos para imitarlos y exaltar las virtudes del verdadero cristiano. En una homilía define al avaro "esclavo del dinero", pero el dinero —añade— es el siervo del misericordioso. Es fácil intuir el significado de esta "predicación". Elegido obispo de Ravena en el 424, Pedro Crisólogo se demostró inmediatamente buen pastor, prudente y sin ambigüedades doctrinales. Escuchaba con igual condescendencia y caridad tanto a los humildes como a los poderosos. Fue consejero y amigo de la emperatriz Galla Placidia.

La autoridad del obispo Pedro de Ravena era reconocida ampliamente en la Iglesia. En efecto, a él se dirigió por carta el protagonista de otra importante disputa en campo doctrinal, Eutiquio, archimandrita de un monasterio de Constantinopla. Le pedía su parecer respecto del problema monofisita (una sola naturaleza en Cristo) en la víspera del Concilio de Calcedonia. Pedro le contestó que le convenía dirigirse al papa León, puesto que "en el interés de la paz y de la fe no podemos discutir sobre cuestiones relativas a la fe sin el consentimiento del obispo de Roma".

En ese momento particular histórico, en el que a los desgarramientos del imperio romano, dividido internamente y atacado exteriormente por las migraciones bárbaras, se unían las protestas de la Iglesia de Constantinopla, que pretendía el primado jerárquico (negando naturalmente el de Roma), la respuesta del obispo de Ravena es una clara profesión de fe. El Santo murió en Imola, el 31 de julio del 451; otros sostienen que murió el 3 de diciembre del 450.

31 de julio

SAN IGNACIO DE LOYOLA

Presbítero

Las hagiografías de los siglos pasados han deformado mucho el retrato de Iñigo López de Loyola (san Ignacio de Loyola así se le conoce, nació cerca de Azpeitia en 1491, y murió en Roma el 31 de julio de 1556), para adaptarlo poco a poco a la imagen militarista odiada o amada por el fundador de la Compañía de Jesús. Era el hijo menor de una familia noble, y a los 14 años recibió la tonsura, pero no se sentía inclinado hacia la carrera eclesiástica. Prefirió la espada del caballero. Durante la defensa del castillo de Pamplona, atacado por Francisco I de Francia, fue herido en una pierna. Pero lo que lo hizo abandonar la carrera militar fue la lectura desganada de un par de libros amarillentos que la cuñada le dio para que pasara el tiempo durante la convalescencia.

La vida de Jesús y La Leyenda áurea fueron las que determinaron la elección más comprometedora de su vida. Templado en la vida militar y después en las privaciones del penitente y del peregrino (al principio se dejó crecer la barba y el pelo, sin cambiarse nunca de vestido, quiso aislarse a un yermo en la Tebaida), generoso e imprudente aun en las fatigas, confesará cándidamente: "Y todavía no sabía qué era la humildad o el amor o la paciencia o la discreción". Lo que quiere decir que más tarde aprendió a ser discreto, paciente, humilde y afectuoso. Cuando se dio cuenta que se había sobrepasado en las privaciones, confesó sonriendo que había aprendido errando. Al regreso de la Tierra Santa, abandonó los harapos del peregrino y del mendicante y terminó los estudios primero en Barcelona, después en Alcalá y luego en París, ganándose en todas partes la simpatía y la confianza. En España, incluso, fue considerado sospechoso de herejía, y encarcelado. "No hay tantos cepos y cadenas en Salamanca —escribió— que yo no desee más por amor a Dios".

En París obtuvo el título de "Maestro en filosofía", cambió el nombre de Iñigo por el de Ignacio y reunió el primer núcleo de la "Compañía de Cristo", un grupo cada vez más numeroso y calificado como "soldados de Cristo", que luchan y se sacrifican por realizar el lema "Ad majorem Dei gloriam", para la mayor gloria de Dios. El vademecum de estos soldados es un librito de no fácil lectura: los *Ejercicios Espirituales*, escrito o más bien vivido por san Ignacio en la soledad de Manresa. Aquí está el secreto de san Ignacio, el secreto de su espíritu de entrega, de su mística del servicio por la alegría de amar a Dios —como repetía a menudo, mezclando el español con el italiano— "*con toto el core, con tota el anima, con tota la volontad*".

Capilla de San Ignacio.
Iglesia de Jesús. Roma.
Siglo XVII.

Agosto

1 de agosto
SAN ALFONSO MARIA DE LIGORIO
Obispo y doctor de la Iglesia

Alfonso María de Ligorio nació en Nápoles de una de las más antiguas y nobles familias, el 27 de septiembre de 1696. Fue un "niño prodigio" por la facilidad con la que aprendía las varias disciplinas, desde los idiomas hasta las ciencias, desde el arte hasta la música. A los 19 años era ya un abogado famoso. Pero en una de las grandes ocasiones resbaló sobre la famosa cáscara de banano: un documento presentado después de su brillante defensa del imputado demostró que él había, aunque de buena fe, sostenido lo que era falso.

Ese incidente determinó el cambio radical de su vida: abandonó la toga y se puso al servicio de una justicia que no puede ser desmentida. Fue ordenado sacerdote a los 30 años y se dedicó al servicio de los "vagos" de los barrios periféricos de Nápoles. A los 36 años, con la colaboración de un grupo de laicos, fundó la Congregación del Santísimo Redentor, que al principio llamó del Santísimo Salvador. Los miembros de esta Congregación se conocen hoy con el nombre de Redentoristas. En 1749 el papa Benedicto XIV aprobó dicha Congregación. A los 60 años fue elegido obispo de Sant'Agata de' Goti y dirigió la diócesis durante 19 años, cuando, ya ciego y sordo, fue a pedir hospitalidad a sus hijos espirituales, en una casa de Nocera, en Pagani, cerca de Nápoles, en donde vivió hasta su muerte en 1787 a la edad de 91 años. En esos últimos doce años de vida, para permanecer fiel a su programa juvenil de no perder nunca tiempo, se dedicó a la redacción de otros libros, enriqueciendo la ya abundante mole de obras ascéticas y teológicas que llevan su firma. Sus más conocidos libros ascéticos son la *Práctica de amar a Jesucristo* y la *Preparación para la muerte*. Sus predicaciones tenían tres temas constantes: el amor a Dios, la Pasión, la meditación sobre la muerte y el misterio de ultratumba.

Expresó su devoción a la Virgen en un libro afortunado: *Las glorias de María*. La *Theologia Moralis* fue una obra fundamental que influyó en la formación del clero hasta hace pocos años. Es un texto de segura doctrina que combatió al pesimismo religioso y al rigorismo jansenista de la época con el método de esa casuística, que hoy ya no se acepta, pero que en los años pasados servía a los directores espirituales para escoger en los casos de duda una solución si no cierta, por lo menos probable. Por eso, en 1871 fue declarado doctor de la Iglesia y propuesto como patrono de los confesores y de los teólogos de moral. San Alfonso murió en Nocera de' Pagani el lo. de agosto de 1787 y fue canonizado en 1832.

2 de agosto

SAN EUSEBIO DE VERCELLI

Obispo

Amigo y colaborador de san Atanasio de Alejandría y de san Hilario de Poitiers, san Eusebio fue uno de los principales artífices de la organización interna y externa de la Iglesia, que acababa de salir de la experiencia de las persecuciones. Nació en Cerdeña a principios del siglo IV, y, siguiendo el ejemplo de muchos "provincianos", dotados de ingenio, se fue a Roma para terminar los estudios y seguir una carrera remunerativa como la de la política y la forense. Eusebio no era el nombre de pila. Este nombre lo recibió en el Bautismo, en Roma, cuando se convirtió al cristianismo. Quiso el nombre de Eusebio, porque quien lo bautizó fue el papa san Eusebio. En efecto, el joven sardo quiso ese nombre, siguiendo el ejemplo de los libertos, que por gratitud para con el patrón que les concedía la libertad, tomaban su nombre.

De simple lector de la Iglesia de Roma, poco después fue ordenado sacerdote, y después, en el 345, fue elegido obispo de Vercelli, al norte de Italia. En los 26 años de episcopado Eusebio fue para esa ciudad lo que poco después sería san Ambrosio para Milán: pastor celoso, de muchas iniciativas, generosamente interesado por la vida de la Iglesia, inclusive más allá de los estrechos límites de su diócesis. En Vercelli consagró la primera catedral, adaptando el antiguo templo pagano dedicado a la diosa Vesta, e introduciendo un nuevo ritual litúrgico. La intuición más original, en el campo pastoral, la que se refiere al clero diocesano, al que reunió en vida comunitaria en los varios pueblos de su territorio. Ese experimento, que él introdujo por primera vez en Occidente, sería retomado doce siglos después por los reformadores del clero. En las ardientes batallas teológicas, Eusebio siempre estuvo en las filas de los defensores de la fe de Nicea y de su irreducible paladín, san Atanasio, varias veces desterrado por los arrianos, apoyados por el emperador Constancio.

Eusebio también fue desterrado, cuando los herejes tuvieron las de ganar en el sínodo de Milán. El Santo obispo fue enviado, encadenado, a la lejana Palestina, en donde permaneció seis años encerrado en una prisión de Scitópoli. Fue liberado cuando Julián el Apóstata subió al poder; entonces fue a visitar a san Atanasio, con quien pasó un breve período. De regreso a su sede, colaboró con el obispo Hilario de Poitiers para curar las heridas que la herejía le había causado a la Iglesia del Norte. En la historia de la literatura cristiana antigua se recuerda a Eusebio por la traducción en latín de los *Comentarios a los Salmos* del homónimo Eusebio de Cesarea. Murió en Vercelli en el año 371.

3 de agosto

SANTA LIDIA

Lidia, primicia del cristianismo en Europa, pues había nacido en Tiatira, ciudad del Asia proconsular, era pagana pero "temerosa de Dios", es decir, una prosélita de la religión hebrea en Filipos, en Macedonia. A ese lugar había llegado el apóstol Pablo con Silas, Timoteo y Lucas durante el segundo viaje misionero, entre los años 50 y 53. Los misioneros de Cristo, después de haber pisado suelo europeo, esperaron el sábado para encontrar a los correligionarios hebreos que seguramente se reunirían a orillas del río para la oración en común y la lectura de algún trozo de la Escritura, pues carecían de sinagoga. San Lucas narra en los Hechos de los apóstoles: "El sábado salimos fuera de la puerta, junto al río, donde pensábamos que estaba el lugar de oración. Nos sentamos y hablamos con las mujeres que se habían reunido. Una mujer llamada Lidia, negociante en púrpura, de la ciudad de Tiatira, temerosa de

Dios, nos estaba escuchando. El Señor abrió su corazón para que atendiese a las cosas que Pablo decía".

Se comprende que Lidia gozaba de una cierta comodidad y de mucha autoridad en el seno de su familia, por la clase de tela con la cual comerciaba y porque bastó su testimonio para que también sus familiares pidieran el Bautismo, aceptando a los misioneros como huéspedes ilustres de su casa: "Después de haber sido bautizada (Lidia) con toda su familia, nos suplicó: si habéis juzgado que soy fiel al Señor, venid y quedaos en mi casa. Y nos obligó a ello". Los misioneros de Cristo, salidos casi a la aventura, obtuvieron así la primera conquista en tierra europea: una mujer, Lidia, prototipo y símbolo de todas las mujeres que llevarían a sus hogares la llama de la fe en Cristo. La rica comerciante, dócil a la gracia, había antepuesto los intereses del espíritu a los económicos, descuidando el comercio para reunirse con otras mujeres en el lugar de oración, a orillas del río Gangas.

Lidia, agradecida por la alegría que las palabras del apóstol le habían llevado a su alma y por la gracia bautismal, les pidió con dulce insistencia, incluso "obligó" a los misioneros a aceptar su hospitalidad. Así la casa de Lidia se convirtió en el primer centro comunitario, en la primera "ecclesia" en Europa. Para la Iglesia de Filipos, tal vez también por mérito de Lidia, san Pablo tuvo palabras de conmovedora ternura, llamando a estos hermanos en Cristo "queridos y amadísimos, alegría y corona". Aunque nos faltan datos sobre el culto a santa Lidia, antes que Baronio introdujera su memoria en el *Martirologio Romano*, las pruebas de su santidad son evidentes en su pronta respuesta a la gracia.

4 de agosto
SAN JUAN MARIA VIANNEY
Presbítero

Conocido y amado como "el cura de Ars", un pueblito francés al norte de Lyón en donde ejerció su ministerio sacerdotal, Juan María Vianney (1786-1859) es uno de esos hombres a quienes se aplican muy bien las palabras de san Pablo: "Dios ha escogido a los más insignificantes para confundir a los grandes". Este campesino de mente rústica, que nació en Dardilly, había pasado por la borrasca revolucionaria y la exaltante epopeya napoleónica sin casi darse cuenta. O mejor, durante algún tiempo tuvo que permanecer escondido por haber desertado del ejército napoleónico cuando se dirigía hacia España sin comprender la gravedad de su gesto, sólo porque no lograba marchar a tiempo con su batallón.

En el seminario le fue más difícil seguir a sus compañeros de estudio por la confusión mental que tenía ante cualquier paginita de filosofía o teología, hasta el punto que sus profesores, desanimados, desistieron de preguntarle. Uno de ellos le dijo al Vicario general: "¡Lástima!, porque es un modelo de piedad". "¿Un modelo de piedad? —exclamó éste— Pues bien, yo lo llamo y la gracia de Dios hará el resto". En 1815 recibió las Ordenes Sagradas, pero no la facultad de confesar porque no lo consideraron idóneo para dirigir las conciencias. ¿Quién se iba a imaginar que Juan Vianney llegaría a ser uno de los más famosos confesores que la historia recuerde?

Después de tres años de "aprendizaje" en Ecully, bajo la guía del Párroco Balley, que tiene el mérito de haber vislumbrado en ese idiota "iluminado" los ocultos carismas de la santidad, Juan Vianney pasó a Ars como vicario capellán y después como Párroco. Ars tenía doscientos treinta habitantes, que vivían en casas de paja. Los únicos centros de animación eran las cuatro tiendas con salas de baile, contra las cuales el joven párroco comenzó a tronar desde el púlpito. Tanta severidad hubiera debido acarrearle la enemistad de la gente. En cambio, a los diez años Ars estaba completamente transformada. Tiendas desiertas e iglesia repleta. Porque la severidad del párroco iba acompañada de una inmensa bondad y generosidad. No tenía sino la sotana que se ponía todos los días. Era capaz de quitarse por el camino los zapatos y las medias si encontraba a un pobre diablo, con el que cambiaba hasta los pantalones, si los del mendigo eran peores que los suyos. Murió a los 73 años de edad, el 4 de agosto de 1859. Aun antes que Pío XI lo inscribiera en la lista de los santos, ya Ars era meta de peregrinaciones.

5 de agosto

DEDICACION DE LA BASILICA DE SANTA MARIA MAYOR

Monumentos de piedad mariana, en Roma, son esas estupendas iglesias, construidas en gran parte sobre el mismo lugar en donde antes había algún templo pagano. Baste citar pocos nombres, entre el centenar de títulos dedicados a la Virgen, para comprender el místico homenaje a la Madre de Dios: Santa María Antigua, sobre el Atrium Minervae en el Foro Romano; Santa María de Aracoeli, en la cima del Capitolio desde donde, según la leyenda, la Sibila le reveló a Augusto la inminente llegada del Hijo de Dios ("ecce ara primogeniti Dei"); Santa María de los Mártires del Panteón; Santa María de los Angeles, en las Termas de Diocleciano; Santa María sobre Minerva, construida sobre las ruinas del templo de Minerva Calcídica; y la más grande de todas, como lo dice su nombre, Santa María Mayor, la cuarta de las basílicas patriarcales de Roma, llamada al principio Liberiana, porque era identificada con un antiguo templo pagano, en la cima del monte Esquilino, que el papa Liberio (352-366) adaptó para basílica cristiana.

Narra una leyenda que la Virgen se apareció en la noche del 5 de agosto del 352 al papa Liberio y a un patricio romano, y los invitó a construir una iglesia en el lugar en donde encontraran nieve (agosto en Roma es un mes de mucho calor). El 6 de agosto por la mañana se encontró una prodigiosa nieve que cubría el área exacta del edificio, y esto habría confirmado la visión. Entonces el Papa y el rico patricio pusieron manos a la obra de la construcción del primer gran santuario mariano, que se llamó de Santa María "ad nives", de las nieves. Un siglo después el papa Sixto III, para recordar la celebración del Concilio de Efeso (431) en el que había sido proclamada la maternidad divina de María, reconstruyó la iglesia que es la actual basílica, en cuanto a sus dimensiones.

De esta obra quedan las naves con las columnas y los 36 mosaicos que adornan la nave superior. A la obra de la actual basílica contribuyeron varios pontífices, desde Sixto III que pudo ofrecer "al pueblo de Dios" el monumento "mayor" al culto de la Virgen María (a la que rendimos precisamente un culto de hiperdulía, es decir, de veneración superior a la que les rendimos a los demás santos), hasta los papas de nuestra época. Esta basílica también recibió el nombre de Santa María "ad praesepe" desde antes del siglo VI, cuando llevaron allí unas tablas de un antiguo pesebre que la devoción popular identificó con las tablas de la gruta de Belén. La celebración litúrgica de la dedicación de la basílica entró en el calendario romano sólo en el año 1568.

6 de agosto

TRANSFIGURACION DEL SEÑOR

Fiesta

La liturgia romana leía el trozo evangélico que se refiere al episodio de la transfiguración el sábado de las Cuatro Témporas de Cuaresma, relacionando así este misterio con el de la Pasión. El mismo evangelista Mateo comienza la narración con las palabras: "Seis días después" (esto es, después de la solemne confesión de Pedro y el primer anuncio de la Pasión), "Jesús tomó consigo a Pedro, Santiago y Juan, su hermano, y los llevó aparte a un monte alto. Y se transfiguró ante ellos: su rostro resplandeció como el sol y sus vestiduras se volvieron cándidas como la luz". En este episodio hay una clara contraposición con la agonía de Getsemaní. Evidentemente Jesús quiso ofrecerles a los tres apóstoles un antídoto que fortificara la certeza de su divinidad durante la terrible prueba de la Pasión.

El alto monte, no muy identificado en el Evangelio, es el monte Tabor, que se levanta en el corazón de Galilea y que domina la llanura circunstante. La fecha hay que colocarla entre la de Pentecostés hebrea y la fiesta de las Cabañas, en el segundo año de vida pública, el 29, durante el período que Jesús había dedicado a la formación de sus apóstoles. Ese monte aislado era, en efecto, muy propicio para las grandes meditaciones, en el silencio solemne de las cosas y en el aire fresco que suavizaba el calor del verano. Aquí Jesús les hizo ver a sus tres privilegiados discípulos el esplendor de su cuerpo glorioso, como debería aparecer en todo instante, si no hubiera tomado nuestra carne mortal por nuestra redención.

Con esta visión sobrenatural Jesús confirmaba la confesión de Pedro: "Tú eres el Cristo, el Hijo de Dios vivo". Ese instante de gloria sobrehumana era la garantía de la gloria de la resurrección: "El Hijo del hombre vendrá en la gloria de su Padre". El mismo tema del coloquio con Moisés y Elías era la confirmación del anuncio de la Pasión y de la Muerte del Mesías. La transfiguración, que es parte del misterio de la salvación, es digna de una celebración litúrgica que la Iglesia, tanto en Oriente como en Occidente, ha celebrado de varias maneras y en distintas fechas, hasta cuando el papa Calixto III elevó de grado la fiesta, extendiéndola a la Iglesia universal, para recordar la victoria que se obtuvo en 1456 en Belgrado contra los turcos, y cuya noticia llegó a Roma el 6 de agosto.

7 de agosto

SAN CAYETANO

Presbítero

Contemporáneo de Lutero, Cayetano de Thiene (que nació en 1480, tres años antes del reformador alemán) era uno de los que más imploraban una reforma de vida y de costumbres dentro de la Iglesia. Repetía a menudo: "Cristo espera, ninguno se mueve". Nació en Vicenza de la noble familia de los Thiene; fue secretario particular del papa Julio II, y protonotario apostólico. Como "escritor de las cartas apostólicas" pudo conocer de cerca cardenales y prelados que gozaban la vida. Pero su respuesta fue una humilde adhesión a la invitación evangélica para liberarse de todo lo que le impidiera ver bien, antes de ir contra las faltas de los demás.

Celebró la primera misa a los 36 años y consideró una "gran soberbia" haber subido al altar. Se inscribió en la pía asociación del Divino Amor, e hizo su primera experiencia pastoral en la parroquia de Santa María de Malo, cerca de Vicenza; después se dedicó al cuidado de los santuarios esparcidos por el monte Soratte. Regresó nuevamente a Roma en compañía del obispo Giampietro Carafa y de Bonifacio Colli y Pablo Consiglieri. No predicó la reforma: prefirió llevarla a cabo. Fundó la "Ordo Regularium Theatinorum", es decir, la Congregación de los Teatinos (el nombre de padres Teatinos que se da a los miembros de esta Congregación viene de Chieti, la Teate Marrucinorum de los latinos, uno de los episcopados de Giampietro Carafa), que tenía como finalidad principal la renovación del clero. Era el 1524. Ese mismo año el papa Clemente VII aprobaba la Congregación; Cayetano renunció a todos sus bienes y Carafa a los dos episcopados de Brindis y de Chieti para dedicarse totalmente a la vida común.

La idea de la fundación era de Cayetano de Thiene, pero, humilde como era, se mantuvo aparte. Carafa fue el primer superior general. Los seguidores del Santo fundador no eran muchos: al principio la Congregación no tenía sino cuatro miembros; cuatro años después tenía doce. Pero era como el puñado de levadura destinada a fermentar toda la masa. Ocho años después de la muerte de Cayetano, acaecida en Nápoles en 1547, el teatino Carafa fue elegido Papa, con el nombre de Pablo IV, un auténtico reformador. Cayetano, canonizado en 1671, al contrario de Lutero, realizó su reforma de abajo hacia arriba: se dedicó al apostolado entre los pobres y marginados; para liberar de la miseria instituyó "los montes de Piedad", abrió hospicios para ancianos y fundó hospitales. A los venecianos que lo reclamaban para su ciudad, les dijo: "Dios está en Nápoles como en Venecia". Se quedó en Nápoles en donde había más trabajo. Allí murió, como consecuencia del agotamiento, a la edad de sesenta y siete años.

En este mismo día se conmemora a los santos Sixto II (Cf. 3 de abril, que juntamos con Sixto I y III) y compañeros.

8 de agosto
SANTO DOMINGO
Presbítero

Estudio y pobreza son los dos puntos principales de la Orden de Predicadores (o dominicos), el programa de vida de los frailes "mendicantes" que llevan el hábito de Santo Domingo, contemporáneo de otro gran santo fundador, Francisco de Asís. Ambos dejaron en el mundo una huella imborrable, a pesar de haber sido breve su existencia terrena: Francisco murió a los 44 años de edad y Domingo a los 51 (había nacido en Caleruega, en la antigua Castilla, hacia el 1170, y murió en Bolonia el 6 de agosto de 1221). Tenía un carácter metódico y firmísimo, y le dio grande importancia al estudio, como premisa indispensable para la misión apologética de los frailes predicadores. El mismo había recorrido todas las etapas del estudio: hasta los catorce años como discípulo del tío arcipreste, después las artes liberales y luego el estudio de la teología.

De noble familia, "estatura media, cuerpo delgado, rostro hermoso y ligeramente colorado, cabellos y barba casi rojos, bellos ojos luminosos" (así nos dejó el retrato del Santo una monja dominica), acostumbró desde muy joven su cuerpo a la penitencia, su única riqueza eran los libros, pero que no dudó vender, en un año de carestía, para poder distribuir alimento a los hambrientos. Como sacerdote y canónigo de Osma se distinguió por rectitud, celo, puntualidad en las funciones y espíritu de sacrificio. Su vida, siempre intachablemente regularizada, tuvo un cambio decisivo cuando el joven canónigo, pasados los confines de la Vieja Castilla, tuvo el primer contacto con los herejes. Albigenses, cátaros y patarinos, muy difundidos en Lenguadoc, a más de la reanimación de una confusa doctrina gnóstica y maniquea, influían sobre el pueblo y particularmente sobre las mujeres ostentando pureza y pobreza de vida.

Los misioneros cistercienses, que llegaron allí bien equipados, fueron recibidos con desprecio: "He ahí a caballo a los ministros de un Dios que iba a pie". Entonces Domingo tuvo la idea de fundar una Orden de frailes pobres y estudiosos que pudieran predicar la doctrina cristiana no sólo con palabras sino con el ejemplo de su vida, sin sospechas de interés material. Domingo dio el ejemplo, caminando con los pies descalzos, durmiendo en el suelo, ayunando y viviendo de limosna. No se propuso formar una élite de intelectuales, sino de predicadores del Evangelio, y en sus peregrinaciones se detenía con gusto hasta con los más humildes zorreros "proponiendo a todos que hablaran de Dios". El papa Onorio III aprobó la Orden de los Predicadores, colocándola bajo la regla de san Agustín. En 1234, a los trece años de la muerte, fue proclamado santo.

9 de agosto

SAN FABIO

Mártir

Nació a finales del siglo II, y vivió durante el gobierno de Diocleciano y Maximiano, Constancio y Galerio Maximiano. En el 303 o en el 304 los dos primeros eran cónsules y ya se había proclamado el edicto de persecución.

Fabio era soldado y se encontraba en la guarnición de Cesarea de Mauritania. Con ocasión del "concilio" de provincia, él tenía que participar en una ceremonia y fue nombrado para llevar las insignias, lo cual nos hace ver que se le tenía mucho aprecio. En efecto, se trataba de un cargo honorífico y tenía también un carácter sagrado, para nosotros idolátrico. Y así lo consideró Fabio, que era un soldado ejemplar pero también un cristiano modelo; por eso rechazó el honor convencido de que un cristiano que quiere ser auténtico, no lo puede aceptar. Esa desobediencia suponía un castigo inmediato: la prisión. Y fue lo que le sucedió a Fabio.

Después de algunos días fue llevado al tribunal. El juez lo interrogó una y otra vez, pero como no logró convencerlo de que apostatara de sus principios cristianos, lo condenó a muerte. Poco después san Fabio fue decapitado.

10 de agosto

SAN LORENZO

Diácono y mártir

En la *Passio Polychronii* (los Hechos del martirio de san Lorenzo) se lee que el mártir, antes de ser colocado en la parrilla para ser quemado, quiso rezar por Roma. La ciudad, en señal de agradecimiento, le ha dedicado 34 iglesias, la primera de las cuales le fue erigida, según la costumbre, en el lugar del martirio, "in agro Verano", el actual cementerio romano. Tanto honor no han tenido ni siquiera los mismos patronos principales de Roma, san Pedro y san Pablo. ¿Cómo explicar, pues, la innegable popularidad de este mártir (en Roma hasta el siglo pasado su fiesta era de precepto) sin dar crédito a las noticias que nos presenta la *Passio* y los escritores del siglo IV, que recurren abundantemente a estas narraciones?

Su imagen, rodeada de leyenda inclusive en los escritores muy cercanos a su época (como Prudencio), nos es familiar en el gesto de distribuir a los pobres las colectas de los cristianos de Roma. Así lo representó el B. Angélico en los afrescos de la capilla vaticana del papa Nicoló V. Esta, en efecto, era una de las funciones de los diáconos, y Lorenzo, creado archidiácono por el papa Sixto II, había sido propuesto a la comunidad de los diáconos de Roma. Es, pues, comprensible que cuando comenzó la persecución de Valeriano, el mismo Papa, al ser arrestado y llevado al martirio, haya encargado a su diácono que distribuyera a los pobres cuanto él tenía. Cuando el emperador —se lee en la *Passio*— impuso a Lorenzo que le entregara los tesoros de los que había oído hablar, éste reunió ante Valeriano un grupo de indigentes y exclamó: "¡He aquí nuestros tesoros, que nunca disminuyen, y que siempre producen y los puedes encontrar en todas partes!".

A esta ingeniosa y sabia respuesta hacen eco las últimas palabras del mártir, que colocado sobre la parrilla ardiente y ya rojo como un tizón, tuvo la fuerza de bromear: "Miren, por esta parte ya estoy cocinado. Pueden voltearme". El papa san Dámaso recuerda el heroico testimonio de fe que dio el mártir: "Verbera, carnefices, flammas, tormenta, catenas...": los látigos, los verdugos, las llamas, los tormentos, las cadenas nada pudieron contra la fe de Lorenzo. El Papa, que "admiraba las virtudes del glorioso mártir", le erigió la segunda iglesia, sobre las ruinas del teatro de Pompeyo, haciendo para él la primera excepción: ningún mártir había tenido, antes de él, una iglesia en un lugar distinto a su martirio. Según la *Depositio martyrum*, el diácono Lorenzo sufrió el martirio el 10 de agosto del 258.

11 de agosto

SANTA CLARA

Virgen

En 1225, un año antes de su muerte, Francisco de Asís, enfermo y casi ciego, tocaba a la puerta del convento de San Damián, en donde desde mucho tiempo la hermana Clara esperaba el consuelo de una visita suya, y pidió que lo hospedaran. Para respetar la clausura quiso que lo acomodaran sobre el suelo en una choza de paja, en el huerto. Aquí fue donde el Juglar de Dios compuso la oración de agradecimiento al Señor con el *Cántico del hermano Sol*, el himno más bello a la alegría. Con este gesto parece que Francisco haya querido premiar a la más fiel y entusiasta intérprete de su ideal ascético, por el cual Clara, obstaculizada por sus familiares que se oponían a su elección, tuvo que huir de casa a los 19 años. La bellísima joven, que había nacido en 1193 en Asís de una rica familia, con insólita audacia se presentó, la noche del 18 de marzo de 1212, en la oscura y muy pequeña iglesia de Santa María de los Angeles, al pie del monte en donde se encuentra Asís. Allí la esperaban Francisco y sus frailes. El santo le cortó la larga cabellera y le puso sobre las espaldas el rústico sayo de lana tosca, haciéndole pronunciar los votos de obediencia, castidad y pobreza.

Después acompañaron a Clara al cercano monasterio benedictino, del que más tarde Francisco la sacó para llevarla al paupérrimo convento de San Damián, destinado a las monjas de la Segunda Orden franciscana, que por el nombre de Clara después tomaron el nombre de Clarisas. Más tarde la madre y la hermana de Clara, Ortolana y Beatriz, abandonaron su rica casa y entraron al austero convento. La respuesta de la joven Clara al ideal franciscano fue total. Para seguir al pie de la letra al maestro, pidió y obtuvo el "privilegium paupertatis" que la privaba aun de la posibilidad de tener algo para sí. A la muerte de Francisco, en el 1226, obtuvo que su cuerpo fuera introducido en la clausura para que las monjas pudieran contemplar su rostro. Pero

Clara tuvo el singular privilegio de ver proyectadas en la pared de la pequeña celda las imágenes vivas del Santo y las ceremonias solemnes que se desarrollaban en Santa María de los Angeles.

Por estas prodigiosas visiones Clara tiene el título de protectora de la televisión. Después de la muerte del seráfico fundador, Clara vivió otros 27 años. El enviado del papa Inocencio IV llevó la tan esperada bula de aprobación del privilegio de la pobreza a Clara en la mañana del 11 de agosto de 1253, pocos instantes antes de que expirara la Santa. Fue canonizada dos años después.

12 de agosto
SAN EUPLIO
Diácono y mártir

La popularidad de santa Agueda en Catania (Italia) ha dejado en la sombra a otro glorioso mártir, el paisano san Euplio (o Euplo), diácono, que sufrió el martirio "bajo el noveno consulado de Diocleciano y el octavo de Maximiano, la víspera de los "idus" de agosto, en Catania", es decir, el 12 de agosto del año 304. Estos datos nos vienen de un antiguo documento, históricamente atendible, la *Passio* de san Euplio, ejemplar por concisión y dramaticidad. "El diácono Euplio, hallándose en el espacio detrás del velo del tribunal, gritó: 'Yo soy cristiano; quiero morir por el nombre de Cristo'". El gobernador de la ciudad, Calviniano, lo llamó y después de algunas palabras introductorias le ordenó que leyera un trozo de los libros que llevaba consigo. Euplio leyó: "Bienaventurados los que sufren persecución por la justicia, porque de ellos es el Reino de los cielos". Después explicó: "Es la ley de mi Señor, tal y como me ha sido transmitida".

Calviniano ordenó que Euplio fuera torturado, y durante el suplicio se le hizo el segundo interrogatorio y la invitación a retractarse de la confesión anterior: "Euplio se santiguó con la mano que le quedaba libre y contestó: 'Lo que he confesado, lo sigo confesando: soy cristiano y leo las Sagradas Escrituras'". Los verdugos continuaron martirizándolo, y él oraba: "Te doy gracias, oh Cristo; sálvame, porque sufro por ti". El gobernador ordenó una pausa e hizo el último intento para convencer a Euplio a sacrificar a los dioses: "Desgraciado, adora a los dioses. Honra a Marte, a Apolo y a

Esculapio". Y Euplio contestó: "Yo adoro al Padre, al Hijo y al Espíritu Santo. Yo adoro a la Santísima Trinidad. Fuera de él, no hay ningún otro Dios... Yo sacrifico, pero me ofrezco yo mismo como sacrificio a Cristo Dios, no tengo nada más para sacrificar; tus esfuerzos son vanos, yo soy cristiano".

Euplio fue condenado a la decapitación: "Le colocaron en el cuello el Evangelio que llevaba cuando fue arrestado; delante de él un heraldo gritaba: '¡Euplio, cristiano, enemigo de los dioses y de los emperadores!'. Euplio, muy contento, repetía continuamente: 'Gracias a Cristo Dios'. Apresuraba el paso como si fuera a una coronación. Cuando llegó al lugar del suplicio se arrodilló y oró largamente. Después presentó la cabeza al verdugo y fue decapitado. Más tarde algunos cristianos vinieron y se llevaron el cuerpo. Antes de enterrarlo, lo embalsamaron".

13 de agosto

SANTOS PONCIANO E HIPOLITO

Papa y presbítero, mártires

Ponciano, de la antigua y noble familia de los Calpurni, fue elegido Papa en el año 230, durante el imperio del manso y sabio Alejandro Severo, cuya tolerancia en cuestión de religión permitió a la Iglesia organizarse. Pero precisamente en este paréntesis de paz se presentó en la Iglesia de Roma el primero y funesto rompimiento con el nombramiento de un antipapa, en la persona de ese Hipólito, que después un providencial martirio lo restituyó a la unidad y a la santidad. Hipólito, sacerdote, culto y austero, poco inclinado a la indulgencia y temeroso de que en toda reforma se ocultaba el error, había llegado a acusar de herejía al mismo pontífice san Ceferino y al diácono Calixto, y, cuando este último fue elegido papa en el 217, se rebeló, y aceptó ser él elegido inválidamente Papa por sus seguidores.

Se mantuvo en el cisma aun durante el pontificado de san Urbano I y de san Ponciano. Mientras tanto el emperador Alejandro Severo fue asesinado en Alemania por sus mismos legionarios y le sucedió Maximino, que hizo revivir los edictos de persecución contra los cristianos. Encontrándose delante de una Iglesia con dos jefes, sin pensarlo dos veces, los mandó a ambos a trabajos forzados en una mina de Cerdeña. Ponciano es el primer Papa deportado. Era un hecho nuevo que se presentaba en la Iglesia, y Ponciano supo resolverlo con sabiduría y humildad: para que los cristianos no quedaran sin su pastor, renunció al pontificado y esta renuncia espontánea fue también un hecho nuevo.

Le sucedió el griego Antero, que gobernó a la Iglesia sólo durante cuarenta días. El gesto generoso de Ponciano conmovió al intransigente Hipólito, que murió efectivamente reconciliado con la Iglesia en el 235. Según un epígrafe dictado por el papa Dámaso, Hipólito, aunque habiéndose obstinado en el cisma por un malentendido celo, en la hora de la prueba "cuando la espada rompía las vísceras de la madre Iglesia, mientras fiel a Cristo caminaba hacia el reino de los santos", a los seguidores que le preguntaban a cuál pastor seguir señaló al legítimo Papa como único guía y "por esta profesión de fe mereció ser nuestro mártir". Por otra parte, recientes estudios llevarían a distinguir tres diversos personajes: un Hipólito obispo y escritor, un Hipólito mártir romano y un tercero, autor de ensayos filosóficos, identificado con el antipapa contrapuesto a Calixto y a Ponciano. Más tarde fueron transportados a Roma los cuerpos de los dos mártires y enterrados, Hipólito a lo largo de la vía Tiburtina, y Ponciano en las catatumbas de san Calixto.

14 de agosto
SAN MAXIMILIANO M. KOLBE

Presbítero y mártir

El 18 de junio de 1894 en Zdunska Wola, región de Lodz, nació el Santo bautizado con el nombre de Raimundo. Sus padres don Julio y doña María Dabrowska, modestos tejedores, inculcaban a sus hijos una especial devoción a la Virgen y cada año iban a visitarla al santuario mariano de Jasna Gora en Czestochowa.

Inició sus estudios de primaria en Pabianice donde recibió sus primeras lecciones de catecismo por parte del P. Vladimiro Jakonski, quien describe a Maximiliano como un jovencito obediente, servicial, delicado y diligente.

Tuvo que interrumpir sus estudios secundarios por motivos económicos, pero un vecino farmaceuta, don Kotowski, le ayudó con algún dinero y algunas clases particulares para que no se atrasara en sus estudios.

Muy cerca de Lodz, surgió un convento franciscano con una iglesia dedicada a san Antonio de Padua. Un día durante la homilía Raimundo y Francisco (su hermano), escucharon la noticia de la apertura de un seminario franciscano para quienes quisieran seguir los pasos de san Francisco de Asís, noticia que escucharon con mucho interés. Así, el 1º de octubre de 1907, partió para Polonia austríaca con su hermano y después de tres años inició el noviciado. Más tarde, el 5 de septiembre de 1911, Raimundo cambió su nombre por el de Fray Maximiliano. Pasado un mes viaja a Roma y se inscribe en la Pontificia Universidad Gregoriana, pero en esta ocasión sus estudios son interrumpidos por la primera guerra mundial. Pese a estos inconvenientes, el 29 de abril de 1918, celebra su primera misa en la Basílica romana de San Andrés y el 22 de julio del mismo año retorna a Cracovia con el doctorado en Teología. Allí fundó el círculo universitario mariano con revistas, periódicos, boletines, estampas y hasta medallas milagrosas.

En agosto de 1927 a 40 kilómetros de Varsovia se coloca la primera piedra de la ciudad mariana que se llamó: Niepokalanow "Ciudad de la Inmaculada", inaugurada a los cuatro meses con una Eucaristía en la capilla ya terminada.

Maximiliano proyecta nuevos planes y viaja a Japón en 1930, donde funda otra ciudad mariana denominada Mugenzai No Sono (Jardín de la Inmaculada).

En 1936 los superiores lo invitan a regresar a Niepokalanow donde es nombrado superior. En septiembre de 1939, los alemanes invaden a Polonia y el 19 de ese mismo mes llega la Gestapo a la ciudad, y lo capturan con todos sus hermanos de comunidad, los elementos editoriales y la emisora, pero el 8 de diciembre del mismo año lo dejan en libertad.

Pocos meses más tarde vuelve a ser arrestado, le asignan la celda 103 y en mayo lo trasladan a Aüschwitz. Le dan el número de prisión 16.670. Después de varios meses en ese centro de concentración ofrece su vida en cambio de otro prisionero, el sargento Francisco Gaiowniczek, quien estaba sentenciado a ser fusilado. El P. Maximiliano al momento de ofrecer su vida dijo: "Quiero morir en lugar de ese hombre... soy sacerdote católico... soy viejo y estoy solo y él tiene esposa e hijos".

Muere el 14 de agosto de 1941. El papa Pablo VI lo beatificó el 17 de octubre de 1971 y el papa Juan Pablo II lo inscribió en el catálogo de los Santos el 10 de octubre de 1982.

El 25 de abril de 1983, la Sagrada Congregación para el Culto Divino, promulgó el decreto que manda introducir la fiesta de san Maximiliano como Memoria obligatoria para toda la Iglesia.

Uno de sus lemas fue: "La vida huye rápidamente. Ni un segundo regresa. Esforcémonos por dar las mayores muestras posibles de amor".

El mismo día: 14 de agosto (del 15)

SAN ESTANISLAO KOSTKA

Son extraordinarios los puntos de encuentro del joven Santo polaco con su contemporáneo san Luis Gonzaga. Estanislao era también de una familia noble y poderosa. Conservó el mismo candor en una sociedad frívola y amante del placer, y con sorprendente valentía se apartó de ella para seguir su vocación. Entró en la misma Congregación, o sea, a la Compañía de Jesús, fundada recientemente. Cuando san Ignacio murió, en 1556, Estanislao tenía seis años. Era el segundo hijo de la rica familia de los Kostka, y la madre le dio una buena formación religiosa que pronto hizo ver los buenos frutos. A los trece años fue enviado a Viena con su hermano mayor, Pablo, y un preceptor para que completara los estudios en un colegio de los jesuitas.

Precisamente en ese tiempo el emperador de Austria, comenzando una larga serie de abusos contra la batalladora Compañía de Jesús, había allanado la residencia del colegio destinada a los estudiantes que iban de afuera. Estos tuvieron que recurrir a piezas de alquiler. Lejos de la vigilancia de sus maestros, los jóvenes fueron fáciles presas de la tentación. Pero mientras Pablo, haciendo causa común con el joven preceptor, se dedicó a frecuentar malas compañías y a vivir disipadamente, Estanislao se mantuvo devoto y aplicado, pasando el tiempo libre dedicado a su estudio y a rezar en la iglesia cercana. El hermano se burlaba de él. Estanislao se enfermó gravemente y su vida corrió serio peligro. Sus biógrafos cuentan que deseaba ardientemente recibir la Eucaristía y que su deseo fue escuchado con la visita de dos ángeles.

En esta ocasión maduró en el joven el propósito de entrar en la Compañía de Jesús. Para prevenir la reacción natural del padre, se dirigió directamente al provincial de los jesuitas, san Pedro Canisio; después, burlando la vigilancia del hermano y del preceptor con un hábil disfraz abandonó a Viena a la madrugada y se fuc a Dillingen. La reacción del padre fue más violenta de lo que se esperaba: hasta amenazó con hacer desterrar a los jesuitas de Polonia si Estanislao no regresaba a casa. Pero el joven fue irremovible. A los 17 años fue enviado a Roma a terminar allí el período del noviciado y los estudios de filosofía en el Colegio Romano. Pasó su vida en el serio compromiso escolástico y en la devoción. Auténtico enamorado de la Virgen, pronosticó que moriría joven en un día dedicado a la Virgen. Murió, efectivamente, el día de la Asunción, a los 18 años de edad, en 1568.

15 de agosto
ASUNCION DE LA VIRGEN MARIA

Solemnidad

María aparece por última vez en los escritos del Nuevo Testamento, en el primer capítulo de los Hechos de los apóstoles: se encuentra en medio de los apóstoles, en oración en el Cenáculo, en espera de la venida del Espíritu Santo. Los textos inspirados son concisos, pero respecto de la Virgen abundan los escritos apócrifos, sobre todo el *Protoevangelio de Santiago* y la *Narración de san Juan el teólogo sobre el sueño de la santa Madre de Dios*. El término "sueño" ("dormitio" o paso a la otra vida) es el más antiguo que se refiera a la conclusión de la vida terrena de María. Esta celebración fue decretada para Oriente en el siglo VII con un decreto del emperador bizantino Mauricio. En el mismo siglo la fiesta del Tránsito fue introducida también en Roma por un Papa oriental, Sergio I. Pero pasó otro siglo antes que el término "sueño" o "Tránsito" cediera el puesto al más explícito de "Asunción".

La definición dogmática, pronunciada por Pío XII en 1950, declarando que María fue elevada al cielo en cuerpo y alma quiso relievar el carácter único de su santificación personal, puesto que el pecado nunca la contaminó, ni siquiera por un instante. La unión definitiva, espiritual y corporal, del hombre con el Cristo glorioso, es la fase final y eterna de la redención. Así, los bienaventurados, que ya gozan de la visión beatífica, en cierto sentido están a la espera del cumplimiento de la redención, que en María ya se cumplió con la gracia especial de la preservación del pecado.

A la luz de esta doctrina, que se basa en la Sagrada Escritura, en el llamado Protoevangelio, que contiene el primer anuncio de la salvación mesiánica dado por Dios a nuestros progenitores después del pecado, se presenta a María como nueva Eva, estrechamente unida al nuevo Adán, Jesús. En efecto, Jesús y María están unidos en el dolor y en el amor para reparar la culpa de nuestros primeros padres. María es, pues, no sólo Madre del Redentor, sino también su cooperadora, estrechamente unida a él en la lucha y en la victoria final. Esta íntima unión requiere también que María triunfe, lo mismo que Jesús, no sólo sobre el pecado, sino también sobre la muerte, los dos enemigos del género humano. Y como la Redención de Cristo se concluye con la resurrección del cuerpo, también la victoria de María sobre el pecado, con la Inmaculada Concepción, tenía que completarse con la victoria sobre la muerte mediante la glorificación del cuerpo, con la asunción, porque la plenitud de la salvación cristiana es la participación del cuerpo en la gloria celestial.

16 de agosto
SAN ESTEBAN DE HUNGRIA
Rey

Los húngaros, pueblo nómada, de sangre fenicia y turca, sacados de su tierra de origen, las estepas del Don, llegaron en el 889 al alto Danubio y bajaron a Pannonia, bajo la guía de Arpad, fundador de la dinastía de los Arpadios que gobernaron a Hungría hasta el 1301. Ellos constituyeron un constante peligro para Occidente, hasta cuando Otón I los derrotó cerca de Augusta en el 955, obligándolos a una vida sedentaria. Fue en este período cuando tuvo lugar la apertura a la predicación cristiana. El duque Geza, habiéndose casado con una princesa cristiana, permitió que el hijo Vaik fuera educado cristianamente. Vaik recibió el Bautismo en los años de la adolescencia y tomó el nombre de Esteban.

El santo obispo de Praga, Adalberto, fue su guía y maestro. Se casó con la piadosa e inteligente princesa Gisela o Ghísola, hermana del futuro emperador Enrique II de Baviera. En el año 997, Esteban-

Vaik heredó del padre el gobierno del pueblo húngaro, y su primer objetivo fue el de reunir los 39 condados autónomos en un solo Estado política y religiosamente compacto. Envió a Roma a su mejor colaborador, el monje húngaro san Astric, a quien el papa Silvestre II consagró obispo confiriéndole la facultad de consagrar otros obispos húngaros. Le confió también la corona con la cual Esteban, en el día de Navidad del año 1000, fue coronado rey de Hungría, con el título de "Rey apostólico".

Esteban se demostró digno de ese título: emprendió la evangelización del pueblo húngaro con la ayuda de los celosos benedictinos de Cluny, a quienes apoyó en todo el territorio con la fundación y la dotación de varios monasterios. El más célebre es el de San Martín de Pannonhalma, que llegó a ser gran centro de actividad misionera. Dividió el reino en diez diócesis y en treinta y nueve diaconías, correspondientes a los 39 condados. Fue un monarca sabio y valiente, y también diplomático. Aunque manteniendo buenas relaciones con el vecino emperador de Bizancio, se propuso consolidar los lazos con la prometedora comunidad occidental.

Los últimos años de su reinado, que duró del 997 al 1038, se vieron amargados por la prematura muerte del heredero, san Emerico, y por las luchas por la sucesión. Cuando murió Esteban, su esposa Gisela abandonó la corte y se encerró en el monasterio benedictino de Passau. Esteban fue canonizado en 1083. Desde 1631 su fiesta fue extendida a toda la Iglesia y se celebraba el 20 de agosto, después el 2 de septiembre. El nuevo calendario ha establecido que se celebre el día más cercano al 15 de agosto, aniversario de su muerte. El santo Rey murió en Szekesfehérvar.

17 de agosto (del 16)
SAN ROQUE

La extraordinaria difusión del culto a san Roque en Europa, a partir del siglo XV, se debe a la protección del Santo contra el terrible flagelo de la peste. A la devoción popular hacia este Santo se oponen una cierta cronología poco segura y un perfil biográfico lleno de elementos legendarios. Un dato seguro parece el lugar de nacimiento: Montpellier, en Francia; y la época, el siglo XV. Según su primer biógrafo, que escribió después del 1430, Roque quedó huérfano siendo muy joven todavía, y entonces distribuyó todos sus bienes entre los pobres y partió en peregrinación a Roma. En Acquapendente se encontró con el trágico espectáculo de desolación producido por la peste. La prudencia humana le hubiera aconsejado alejarse del lugar, pero el buen samaritano antepuso la caridad a cualquier otra consideración, y se ofreció como voluntario a la asistencia de los apestados en el lugar en donde los recogían, y allí obró las primeras curaciones milagrosas.

No continuó su camino directo a Roma, sino que iba de un lado a otro, según las necesidades más urgentes, llevado por su extraordinaria caridad. Donde aparecía un foco de peste, allí corría Roque. Así fue a Cesena y después a Roma, en donde curó entre otros a un Cardenal que después lo presentó al Papa. También en Roma sus itinerarios eran los de las obras de misericordia. Después emprendió el viaje de regreso y pasó por Rimini, Novara y Piacenza.

En Piacenza se contagió. El repugnante bubón de la peste, que le apareció en una pierna, no lo dejó continuar su obra de ayuda a los enfermos que sufrían el mismo mal, y para no ser de peso a nadie salió de la ciudad y se fue a orillas del río Po, en un lugar desierto, para morir en soledad. A san Roque se lo representa con vestidos de peregrino y con un perro a su lado y que le presenta un pan. La representación se inspira en este momento de su vida, cuando, atacado por la peste y apartado en una choza, se habría muerto si un perro no le hubiera llevado todos los días un pan y si de la tierra no hubiera salido milagrosamente una fuente de agua para calmarle la sed. De este refugio fue llevado por el patricio Gottardo Pallastrelli, que lo hospedó en su propia casa hasta cuando fue curado completamente. Dejó a Piacenza y se dirigió hacia el norte, pero cerca del Lago Mayor, en Angera, fue confundido por un espía y encarcelado. Permaneció prisionero durante cinco largos años, y allí murió abandonado y olvidado de todos. Otra versión sostiene que Roque regresó a su ciudad natal, Montpellier, en donde murió.

18 de agosto
SANTA ELENA

Nació en Bitinia de familia plebeya. Su hijo Constantino le dará después el título de "Augusta". Por orden del emperador Diocleciano fue repudiada por el marido, el tribuno militar Constancio Cloro. En efecto, la ley romana no reconocía el matrimonio entre un patricio y una plebeya; por tanto, Elena era considerada simplemente como una concubina, y cuando Constancio Cloro tuvo el título de "Augusto" con el colega Galerio, se vio obligado a deshacerse de ella, pero mantuvo consigo al hijo Constantino, que había nacido de su unión en el año 285. Cuando murió el padre de Constantino, éste fue aclamado "Augusto" en el 306 en York por las legiones británicas, y entonces Elena pudo regresar al lado de su hijo, con el merecidísimo título de "Nobilissima Foemina", para después tener el más alto honor al que podía aspirar una mujer, el de "Augusta", cuando el hijo, derrotando a Masencio en las puertas de Roma, llegó a ser "totius orbis imperator", esto es, señor absoluto.

Fue el comienzo de una pacífica obra de reconstrucción, que incluyó la paz con el cristianismo. En efecto, por sus relaciones con el cristianismo él le imprimió a su monarquía un contenido espiritual, pues le atribuía su victoria a la protección de Cristo. No sabemos cuánta participación tuvo Elena en esta conversión de consecuencias tan maravillosas. Aunque el historiador Eusebio, autor de una *Vida* de Constantino, sostiene que fue el emperador quien llevó a la madre a la fe, muchos consideran que fue Elena quien convirtió al hijo; pero una conversión bastante fría, porque él recibió el Bautismo solamente a la hora de la muerte, en el 337. Por el contrario, Elena demostró un fervor religioso, que se tradujo en grandes obras de beneficencia y en las célebres basílicas de los lugares santos, de los que fue intrépida exploradora.

A pesar de su avanzada edad, había ido a Palestina para seguir las excavaciones en Jerusalén, que había comenzado el obispo san Macario. Así fue como encontró la tumba de Cristo excavada en la roca y cerca la Cruz del Señor y las de los dos ladrones. La "invención", es decir, el hallazgo de la Cruz, que tuvo lugar en el 326 ante los ojos de la piadosísima madre del emperador, causó una grande emoción en toda la cristiandad. Animada por este primer éxito, Elena buscó y encontró la gruta del Nacimiento en Belén y el lugar en el monte de los Olivos en donde Jesús estuvo con sus discípulos poco antes de subir al cielo. A estos descubrimientos siguió la construcción de otras tantas basílicas, una de las cuales, sobre el monte de los Olivos, llevó después el nombre de Elena.

19 de agosto

SAN JUAN EUDES

Presbítero

El Seiscientos es el siglo del Rey Sol, del jansenismo, del quietismo, del filosofismo, el siglo de la desconfianza, del olvido y del desprecio referente a la espiritualidad cristiana, pero también es el siglo de la gran renovación de la piedad y de la devoción, debido a la obra de hombres como Bérulle, Condren, Olier, Vicente de Paúl, Griñón de Montfort y Juan Eudes. Juan Eudes nació en Ri, cerca de Argentan (Francia), en 1601, y es uno de los más celosos reformadores de la vida religiosa de su tiempo. Entró a la Congregación del Oratorio, fundada por Bérulle, y, después de su ordenación sacerdotal, se dedicó a la predicación entre el pueblo. A los dos años estalló una epidemia de peste en Normandía, y Juan corrió allí para asistir a los apestados. No le tenía miedo al contagio: "De este pellejo mío tiene miedo hasta la misma peste" decía sonriendo. Pero los que le estaban cerca sí le tenían miedo al contagio, y para no exponerlos al peligro del contagio con su acercamiento, pasaba la noche fuera de casa, teniendo como refugio un barril en un pajar.

Cuando la enfermedad pareció derrotada, Juan quedó contagiado, pero superó la crisis. Cuando se restableció, continuó sus misiones entre la gente. Era un predicador eficaz y muy seguido. Hubo quien hizo la cuenta de las misiones que él realizó entre el pueblo en toda Francia: fueron 116. En 1643 Juan Eudes puso manos a la obra en la que pensaba desde hacía bastante tiempo: la fundación de la Congregación de Jesús y de María (los Padres Eudistas) formada por sacerdotes con el solo voto de obediencia. Fin principal de la nueva Congregación era la formación espiritual de los candidatos al sacerdocio y la predicación de las misiones al pueblo. Colateral a ésta es la Congregación femenina llamada Refugio de Nuestra Señora de la Caridad, de la que después, en el siglo XIX, nació la Congregación del Buen Pastor.

Alimentado con la espiritualidad de Bérulle, el docto y santo misionero de Normandía hizo resaltar "el amor afectivo" en la devoción cristiana. San Pío X definió a Juan Eudes padre, doctor y apóstol de la "dulcísima devoción" a los Sacratísimos Corazones de Jesús y de María, fuentes de ese caluroso amor que debía deshacer el helado temor reverencial predicado por el jansenismo. Murió en Caen el 19 de agosto de 1680, a la edad de 79 años, y fue canonizado en 1925. La influencia de este Santo ha sido muy grande no sólo en su tierra (él renovó la antigua tierra normana, pobre de vida cristiana), sino en todo el mundo cristiano por la corriente de piedad mariana a la que le dio comienzo.

20 de agosto

SAN BERNARDO

Abad

El poder de atracción de este Santo fue extraordinario. Nació en 1090 en el castillo de Fontaine, cerca de Dijon (Francia), y era el tercero de seis hermanos. Desde joven resolvió hacerse monje en Citeaux. El buen Tescellino, padre de Bernardo, quedó consternado: uno por uno los hijos abandonaban las comodidades del castillo para seguir a Bernardo: Guido, el primogénito, dejó inclusive a la esposa, que también se hizo monja. Nissardo, el menor, también le dio su adiós al mundo, seguido por la única hermana Ombelina y por el tío Gaudry, que abandonó la pesada armadura para vestir el cándido sayo. Por último, también Tescellino pidió la admisión al monasterio en donde vivía casi toda la familia. Un éxodo tan total tal vez no se ha tenido en toda la historia de la Iglesia. Y como eran numerosos otros jóvenes que pedían entrar al monasterio de los cistercienses, hubo que fundar otros. Encargaron a Bernardo, que dejó a Citeaux con una pesada cruz de madera al hombro, seguido por doce religiosos que cantaban himnos y alabanzas al Señor.

La pequeña tropa, después de una larga marcha, se detuvo en un valle bien protegido. El lugar era bueno y resolvieron quedarse ahí, bautizándolo con el hermoso nombre de Claraval. Como eran buenos albañiles, como todos los benedictinos, los frailes construyeron inmediatamente chozas para orar, dormir y comer. Se practicaba la regla benedictina con mucho rigor: oración y trabajo, en la obediencia absoluta al abad. Pero Bernardo prefería las vías del corazón a la rígida norma fija. Les decía a sus hijos: "Amemos y seremos amados. En los que amemos encontraremos reposo, y el mismo reposo ofrecemos a cuantos amamos. Amar en Dios es tener caridad; tratar de ser amados por Dios es servir a la caridad".

Desde Claraval Bernardo expandía su luz sobre toda la cristiandad. A pesar de ser delicado y nunca con buena salud, recorrió media Europa, orientó concilios, predicó una cruzada en Tierrasanta. Y después de las agotadoras jornadas se retiraba a su celda a escribir obras llenas de optimismo y de dulzura, como el *Tratado del amor a Dios* o el *Comentario al Cantar de los Cantares*, que es una declaración de amor a María, por quien se convirtió en compositor y autor de las palabras y de la música del bellísimo himno "Ave Maris stella". Suya es la invocación "Oh clemente, oh piadosa, oh dulce Virgen María". Pocos instantes antes de la muerte, el 20 de agosto de 1153, así consolaba a sus frailes: "No sé a quién escuchar, si al amor de mis hijos que me quieren detener aquí abajo, o al amor de mi Dios que me atrae hacia arriba".

21 de agosto

SAN PIO X

Papa

Le gustaba definirse "un pobre párroco de provincia" y cuando alguien le decía "Santo Padre", él corregía: "No Santo, sino Sarto". El papa Sarto nació el 2 de junio de 1835 en Riese (Italia). Fue bautizado al día siguiente con el nombre de José Melchiorre. El padre, empleado municipal, murió dejando a la esposa Margarita Sanson con diez hijos por levantar. "Pepe", el segundo de los hijos, quería interrumpir los estudios seminarísticos para ayudar a la familia. Pero la valiente madre lo exhortó para que continuara el camino que había emprendido. A los 23 años fue consagrado sacerdote, y durante 9 años fue coadjutor en Tombolo; después párroco en Salzano también 9 años; otros 9 años fue canónigo y director espiritual en Treviso; 9 años obispo de Mantua y 9 años cardenal patriarca de Venecia; luego fue papa durante 11 años, del 1903 al 1914. Murió el 20 de agosto de 1914, afligido por la guerra que ya se aproximaba sobre Europa. Desde la lejana Edad Media no se sentaba sobre la cátedra de Pedro un humilde hijo de campesinos.

Su pontificado fue excepcionalmente fecundo por la organización interna de la Iglesia. Poco inclinado a las sutilezas diplomáticas, no cuidó las relaciones de la Iglesia con el poder político y sus actitudes intransigentes crearon roces con Rusia, los Estados Unidos (rechazo hasta la visita de Theodoro Roosevelt), Alemania, Portugal y Francia, de la que rechazó la ley de la separación entre Iglesia y Estado. El papa de la amabilidad se mostró particularmente hostil a cualquier apertura que se pudiera hacer pasar por aceptación del difundido "modernismo" aun dentro del clero.

Su lema "instaurare omnia in Christo" se tradujo en vigilante atención a la vida interna de la Iglesia: promovió la renovación litúrgica, derribó las seculares barreras que separaban a la Curia romana de la práctica pastoral; codificó el derecho canónico, promovió la instrucción religiosa de los niños con el Catecismo, permitiéndoles la primera Comunión a muy joven edad. Dotado de equilibrio y discreción, de prudencia y de fuerza, a pesar de tener una concepción centralística de la manera de gobernar a la Iglesia, no se propuso sino ser "el siervo de todos" y su disponibilidad fue en realidad un hecho nuevo en los palacios vaticanos. El Papa véneto, sonriente y agudo, hablaba con todos, sin tener en cuenta las reglas del protocolo. Pobre entre los pobres, para ir desde Venecia hasta Roma al cónclave tuvo que sacar el dinero prestado para el pasaje en tren, de ida y regreso, pues estaba convencido que el Espíritu Santo no iba a cometer el "error" de sugerir al sagrado colegio cardenalicio su elección a Papa. Fue canonizado por Pío XII en 1954.

22 de agosto
SANTISIMA VIRGEN MARIA, REINA

La festividad de hoy, paralela a la de Cristo Rey, fue instituida por Pío XII en 1955. Hasta la reciente reforma del calendario litúrgico, se celebraba el 31 de mayo, como coronación de la devoción especial mariana del mes dedicado a ella. El 22 de agosto estaba reservado a la conmemoración del Corazón Inmaculado de María, en cuyo lugar se celebra la fiesta de María Reina para acercar la realeza de la Virgen a su glorificación en la asunción al cielo. Este puesto de singularidad y de preeminencia, junto a Cristo Rey, le viene por los múltiples títulos, que Pío XII ilustró en la carta encíclica *Ad Coeli Reginam* (11 de octubre de 1954), de Madre de la Cabeza y de los miembros del Cuerpo Místico, de Augusta Soberana y Reina de la Iglesia, que la hace partícipe no sólo de la dignidad real de Jesús, sino también de su influjo vital y santificador sobre los miembros del Cuerpo místico.

El latín "regina", como "rex", deriva de "regere" es decir, regir, gobernar, dominar. Desde el punto de vista humano es difícil atribuir a María el papel de dominadora, ella que se proclamó la sierva del Señor y pasó toda su vida humildemente oculta. Lucas, en los Hechos de los apóstoles, coloca a María en medio de los Once, después de la Ascensión, recogida con ellos en oración; pero no es ella la que imparte órdenes, sino Pedro. Y, sin embargo, precisamente en esa circunstancia ella constituye el anillo de enlace que tiene unidos al Resucitado a esos hombres todavía no robustecidos por los dones del Espíritu Santo. María es Reina porque es Madre de Cristo, el Rey. Es Reina porque sobrepasa a todas las criaturas en santidad: "En ella se reúne todo lo que hay de bondad en cualquier criatura" dice Dante en la *Divina Comedia.*

Todos los cristianos ven y veneran en ella la sobreabundante generosidad del amor divino, que la colmó de todo bien. Pero ella distribuye real y maternalmente todo lo que ha recibido del Rey; protege con su potencia a los hijos adquiridos en virtud de su corredención y los alegra con sus dones, porque el Rey ha dispuesto que toda gracia pase por sus manos de espléndida Reina. Por eso la Iglesia invita a los fieles a invocarla no sólo con el dulce nombre de madre, sino también con el reverente de Reina, como en el cielo la saludan con alegría y amor los ángeles, los patriarcas, los profetas, los apóstoles, los mártires, los confesores, las vírgenes. María fue coronada con la doble diadema de la virginidad y de la maternidad divina: "El Espíritu Santo vendrá sobre ti, y la virtud del Altísimo te cubrirá con su sombra. Por esto el Santo que nacerá de ti será llamado Hijo de Dios".

23 de agosto
SANTA ROSA DE LIMA

Virgen

Isabel Flórez y de Oliva, la primera santa del Nuevo Mundo, nació en Lima en 1586 de padres españoles, que se habían trasladado a la rica colonia de Perú. El nombre de Rosa fue un simple apodo que le puso la doméstica india, Mariana. La mujer, impresionada por la extraordinaria belleza de la niña, exclamó admirada: "¡Eres bella como una rosa!", y desde ese día siguió llamándola Rosa en vez de Isabelita. Más tarde, cuando Isabel entró a la Tercera Orden dominica, quiso llamarse Rosa de Santa María, y con este nombre entró en la lista de los santos. Santa Rosa de Lima, la flor más hermosa de Perú, canonizada en 1671, es venerada como patrona no sólo de su patria, sino también de toda la América Latina y de las Islas Filipinas.

Lo que maravilla en la vida de esta Santa, que murió a los 31 años de edad, es su inconcebible deseo de sufrimiento. Un examen superficial de su personalidad podría hacer pensar en un deseo masoquista. Pero ese mundo, aparentemente infeliz, encierra en sí, como un barril lleno de buen vino, el secreto de la auténtica alegría. En Perú no había conventos, y, entonces, Isabel Flórez se impuso una regla de vida austera, según sus propios puntos de vista. Ella le decía a quien la animaba durante su dolorosísima enfermedad: "Si los hombres supieran lo que significa vivir en gracia no los asustaría ningún sufrimiento y soportarían con gusto cualquier sufrimiento porque la gracia es el fruto de la paciencia". Después, no logrando explicar sus sentimientos, añadía: "Sólo puedo explicarme con el silencio. Las dulzuras y la felicidad que puede ofrecerme el mundo son sólo una sombra respecto de lo que siento". Pero admitía: "No sabía que una criatura pudiera ser atacada con tantos sufrimientos. Dios mío, puedes aumentarlos, con tal que aumente mi amor por ti".

Caída en la miseria con su familia, se ganó la vida con el duro trabajo de sus propias manos. Se dedicaba a coser hasta altas horas de la noche. A los veinte años, rechazó un buen partido matrimonial, pidió y obtuvo hacer los votos religiosos en casa, como terciaria dominica. En el huerto de su casa construyó una celdita. La cama era un poco de rastrojos. Se colocó en la cintura un doloroso cilicio, martirizando su cuerpo con duras penitencias. Cuando quedó sola y enferma, fue recibida por los esposos Maza en 1614. Sabía que le quedaba poco tiempo de vida, inclusive conocía el día de su muerte: todos los años en la fiesta de san Bartolomé pasaba todo el tiempo en oración: "Este es el día de mis bodas eternas" decía. Murió, efectivamente, el 24 de agosto de 1617.

24 de agosto

SAN BARTOLOME

Apóstol

En las cuatro listas de los apóstoles se le presenta con el nombre de Bartolomé, Bar Tholmai, hijo de Tholmai (en hebreo Tholmai quiere decir arado o agricultor). San Juan no le dice Bartolomé sino Natanael, y por eso los estudiosos concuerdan en llamarlo Bartolomé-Natanael. El apóstol Felipe es el que le presenta al Mesías: "Hemos encontrado a Aquel de quien escribió Moisés en la Ley y los Profetas, a Jesús de Nazaret". "¿De Nazaret? —replica Natanael— ¿Puede salir algo bueno de Nazaret?". Natanael era de Caná, que dista 14 kilómetros de Nazaret, y es proverbial la poca estimación que hay entre los pueblos vecinos.

Pero el Maestro puso pronto un puente entre él y el joven de Caná: "He aquí un verdadero israelita en quien no hay engaño". Al escuchar esa alabanza, Natanael manifestó su sorpresa: "¿Cómo me conoces? Y Jesús le contestó: antes que Felipe te llamara, yo te había visto debajo de la higuera". ¿Qué había sucedido debajo de la higuera? ¿Será un secreto entre el apóstol y el Mesías? Después de ese breve coloquio Bartolomé-Natanael manifestó su adhesión incondicional a Cristo: "Maestro, ¡tú eres el Hijo de Dios, tú eres el Rey de Israel!". Y Jesús: "Tú crees porque te he dicho: te he visto debajo de la higuera. Verás cosas mayores". En efecto, Natanael-Bartolomé vio prodigios obrados por el Maestro, escuchó su mensaje, asistió a la Pasión y a la glorificación del Mesías, después fue predicador de la Buena noticia, aceptando con el mismo entusiasmo las consecuencias de un testimonio tan empeñativo y comprometedor.

De su actividad apostólica no tenemos noticias seguras. Las lecciones del *Breviario romano* se basan en una antigua tradición armena: "El apóstol Bartolomé, que era de Galilea, se dirigió a India que le había tocado en suerte para la evangelización cuando se distribuyeron el mundo. Predicó a esos pueblos la verdad del Señor Jesús según el Evangelio de san Mateo. Después de haber convertido a muchos a Cristo en esa región, soportando no pocas fatigas y venciendo muchas dificultades, pasó a Armenia mayor... en donde llevó a la fe cristiana al rey Polimio y a su esposa, y también a doce ciudades; pero estas conversiones suscitaron fuertemente la envidia de los sacerdotes locales, a los que logró azuzar de tal manera el hermano del rey Polimio, Astiage, que dio la orden cruel de despellejar a Bartolomé y después decapitarlo".

25 de agosto

SAN JOSE DE CALASANZ

Presbítero

San José de Calasanz, un hombre inquieto y al mismo tiempo paciente como Job, nació en Peralta de la Sal, diócesis de Urgel en Aragón, en 1557. A los 28 años fue ordenado sacerdote e inmediatamente manifestó su grande inclinación hacia la vida eremítica. Sus superiores, para "curarlo", lo lanzaron a la lucha, nombrándolo vicario general de la diócesis. Pero como este remedio no pareció eficaz, lo enviaron a Roma como teólogo al séquito del cardenal Marco Antonio Colonna. Pero más que preocuparse por el cardenal, que sabía por sí mismo pensar en su propia cultura, se dedicó con alma de apóstol a la instrucción de los muchachos de los barrios pobres de Roma, en la parroquia de Santa Dorotea de la que era coadjutor.

En ese tiempo el Gobernador de la Ciudad no tenía problemas escolásticos, porque sencillamente no había escuelas. Eso era un asunto privado. El que tenía dinero podía darse el lujo de tener un maestro en casa, o mandaba a los hijos a los famosos "Estudios" (las "universitates studiorum") o a las escuelas municipales de las ciudades del norte. En Roma no existían, y en ellas pensó José de Calasanz. Con los pocos recursos que tenía fundó la primera escuela gratuita para los hijos de la gente pobre. En esta obra fue ayudado por muchos voluntarios, que se ofrecieron para enseñar gratuitamente a los niños. Así fundó la Congregación de los Clérigos regulares de las Escuelas Pías (los Escolapios, con votos no sólo de obediencia, castidad y pobreza, sino también con el del compromiso por la instrucción de los jóvenes).

Esta esperada y benéfica institución tuvo inmediatamente la notoriedad que bien se merecía: la Orden se difundió en todos los Estados europeos, pero le causaron más dolores que alegrías al Santo fundador. Las pruebas, a las que Dios somete a sus santos, para separar el buen grano de la granza, no tardaron en afligir a san José: acusado de incapacidad por sus mismos hijos, después de la imposición de un "visitador" deshonesto, el Santo fue destituido de su cargo y la Orden quedó reducida a simple fraternidad, es decir, prácticamente suprimida. Con admirable paciencia y serenidad José de Calasanz se arremangó las mangas y con la obstinación de los precursores reconstruyó el edificio que le había caído encima. La Orden resurgió de las cenizas con la moderna vestidura de Congregación religiosa, con el mismo programa social de educación de los muchachos de familias pobres. José murió a la edad de noventa años, el 25 de agosto de 1648, y fue canonizado en 1767.

26 de agosto (del 25)
SAN LUIS DE FRANCIA
Rey

Prefería firmar "Luis de Poissy", es decir, con el nombre del lugar en donde fue bautizado, afirmando que la dignidad más alta la había recibido allí. Los otros honores no le importaban nada, pero como su pueblo le había colocado en la cabeza la corona de Rey, cuando sólo tenía doce años, quiso desempeñar el oficio de Rey con escrupulosa perfección, juntando dos cosas que a los comunes mortales como nosotros nos parecen inconciliables: ascética y poder. Debajo de las vestiduras de seda llevaba el cilicio de la penitencia. Muchos consideraban exagerado el tiempo que el Rey dedicaba a la oración. "Es raro —comentaba el joven soberano— que se considere como un crimen mi devoción, y no digan una palabra de reproche si todo ese tiempo lo empleara yo en la caza, o en el juego".

Había nacido en 1214. Su madre, la virtuosa Blanca de Castilla, regente de Francia mientras Luis era de menor edad, le había dado una sólida formación cristiana. Monarca pacifista, tuvo que empuñar varias veces las armas, primero contra los ingleses a los que derrotó, y luego contra los propios vasallos rebeldes a quienes sometió. De varias partes, inclusive de Roma, recibía interesados consejos para que le declarara la guerra al emperador Federico II; pero el sabio Rey no se dejó convencer. Por el contrario, hizo de mediador entre el Papa y el Emperador y logró que se arreglara el desacuerdo. En cambio, se dedicó con mucha energía a la renovación de la justicia, y a la economía de su país.

Su método de aplicar justicia fue ejemplar: "Si un pobre —repetía a sus hijos— se ve envuelto en una acción judicial contra un rico, apoya la causa del pobre hasta cuando no se esclarezca la verdad". Fundó hospitales, hospicios, escuelas, apoyó a la universidad de la

Sorbona, dando a Francia el primado de la cultura europea; apoyó también a las Ordenes mendicantes. Luego, siguiendo el ideal religioso que se había propuesto, emprendió una cruzada para liberar los lugares santos. En 1249 conquistó a Damietta, pero al año siguiente cayó prisionero de los egipcios en la batalla de Mansourath. Su ejército había quedado diezmado por la peste y el hambre. Por su rescate se pagó una gran suma, y su fracaso le costó una sublevación general de los que le eran hostiles en Francia. Luis, cambiando la expedición militar en peregrinación, permaneció cuatro años en Tierrasanta. Después de su regreso a la patria, organizó una segunda expedición, partiendo esta vez por el lado opuesto, por Tunisia. Víctima de la peste, murió cerca de Túnez, el 25 de agosto de 1270. Veintisiete años después fue elevado al honor de los altares. Una de sus hermanas, Isabel, es venerada como Beata.

27 de agosto

SANTA MONICA

Viuda

No podía tener un biógrafo más atento y devoto que Agustín, a quien ella engendró dos veces, en la carne y en el espíritu. Son palabras que se leen en las *Confesiones de san Agustín*: "Ella me engendró sea con su carne para que viniera a la luz del tiempo, sea con su corazón, para que naciera a la luz de la eternidad". Mónica había nacido en Tagaste (Africa) de una familia cristiana, en el año 331. Muy joven se caso con Patricio, todavía no bautizado, y tuvo dos hijos, Agustín y Navigio, y una hija cuyo nombre ignoramos. No tuvo una vida tranquila: tuvo que sufrir mucho por el comportamiento del marido, de carácter difícil y fácil a la ira; pero tuvo el consuelo de llevarlo a la fuente bautismal, muy manso, un año antes de la muerte.

Cuando quedó viuda, todos sus cuidados los dedicó al hijo más rebelde a la gracia, inteligente pero desganado. Por él rezó y lloró. Continuamente le estuvo cerca, dulce y discreta, y para no perderlo de vista, lo siguió en sus peregrinaciones a Italia, a Roma y a Milán. "No puede perderse este hijo de tantas lágrimas", le dijo en sueños una misteriosa visión. Agustín recibió el Bautismo en el 387. Pasaron juntos el verano, en espera de la partida de Mónica para Africa desde el puerto de Ostia. Aquí es donde Agustín registra los últimos coloquios con la madre, de los que podemos deducir la gran nobleza de alma de esta incomparable mujer, de no común inteligencia ya que podía intercambiar pensamientos tan elevados con Agustín: "Sucedió —escribe en el capítulo noveno de las *Confesiones*— que ella y yo nos encontramos solos, apoyados en la ventana, que daba hacia el jardín interno de la casa en donde nos hospedábamos, en Ostia. Hablábamos entre nosotros, con infinita dulzura, olvidando el pasado y lanzándonos hacia el futuro, y buscábamos juntos, en presencia de la verdad, cuál sería la eterna vida de los santos, vida que ni ojo vio ni oído oyó, y que nunca penetró en el corazón del hombre".

Las últimas palabras de Mónica en este coloquio nos dan la imagen de su alma: "Hijo mío, por lo que se refiere a mí, no hay nada que me atraiga en esta vida. Ni siquiera sé qué hago aquí en la tierra, y por qué estoy aquí todavía. Una sola cosa me hacía desear seguir viviendo un poco: verte cristiano antes de morir. Dios me ha concedido más y mejor: es decir, verte despreciar las alegrías terrenas y servir sólo a Dios. '¿Qué me queda más por hacer?'". En efecto, poco después murió, en Ostia, antes de poderse embarcar de regreso a su patria. Era el año 387 y tenía 55 años.

28 de agosto

SAN AGUSTIN

Obispo y doctor de la Iglesia

No es fácil hablar del santo que más que cualquier otro, habló de sí mismo, pero lo hizo con sinceridad y sencillez, convirtiendo en confesión, es decir en alabanza a Dios, todo lo que le concierne. Hombre y maestro, teólogo y filósofo, moralista y apologista, Santo y polemista: todas imágenes que aparecen nítidamente como en filigrana, y todas válidas, a quien observa de cerca a Agustín de Hipona, obispo y doctor de la Iglesia. Ante todo, el hombre, con las inquietudes, las debilidades, las ansias, como se presentan en la lectura de las *Confesiones*, en las que desnuda su alma con sinceridad y candor.

Cuando comienza a ser joven (había nacido en Tagaste, Tunisia, en el 354, y sus padres eran el pagano Patricio y la cristiana Mónica), Agustín experimenta las contradicciones de su espíritu, que tiene sed de la verdad y se deja seducir por el error. El estudio de una cierta filosofía lo lleva a la herejía maniquea. Siente el llamamiento de la perfección moral, pero se siente "envuelto en la oscuridad de la carne". Aprende retórica en Cartago, después enseña gramática en Tagaste, y a los 29 años se embarca para Italia. Pasa por Roma y luego continúa hacia Milán, en donde era obispo el gran san Ambrosio.

Su conversión al cristianismo, propiciada por las amorosas premuras y por las lágrimas de la madre, llega a su madurez con un episodio singular y misterioso para el mismo Agustín: aceptando la invitación de "toma y lee", encuentra en las palabras del apóstol la decisión definitiva: "No os dejéis dominar por la carne y sus concupiscencias". Ya Mónica había logrado también que Agustín dejara a la mujer con la cual convivía desde hacía catorce años y que le había dado un hijo, Adeodato. En Milán, Agustín pide el Bautismo al obispo san Ambrosio, luego regresa a Africa como penitente, y allí es consagrado sacerdote y después obispo de Hipona; en la sincera adhesión a la verdad cristiana y en la multiforme actividad pastoral encuentra la paz del corazón, la que anhelaba su espíritu atormentado por los afectos terrenos y por la sed de la verdad: "Nos has creado para ti, Señor, y nuestro corazón no tiene paz hasta cuando no descanse en ti".

Amado y venerado por las humanísimas dotes de corazón y de inteligencia, muere el 28 de agosto del 430 en Hippo Regius, cerca de la moderna ciudad de Bona, en Argelia, mientras los vándalos la sitiaban. Hacía 20 años que los bárbaros de Alarico habían humillado a Roma con su conquista y el famoso saqueo, y ese acontecimiento inaudito para cuantos estaban convencidos de la indestructibilidad de la ciudad eterna llevó al obispo de Hipona a escribir otra de sus obras maestras, la *Ciudad de Dios.*

29 de agosto

MARTIRIO DE SAN JUAN BAUTISTA

La celebración de hoy, que en la Iglesia latina tiene orígenes antiguos (en Francia en el siglo V y en Roma en el siglo VI), está unida a la dedicación de la iglesia construida en Sebaste (Samaria) sobre el presunto sepulcro del precursor de Cristo. Con el nombre de *"Passio"* o de *"Decollatio"* la fiesta aparece ya en fecha de 29 de agosto en los *Sacramentari romani*, o según el *Martirologio Romano* esa fecha correspondería al segundo hallazgo de la cabeza de san Juan Bautista, llevada en esa ocasión a la iglesia de San Silvestre de Roma. A más de estas referencias históricas, tenemos del Bautista las narraciones evangélicas, sobre todo de san Lucas, quien nos habla de su nacimiento; de la vida en el desierto, de su predicación; y de san Marcos que nos habla de su martirio.

Por el Evangelio y la tradición podemos reconstruir la vida del Precursor, cuya palabra de fuego parece en realidad animada por el espíritu del profeta Elías. En el año 15 del emperador Tiberio (27-28 dC.), el Bautista, que llevaba una vida de austeridad según las reglas del nazireato comenzó su misión invitando al pueblo a preparar los caminos del Señor, para lo cual era necesario hacer penitencia y convertirse sinceramente, es decir, se requería un cambio fundamental de vida. Dirigiéndose a todas las clases sociales, despertó entusiasmo entre el pueblo y animadversión entre los fariseos, a quienes reprochaba la hipocresía. Personaje ya popular, negó decididamente ser el Mesías esperado, afirmando la superioridad de Jesús que él señaló a sus discípulos con ocasión del Bautismo en las orillas del Jordán. Su imagen se va apocando con la aparición del "más fuerte", Jesús. Sin embargo, "el más grande de los profetas" no dejó de hacer escuchar su voz cuando y donde era necesario enderezar "los senderos torcidos" del mal. Reprochó públicamente la conducta pecaminosa de Herodes Antipas y de la cuñada Herodías, y esto le costó la dura encarcelación en Maqueronte, a orillas del Mar Muerto.

Sabemos cómo terminó: con ocasión de un banquete en Maqueronte, la hija de Herodías, Salomé, habiendo demostrado sus excelentes cualidades en la danza, entusiasmó a Herodes al que, por instigación de la madre, pidió y obtuvo la cabeza del Bautista, haciendo callar así la voz más robusta de los predicadores del inminente mensaje evangélico. Ultimo profeta y primer apóstol, él dio su vida por su misión, y por esto la Iglesia lo venera como mártir.

30 de agosto

SANTOS FELIX Y ADAUCTO

Mártires

La historia de estos dos Santos parece interesar más a la arqueología que a la devoción. Después de su martirio, probablemente durante la persecución de Diocleciano a comienzos del siglo IV, fueron enterrados en una cripta del cementerio de Comidila, sobre la vía de las Siete Iglesias, no muy lejos de la basílica de San Pablo extramuros. El papa Siricio la transformó en basílica, y después los papas Juan I y León III la hicieron ampliar y decorar con afrescos. Así se convirtió en meta de peregrinos y devotos hasta avanzada ya la Edad Media, cuando las catacumbas y los santuarios subterráneos cayeron en el olvido o fueron devastados. El cementerio de Comidila y la tumba de Félix y Adaucto fueron descubiertos en 1720, pero la satisfacción del descubrimiento duró poco, pues algunos días después la pequeña basílica subterránea se hundió. Nuevamente cayó el olvido sobre esas ruinas hasta 1903, cuando definitivamente fue restaurada. Se volvió a descubrir uno de los más antiguos afrescos paleocristianos, en donde está representado san Pedro en el acto de recibir las llaves en presencia de los santos Esteban, Pablo, Félix y Adaucto.

Según el autor de una legendaria *Passio*, escrita en el siglo VII, cuando su culto estaba en pleno auge, Félix era un presbítero romano, condenado a muerte durante la persecución de Diocleciano. Mientras era conducido hacia el lugar de la ejecución, por el camino que lleva a Ostia, de la multitud de curiosos y compañeros de fe salió un desconocido, que se adelantó hacia el condenado. Cuando estaba a un paso de los soldados encargados de la ejecución, proclamó con voz firme que era cristiano y que quería compartir la suerte del presbítero Félix. Aceptaron su petición inmediatamente. Después de haberle cortado la cabeza a Félix, con esa misma espada lo decapitaron por haberse atrevido a desafiar las leyes del emperador. Pero, ¿quién era éste? Nadie conocía su identidad y por eso fue llamado simplemente "adauctus" (añadido), de donde viene el nombre de Adaucto "eo quod sancto Felici auctus sit ad coronam martyrii".

El episodio quedó vivo en la memoria de la Iglesia romana, que unió a los dos mártires en una sola conmemoración, hasta el punto que algunas fuentes los consideran hermanos. La noticia más antigua sobre los dos mártires nos la da un himno del papa Dámaso en el que se elogia al presbítero Vero por haber decorado el sepulcro. La difusión de su culto en Europa se debió a que el papa León IV le regaló a la esposa de Lotario, Ermengarda, algunos fragmentos de las reliquias de estos Santos.

31 de agosto

SAN RAMON NONATO

Religioso

Cuando san Pedro Nolasco, el 10 de agosto de 1218, comenzaba la Orden de las Mercedes para la redención de los esclavos, con un rito solemne en presencia del rey en la catedral de Barcelona, de la que era canónigo el amigo y consejero san Raimundo de Peñafort, entre los fieles había un joven de 18 años, Ramón, llamado Nonato, porque había sido sacado del cuerpo de la madre muerta durante el parto. Cuatro años después entraba a esa Orden. Ramón Nonato nació en 1200 en Portell, cerca de Barcelona, de familia noble. A los 24 años vistió el hábito de los Mercedarios y, siguiendo el ejemplo del fundador, se dedicó a la liberación y a la predicación entre los esclavos de la España ocupada por los Moros. Viajó a Roma, regresó a España y luego emprendió viaje hacia Argelia, haciéndose esclavo entre los esclavos para mantener viva entre ellos la llama de la fe con la palabra y con el ejemplo de caridad efectiva.

El gesto de Ramón Nonato de ofrecerse esclavo para obtener la libertad de un infeliz puede parecer el punto natural de llegada de la heroica caridad de un santo, que vive el Evangelio integralmente. Ramón, retenido varios meses como rehén y sometido a muchos y crueles tormentos, hizo ese gesto no sólo para libertar a un cristiano cuya fe vacilaba peligrosamente, sino sobre todo para resanar en la raíz el mal de la esclavitud, predicando el Evangelio entre los mismos musulmanes. Repitió así el conmovedor y no inútil intento realizado pocos años antes por san Francisco de Asís. Pero Ramón encontró oyentes menos condescendientes: para impedirle que predicara el Evangelio, sus perseguidores llegaron al punto de perforarle los labios con un hierro ardiente y cerrárselos con un candado; pero él logró seguir exhortando a los cristianos, caídos en la esclavitud, a perseverar en la fe, y a predicar entre los infieles el amor fraterno.

El papa Gregorio IX quiso rendirle público homenaje por tanta virtud confiriéndole en 1239, tan pronto fue liberado, la dignidad cardenalicia y llamándolo a Roma como consejero. Cuando se puso en viaje para obedecer la invitación del Papa, se enfermó gravemente y murió el 31 de agosto de 1240 en Cardona, que pronto se transformó en meta de peregrinaciones. El papa Alejandro VII lo incluyó en el *Martirologio Romano* en 1657. Por su difícil nacimiento del seno materno se lo invoca como protector de las parturientas y de las parteras.

Sacrificio de la Misa de un oratorio.
Miniatura de un manuscrito.
Siglo IX

Septiembre

1 de septiembre

SAN EGIDIO

Abad

El nombre de Egidio es muy querido entre los Franciscanos porque en la Orden hay varios Beatos con este nombre. El más conocido de ellos, celebrado el 23 de abril, es el amigo de san Francisco, el cándido Fray Egidio, que de su origen campesino había conservado la laboriosidad y la sabiduría, constantemente invadida por la "perfecta alegría" y por el don de la argucia. Pero el Santo de hoy, muy popular en Francia, no pertenece a la familia franciscana, pues vivió muchos años antes de san Francisco. No se conoce con precisión la época en que vivió el abad Egidio (en francés Gilles). Algunos historiadores lo identifican con Egidio, el que fue enviado a Roma por san Cesáreo de Arles al comienzo del siglo VI; otros lo colocan un siglo y medio más tarde, y otros sostienen que murió entre el 720 y el 740.

En este caso la leyenda no nos ayuda, porque entre los varios episodios de la vida del Santo anota también el que ilustran dos vitrales y una escultura del portal de la catedral de Chartres. Allí se representa a Egidio mientras celebra la misa y obtiene el perdón de un pecado que el emperador Carlomagno (768-814) no se había atrevido a confesar a ningún sacerdote. La tumba del Santo, venerada en una abadía en la región de Nimes, se remontaba probablemente a la época merovingia, aunque la inscripción no era anterior al siglo X, fecha en la que se escribió la Vida del Santo abad, entretejida de prodigios, como los de las leyendas que se narraban con fines de edificación.

Entre las narraciones que más contribuyeron a la popularidad del Santo está la de la cierva enviada por Dios para llevarle leche al piadoso ermitaño, que desde hacía varios años vivía apartado en un bosque, alejado del bullicio de los hombres. Un día la cierva cayó en manos de unos cazadores dirigidos por el Rey en persona. El Rey cazador perseguía al animal, pero en el momento de preparar la flecha no se dio cuenta de que el animal atemorizado estaba ya a los pies del ermitaño. Así que la flecha destinada al cuadrúpedo hirió al piadoso anacoreta. El incidente tuvo las consecuencias fácilmente comprensibles: el Rey se hizo amigo de Egidio, se hizo perdonar y le regaló todo ese territorio, en donde se construyó una grande abadía. Aquí el buen ermitaño, en vez de la soledad irremediablemente perdida, tuvo el consuelo de ver prosperar una actividad comunitaria de monjes, de quienes fue su abad. Son muy numerosos los testimonios de su culto en Francia, Bélgica y Holanda, en donde se lo invoca contra la fiebre, el miedo y la locura.

2 de septiembre

SAN ELPIDIO

Abad

Al sur de Ancona (Italia) hay muchos pueblitos que llevan el nombre del Santo de hoy: San Elpidio en el Mar, San Elpidio Morico, Puerto San Elpidio. Y lo llevan también muchas personas. Pero poco se conoce de este Santo, lejano en el tiempo y en la memoria, hasta el punto de confundirlo con varios personajes. Hay quien sostiene que era originario de Capadocia. El escritor Paladio lo recuerda en su *Historia Lausiaca* como un ermitaño que vivió muchos años en una gruta cerca de Jericó y hace los acostumbrados elogios a un asceta que, alejándose de la compañía de los hombres, eligió la solitaria escalada hacia las cimas de la perfección cristiana.

Precisamente en la época en la que vivió san Elpidio, en el siglo IV, se iba consolidando una nueva forma de monaquismo con san Pacomio, iniciador del "cenobitismo", es decir, de la vida comunitaria. En la Tebaida, cerca del Nilo, había fundado los primeros conventos de hombres y de mujeres, divididos en celdas individuales, con la capilla y el comedor en común. A la cabeza de cada núcleo (el futuro convento) está el abad que tiene la misión de hacer observar la regla común, imponer la castidad, el trabajo, el ayuno y el rezo del oficio. Pocos años después de san Pacomio, el gran teólogo y místico oriental, san Basilio de Capadocia daba una regla más mitigada, pero más sabia, destinada a convertirse en la "magna charta", las constituciones, de todo el monaquismo cristiano, en Oriente como en Occidente, a través de la *Regla benedictina*.

San Basilio hacía hincapié en el trabajo manuai e intelectual y reforzaba la autoridad del abad para eliminar los excesos de las fantasías personales. No siempre los resultados eran los que se esperaban: muchos monjes, auténticos andariegos, abandonaban el convento para irse por los caminos o calles de las ciudades, o se dedicaban a ejercicios ascéticos tan insólitos como espectaculares, como los "estilitas" que vivían inmóviles como estatuas sobre columnas y hacían llover de lo alto sabios y raros consejos a los peregrinos que acudían a admirarlos. También san Elpidio abandonó el cenobio para retirarse a una vida austera y solitaria cerca de Jericó, si aceptamos esta versión de la vida del Santo, que más tarde se trasladó a Italia para fundar una comunidad monástica, o en todo caso para hacer apostolado entre el pueblo. Pero algunos estudiosos son del parecer que san Elpidio era originario del Piceno (Italia) y que allí pasó toda su vida, conformándose a una regla ascética totalmente personal, pero que le ganó la estimación y más tarde la devoción de toda la región.

3 de septiembre

SAN GREGORIO MAGNO

Papa y doctor de la Iglesia

En el papa Gregorio se encuentran, en grado eminente, todas las cualidades del hombre de gobierno, el sentido del deber, de la mesura y de la dignidad. El historiador protestante Harnack admira en él "la sabiduría, la justicia, la mansedumbre, la fuerza de iniciativa, la tolerancia", y Bossuet lo considera "el modelo perfecto de como se gobierna la Iglesia". San Gregorio Magno había nacido para ser Papa. La familia Anicia, a la que pertenecía, era una de las principales de Roma. Cuando murió su padre Gordiano, Gregorio, todavía muy joven (había nacido hacia el 540) ya era *"praefectus urbis"*. Admirador de la excepcional figura de san Benito, resolvió pronto transformar sus posesiones de Roma y de Sicilia en monasterios. Pero él no pudo permanecer en ellos por mucho tiempo, porque el papa Pelagio II lo envió como nuncio (apocrisiario se decía en ese tiempo) a Constantinopla. Cuando regreso a Roma gozó por poco tiempo de la paz del monasterio, porque fue llamado al supremo pontificado por el entusiasmo del pueblo y por las insistencias del clero y del senado romano.

Físicamente no era un coloso y su salud siempre fue muy delicada: su primera serie de *Homilías sobre el Evangelio* tuvieron que ser leídas por un notario, pues no podía mantenerse en pie. Y, sin embargo, su actividad, en los escasos 14 años de pontificado (del 3 de septiembre del 590 al 12 de marzo del 604), es increíble: organiza la defensa de Roma amenazada por Agilulfo, con quien mantuvo relaciones de buen vecino; administra los asuntos públicos con escrupulosa equidad, supliendo el descuido de los funcionarios imperiales; arregla los acueductos; organiza la vivienda de los colonos eliminando todos los residuos de esclavitud de la gleba; animado por su celo, promueve la misión de san Agustín de Cantorbery en Inglaterra. Capaz de mirar más allá de los confines de la cristiandad, no descuidaba los asuntos pequeños de la vida cotidiana. Poco antes de morir se ingenió para hacerle llegar al obispo de Chiusi un abrigo para el invierno.

El epistolario (se han conservado 848 cartas) y las homilías al pueblo prueban ampliamente su múltiple actividad. En todo dejó una huella, baste recordar en campo litúrgico la promoción del canto "gregoriano". Su familiaridad con la Sagrada Escritura se ve en las *Homilías sobre Ezequiel y sobre el Evangelio*, mientras las *Moralia in Job* dan testimonio de la admiración por san Agustín. Su *Liber regulae pastoralis*, junto con la *Vida de san Benito*, influyó muchísimo en la espiritualidad, y aun hoy es de grande actualidad.

4 de septiembre
SANTA ROSALIA
Virgen

La patrona de Palermo (Italia), que goza de una gran devoción en Sicilia lo mismo que las mártires Agueda de Catania y Lucía de Siracusa, no tiene una historia igualmente rica de testimonios y tradiciones. Un estudioso que murió en 1620, Octavio Gaietani, lamentaba no haber encontrado huellas dejadas por los antepasados sobre esta Santa, a pesar de haberlas buscado en todas partes con mucho cuidado. Parece que la Santa, a los tres años de su muerte, pensó en colmar esta laguna apareciéndose en octubre de 1623 a una mujer enferma, y ordenándole que fuera en peregrinación a la iglesita sobre el monte Pellegrino, un áspero promontorio que cierra el golfo de Palermo. La mujer esperó el mes de mayo siguiente para satisfacer el deseo de santa Rosalía, que se le volvió a aparecer y le dijo el lugar en donde se encontraban sus restos.

El 15 de julio las búsquedas terminaron exitosamente, pero los huesos hallados en una gruta excavada entre las piedras no tenían ninguna inscripción que señalara su pertenencia. Al principio se pensó que no se trataba de restos humanos. El arzobispo de Palermo, Giannettino Doria, nombró una comisión de expertos, médicos y teólogos, que el 11 de febrero de 1625 se pronunció por la autenticidad de las reliquias. Esto suscitó la devoción popular, y el papa Urbano VIII, en 1630, incluyó el nombre de la Santa en el *Martirologio Romano* para el 15 de julio y el 4 de septiembre.

En ese mismo tiempo, y precisamente el 25 de agosto 1624, cuarenta días después del hallazgo de los huesos, dos albañiles, mientras trabajaban en el convento dominico de San Esteban de Quisquina, encontraron en una gruta una inscripción latina, muy rudimental, que decía "Ego Rosalia Sinibaldi Quisquinae et Rosarum Domini filia amore Domini mei Jesu Christi in hoc antro habitari decrevi", yo Rosalía Sinibaldi, hija de las rosas del Señor, por amor de mi Señor Jesucristo he decidido vivir en esta caverna de Quisquina. Esto confirmaba en parte las tradiciones orales, recogidas por el mismo Gaietani, que hablaban de Rosalia, que nació en Palermo y vivió durante algunos años en la corte de la reina Margarita, esposa del rey Guillermo I de Sicilia (1154-1166).

La reina le regaló el monte Pellegrino, y Rosalía fue a vivir allí por la soledad que ofrecía. Vivió haciendo penitencia, y allí murió después de haber peregrinado por otros lugares más desiertos, siguiendo el ejemplo de los antiguos anacoretas.

5 de septiembre

SAN LORENZO JUSTINIANO

Obispo

El jefe de la República de Venecia decía que con el único hombre con el cual cambiaría su alma era con el obispo Lorenzo Justiniano. A su vez, el primer patriarca de Venecia, que nació de una familia noble veneciana en el 1381 y murió en 1455, afirmaba que el oficio de jefe de la República era un juego en comparación con el de obispo, por la responsabilidad que conlleva la guía de las almas. Lorenzo Justiniano, contra las esperanzas de la madre, que había quedado viuda con cinco niños en una gran casa propia de los nobles, con mucha servidumbre en librea, abandonó a la familia y fue a encerrarse en el monasterio dc la isla de San Jorge. Un amigo que había ido al convento para convencerlo a regresar a su casa, resolvió más bien seguir inmediatamente el ejemplo y se hizo monje. Lorenzo, vestido con el humilde sayal de fraile mendicante, iba de puerta en puerta pidiendo la limosna.

La madre, una piadosísima mujer, sufría al pensar que la gente podría reconocer a su hijo en ese traje, y para apresurar el regreso al convento mandaba a la servidumbre para que le llenaran de pan el canasto. Lorenzo comprendió el motivo de tanta generosidad, y desde entonces no les aceptó a los sirvientes sino un par de panes. El cohermano que lo acompañaba hubiera querido evitar las puertas de las cuales salían sólo insultos, pero Lorenzo era categórico: "No hemos renunciado al mundo sólo con palabras. ¡Vamos a recibir también el desprecio!". Elegido general de su Orden y después obispo de Venecia, no cambió el tenor de vida, ni siquiera exteriormente. El mismo visitaba a los pobres de la ciudad, les distribuía dinero, alimentos y vestidos, para que el fruto de la caridad no cogiera por otros caminos.

No tenía el don de la oratoria, pero esto no le importaba, porque lo suplía con la palabra escrita, que usó abundantemente para la dirección del clero y de los laicos, con cartas pastorales y opúsculos en los que condensaba el fruto de sus muchas meditaciones: "Quien no utiliza al Señor lo más que puede, demuestra que no lo aprecia"; "Un siervo del Señor evita las más pequeñas faltas, para que su caridad no se enfríe"; "Tenemos que evitar los asuntos muy complicados; en las complicaciones siempre está la pezuña del diablo". Acostumbrado a las duras penitencias, cuando, ya anciano y enfermo, quisieron cambiarle la cama de paja por un colchón de plumas, protestó: "Cristo murió sobre la cruz, ¿y yo voy a morir en un colchón de plumas?". Murió el 8 de enero de 1455 expresando el deseo de ser enterrado en el pequeño cementerio del antiguo convento. Pero los venecianos le decretaron un verdadero triunfo.

6 de septiembre

ZACARIAS

Profeta

Zacarías (el nombre significa: "El Señor recuerda"), el profeta más citado en el Nuevo Testamento después de Isaías, penúltimo de los profetas menores, fue llamado a la misión profética el mismo año de Ageo, en el 520 aC. Su ministerio duró probablemente hasta la terminación del templo de Jerusalén, tema de sus exhortaciones. Por medio de visiones y parábolas anunciaba la invitación de Dios a la penitencia, condición para que se cumplan las promesas: "Así habla el Señor de los ejércitos: convertíos a mí, y yo volveré a vosotros". Sus profecías se refieren al futuro del renacido Israel, futuro próximo y futuro mesiánico. Ha llegado la hora de la benevolencia del Señor para con Israel: el Templo será reconstruido y van a ser reedificadas Jerusalén y las otras ciudades, y los pueblos que se alegraron por su ruina serán castigados.

Zacarías hace resaltar el carácter espiritual del nuevo Israel, su santidad, realizada progresivamente, a la par con la reconstrucción material. La acción divina en esta obra de santificación llegará a su plenitud con el reino del Mesías. Este renacimiento es fruto exclusivo del amor de Dios y de su omnipotencia: "He aquí que liberaré a mi pueblo. Los llevaré nuevamente a vivir en Jerusalén: serán mi pueblo y yo seré su Dios, en la fidelidad y en la justicia". La alianza concretada en la promesa mesiánica hecha a David retoma su curso en Jerusalén: "Exulta con todas tus fuerzas, hija de Sión, esparce tu júbilo, hija de Jerusalén. He aquí que viene tu rey: él es justo y victorioso, es humilde y cabalga sobre un borriquillo, joven asno hijo de una asna". La profecía se cumplió a la letra el domingo de Ramos cuando Jesús entró triunfalmente en Jerusalén. El asno, contrapuesto al caballo de guerra, es símbolo del carácter pacífico del rey Mesías: "El anunciará la paz a las gentes; su reino se extenderá de un mar a otro". Así, junto con su amor ilimitado para con su pueblo, Dios abre totalmente las puertas hacia todos los pueblos, que entrarán purificados a formar parte del reino: "¡Qué felicidad, qué belleza! El trigo dará fuerza a los jóvenes y el vino dulce a las doncellas".

En este vaticinio, claramente mesiánico, se vislumbra la Eucaristía. Zacarías pertenecía a la tribu de Leví, nació en Galaad y cuando era anciano regresó de Caldea a Palestina. Hizo muchos prodigios, acompañándolos con profecías de contenido apocalíptico, como el fin del mundo y el doble juicio divino. Murió en edad avanzada y probablemente fue enterrado junto a la tumba del profeta Ageo.

7 de septiembre
SAN GRATO DE AOSTA
Obispo

Aosta, al norte de Italia, fue fundada hacia el año 25-24 aC., con el nombre de Augusta Praetoria, en honor de Augusto y de su guardia del cuerpo, los pretorianos. El nombre de Aosta viene precisamente de Augusto. Como sede episcopal también es muy antigua. Probablemente su primer obispo fue Eustasio, considerado santo por algunos aunque no sea festejado en ningún día particular; y, en todo caso, estuvo en contacto con el gran san Eusebio de Vercelli. En efecto, éste, cuando regresó de su destierro en Oriente, ordenado por el emperador Constancio por no haber pactado con la herejía arriana, transplantó a su diócesis el monaquismo, conocido y apreciado sobre todo por intermedio de san Atanasio.

San Ambrosio afirma que todos los obispos de Italia septentrional provenían en ese tiempo del monasterio de san Eusebio: de este monasterio tenía que provenir también Eustasio, el primer obispo conocido de Aosta. Por el nombre, seguramente era de origen griego. Y posiblemente también era griego san Grato. No conocemos mucho de la vida de este Santo, pues los *Hechos de san Grato* son un documento históricamente inutilizable. En efecto, fueron compuestos con fines panegirísticos en el siglo XIII por un eclesiástico rico de fantasía pero carente de verdaderas informaciones, hasta el punto que hace a san Grato contemporáneo de Carlomagno. El segundo obispo de Aosta, o sea Grato, vivió unos tres siglos y medio antes del restaurador del imperio romano de Occidente. Todavía se conserva, efectivamente, el testimonio de la firma que él puso, como simple sacerdote, pero a nombre de su obispo san Eustasio, a una carta enviada al papa san León Magno cuando se clausuró el concilio provincial de Milán en el 451. Este concilio había sido convocado para colaborar en la solución del problema dogmático de las dos naturalezas de Cristo, la humana y la divina, que precisamente en ese mismo año (451) tenía que ser definitivamente sancionado contra la herejía monofisita en el Concilio de Calcedonia.

A más de esta "firma" que testimonia el empeño de san Grato por la ortodoxia, sólo conocemos de su vida que participó en el traslado de las reliquias del mártir Inocencio. La devoción particular que se le tiene se debe a la eficaz protección que él ejerce sobre los campos: por eso se lo invoca contra las langostas, los gusanos y otros animales dañinos.

8 de septiembre

NATIVIDAD DE LA SANTISIMA VIRGEN MARIA

Fiesta

La fiesta de hoy —leemos en el trozo de las *Disertaciones de san Andrés de Creta* del actual *Oficio de las Lecturas*— honra la Natividad de la Madre de Dios. Pero el verdadero significado y el fin de esta fiesta es la Encarnación del Verbo. "En efecto, el día de hoy nació la Virgen; es luego amamantada y se va desarrollando; y es preparada para ser la Madre de Dios, rey de todos los siglos". Por otra parte, este es el motivo por el cual sólo de María (a más de san Juan Bautista y naturalmente de Cristo) no se festeja únicamente el "nacimiento al cielo" como sucede con los otros santos, sino también la venida a este mundo. En realidad, lo maravilloso de este nacimiento no está en lo que narran con abundancia de particulares y con ingenuidad los apócrifos, sino más bien en el paso significativo que Dios da para la realización de su eterno designio de amor.

Por esto la fiesta de hoy fue celebrada con alabanzas magníficas por muchos santos Padres, que se basaron en la Biblia y en su sensibilidad e inspiración poética. Leamos algunas expresiones del segundo *Sermón sobre la Natividad de María*, de san Pedro Damián: "Dios omnipotente, antes que el hombre cayera, previó su caída y decidió, antes de los siglos, la humana redención. Resolvió, pues, encarnarse en María".

"Hoy es el día en el que Dios comienza a poner en práctica su plan eterno, porque era necesario que se construyera la casa, antes que el Rey bajara a vivir en ella. Casa bella, porque, si la Sabiduría se construyó una casa con siete columnas labradas, este palacio de María se sostiene en los siete dones del Espíritu Santo. Salomón celebró de una manera solemnísima la inauguración de un templo de piedra. ¿Cómo celebraremos el nacimiento de María, templo del

Verbo encarnado? En aquel día la gloria de Dios bajó sobre el templo de Jerusalén en forma de nube, que lo cubrió. El Señor que hace brillar el sol en los cielos, para su habitación entre nosotros ha escogido la oscuridad (1R 8, 10-12) dijo Salomón en su oración a Dios. Este nuevo templo se verá lleno del mismo Dios, que viene para ser la luz de los pueblos".

"A las tinieblas del gentilismo y a la falta de fe de los judíos, representados por el templo de Salomón, sucede el día luminoso en el templo de María. Es justo, pues, honrar este día y a la que nació en él. Pero ¿cómo podemos celebrarlo dignamente? Podemos narrar las hazañas heroicas de un mártir o las virtudes de un santo, porque son humanas. Pero ¿cómo podrá la palabra mortal, pasajera y transitoria, exaltar a la que dio a la luz a la Palabra permanente? ¿Cómo decir que el Creador nace de la criatura?".

9 de septiembre

SAN PEDRO CLAVER Y SANTO TOMAS DE VILLANUEVA

Presbítero y obispo

Pedro Claver nació en Verdún (España) en 1580. A partir de 1596 estudió humanidades y retórica en la universidad de Barcelona, e ingresó a la Compañía de Jesús en 1602. Siguió su vocación misionera hacia el Nuevo Mundo, impulsado por la voz de un santo: san Alfonso Rodríguez, portero del colegio de los Jesuitas en Montesión, en Palma de Mallorca. En 1616 fue ordenado sacerdote en Cartagena, misión colombiana, y en esa ciudad, puerto negrero, vivió hasta su muerte, el 8 de septiembre de 1654. En Cartagena se dedicó a la asistencia de los más miserables de su época: los esclavos negros. El día de su profesión religiosa escribió con su sangre unas palabras que serán el lema de su vida: ""Pedro Claver, esclavo de los esclavos negros para siempre". Fue canonizado por León XIII en 1888, y proclamado por el mismo Pontífice, en 1896, Patrono universal de las misiones entre los negros.

También se conmemora hoy la memoria del llamado "san Bernardo español" por su teología sobre la Virgen, el amor divino y la pastoral. Santo Tomás de Villanueva nació en Fuenllana en 1486 y es una de las figuras más representativas de su siglo. A los pocos días de nacido lo llevaron a Villanueva de los Infantes, en donde la familia tenía su domicilio. Desde la niñez demostró una conmovedora caridad, privándose de todo por los pobres. Se cuenta que un día, estando solo en la casa, regaló bastantes gallinas en vez de dar sólo el acostumbrado puñado de harina a los mendicantes. Después de haber recibido una vasta formación cultural, en 1516 hizo la profesión religiosa entre los agustinos y a los dos años fue ordenado sacerdote. Contra su voluntad fue inmediatamente elegido superior, cargo que desempeñó ininterrumpidamente hasta 1544, cuando fue propuesto por el mismo emperador Carlos V para la sede epicospal de Valencia.

Como obispo de Valencia, en donde se posesionó el lo. de enero de 1545 tan humildemente vestido que lo tomaron por un pobre párroco de provincia, trazó un programa de trabajo espiritual siguiendo "el ideal del buen pastor, las enseñanzas de san Pablo y los ejemplos de los grandes obispos de la antigüedad cristiana, sobre todo san Agustín, san Ambrosio y san Gregorio Magno, cuyos escritos conocía perfectamente". En ese mismo año comenzó las visitas pastorales a las varias comunidades parroquiales. Para no descuidar estos compromisos pastorales, no quiso abandonar su sede ni siquiera para asistir a la apertura del concilio de Trento, con la debida dispensa. Organizó muchas formas de asistencia, sobre todo para socorrer a criaturas inocentes como los recién nacidos abandonados: en el palacio episcopal organizó una sala-cuna muy bien dotada para atender a estos niños.

Llegó a dar su propia cama, porque no había más en ese momento. Una vez, como san Pedro, curó a un tullido (el famoso pintor Murillo pintó la escena), porque no tenía dinero para darle. Murió rodeado de sus pobres el 8 de septiembre de 1555, sin haber salido nunca de su diócesis, ni siquiera para ir a saludar a la mamá. Alejandro VII lo canonizó el lo. de noviembre de 1658, dedicándole la parroquia de Castelgandolfo, cerca de la residencia veraniega de los papas. Fruto de su actividad de predicador son los seis volúmenes que contienen sus predicaciones y las reglas de vida cristiana, dictadas más con el ejemplo que con la exhortación, según la máxima evangélica del "*coepit facere et docere*", primero hacer y después enseñar.

10 de septiembre

SAN NICOLAS DE TOLENTINO

Religioso

San Nicolás de Tolentino nació en Castel san Angelo, el actual san Angelo in Pontano, en 1245, y murió en Tolentino el 10 de septiembre de 1305. Fray Pedro de Monte Rubiano, su biógrafo, nos cuenta que su vida estuvo entretejida de singularísimas experiencias místicas y de hechos prodigiosos, confirmados en el proceso de canonización, que se abrió a los veinte años de su muerte y concluyó en 1446. En ese proceso fueron declarados auténticos 301 milagros. A san Nicolás de Tolentino lo invocan los que sufren injusticias, o están en peligro de perder la vida o la libertad, y también se lo invoca como protector de la maternidad y la infancia, de las almas del purgatorio, de la buena muerte, y hasta contra los incendios y las epidemias.

Fue asceta, austero pero no excéntrico, riguroso consigo mismo, pero dulce y atento con todos. En 1256 entró donde los agustinos y se ordenó en 1269 en Cingoli; durante seis años peregrinó por varias ciudades y después fijó su residencia en Tolentino en donde ejerció su apostolado sobre todo en el confesonario. Su santificación personal maduró en la sombra, haciendo fructificar los recursos espirituales que le brindaba la vida religiosa: la obediencia incondicional, el absoluto desapego de los bienes terrenales y la profunda modestia. Así se santificó, y al final de su vida pudo exclamar: "Veo a mi Señor Jesucristo, a su Madre y a san Agustín que me dicen: 'Muy bien, siervo bueno y fiel'". Aunque no se notaba exteriormente la penitencia a la que se sometía, sabemos por el testimonio de sus cohermanos que cuatro días a la semana su alimento consistía en sólo pan y agua, y los otros tres días no tocaba alimentos substanciosos como carne, huevos, o fruta. No dormía sino tres o cuatro horas y el resto lo dedicaba a la oración.

Después de largas horas que pasaba en el confesionario, se dedicaba a visitar a los pobres, a los que les llevaba, con el permiso de sus superiores, ayudas materiales en los casos más urgentes. Los prodigios que hizo en vida y sobre todo después de la muerte tenían la finalidad de aliviar las miserias humanas. Cuarenta años después de su muerte, fue encontrado su cuerpo incorrupto. En esa ocasión se le quitaron los brazos y de la herida salió bastante sangre. De esos brazos, conservados en relicarios de plata desde el siglo XV, ha salido periódicamente mucha sangre. Esto contribuyó a la difusión de su culto en toda Europa y en América.

11 de septiembre

SANTOS PROTO Y JACINTO

Mártires

El viernes santo de 1845 fue uno de los días más importantes para la historia de la arqueología. En efecto, ese día, caso único más que raro, se tuvo la fortuna inesperada de encontrar intacta la tumba de un santo mártir que tenía esta inscripción: "DP III IDUS SEPTEBR YACINTHUS MARTYR". Con este excepcional descubrimiento finalmente se podía conocer lo que había sucedido en realidad con las reliquias de dos santos muy populares, los santos Proto y Jacinto. Desde hacía siglos, efectivamente, se creía que las reliquias de los dos santos se encontraban en Roma en la iglesia de San Juan de los Florentinos, pero ahora se descubre la tumba todavía intacta y sellada de san Jacinto, en la catacumba de Bassilla, al oeste de la vía Salaria nueva.

Cerca se encontró un fragmento de lápida con esta inscripción: "sepulcrum Proti M.", confirmándose así que la tumba de san Proto estaba cerca. Y pronto los estudiosos pudieron darse cuenta de por qué sus predecesores llevaron a la ciudad sólo los restos de san Proto. En efecto, tan pronto se trató de penetrar en la estrecha tumba de san Jacinto, esta se derrumbó deplorablemente y sólo se pudo rescatar en el fango un poco de huesos que parecían quemados y un hilo de oro, que era lo único que quedaba de la tela en la que los habían envuelto. Las preciosas reliquias fueron llevadas devotamente al colegio de Propaganda Fide, y los estudiosos, al ver confirmada tan indudablemente la existencia de los santos mártires Proto y Jacinto, tuvieron que reconocer una vez más lo infundado de la *Passio de Eugenia,* sobre la que ya se tenían muchas dudas. Desaparecen también las dudas respecto del parentesco entre Proto y Jacinto.

Probablemente, debido a la cercanía de la sepultura, se pensó en dicho parentesco (lo mismo que sucedió con Felix y Adauto, Nereo y Aquileo y muchos otros). Mucho menos se podía aceptar ya que ellos habían sido los eunucos de una tal Eugenia, hija del prefecto de

Alejandría, que los nombró catequistas de una virgen de sangre real, Bassilla, que quería hacerse cristiana: este particular, en efecto, se encuentra en otros casos semejantes (por ejemplo, eunucos-catequistas fueron considerados Calogero y Partenio o Juan y Pablo). Aunque se ignora todo respecto de su vida y la forma de su martirio, ciertamente Proto y Jacinto fueron mártires y como tales los veneramos.

12 de septiembre

SAN GUIDON (GUY)

Peregrino

Dos siglos antes de que el Pobrecito de Asís celebrara sus bodas con la Señora Pobreza, otro santo menos conocido había descubierto el peligro que corren las almas por causa del dinero, aunque se lo revista con nobles intenciones, como el deseo de ayudar con limosnas a los más necesitados. Se trata de Guy Anderlecht, que una incierta cronología lo coloca en los años 950-1012. Su primer biógrafo, que escribió en el año 1112, con ocasión de la exhumación de sus reliquias, dice que era hijo de campesinos de la región belga de Brabante. Manso y generoso, Guidon demostró desde muy joven su desapego de los bienes terrenos, dando todo lo que tenía a los pobres. Deseoso de una vida ascética, abandonó la casa paterna y en Laken, cerca de Bruselas, se dedicó a hacer de sacristán para ser útil al prójimo y al mismo tiempo para entregarse a la oración y a las prácticas de las virtudes cristianas. A un cierto punto, no por deseo de ganancia, sino para organizar un fondo para los pobres, se dedicó al comercio. No fue una elección feliz, porque la primera nave que logró armar se hundió en el Sena con todo el cargamento.

Para Guidon fue una advertencia del cielo, no porque la profesión del comerciante sea contraria a las leyes del Señor, sino porque él había preferido el camino más común en vez del más difícil hacia la perfección. Entonces Guidon vistió el hábito de peregrino y durante siete años recorrió los largos e inseguros caminos de Europa para visitar los más grandes santuarios de la cristiandad. Fue a Roma y luego continuó hacia Tierrasanta. De regreso de la larga peregrinación, fatigado y enfermo, fue hospedado por un sacerdote de Anderlecht, un pueblito cerca de Bruselas, del cual tomó el nombre y en donde murió poco después, sin dejar un recuerdo particular. En efecto, su tumba quedó en el olvido durante mucho tiempo, pero por muchos prodigios que sucedieron se refrescó el recuerdo del Santo: entonces se le dedicó una grande iglesia en donde reposan sus restos.

Y la devoción a san Guidon se fue difundiendo en el transcurso de los siglos. Así, bajo la protección del humilde sacristán, hijo de campesinos, se pusieron los agricultores, los sacristanes, los zorreros. San Guidon protege los establos, las escuderías y sobre todo los caballos, que durante la fiesta anual en Anderlecht son bendecidos al final de una solemne procesión folclorística. Porque parece que murió de disentería, invocan su nombre los que sufren de esta enfermedad.

13 de septiembre
SAN JUAN CRISOSTOMO
Obispo y doctor de la Iglesia

Educado por la madre, santa Antusa, Juan (que nació en Antioquía probablemente en el 349) en los años juveniles llevó una vida monástica en su propia casa. Después, cuando murió la madre, se retiró al desierto en donde estuvo durante seis años, y los últimos dos los pasó en un retiro solitario dentro de una cueva con perjuicio de su salud. Fue llamado a la ciudad y ordenado diácono, luego pasó cinco años preparándose para el sacerdocio y para el ministerio de la predicación. Ordenado sacerdote por el obispo Fabián, se convirtió en celoso colaborador en el gobierno de la Iglesia antioquena. La especialización pastoral de Juan era la predicación, en la que sobresalía por las cualidades oratorias y la profunda cultura. Pastor y moralista, se preocupaba por transformar la vida de sus oyentes más que por exponer teóricamente el mensaje cristiano.

En el 398 Juan de Antioquía (el sobrenombre de Crisóstomo, es decir, Boca de oro, le fue dado tres siglos después por los bizantinos) fue llamado a suceder al patriarca Netario en la célebre cátedra de Constantinopla. En la capital del imperio de Oriente emprendió inmediatamente una actividad pastoral y organizativa que suscita admiración y perplejidad: evangelización en los campos, fundación de hospitales, procesiones antiarrianas bajo la protección de la policía imperial, sermones encendidos en los que reprochaba los vicios y las tibiezas, severas exhortaciones a los monjes perezosos y a los eclesiásticos demasiado amantes de la riqueza. Los sermones de Juan duraban más de dos horas, pero el docto patriarca sabía usar con gran pericia todos los recursos de la oratoria, no para halagar el oído de sus oyentes, sino para instruir, corregir, reprochar. Juan era un predicador insuperable, pero no era diplomático y por eso no se cuidó contra las intrigas de la corte bizantina. Fue depuesto ilegalmente por un grupo de obispos dirigidos por Teófilo, obispo de Alejandría, y desterrado con la complicidad de la emperatriz Eudosia. Pero inmediatamente fue llamado por el emperador Arcadio, porque habían sucedido varias desgracias en palacio. Más dos meses después era nuevamente desterrado, primero a la frontera de Armenia, y después más lejos, a orillas del Mar Negro. Durante este último viaje, el 14 de septiembre del 407, murió. Del sepulcro de Comana, el hijo de Arcadio, Teodosio el Joven, hizo llevar los restos del Santo a Constantinopla, a donde llegaron en la noche del 27 de enero del 438 entre una muchedumbre jubilosa. De los numerosos escritos del Santo recordamos un pequeño volumen *Sobre el Sacerdocio*, que es una obra clásica de la espiritualidad sacerdotal.

14 de septiembre

EXALTACION DE LA SANTA CRUZ

Fiesta

La fiesta en honor de la Cruz se celebró por primera vez en el 335, con ocasión de la dedicación de las dos basílicas constantinianas de Jerusalén, la del "Martyrium" o "Ad Crucem" sobre el Gólgota y la de la "Anástasis", es decir, de la Resurrección. La dedicación tuvo lugar el 13 de diciembre. Con el término de "exaltación", que es la traducción del griego "Hypsósis", la fiesta pasó también a Occidente, y a partir del siglo VII tenía la finalidad de conmemorar el hallazgo de la preciosa reliquia hecho por el emperador Heraclio en el 628. De la Cruz, robada 14 años antes por el rey persa Cosroe Parviz durante la conquista de la Ciudad santa, se perdieron todas las pistas en 1187, cuando le fue quitada al obispo de Belén que la había llevado a la batalla de Hattin.

La celebración de hoy tiene un significado más elevado que el legendario hallazgo por parte de la piadosa madre del emperador Constantino, Helena. La glorificación de Cristo pasa a través del suplicio de la Cruz y la antítesis sufrimiento-glorificación se hace fundamental en la historia de la Redención: Cristo, encarnado en su realidad concreta humano-divina, se somete voluntariamente a la humillante condición de esclavo (la cruz, del latín "crux", es decir, tormento, estaba reservada a los esclavos) y el infame suplicio se transforma en gloria imperecedera. Por eso la cruz es el símbolo y el compendio de la religión cristiana.

La misma evangelización, realizada por los apóstoles, es la simple presentación de "Cristo crucificado". El cristiano, aceptando esta verdad, "es crucificado con Cristo", es decir, debe llevar cotidianamente la propia cruz, soportando injurias y sufrimientos, como Cristo, agobiado por el peso del "patibulum" (el brazo transversal de la cruz, que el condenado llevaba sobre la espalda hasta el lugar del suplicio en donde era clavado en el palo vertical), fue obligado a soportar los insultos de la gente por la calle que llevaba al Gólgota. Los sufrimientos que reproducen en el cuerpo místico de la Iglesia el estado de muerte de Cristo son una contribución a la redención de los hombres y una garantía de la participación en la gloria del Resucitado.

Esta es la razón por la que los mártires cristianos han sabido soportar tantos sufrimientos. San Ignacio de Antioquía escribía: "Mi pasión está crucificada; en mí ya no existe el fuego de la carne. Ahora comienzo a ser discípulo... Prefiero morir en Jesucristo que reinar en todo el mundo. Lo busco a él, a él que murió por nosotros; lo amo, a él que resucitó por nosotros... Concédeme ser imitador de la pasión de mi Dios".

15 de septiembre

NUESTRA SEÑORA DE LOS DOLORES

El sentido de la piadosa compasión del pueblo cristiano se expresa en la imagen de la "piedad", es decir, de la Virgen Dolorosa, que sostiene en las rodillas al Hijo que acaban de bajar de la Cruz. Es el momento que recapitula el indecible dolor de una pasión humana y espiritual única: la conclusión del sacrificio de Cristo, cuya muerte sobre la Cruz es el punto culminante de la Redención. Pero como la muerte de Cristo está ya implícita, casi en germen, desde el primer momento de su existencia como hombre, también la compasión está implícita en aquel "fiat mihi secundum verbum tuum", hágase en mí según tu palabra. Como madre, María acepta o soporta implícitamente el sufrimiento de Cristo en todos los momentos de su vida. He aquí por qué la imagen de la "piedad", característica del arte gótico tardío y del Renacimiento (la más conocida es la "Piedad" de Miguel Angel), expresa sólo un momento de este dolor de la Virgen Madre.

La devoción, anterior a la celebración litúrgica, ha establecido siete dolores de la Corredentora y que corresponden a los siete episodios que narran los Evangelios: la profecía de Simeón, la huída a Egipto, la pérdida de Jesús en Jerusalén cuando tenía doce años y había ido en peregrinación a la Ciudad santa, el viaje de Jesús hacia el Gólgota, la crucifixión, la deposición de la Cruz, la sepultura. Pero como el objeto del martirio de María es el martirio del Redentor, desde el siglo XV se tuvieron las primeras celebraciones litúrgicas sobre la "compasión" de María al pie de la Cruz, colocadas en el tiempo de la Pasión o después de las festividades pascuales. En 1667 la Orden de los Servitas, totalmente dedicada a la devoción a la Virgen (los siete Santos fundadores en el siglo XIII habían instituido la "Compañía de María Dolorosa") obtuvo la aprobación de la celebración litúrgica de los Siete Dolores de la Virgen, que durante el pontificado de Pío VII fue incluida en el calendario romano y fijada para el tercer domingo de septiembre.

Pío X estableció la fecha definitiva del 15 de septiembre, reducida en el nuevo calendario a simple memoria y no ya con el título de "Siete Dolores de María", sino menos específica y más oportunamente: "Nuestra Señora de los Dolores". Con este título honramos sobre todo el dolor de María aceptado en la redención mediante la Cruz. Junto a la Cruz es en donde la Madre de Cristo crucificado se convierte en la Madre del cuerpo místico nacido de la Cruz, es decir, nosotros hemos nacido, como cristianos, del mutuo amor sacrifical y sufriente de Jesús y de María. Por eso hoy se nos ofrece la devota y afectuosa meditación sobre la "Dolorosa".

16 de septiembre
SANTOS CORNELIO Y CIPRIANO

Papa y obispo

Víctimas ilustres de la persecución de Valeriano, respectivamente en junio del 253 y el 14 de septiembre del 258, son el papa Cornelio y Cipriano el obispo de Cartago, cuyas memorias aparecen unidas en los antiguos libros litúrgicos de

Roma desde mediados del siglo IV. Su historia, en efecto, se entrelaza, aunque sobresale más la imagen del gran obispo africano. Cipriano nació en Cartago hacia el 210 y, siendo todavía pagano, fue profesor y abogado de importancia. Se convirtió en el 246 y tres años después fue elegido obispo. Tan pronto tomó posesión de la cátedra de Cartago, estalló la persecución de Decio. Los cristianos tenían que presentarse al magistrado y pedir el "libellus", es decir, un certificado que los declaraba buenos y honestos ciudadanos, previa obviamente la simple formalidad de echar algún grano de incienso en el brasero de algún ídolo.

Muchos escaparon con la astucia corrompiendo a los funcionarios, que daban certificados a "mercado negro". Estos cristianos fueron definidos "libeláticos". Hubo también los que renegaron de la fe y fueron marcados con el nombre de "lapsos", o sea caídos. El obispo Cipriano escogió el camino de la clandestinidad, huyendo al campo. Pasada la tempestad, Cipriano concedió el perdón a los libeláticos, y no les cerró el camino a los caídos, que podían ser absueltos en punto de muerte. Su línea moderada fue aprobada por el Papa, Cornelio, con quien Cipriano se había anteriormente alineado contra el antipapa Novaciano, escribiendo en esa ocasión su tratado más importante, el *De Ecclesiae unitate*. Cornelio había sido elegido Papa en el 251, después de un largo período de sede vacante, a causa de la terrible persecución de Decio. Su elección no fue aceptada por Novaciano, que acusaba al Papa de ser un libelático. Cipriano, y con él los obispos africanos, se puso de parte de Cornelio.

El emperador Galo confinó al Papa en Civitavecchia, en donde murió. Fue enterrado en las catacumbas de Calixto. Cipriano, a su vez, fue relegado en Capo Bon, pero cuando supo que había sido condenado a la pena capital, regresó a Cartago, porque quería dar su testimonio de amor a Cristo frente a toda su grey. Fue decapitado el 14 de septiembre del 258. Los cristianos de Cartago pusieron pañuelos blancos sobre su cabeza para conservarlos, así manchados de sangre, como reliquias preciosas. El emperador Valeriano, al hacer decapitar al obispo Cipriano y al papa Esteban, inconscientemente puso fin a una disputa entre los dos sobre la validez del Bautismo administrado por herejes, no aceptada por Cipriano y afirmada por el pontífice.

17 de septiembre

SAN ROBERTO BELARMINO

Obispo y doctor de la Iglesia

Nació en Montepulciano, ciudad de la región toscana (Italia) en 1542, y era de una rica y numerosa familia, además, era sobrino de un Papa (su mamá era hermana de Marcelo II). En 1560 entró en la Compañía de Jesús, renunciando a cualquier esperanza de carrera humana. Pero fue muy lejos. Estudió teología en Padua y en Lovaina, y en 1576 llegó a ser el primer titular de la cátedra "de controversiis", es decir, apologética o defensa de la ortodoxia católica en la Universidad Gregoriana, que en ese tiempo se llamaba Colegio Romano. Entre sus alumnos de ese tiempo se encontraba san Luis Gonzaga. En 1559 fue nombrado cardenal y arzobispo de Capua, probablemente para tenerlo lejos de Roma en el momento culminante de la controversia sobre la gracia, pero después de la muerte de Clemente VIII pudo regresar a la Ciudad eterna, en donde influyó notablemente como teólogo oficial de la Iglesia con su doctrina y con el ejemplo de su caridad y sencillez de vida, que la gente admiraba. Escribió muchas obras exegéticas, pastorales y ascéticas; fundamentales para la apologética son los voluminosos libros *De controversiis*.

Murió en Roma el 17 de septiembre de 1621, y el proceso de beatificación que comenzó casi inmediatamente se prolongó por tres siglos. Después en un solo año, en el 1930, obtuvo del papa Pío XI la triple glorificación de beato, santo y doctor de la Iglesia. Llevados instintivamente a admirar al polemista en las hábiles lides de la palabra y de los escritos, pero no a amarlo porque nos lo representamos como un hombre de inteligencia superior, descubrimos con maravilla lados humanísimos del docto jesuita. Durante los tres primeros años de vida religiosa sufrió fuertes dolores de cabeza, pero nunca descuidó los estudios teológicos, y sostuvo la defensa de la propia tesis durante tres días consecutivos ante un público literalmente deslumbrado.

Los compromisos escolares no lo apartaron nunca de la oración. Cuando lo llamaron nuevamente a Roma, desempeñó varios cargos, entre ellos el de director espiritual, y como tal, estuvo cerca a san Luis Gonzaga hasta su muerte. Si su vasta erudición y la vigorosa dialéctica puesta al servicio de la doctrina católica le granjearon el título de "martillo de los herejes", una obra sencilla en la estructura pero rica en sabiduría como su *Catecismo*, le mereció el título de "maestro" de muchas generaciones de niños que en ese librito, en forma de diálogo, han aprendido las verdades fundamentales de la fe profesada en el Bautismo. Después de haber llenado el estante con obras teológicas, escribió *El arte del bien morir*, es decir, el modo de despedirse de la vida con serenidad y desapego.

18 de septiembre

SAN JOSE DE CUPERTINO

Presbítero

San José de Cupertino, durante los frecuentes éxtasis, se movía por la iglesia sin nunca tocar el suelo, y de su cuerpo, que descuidaba totalmente, salían emanaciones perfumadas que indicaban la presencia de un vasto rayo de luz. La vida de este Santo tiene aspectos desconcertantes. Nació paupérrimo en Cupertino (en las Puglie, Italia) en 1603, y sus primeros meses de vida los pasó en un establo porque el padre se había endeudado tanto que tuvo que vender todo. A los 17 años quiso hacerse fraile, pero los frailes menores no lo aceptaron porque era demasiado ignorante, y los capuchinos, que lo habían recibido como hermano lego, poco después lo obligaron a quitarse el sayo ("fue como si me hubieran arrancado el pellejo") por su gran confusión mental.

En su pueblo nadie lo quiso recibir, ni siquiera su propia madre, y entonces los frailes menores de Grottella le abrieron finalmente las puertas de su convento y lo encargaron de los servicios más humildes como el de cuidar una mula. José se autodefinió "fray asno", y, sin embargo, pidió que lo dejaran estudiar para llegar a ser sacerdote. En los exámenes le correspondió contestar la única pregunta a la que se había preparado: el comentario de un trozo evangélico. Pero desde ese momento comenzaron a emerger de la vida de este rústico santo esos fenómenos que son la señal de la predilección divina y de la santidad interior. A menudo lo encontraban en éxtasis ante el cuadro de la Virgen, elevado unos palmos del suelo.

Casi completamente en ayunas en cuanto a estudios teológicos, tenía el don de la ciencia infusa y muchos teólogos lo consultaban sobre asuntos delicados de doctrina y de exégesis, y él daba respuestas claras y sabias. "El fraile más ignorante de toda la Orden franciscana" fue llamado a Roma, y en presencia del papa Urbano VIII el frailecito quedó en éxtasis. La fama de sus prodigios hizo acudir a él a gente de todas partes, y sus superiores tuvieron que hacerlo cambiar continuamente de convento. José de Cupertino aceptó todo con gran sencillez. Sólo tenía una nostalgia, la de no poder ver la imagen de la Virgen de su convento de Grottella, a cuyo solo pensamiento quedaba en éxtasis.

Finalmente sus cohermanos le asignaron el convento de Asís, pero esta vez fue el mismo Papa quien desaconsejó la destinación: "En Asís, comentó el Papa, un san Francisco es más que suficiente". Así, José de Cupertino murió en Osimo a los sesenta años, en 1663. "Fray asno", que durante su vida tuvo serios problemas para pasar los exámenes, es invocado por los estudiantes en el momento de afrontar los exámenes de fin de año.

19 de septiembre
SAN JENARO
Obispo y mártir

Los santos Jenaro, Festo, Desiderio, Sosso, Eutiques y Acucio, de los que tenemos *Passiones* muy posteriores, parece que derramaron su sangre por Cristo al comienzo del siglo IV. En una breve nota hagiográfica de la *Liturgia de las Horas* se lee, efectivamente, que Jenaro "fue obispo de Benevento; durante la persecución de Diocleciano sufrió el martirio, juntamente con otros cristianos, en la ciudad de Nápoles, en donde se le tiene una especial veneración". Los obispos de Benevento con este nombre son por lo menos dos: san Jenaro, mártir en el 305, y san Jenaro II, que en el 342 participó en el concilio de Sardes. Este último, perseguido por los arrianos por su adhesión a la fe de Nicea, se lo habría venerado como mártir. Pero la mayoría de los historiadores se inclinan a identificar al patrono de Nápoles con el primero, o mejor con un mártir napolitano de Pozzuoli. Condenado "ad bestias" en el anfiteatro de Pozzuoli, junto con los compañeros de fe, a causa del atraso de un juez, fue decapitado en vez de ser echado en pasto a las fieras para la gratuita y macabra diversión de los paganos.

Más de un siglo después, en el 432, con ocasión del traslado de las reliquias de Pozzuoli a Nápoles, una mujer le habría entregado al obispo Juan, dos ampollas pequeñas con la sangre coagulada de san

Jenaro. Casi como garantía de la afirmación de la mujer la sangre se volvió líquida ante los ojos del obispo y de una gran muchedumbre de fieles. Ese acontecimiento extraordinario se repite constantemente todos los años en determinados días, es decir, el sábado anterior al primer domingo de mayo y en los ocho días siguientes; el 16 de diciembre y el 19 de septiembre y durante toda la octava de las celebraciones en su honor.

El fenómeno se realiza también en fechas variables, y de ahí deducen los devotos del santo acontecimientos faustos o infaustos. Los testimonios de este fenómeno comienzan desde 1329 y son tan numerosos y concordantes que no se pueden tener dudas.

El prodigio, porque así lo considera hasta la ciencia, merece la afectuosa admiración con que lo sigue el pueblo. La sincera devoción de los napolitanos por este mártir, históricamente poco identificable, ha hecho que la memoria de san Jenaro, celebrada litúrgicamente desde 1586, se haya conservado en el nuevo calendario. Puesto que el fenómeno no tiene ninguna explicación natural, pues no depende ni de la temperatura ni del ambiente, podemos atribuirle el significado simbólico de vivo testimonio de la sangre de todos los mártires en la vida de la Iglesia, que nació de la sangre de la primera víctima, Cristo crucificado.

20 de septiembre

SANTA FAUSTA

Mártir

En Cízico, en la Propóntida (en Asia Menor) se celebra el nacimiento (o sea el día de la muerte para los santos) de los santos mártires Fausta virgen y Evilasio, bajo el emperador Maximiliano. "Fausta fue colgada y atormentada por el mismo Evilasio, sacerdote pagano, después de haberle rapado la cabeza para ser humillada. Luego, queriéndola cortar por la mitad, y no pudiendo ofenderla los verdugos, Evilasio, maravillado por esto, se convirtió a Cristo; y mientras también él, era cruelmente atormentado por orden del emperador, Fausta, taladrada en la cabeza, atravesada con clavos por todo el cuerpo y puesta en una parrilla encendida, finalmente, junto con el mismo Evilasio, llamada por una voz celestial, pasó al Señor".

Así narra el *Martirologio Romano* el recuerdo de la santa de hoy. Como sucede a menudo, estas informaciones fueron sacadas exclusivamente de los *Hechos*, o más propiamente de una *Passio* a la que los historiadores modernos no le dan ningún valor, sobre todo por algunas extravagancias. Además, la narración ha sido víctima de correcciones y variaciones más o menos contemporáneas. Pero el documento fue utilizado también por el célebre historiador Venerable Beda en su *Martirologio*, en el que se leen más o menos las mismas noticias ya referidas. Inclusive, es interesante cómo él haya acogido juntamente dos variantes. El primer suplicio de santa Fausta, "rapada la cabeza para ser humillada", fue ampliado efectivamente por él sintetizando dos documentos distintos uno de los cuales asegura sólo que la mártir fue "despojada de sus cabellos". Este suplicio era, evidentemente, uno de los "números" preferidos por los verdugos, puesto que se lo recuerda también en el caso de otras santas vírgenes mártires, y lo mismo dígase del intento (que falló en el caso de Fausta) de cortarla "por la mitad", "como si fuera un pedazo de madera", como añade Beda.

Los mismos *Hechos*, recordando el suplicio de los clavos, dicen con cierta candidez que el cuerpo apuntillado de Fausta se parecía a la "suela de un zapato". La mártir de Cízico consumó su sacrificio supremo sólo cuando la llamó "una voz celestial". Las reliquias de Fausta de Cízico fueron objeto de una doble traslación: a mediados del siglo VI a Narni, y después en el siglo IX a Lucca. En Narni, en efecto, fue obispo del 537 al 558 san Casio, que edificó para la difunta amadísima esposa, que se llamaba precisamente Fausta, un sepulcro que después quiso enriquecer con los restos de la Santa homónima de Cízico. Así fue como comenzó a ser venerada también una santa Fausta de Narni.

21 de septiembre
SAN MATEO

Apóstol y evangelista

Mateo cobrador de impuestos, apóstol y evangelista: una fuga afortunada del dinero por un servicio al mensaje cristiano, en perfecta pobreza. En su Evangelio, el primero en orden cronológico, él habla del recto uso del dinero más que los otros tres evangelistas: "No acumuléis tesoros sobre la tierra, en donde la polilla y el moho los consumen, y en donde los ladrones entran y roban; más bien acumulad tesoros en el cielo"; "no podéis servir a Dios y al dinero". Sin embargo, fue Judas y no Mateo el encargado de manejar los fondos de la pequeña comunidad apostólica; Mateo deja el dinero para seguir al Maestro, mientras Judas lo traiciona por treinta monedas. Cuando hablan del cobrador de impuestos llamado al seguimiento de Cristo, los otros evangelistas, Marcos y Lucas, hablan de Leví; Mateo, en cambio, prefiere llamarse con el nombre más conocido, Mateo, y usa el apelativo de publicano, que es como decir usurero "para demostrar a los lectores —observa san Jerónimo— que nadie debe perder las esperanzas de la salvación, si se convierte a una Vida mejor".

Mateo, el rico recaudador, responde con entusiasmo a la llamada del Maestro. En su Evangelio él calla humildemente este alegre detalle, pero la noticia nos la transmite Lucas: "Leví preparó (al Maestro) un gran banquete en su propia casa; muchos publicanos y otra gente se sentaron a la mesa con ellos". Después, en el silencio y con discreción se habrá liberado del dinero, haciendo el bien. En efecto, es él quien refiere la advertencia del Maestro: "Cuando des limosna, que tu mano izquierda no sepa lo que hace tu derecha, para que tu limosna quede en secreto, y tu Padre que ve en lo secreto te la recompensará".

Después del episodio de la llamada, el Evangelio recuerda a Mateo una sola vez, hablando de la elección de los apóstoles. De la obra de san Mateo, después de Pentecostés, sólo conocemos las admirables páginas de su Evangelio, dirigido particularmente a los hebreos y que lo caracterizan los cinco grandes discursos de Jesús sobre el Reino de Dios: probablemente fue escrito antes de la destrucción de Jerusalén, que sucedió en el año 70. Una antigua tradición recuerda que Mateo, como jefe misionero, "no compareció ante los jueces para dar testimonio", es decir, no murió mártir. En cambio, otras fuentes, menos seguras, se alargan describiendo los sufrimientos y el martirio del evangelista, lapidado, quemado y decapitado en Etiopía, de donde las reliquias del Santo fueron llevadas primero a Paestum, en el golfo salernitano, y en el siglo décimo a la misma Salerno, en donde todavía hoy se las venera.

22 de septiembre

SANTOS MAURICIO Y COMPAÑEROS

Mártires

Hacia la mitad del siglo III escribía Orígenes que los nuevos reclutas del cristianismo provenían principalmente de las clases populares "de entre los tejedores, bataneros, zapateros". Pero también las familias de la burguesía de provincia ofrecían a la religión de Cristo nuevos fieles: abogados, magistrados, empleados imperiales y legionarios aumentaban las filas del cristianismo. La presencia de los cristianos en la milicia desmentía la sospecha de que no fueran buenos ciudadanos, aunque algunos de ellos presentaron objeción de conciencia, cuando se trató, como en el caso de Mauricio y compañeros, pertenecientes a la legión tebana, no de defender al imperio de sus enemigos, sino la propia fe en el único Dios rechazando un sacrificio a los dioses, que equivalía a la apostasía.

Por otra parte, la mentalidad de los cristianos no podía coincidir con la pagana. Aunque respetaban las leyes y eran leales al imperio, no ponían la patria terrena por encima de todo. Un cierto desinterés por la extensión del imperio fue considerado como hostilidad y castigado con extremo rigor. Lo prueba el episodio que tiene como protagonistas al "primicerius" de la legión tebana Mauricio, al "campidoctor" Esuperio, al "senator militum" Cándido y a todos sus compañeros de armas cristianos sometidos a flagelaciones y después decapitados por haberse negado a seguir hacia Galia a perseguir a los cristianos, o (según otra narración) a sacrificar a los dioses antes de presentar batalla contra los rebeldes Bagaudios. La primera versión está tomada de la *Passio Acaunensium martyrum*, escrita por el obispo de Lyón Euquerio hacia el 450. Según esta narración Mauricio y compañeros pertenecían a la legión tebana, que Maximiano Ercúleo, asociado al gobierno en el 286 como colega del emperador Diocleciano, había llevado con otras tropas de Egipto a Galia para detener la difusión del cristianismo. Cuando llegaron a Agaunum (la actual St-Maurice) cerca de Martigny, Mauricio y sus compañeros no quisieron continuar por una razón muy comprensible.

Maximiano, después de haberlos sometido a la humillante flagelación pública, no habiendo logrado reducirlos a la obediencia, hizo decapitar a toda la legión (unos mil soldados; según la *Passio* unos seis mil, pero se trató probablemente de una cohorte). A pesar del juicio contrastante de los estudiosos respecto de la *Passio* escrita por el obispo Euquerio, hay testimonios muy antiguos del culto de los mártires de Agaunum, en donde las excavaciones realizadas en 1893 descubrieron una primitiva basílica del siglo IV.

23 de septiembre
SAN LINO
Papa y mártir

Después de la persecución de Nerón, durante la cual sufrieron el martirio los apóstoles Pedro y Pablo, la historia de la Iglesia romana, por más de un siglo, se nos presenta envuelta en una densa oscuridad, rota por uno que otro rayo de luz. En el último cuarto del siglo III encontramos testimonios atendibles sobre los primeros doce obispos que ocuparon sin interrupción la sede apostólica. San Ireneo, obispo de Lyón, que seguramente estuvo alguna vez en Roma, es quien nos presenta esta lista en su *Adversus haereses*: "Después de haber fundado y establecido la Iglesia (de Roma), los bienaventurados apóstoles Pedro y Pablo, confiaron la administración a Lino, de quien habla san Pablo en la carta a Timoteo. Le sucedió Anacleto...".

La lista de Ireneo no es la única. Hacia el 160, Egesipo, originario de Palestina, visitó las Iglesias más importantes con el noble propósito de controlar allí la segura tradición de la predicación apostólica. Después de su visita a Roma, escribe: "Elaboré el orden de sucesión hasta Aniceto". Lino fue Papa durante doce años, aproximadamente del 64 al 76, o del 67 al 76, si se coloca el martirio de san Pedro en el 67, al final y no al principio de la persecución de Nerón. Estas cifras no tienen valor absoluto, porque en las dos listas presentadas prevalece el interés doctrinal, y sólo a comienzos del siglo III, con Julio Africano e Hipólito, se empezó a tener en cuenta la cronología.

A más del dato cronológico, tenemos de los sucesores inmediatos de los apóstoles y por tanto de san Lino, otra nota interesante, que nos presenta san Clemente en la *Carta de la Iglesia romana a la Iglesia de Corinto*. En ella san Clemente insiste en la unión que reina en la Iglesia romana y que contrasta tan fuertemente con el cisma que aflige a la comunidad de Corinto. Al recordar los orígenes de la jerarquía eclesiástica, subraya: "Los apóstoles probaron en el espíritu sus primicias y los instituyeron como obispos y como diáconos de los futuros creyentes. Más tarde impusieron esta regla: que después de su muerte hombres probados deberían sucederlos en el ministerio".

San Lino, originario de Tuscia, probablemente de Volterra, es, pues, "el hombre probado" que, por santidad de vida y capacidad de gobierno, fue elegido por el mismo san Pedro para que le sucediera. Por tanto, fue un directo colaborador suyo y la estimación de que gozó en la comunidad romana fue muy grande si fue nombrado para regir la suerte de la Iglesia en un momento tan difícil.

24 de septiembre
SAN PEDRO NOLASCO
Religioso

En la historia de las deportaciones hay un capítulo tristísimo, y por desgracia no el último, y es el que se refiere a las incursiones de los sarracenos a lo largo de las costas italianas y españolas. Saqueaban y capturaban a hombres y mujeres y los llevaban a la fuerza a Africa en donde los vendían como esclavos y luego los devolvían a sus familiares por una gran suma de dinero. En esta calamidad se encuentra también un capítulo de extraordinaria caridad y de devoción mariana. En Barcelona, en la noche entre el primero y el dos de agosto de 1218, la Virgen se habría aparecido a Pedro Nolasco, invitándolo a fundar una Orden religiosa con el fin principal de rescatar a los prisioneros.

Pedro Nolasco tenía 29 años y había nacido en la región francesa de Languedoc hacia el 1189 de una noble familia. A los quince años murió su padre y entonces se puso al servicio de Simón de Montfort en la cruzada contra los Albigenses. En el encuentro con los belicosos herejes cayó el rey de Aragón, Pedro II, cuyo primogénito y heredero al trono, Santiago, no tenía sino seis años. Pedro Nolasco fue encargado de ser el maestro y tutor del futuro rey de Aragón, a quien impartió una educación religiosa caracterizada por una filial devoción mariana. En este período fue cuando Pedro Nolasco, ya empeñado con todos sus medios en el rescate de los cristianos que habían caído en las manos de los "moros", tuvo la visión de la Virgen. Así nació la Orden caballeresca y religiosa de los Mercedarios, llamados así por la particular devoción a la Virgen, a quien honran bajo el título de santa María de la Misericordia, o de la Merced de los esclavos.

Su regla, redactada bajo la guía de san Raimundo de Peñafort, los obliga con un cuarto voto, es decir, el de ofrecerse como esclavos de los musulmanes, si es necesario para liberar a un cristiano en peligro de caer en apostasía. De los 26.000 prisioneros liberados por los Mercedarios en su primer siglo de vida, más de 890 fueron rescatados y llevados a su patria por Pedro Nolasco. Pero él no se contentaba con tratar el precio del rescate con los moros. Al mismo tiempo que pagaba con el duro precio de los sufrimientos, torturas, encarcelamientos, Pedro Nolasco predicaba el Evangelio a los infieles, poniendo en peligro la propia vida.

Murió el día de Navidad de 1258, murmurando las palabras del salmo: "El Señor ha redimido a su pueblo". La primera imagen de la Virgen que tocó suelo americano fue la de la Virgen de la Merced, que hizo pintar Isabel la Católica y que regaló a los Mercedarios cuando partieron en misión a Santo Domingo. La festividad de hoy está dedicada a la Virgen de las Mercedes, mientras la memoria de san Pedro Nolasco la recuerda el *Martirologio Romano* el 31 de enero.

25 de septiembre
SAN CLEOFAS
Discípulo de Jesús

Cleofás o Cleofe o Clopa es uno de los dos discípulos que el día de la resurrección de Jesús, cuando iban hacia Emaús después de las celebraciones pascuales, fueron alcanzados por Jesús Resucitado, a quien le ofrecieron generosamente hospitalidad. "Nosotros esperábamos que él iba a ser el liberador de Israel; en cambio...". En las palabras que los dos discípulos dirigen al desconocido se nota el eco de una desilusión común a los apóstoles en esa hora de prueba. "Sin embargo, algunas mujeres de las nuestras nos han maravillado".

Por este rayo de esperanza el desconocido hace penetrar la luz de la "buena noticia", explicándoles las Escrituras. Después acepta la invitación: "Quédate con nosotros, porque se hace tarde y ya va a anochecer", se les revela "al partir el pan", el gesto eucarístico de la última cena, en la que, por tanto, estuvo presente también Cleofás. Pero este no fue su único privilegio. Si nos fijamos en la etimología de su nombre, descubrimos que Cleofás y Alfeo son la transcripción y la pronunciación del mismo nombre hebreo Halphai, o también dos nombres llevados por la misma persona. Por eso, seguramente Cleofás-Alfeo es el padre de Santiago el Menor y de José, hermanos, es decir, primos del Señor. En el Evangelio de Juan, María, madre de Santiago y de José, aparece como esposa de Cleofás y hermana de la madre de Jesús, en un sentido más o menos propio.

Su afortunada posición dentro de la familia del Señor parece que tiene otras características. El historiador palestinés Egesipo afirma que Cleofás es hermano de san José y padre de Judas y de Simón. Este último fue elegido para suceder a Santiago el Menor en la sede episcopal de Jerusalén. Según todo esto, podemos identificar al conmovido discípulo de Emaús con el Cleofás que Juan llama esposo de la hermana de la Virgen, aquella María de Cleofás, presente con las otras piadosas mujeres en el drama del Calvario.

Puesto que María de Cleofás es madre de Santiago el Menor, de José, de Judas y de Simón, se concluye que Cleofás es su padre. ¡Padre de tres apóstoles! Según Eusebio y san Jerónimo, Cleofás era de Emaús. Y en Emaús, según una antigua tradición, Cleofás, "testigo de la resurrección", fue martirizado por sus paisanos, intolerantes de su celo y de su certeza de fe en el Mesías resucitado. San Jerónimo nos asegura que ya en el siglo IV su casa había sido transformada en iglesia. *El Martirologio Romano* ha incluido su nombre en el día de hoy y confirma el martirio por mano de los judíos.

26 de septiembre

SANTOS COSME Y DAMIAN

Mártires

Cuanto se sabe de la vida y del martirio de los santos Cosme y Damián se debe a una devota fantasía y las narraciones legendarias históricamente poco comprobables. Sufrieron el martirio en Ciro (Kyros, en Siria), pero no sabemos cuándo. Probablemente durante la persecución de Diocleciano, a comienzos del siglo IV. La fecha del 27 de septiembre (que el nuevo calendario ha colocado el 26, porque la memoria de san Vicente de Paúl quedó obligatoria) corresponde probablemente a la dedicación de la basílica que el papa Félix IV (526-530) hizo construir en su honor en el Foro Romano, y que ahora es meta más de turistas que de devotos por el espléndido mosaico que adorna el ábside.

La rica y espléndida familia florentina de los Medici, que durante muchos años rigió las suertes de la laboriosa ciudad, los eligió como patronos, por el nombre, aunque en la onomástica prefirieron al primero de los dos hermanos, Cosme o Cósimo. Que se trate de dos hermanos es sólo una opinión, basada en la leyenda, que se formó sobre los dos mártires a partir del siglo V. Por esta leyenda sabemos que los dos hermanos curaban "todas las enfermedades, no sólo de los hombres, sino también de los animales, haciéndolo todo gratuitamente".

No porque lo hicieran todo gratuitamente, sino por su profesión, fueron escogidos como patronos de los médicos y de los farmaceutas. Según la misma leyenda, una sola vez Damián, contrariando la regla de la caridad, aceptó la remuneración de una mujer a quien había curado, llamada Paladia, y esto causó un severo reproche por parte de su hermano, que en señal de protesta no quiso que lo enterraran a su lado después de la muerte. Seguramente hubo testigos, pues después de su decapitación los cristianos pensaron en enterrar los dos cuerpos uno lejos del otro. Pero un camello, tomando voz humana, gritó que reunieran a los dos hermanos, porque Damián había aceptado los honorarios que le había dado Paladia en nombre de la caridad, es decir, para que la mujer no quedara humillada.

El prodigio no debió maravillar a los presentes, que probablemente habían asistido al martirio de los dos hermanos: condenados a la lapidación, las piedras saltaban contra los perseguidores; colocados contra una pared para ser saeteados por cuatro soldados, las flechas "volvían atrás y herían a muchos, pero a los santos no les hacían ningún daño". Entonces tuvieron que recurrir a la espada para la decapitación, "honor" reservado a los ciudadanos romanos, y sólo así los dos mártires, junto con otros hermanos, pudieron dar testimonio de Cristo.

27 de septiembre

SAN VICENTE DE PAUL

Presbítero

Sólo la enumeración de las obras caritativas que realizó en su vida "Monsieur Vincent" (así llamaban a san Vicente de Paoli o de Paúl) necesitaría más de una página. Nació en Aquitania el 24 de abril de 1581 y fue ordenado sacerdote a los

19 años. Antes de establecerse en París como capellán de la reina Margarita de Valois, fue prisionero de los mahometanos durante dos años. Fue liberado por su mismo "patrón" a quien él convirtió. Preceptor en la familia de los Gondi, dedicó poco tiempo a los libros y muchísimo a la asistencia material y espiritual de los galeotes, es decir, de los hombres sacados de las prisiones y condenados a remar sobre las galeras. Es extraordinario el ascendiente que tuvo el excuidador de puercos de Pouy (de niño cuidaba los cerdos) en la alta sociedad de su tiempo, desde el cardenal Richelieu hasta la reina Ana de Austria y el mismo rey Luis XIII que quiso tenerlo a su lado en el lecho de muerte.

Al temido Richelieu, Monsieur Vincent se atrevía a gritarle en la cara la miseria del pueblo: "¡Monseñor, tenga piedad de nosotros, denos la paz!". Más tarde, durante los terribles días de la Fronda, cuando París levantó barricadas y por represalias Mazarino trató de someterla al hambre, Vicente organizó en San Lázaro una mesa popular para dar de comer a 2.000 hambrientos todos los días. Después montó a caballo y corrió a St-Germain a decirle a Mazarino: "Señor, váyase, sacrifíquese por el bien de Francia". Hombre práctico, sólido, dotado del sentido del humor, franco como un campesino y sobre todo trabajador, realístico, les decía a los sacerdotes de San Lázaro: "Amemos a Dios, hermanos míos, pero amémoslo a costillas nuestras, con la fatiga de nuestros brazos, con el sudor de nuestra frente".

Sabiendo que a menudo los pobres sufren más por falta de organización para llevarles ayuda que por falta de personas caritativas, obtuvo el encargo de la regente de Ministro de la Caridad, y organizó los auxilios para los pobres a escala nacional. Se dijo que por sus manos pasaba más dinero que por las del Ministro de Hacienda. Pero en su banco de la caridad los capitales no duraban. Son cuatro las instituciones que él fundó: la confraternidad de las Damas de la Caridad, los Siervos de los pobres, la Congregación de los Sacerdotes de la Misión (o Lazaristas, a los que les confió la doble tarea de contribuir en la formación de los futuros sacerdotes, y la de organizar predicaciones adecuadas —precisamente las "misiones"— sobre todo para la gente del campo), en fin las Hijas de la Caridad. Murió en París el 27 de septiembre de 1660, y fue canonizado en 1737.

28 de septiembre

SAN WENCESLAO

Mártir

El joven príncipe, que nació en Bohemia hacia el año 907, personifica el ideal del héroe nacional, valientemente comprometido en la promoción cultural y religiosa del pueblo eslavo. Cuando se derrumbó el reino moravio, en el 895 los príncipes bohemios, entrando en el juego diplomático de las potencias de ese entonces, se aliaron con el fuerte reino franco, y adoptando los principios de las antiguas civilizaciones comenzaron el proceso de europeización de los Estados de Europa central.

Líder de esta política de visión hacia el futuro fue el joven duque de Bohemia, Wenceslao. El había sido educado cristianamente por la abuela Ludmila, venerada como santa. Tan pronto tuvo la edad requerida, sucedió al padre después de la breve regencia de la madre Draomira. Mujer intrigante, Draomira prefería al segundo hijo, Boleslao, y fomentó con todos los medios a su alcance la rivalidad entre los dos, hasta el punto de llevar al segundo a mancharse con el grave delito del fratricidio. En la mañana del 28 de septiembre del 935, mientras Wenceslao salía de casa para ir a misa, Boleslao, que lo esperaba en un lugar solitario con un grupo de cómplices, le saltó encima para herirlo por la espalda. El joven Rey, que todavía no tenía treinta años, detuvo el golpe y echó mano a su espada, pero cuando se dio cuenta que el asesino era su hermano bajó el arma murmurando: "Podría matarte, pero la mano de un siervo de Dios no debe mancharse con el fratricidio". Fue asesinado por los sicarios de Boleslao.

Este ejemplarísimo príncipe cristiano anteponía sus deberes religiosos a los de soberano, hasta el punto de llegar tarde a una importante asamblea de Worms, convocada por el emperador Otón, porque estaba en misa. No era raro ver al joven Rey mezclado con los otros fieles, con los pies descalzos, durante las procesiones penitenciales. Impuso a su cuerpo la dura disciplina del cilicio y las diarias mortificaciones.

Fue considerado como un Rey renunciatario por haber buscado la alianza con los poderosos francos limítrofes, pero el mismo hermano Boleslao, que le sucedió después de haberlo mandado asesinar, comprendió esa política realística y la siguió. Boleslao comprendió el error de valoración respecto de su hermano, hacia quien la devoción popular creció de día en día, por los prodigios que se obraban sobre la tumba del mártir, venerado inmediatamente como santo, el primero de los pueblos eslavos.

29 de septiembre

SANTOS ARCANGELES MIGUEL, GABRIEL Y RAFAEL

El nuevo calendario ha reunido en una sola celebración los tres arcángeles Miguel, Gabriel y Rafael, cuya fiesta caía respectivamente el 29 de septiembre, el 24 de marzo y el 24 de octubre. De la existencia de estos Angeles habla explícitamente la Sagrada Escritura, que da el nombre y determina la función de cada uno. San Miguel, el antiguo patrono de la Sinagoga, es ahora el patrono de la Iglesia universal; san Gabriel es el Angel de la Encarnación y probablemente el de la agonía en el Huerto de los Olivos; san Rafael es el guía de los viajeros. San Miguel tuvo un culto especial desde los primeros siglos de historia del cristianismo. El emperador Constantino le erigió un santuario a orillas del Bósforo, en tierra europea, y Justiniano le erigió otro en la orilla opuesta. La fecha del 29 de septiembre corresponde a la de la consagración de la iglesia en el siglo V a san Miguel, a seis millas de la Vía Salaria.

La festividad se difundió muy pronto en Occidente y en Oriente. En Roma se le dedicó el famoso mausoleo de Adriano, conocido con el nombre de Castel Sant'Angelo (castillo del Santo Angel). A san Miguel se le dedicó también el antiguo santuario, construido en el siglo VI, sobre el monte Gargano y que domina el mar Adriático. Cerca de esta iglesia, el 8 de mayo del 663, los longobardos obtuvieron la victoria en la batalla naval contra la flota sarracena, y el recuerdo de la victoria, atribuida a una aparición del Angel, dio origen a una segunda fiesta, unificada después para el día 29 de septiembre.

San Gabriel, "el que está a la presencia de Dios" (es su "tarjeta de presentación" cuando va a anunciar a María que ha sido escogida como madre del Redentor) es el anunciador por excelencia de las revelaciones divinas. Es él quien le explica al profeta Daniel cómo sucederá la plena restauración, desde el regreso del destierro hasta la venida del Mesías. A él se le confía la misión de anunciar el nacimiento del precursor, Juan, hijo de Zacarías y de Isabel. La misión más alta que jamás se le haya confiado a criatura alguna es la suya: el anuncio de la Encarnación del Hijo de Dios. Por esto él goza de una veneración particular, aun entre los mahometanos.

San Rafael, citado en un solo libro de la Escritura, es el que acompaña al joven Tobías, y por esta misión se lo invoca como guía de cuantos se ponen en camino. El le sugirió al joven protegido la receta para curar la ceguedad del padre, y también por esto se lo invoca como curador (etimológicamente su nombre significa "Dios ha curado"). Su fiesta del 24 de octubre había entrado en el calendario romano sólo en 1921.

30 de septiembre
SAN JERONIMO

Presbítero y doctor de la Iglesia

El IV siglo después de Cristo, que tuvo su momento importante en el 380 con el edicto del emperador Teodosio que ordenaba que la fe cristiana tenía que ser adoptada por todos los pueblos del imperio, está repleto de grandes figuras de santos: Atanasio, Hilario, Ambrosio, Agustín, Crisóstomo, Basilio y Jerónimo. Este último nació en Estridón (Dalmacia) hacia el año 340; estudió en Roma y allí fue bautizado. Su espíritu es enciclopédico: su obra literaria nos revela al filósofo, al retórico, al gramático, al dialéctico, capaz de pensar y escribir en latín, en griego, en hebreo; escritor rico, puro y robusto al mismo tiempo. A él se debe la traducción al latín del Antiguo y del Nuevo Testamento, que llegó a ser, con el título de Vulgata, la Biblia oficial del cristianismo.

Jerónimo es de una personalidad fortísima: en cualquier parte a donde va suscita entusiasmos o polémicas. En Roma fustiga los vicios y las hipocresías y también preconiza nuevas formas de vida religiosa, atrayendo a ellas a algunas mujeres influyentes patricias de Roma, que después lo siguen en la vida eremítica de Belén. La huida de la sociedad de este desterrado voluntario se debió a su deseo de paz interior, no siempre duradero, porque de vez en cuando reaparecía con algún nuevo libro. Los rugidos de este "león del desierto" se hacían oír en Oriente y en Occidente. Sus violencias verbales iban para todos. Tuvo palabras duras para Ambrosio, para Basilio y hasta para su amigo Agustín que tuvo que pasar varios tragos amargos. Lo prueba la correspondencia entre los dos grandes doctores de la Iglesia, que se conservan casi en su totalidad. Pero sabía suavizar sus intemperancias de carácter cuando el polemista pasaba a ser director de almas.

Cuando terminaba un libro, iba a visitar a las monjas que llevaban vida ascética en un monasterio no lejos del suyo. El las escuchaba, contestando sus preguntas. Estas mujeres inteligentes y vivas fueron un filtro para sus explosiones menos oportunas y él les pagaba con el apoyo y el alimento de una cultura espiritual y bíblica. Este hombre extraordinario era consciente de sus limitaciones y de sus propias faltas. Las remediaba dándose golpes de pecho con una piedra. Pero también se daba cuenta de sus méritos, tan es así que la larga lista de los hombres ilustres, de los que hizo un breve pero precioso resumen (el *De viris illustribus*) termina con un capítulo dedicado a él mismo. Murió a los 72 años, en el 420, en Belén.

Martirio de san Ignacio de Antioquía.
Miniatura del siglo IX.

Octubre

1 de octubre
SANTA TERESA DEL NIÑO JESUS
Religiosa

Teresa del Niño Jesús y del santo Rostro (Teresa Martín nació en Alencon. Francia, en 1873 y murió en 1897) imprimió a su breve existencia una huella inigualable, la de la sonrisa, expresión de esa alegría ultraterrena, que según sus palabras, "no está en los objetos que nos rodean, sino que reside en lo más profundo del alma". Inclinada por temperamento a una calmada y serena tristeza, Teresa, de hermosos cabellos rubios, ojos azules, líneas delicadas, alta, extraordinariamente bella, cuando escribía en su diario "oh, sí, todo me sonreirá aquí en la tierra", estaba experimentando injusticias e incomprensiones, y ya enferma de tuberculosis, con sus fuerzas agotadas, no rehusaba ningún trabajo pesado y seguía "ofreciendo a Jesús las flores de los pequeños sacrificios".

Todo el que haya leído las estupendas páginas de sus cuadernillos en los que iba anotando, por obediencia, sus experiencias interiores, publicadas bajo el título de *Historia de un alma*, sabe que estos sacrificios no eran pequeños. Teresa le dio a su vida ascética el inconfundible estilo y título de "infancia espiritual" no por una innata tendencia a poner todo en diminutos, sino por una elección muy precisa, según la invitación del Evangelio de "hacerse pequeños" como los niños. Escribe: "Yo me había ofrecido al Niño Jesús para ser su juguete y le había dicho que no se sirviese de mí como uno de sus juguetes de lujo, que los niños se contentan con mirar, sino como de un pequeño balón de poco valor, que se puede echar por el suelo, empujar con el pie, dejar abandonado, o también estrechar contra el corazón, si eso le daba gusto. En otras palabras, quería divertir al Niño Jesús y abandonarme a sus caprichos infantiles".

El camino de la infancia espiritual es también expresión de su profunda humildad. Los nueve años que pasó en el Carmelo de Lisieux (había entrado a los quince años, después de haber ido a Roma a pedirle la autorización al Papa) los vivió tan intensamente que le ofreció al mundo católico la maravillosa imagen de una santa, aparentemente alejada del mundo en el que vivió, sin relaciones espirituales con el mundo moderno, y, sin embargo, tan sumergida en la realidad de la vida eclesial que fue declarada en 1927, dos años después de su canonización, patrona principal de las misiones, e invocada desde 1944 como patrona secundaria de Francia junto con la batalladora Juana de Arco. La joven Santa, que había mantenido la promesa de hacer caer del cielo una lluvia de rosas, sigue empapando a la Iglesia. Santa Teresita murió el 30 de septiembre.

2 de octubre
SANTOS ANGELES CUSTODIOS

Casi todas las páginas de la Revelación escrita, dice san Gregorio Magno, dan testimonio de la existencia de los Angeles. En el Nuevo Testamento aparecen en el Evangelio de la infancia, en la narración de las tentaciones en el desierto y en la agonía de Cristo en Getsemaní. Son los testigos de la Resurrección; asisten, pues, a la Iglesia naciente, ayudan a los apóstoles y son mensajeros de la voluntad divina. Ellos prepararán el juicio final y ejecutarán la sentencia, separando a los bienaventurados de los condenados, y le servirán de corona a Cristo triunfante. Los Angeles son citados más de trescientas veces en el Antiguo Testamento. Pero a más del número de testimonios bíblicos, que justifica el culto particular que los cristianos les han tenido a los Angeles desde los primerísimos tiempos, es la naturaleza de estos "puros espíritus" la que estimula nuestra admiración y nuestra devoción.

Ellos son, ante todo, mediadores de los mensajes de la verdad divina, iluminando el espíritu con la luz interior de la palabra. Y son también custodios de las almas de los hombres, les sugieren las directivas divinas e, invisibles testigos de sus pensamientos más recónditos y de sus acciones buenas o malas, ayudan a los hombres en el bien y en la salvación. "Los Angeles, decía Bossuet en su panegírico en la fiesta de los Angeles custodios, ofrecen a Dios nuestras limosnas, recogen hasta nuestros anhelos, hacen valer ante Dios aun nuestros deseos... Nos alegramos de tener amigos tan atentos, intercesores tan fieles, intérpretes tan caritativos". Basando la verdad de fe en la misma afirmación del Redentor la Iglesia nos dice que todo cristiano, desde el momento del Bautismo, se le confía a su propio Angel, que tiene la tarea de custodiarlo, guiarlo por el camino del bien, inspirarle buenos sentimientos, brindándole las libres escogencias que tienen como meta a Dios sumo bien.

La liturgia del 29 de septiembre, que celebra la fiesta de Miguel, Gabriel y Rafael, recuerda al mismo tiempo a todos los coros angélicos: los Angeles, los Arcángeles, los Tronos, las Dominaciones que adoran, las Potencias que tiemblan con respeto ante la Majestad Divina, los Cielos, las Virtudes, los Serafines y los Querubines. Pero desde el siglo XVI se comenzó a celebrar una fiesta distinta para los santos Angeles custodios, que el papa Pablo V extendió a toda la Iglesia, después que León X, en 1508, aprobó el nuevo Oficio compuesto por el franciscano Juan Colombi. De la Península Ibérica, en donde comenzó el culto, a Francia y a Austria, la fiesta se difundió en todo el mundo cristiano.

3 de octubre
SANTA MARIA JOSEFA ROSSELLO

Religiosa

"Corazón a Dios, y manos al trabajo" era la exhortación que María Josefa Rossello les repetía continuamente a las hijas de Nuestra Señora de la Misericordia. Ese lema fue también su programa de vida, que realizó con generosa donación a Dios y al prójimo desde los primeros años de su juventud. Nació en Albissola Marina (Savona, Italia) el 27 de mayo de 1811. Era la cuarta hija de un modesto fabricante de cacharros de cocina, y en el taller paterno aprendió a trabajar la greda, dejándose al mismo tiempo modelar por la gracia. Se inscribió en la Tercera Orden franciscana, y después, a los 19 años de edad, entró al servicio de la familia patricia de los Monleone para asistir al jefe de familia enfermo. Cuando éste murió, la viuda ofreció a Benedetta (éste era el nombre de Bautismo de la Santa) que se quedara acompañándola, ya no como doméstica sino como hija adoptiva, con la perspectiva de heredar todo el patrimonio, pues los Monleone no tenían hijos.

Benedetta o Benedicta pasó siete años en esa rica mansión con el "corazón en Dios", deseando consagrarse totalmente a su servicio. Rechazó la halagadora oferta y fue a tocar a la puerta de un Instituto de caridad, pero tuvo que soportar el doloroso rechazo: no tenía la dote suficiente para ser admitida al noviciado. Dos lutos familiares, su hermana Josefina de 17 años y su padre, le impusieron el deber de cuidar por la familia. Y, sin embargo, Benedicta contestó con generosidad al llamamiento del obispo Agustín De Mari que buscaba colaboradoras para confiarles la educación de jóvenes pobres.

El 10 de agosto de 1837 Benedicta y dos compañeras daban comienzo a la fundación del nuevo instituto en una modesta casa tomada en alquiler. El 22 de octubre del mismo año vestían el hábito religioso y Benedicta tomaba el nombre de sor María Josefa. En 1840 la pequeña Congregación tenía siete hermanas profesas y cuatro novicias. María Josefa, elegida superiora, tuvo que dirigir sola la comunidad, pues el obispo De Mari murió ese año. Sor María Josefa supo realizar varias iniciativas, entre ellas la valiente obra de rescate de los esclavos africanos, dando asilo a muchísimas jóvenes negras, liberadas de una humillante esclavitud. Con su iluminada confianza en la Providencia, erigió varias casas (todas dedicadas a la Providencia, para recibir a las jóvenes pobres. En 1869 fundó el Pequeño Seminario para los niños de la clase obrera, llevándolos gratuitamente a la carrera eclesiástica. Murió a los 69 años de edad, el 7 de diciembre de 1880 en Savona, en la casa madre de su comunidad. El 12 de junio de 1949 Pío XII la incluía en la lista de los santos.

4 de octubre
SAN FRANCISCO DE ASIS
Religioso

El 3 de octubre de 1226, con sólo 44 años de edad, moría sobre el suelo de la Porciúncula de Santa María de los Angeles, cerca de Asís, el auténtico heraldo de la perfección cristiana, san Francisco. El, a la edad de 24 años, se había despojado de todo, de riquezas, ambiciones y orgullo, y hasta del mismo vestido que llevaba, para casarse con la "Señora Pobreza" y proponerle una vez más al mundo en perfecta alegría el ideal evangélico de humildad, pobreza y castidad. Había nacido en Asís, una ciudad de mucho comercio, y su padre era un rico comerciante, llamado Bernardone. Al joven hijo le gustaban las alegres pandillas y gastaba abundantemente el dinero paterno. A los veinte años se inscribió como caballero en el ejército de Gualtieri de Brinne, que combatía por el Papa, pero en Spoleto tuvo un sueño revelador en el que se lo invitaba a seguir más bien "al patrón que al siervo".

De regreso a Asís, se dedicó a ayudar a los enfermos y a los pobres y un día de otoño de 1205, mientras se encontraba absorto en oración en la iglesia de San Damián, le pareció oír una voz del crucifijo: "Vete a restaurar mi Iglesia, que está en ruinas". Con la definitiva renuncia a los bienes paternos, a los 25 años, Francisco comenzó su vida religiosa. La primera etapa vio a Francisco, en hábito de ermitaño, llevar una vida solitaria y errabunda, hasta cuando una frase iluminadora del Evangelio lo impulsó a la predicación y a la constitución del primer núcleo de la Orden de los frailes menores, cuya regla fue aprobada por el papa Inocencio III.

Este segundo capítulo de la vida del Santo está marcado por una intensa predicación, continuos viajes "misioneros" para llevar a los hombres continuamente armados los unos contra los otros el mensaje evangélico de "paz y bien". Después de un aventuroso viaje por Tierrasanta, Siria y Egipto, regresó a Asís en 1220 y trató de poner orden en su propia casa, redactando de nuevo la segunda Regla, aprobada por el papa Onorio III. Agotado ya físicamente por las duras penitencias, entró en la última etapa de su vida, que marcó su perfecta conformación con Cristo, aun físicamente, con los estigmas, que recibió en el monte Verna el 14 de septiembre de 1224.

Autor del Cántico del Hermano Sol, protagonista de las Florecillas, uno de los santos más amados de todo el mundo, san Francisco fue canonizado a los dos años de su muerte. En 1939 Pío XII tributó un reconocimiento oficial más al "más italiano de los santos y al más santo de los italianos", proclamándolo Patrono principal de Italia.

5 de octubre

SANTOS PLACIDO Y MAURO

Monjes

El *Martirologio Romano* recuerda a Plácido el 5 de octubre, y a Mauro el 15 de enero. Hasta hace pocos años la Orden benedictina celebraba la fiesta de estos dos santos en fechas separadas; ahora se les ha unido en una sola fecha. En verdad es imposible separar a los dos primeros discípulos de san Benito, porque todo lo que sabemos de los dos se encuentra en dos pasajes de la *Vida de san Benito*, escrita por san Gregorio Magno. En el primero se narra la entrega de ellos a san Benito por parte de sus padres: Esquicio ofrece a Mauro, y Plácido es ofrecido por el patricio Tertulo. El segundo hizo célebre a san Mauro en la historia de la ascética cristiana por su obediencia incondicional, premiada con un milagro.

Mientras san Benito oraba, vio como en visión que el niño Plácido, al ir a sacar agua del lago, se había caído y estaba por ahogarse. El santo Abad llamó a Mauro y le dijo: "Hermano mío Mauro, corre al lago porque aquel muchachito que fue por agua se ha caído y se está ahogando". Inmediatamente fue corriendo al lago y llegó hasta donde estaba Plácido; lo agarró por los cabellos y lo sacó a la orilla. Sólo entonces se dio cuenta de que había caminado sobre las aguas, como le sucedió a Pedro en el lago de Tiberíades.

Maravillado, le contó a san Benito lo que había pasado. Este atribuyó humildemente el prodigio a los méritos de Mauro, pero el discípulo estaba convencido de lo contrario, o sea, que el mérito era de san Benito. Efectivamente, Plácido lo confirmó cuando le dijo que él había tenido la impresión de haberse agarrado de la capa del Abad: "...y me parecía que él me sacaba del agua". Lo que sabemos de los dos santos discípulos de san Benito, a más de lo que narra san Gregorio, se debe a una biografía apócrifa, escrita a mediados del siglo IX. Mauro fue enviado a Francia por su maestro, y en Glanfeuil en Anjou fundó el primer monasterio benedictino que, gracias al apoyo del Rey, se desarrolló rápidamente.

El biógrafo le atribuye varios milagros, como el de la resurrección de un joven que declaró que así se había librado de las penas del infierno. Mauro murió en el monasterio francés a la edad de 72 años, después que una peste había llevado a la tumba a muchos de sus monjes.

Más inciertas son las noticias respecto de los últimos años de san Plácido. La piadosa fantasía de un biógrafo lo coloca en la lista de los mártires; según ella Plácido fue martirizado en Sicilia por los sarracenos.

6 de octubre

SAN BRUNO

Presbítero

"El provecho y la alegría que la soledad y el silencio del yermo producen a cuantos lo aman, sólo pueden apreciarlos quienes han tenido experiencia de ellos". Así escribía san Bruno a un amigo, poco antes de la muerte, el 6 de octubre de 1101 en Torre (Calabria). El siglo XI, rico de fermentos religiosos, se caracteriza por un renovado deseo de vida solitaria, según las reglas eremíticas del monaquismo primitivo. Ejemplo inalterable de este modelo de vida cenobítica es la Cartuja de Serra San Bruno, en el corazón de Calabria, que el mismo Santo elogiaba por "la dulzura del aire y la vasta y sonriente llanura, rodeada de montañas, de verdes pastos y pespuntes de flores": a la iglesia, único lugar en donde los frailes se encuentran para rezar el *Oficio*, le hacen de corona pequeñas casas de dos piezas, una en el primer piso que sirve de laboratorio, y otra en el segundo piso, inviolable habitación del monje, en donde él reza y duerme.

Encerrado en el arco de las celdas se encuentra el cementerio del yermo: sepulturas de tierra con una Cruz de madera en las que ni aparece el nombre del difunto. "Esta paz que ignora el mundo —escribe el Santo— es propicia a la alegría del Espíritu Santo".

San Bruno nació en Colonia (Alemania) en 1035 de noble familia, estudió en la escuela episcopal de Reims, en donde, después de la Ordenación sacerdotal, desempeñó el cargo de profesor de teología. Tuvo como alumnos a Eudes de Chatillon, el futuro papa Urbano II y a san Hugo de Grenoble. Nombrado canciller del arzobispado de Reims, atacó la elección simoníaca del obispo Manasse, depuesto después por Gregorio VII, que llamó a sucederlo al mismo Bruno.

Como el Rey puso el veto a su elección, Bruno resolvió realizar una juvenil aspiración: primero se retiró a Seche-Fontaine, cerca del monasterio de Molesme, en el yermo que le asignó el abad san Roberto; después al territorio de Grenoble, en el solitario valle de la Cartuja, o Chartreuse, cuna de la Orden de los Cartujos, porque a san Bruno pronto se le unieron otros religiosos, atraídos por el mismo ideal de vida eremítica. El Santo abad no pudo seguir gozando de la paz de la Cartuja, porque un antiguo alumno suyo, que llegó a ser Papa, lo llamó a Roma como consejero. Era el 1091. La estadía en Roma fue breve: los monjes, no pudiendo adaptarse a la cercanía de la ciudad (habían fundado una cartuja cerca de las Termas de Diocleciano), obtuvieron el permiso de regresar a Grenoble, y el abad Bruno, después de dejar la curia pontificia, pudo bajar a Italia meridional para fundar en un lugar adecuado una nueva Cartuja, siguiendo el modelo de la francesa.

7 de octubre

NUESTRA SEÑORA DEL ROSARIO

Fiesta

El Rosario nació del amor de los cristianos por María en época medioeval, probablemente en tiempo de las cruzadas de Tierrasanta. El instrumento que sirve para rezar esta oración, es decir, la camándula, tiene origen muy antiguo. Los anacoretas orientales usaban piedritas para contar el número de las oraciones vocales. En los conventos medioevales los Hermanos legos, dispensados del rezo del Salterio por la poca familiaridad con el latín, completaban sus prácticas de piedad con el rezo de los "Padrenuestro", y para llevar la cuenta san Beda el Venerable se había inventado una colección de granos insertados en una pita o cabuya. Después, según narra la leyenda, la Virgen misma, apareciéndose a santo Domingo, le señaló en el rezo del Rosario una eficaz arma para derrotar la herejía albigense.

Así nació la devoción a la camándula, que tiene el significado de una corona de rosas ofrecida a la Virgen. Promotores de esta devoción fueron los dominicos, que tienen también la paternidad de las confraternidades del Rosario. Un Papa dominico, san Pío V, fue el primero en animar y recomendar oficialmente el rezo del Rosario, que en poco tiempo se convirtió en la oración popular por excelencia, una especie de "breviario del pueblo", que se rezaba por la noche en familia, porque sirve mucho para dar una orientación espiritual a la liturgia familiar.

Esas "Ave María" rezadas en familia están animadas por un auténtico espíritu de oración: "Y mientras se propaga la dulce y monótona cadencia de las 'Ave María', el padre o la madre de familia piensan en las preocupaciones familiares, en el niño que esperan, o en los problemas que presentan los niños más grandes. Este conjunto de aspectos de la vida familiar recibe entonces la iluminación del misterio salvífico de Cristo, y espontáneamente se lo confía con sencillez a la madre del milagro de Caná y de toda la redención" (Schillebeeckx).

La celebración de la fiesta de hoy fue instituida por san Pío V para conmemorar la victoria de Lepanto en 1571 contra la flota turca (al principio se llamaba "Santa María de la Victoria"). Como se recordará el 7 de octubre de ese año cayó en domingo; en 1716 se extendió la fiesta a la Iglesia universal, y san Pío X, en 1913, fijó la fecha del 7 de octubre. La "fiesta del Santísimo Rosario", como se la llamaba antes de la reforma del calendario de 1960, en cierto sentido comprendia todas las fiestas de la Virgen y al mismo tiempo los misterios de Jesús, a los cuales se asocia a María, con la meditación de quince momentos de la vida de María y de Jesús.

8 de octubre
SANTA PELAGIA

El *Martirologio Romano* recuerda a cuatro santas con este nombre, pero se trata de un caso, no raro, de desdoblamiento, y hasta de doble desdoblamiento, porque de las dos mujeres con este nombre sólo una sería la Santa auténtica. Parece que la notoriedad de una penitente, de quien habla san Juan Crisóstomo en uno de sus sermones, oscureció el nombre de una joven mártir de Antioquía llamada Pelagia, víctima de la persecución de Diocleciano. La joven, de quince años, dio testimonio de su fidelidad a Cristo de un modo insólito: cuando los soldados del emperador fueron a su casa para llevarla ante el tribunal que seguramente la iba a condenar por ser cristiana, Pelagia les pidió que le permitieran cambiarse de vestido. Le concedieron el permiso; entonces subió al segundo piso y, como sabía el trato indigno que le iban a dar a su cuerpo, para presentarse incontaminada a la presencia de su divino esposo, se arrojó por la ventana y murió al caer a tierra.

La mujer, de la que habla san Juan Crisóstomo, era una bailarina de Antioquía, a quien la gente llamaba Margarita, esto es, perla preciosa, por la gran belleza de su rostro y por los ricos adornos de su cuerpo, tan vistosos que distrajeron hasta al obispo de la ciudad (el no identificado Abuelo), cuando iba en procesión hacia el sínodo. El buen obispo, después de un instante de distracción, recobró su compostura y de esa aparición que lo distrajo sacó una enseñanza moral: si una mujer —comentó— se hace tan bella para complacer a un hombre mortal, ¿cómo deberemos nosotros adornar nuestra alma destinada al Dios eterno? Esa mujer se dejó tocar por la gracia al escuchar casualmente las palabras del obispo. Fue a postrarse a sus pies y obtuvo el Bautismo. Luego cambió sus lujosos vestidos por los de penitente.

Para hacer perder sus huellas, se disfrazo de hombre y, abandonando de noche la ciudad de Antioquía, se fue a pie hasta Jerusalén, en donde vivió por el resto de su vida encerrada en una gruta en el monte de los Olivos, ocultándose bajo el nombre masculino de Pelagio. Descubierta su verdadera identidad después de la muerte, los cristianos comenzaron a tenerle devoción con el nombre de Pelagia.

¿A cuál de las dos Pelagias conmemora hoy el calendario cristiano? ¿A la jovencita virgen y mártir, o a la penitente? Puesto que la Iglesia primitiva reservaba un culto especial a la memoria de los mártires, por presentarse incontaminada a la presencia de su divino esposo, podemos creer que la Santa que se venera en este día sea la jovencita de Antioquía.

9 de octubre
SAN LUIS BELTRAN

Presbítero

Luis Beltrán nació en Valencia (España) el lo. de enero de 1526, de familia rica pero muy virtuosa. Su padre, Juan Luis, después de haber quedado viudo, quiso hacerse monje del monasterio de Porta-Coeli que queda cerca de Valencia. Pero cuando ya iba llegando al monasterio, se le aparecieron san Vicente Ferrer y san Bruno quienes le dijeron que la voluntad de Dios no lo quería en el convento sino en el mundo. Obedeció, regresó y al poco tiempo se casó con la virtuosa Juana Angela Eixarch, hija de Juan Eixarch, rico mercader.

Luis fue el primogénito de esta pareja, y fue bautizado en la parroquia de San Esteban, en la misma pila bautismal en donde dos siglos antes había sido bautizado san Vicente Ferrer. Desde muy niño dio claras muestras de su afición a la oración y a la penitencia. Se cuenta que a los siete años de edad pasaba largas horas en oración durante la noche y luego se acostaba en el suelo; y para no ser descubierto, desarreglaba la cama. Lector asiduo de las vidas de los santos, se entusiasmó tanto con el ejemplo de san Alejo y san Roque, quienes por amor a Dios dejaron casa y parientes para peregrinar mendigando su sustento, Luis resolvió seguir su ejemplo. Sacó dinero prestado, preparó algo de ropa y alimento, buscó un compañero que compartiera su camino y su vida, y partieron camino de Santiago. Como la madre se encontraba enferma y sabía el dolor que estaba causando a su padre, les escribió una carta que todavía hoy se conserva y que comienza así: "Tengo por muy cierto el enojo que V.M. y la señora han recibido con la resolución que he tomado. Mas ciertamente no lo debían recibir, pensando que esta es la voluntad de Dios...". Como es de suponer, poco después fue encontrado por el criado que envió su padre a buscarlo. Lo encontró cerca de Buñol, descansando tranquilamente junto a una fuente cerca del pueblo y que todavía hoy se conserva como entonces y que es centro de mucha devoción.

A los veinte años ingresó a la Orden de Predicadores y después de su Ordenación sacerdotal se dedicó a la predicación. En 1562 fue enviado a América. En Colombia se dedicó a la catequización, a bautizar y a levantar iglesias. Su celo y su caridad le ganaron el afecto de los indígenas, que acudían a él de todas partes y lo acompañaban constantemente. En 1570 regresó a España y continuó su labor apostólica, y en 1574 el Capítulo general de Aragón lo nombró predicador general. El mismo define su estilo: "Yo predico en estilo que todos lo entiendan. Y como Dios dijo a Isaías: Stilo hominis. Quiere decir en buen romance claro, que lo entienda todo el mundo. Esto es: estilo llano. Ningún cronista ha guardado tan bien las reglas de los historiadores como los sagrados evangelistas. ¡Qué cortos en contar las grandezas y hazañas de Cristo! ¡Qué sin elocuencia! ¡Qué sin afectos! ¡Qué sin retóricas! Para que resplandezca la verdad, sin color ni afeite, sin ayuda de elocuencia y saber humano".

Desempeñó varios cargos en su Orden y murió el 9 de octubre de 1581, a los 55 años de edad, en el palacio del patriarca san Juan de Ribera, que era su amigo. Fue canonizado por Clemente X en 1671, y la Iglesia colombiana lo ha venerado siempre como uno de sus principales abogados y patronos.

10 de octubre

SAN FRANCISCO DE BORJA

Presbítero

Pronipote del papa Alejandro VI y del rey católico Fernando II de Aragón y de Castilla, san Francisco Borja nació en Gandía (Valencia) el 28 de octubre de 1510, primógenito de Juan de Borja, entró muy joven al servicio de la corte de España, como paje de la hermana de Carlos V, Catalina. A los veinte años el emperador le dio el título de Marqués. Se casó a los 19 años y tuvo ocho hijos. A los 29 años de edad, después de la muerte de la Emperatriz, que le hizo comprender la caducidad de los bienes terrenos, resolvió "no servir nunca más a un señor que pudiese morir" y se dedicó a una vida más perfecta. Pero el mismo año fue elegido Virrey de Cataluña (1539-43), cargo que desempeñó a la altura de las circunstancias, pero sin descuidar la intensa vida espiritual a la que se había dedicado secretamente.

En Barcelona se encontró con san Pedro de Alcántara y con el beato Pedro Favre de la Compañía de Jesús. Este último encuentro fue decisivo para su vida futura. En 1546, después de la muerte de la esposa Eleonora, hizo la piadosa práctica de los ejercicios espirituales de san Ignacio y el 2 de junio del mismo año emitió los votos de castidad, de obediencia, y el de entrar a la Compañía de Jesús, y a donde efectivamente ingresó en 1549, y oficialmente en 1550, después de haberse encontrado en Roma con san Ignacio de Loyola y haber renunciado al ducado de Gandía. El 26 de mayo de 1551 celebraba su primera misa.

Le cerró las puertas a los honores y a los títulos mundanos, pero se le abrieron las de las dignidades eclesiásticas. En efecto, casi inmediatamente Carlos V lo propuso como cardenal, pero Francisco renunció y para que la renuncia fuera inapelable hizo los votos simples de los profesos de la Compañía de Jesús, uno de los cuales prohibe precisamente la aceptación de cualquier dignidad eclesiástica. Pero no pudo evitar, en todo caso, las tareas cada vez más importantes que se le confiaban en la Compañía de Jesús: en 1566 fue elegido general, cargo que ocupó hasta la muerte, acaecida en Roma el 30 de septiembre de 1572.

Fue un organizador infatigable (a él se le debe la fundación del primer colegio jesuita en Europa, en su tierra natal de Gandía, y de otros veinte en España), y siempre encontró tiempo para dedicarse a la redacción de tratados espirituales. Tuvo gran devoción a la Eucaristía y a la Virgen. Dos días antes de morir, ya gravemente enfermo, quiso visitar el santuario mariano de Loreto. Fue beatificado en 1624 y cononizado en 1671. En mayo de 1931 su cuerpo, venerado en la iglesia de la casa religiosa de Madrid, fue carbonizado por el incendio causado por los revolucionarios.

11 de octubre

SAN ALEJANDRO SAULI

Obispo

En la antigua Roma pagana junto al pontífice que celebraba el rito había un acólito que periódicamente repetía: "Age quod agis", piensa en lo que estás haciendo. El barnabita, padre Alejandro Sauli, durante la celebración de la misa tenía a su lado a un cohermano para que le recordara a qué punto iba la celebración, no porque estuviera distraído, sino por los continuos éxtasis. Alejandro Sauli nació el 15 de febrero de 1534 en Milán, y sus padres eran Domingo y Tomasa Spinola, descendientes de antiguas y nobles familias de Génova. Desde muy niño demostró una grande inclinación a la oración y al estudio. Devoto de la Virgen, se consagró a ella con un voto especial de virginidad.

A los 17 años de edad, abandonó una brillante carrera en la corte de Carlos V y logró agregarse a los Clérigos Regulares de san Pablo (Barnabitas). En esa ocasión, para demostrar su vocación, fue a la plaza central de los mercados y desde un palco improvisado por un titiritero predicó a la atónita y curiosa muchedumbre el amor a Dios y el desprecio de las efímeras riquezas del mundo. Demostró también su extraordinaria memoria aprendiendo toda la *Suma Teológica* de santo Tomás y las obras de san Juan Crisóstomo y de san Gregorio Magno.

El 24 de marzo de 1556 fue ordenado sacerdote, y a los 36 años de edad fue elegido superior general de la Orden, y después fue reelegido por otros dos períodos, hasta cuando el papa Pío V lo nombró obispo (lo consagró su amigo san Carlos Borromeo, obispo de Milán) y lo destinó a Aleria en Córcega. "Aquí por lo menos Dios no nos faltará", exclamó el Santo obispo ante el primer impacto con la triste realidad de la isla. Fue para todos un padre solícito, gran maestro de vida cristiana y ángel de paz, aplacando odios y venganzas que reinaban desde mucho tiempo atrás en las familias.

Por su heroica caridad y dedicación se le dio el merecido título de "ángel tutelar, padre de los pobres, apóstol de Córcega". Obedeciendo la invitación del papa Gregorio XIV, su antiguo hijo espiritual, dejó en octubre de 1591 a Córcega para ir a la nueva sede episcopal de Pavía, en donde fue recibido con mucha alegría el 20 del mismo mes. "En menos de un año esa alegría se convertirá en luto", dijo el obispo. Y su profecía se cumplió puntualmente, como tantas otras (en efecto, poseía el don de la contemplación, del escudriñamiento de los corazones y de la profecía). Murió durante una visita a Calosso de Asti, el 11 de octubre de 1592, a los 58 años de edad. Fue beatificado en 1752, y canonizado por Pío X en 1904.

12 de octubre

SAN SERAFIN

Religioso

En la iglesia de Santa María en Solestá de los capuchinos, en Ascoli Piceno (Italia), en donde está enterrado el Hermano lego san Serafín, el pintor Augusto Mussini representó las varias fases de la vida del humilde hijo de san Francisco, cuya vocación al convento tuvo origen en una piadosa lectura que escuchó a la joven hija del empresario, a quien servía como albañil el joven Félix Rapagnano (era su nombre de pila). Tenía entonces 18 años. Había nacido en 1540 en Montegranaro (Ascoli Piceno) de padres humildes pero ricos de virtudes cristianas, y mientras sus coetáneos se dedicaban a los estudios, él tenía que dedicarse a cuidar el rebaño de un campesino.

Félix creció analfabeto, pero sabía leer en el gran libro de la naturaleza, con los mismos ojos profundos del seráfico Pobrecillo de Asís. Más tarde, cuando murió el padre, se unió al hermano mayor que lo llevó consigo a Loro Piceno donde un tal Mannucci. Durante los cortos períodos de descanso se acercaba tímidamente a la joven hija del patrón, no atraído por natural simpatía, sino porque ella leía en voz alta y él quería alimentar su rústica mente con esas lecturas. Esa joven fue la que precisamente lo llevó hacia el convento. Félix se fue a Tolentino en donde los hijos de san Francisco lo recibieron con cierta dificultad. Hizo el noviciado en Jesi, en la profesión tomó el nombre de Serafín, y su lema era el mismo de Fray Egidio: "El camino para ir hacia arriba es el de ir hacia abajo". Desempeñó los trabajos más humildes del convento: portero, hortelano, mendicante. Pero parece que por más esfuerzos que hacía no lograba contentar a sus superiores.

Sin embargo, este fraile de escasas aptitudes, casi analfabeto, incapaz pero nada perezoso (sabía hacer producir el huerto mejor que cualquier otro), cuando iba de puerta en puerta por las calles de Ascoli Piceno, en donde finalmente tuvo una residencia fija, porque los mismos ciudadanos se opusieron a su traslado, sabía comunicarse con las personas de cualquier clase social; en efecto, para todas tenía palabras adecuadas de ánimo, de exhortación, de consejo, uniendo a la sencillez de su trato la gravedad del hombre sabio y rico interiormente de la sabiduría divina.

A su muerte, acaecida el 12 de octubre de 1604, todos los ciudadanos quisieron rendirle homenaje a sus restos mortales, peleándose cualquier objeto que hubiera pertenecido al humilde fraile limosnero. Fue canonizado por Clemente XIII el 16 de julio de 1767.

13 de octubre

SAN EDUARDO

Rey

A pesar de los fracasos políticos de su gobierno, Eduardo, rey de Inglaterra del 1043 al 1066, dejó un vivísimo recuerdo en su pueblo. Las razones de esta veneración, que continuó con los siglos, hay que buscarlas no sólo en algunas medidas sabias administrativas, como la abolición de un pesado impuesto militar que agobiaba a toda la nación, sino sobre todo en su temperamento suave y generoso (jamás un desacato o una palabra de reproche o un gesto de ira ni siquiera con los súbditos más humildes) y en su vida privada.

Un año después de su coronación se había casado con la cultísima Edith Godwin, hija de su más terrible adversario. Había sido otra hábil jugada política del barón Godwin del Wessex, que aparentemente renegando su interés por el partido filoanglosajón ya había apoyado la candidatura de Eduardo para el trono de Inglaterra. Eduardo era simpatizante del partido filonormano. Pero lo que en realidad quería Godwin era que, como ya a Eduardo lo llamaban "el Confesor", le confiaría la administración del gobierno para dedicarse con más libertad a sus oraciones y a la meditación.

El plan, demasiado sutil, sólo tuvo éxito en parte, porque hacia 1051 el Barón fue desterrado y la Reina fue encerrada en un convento. Pero sólo fue un paréntesis, porque el acuerdo entre Eduardo y la Reina era muy profundo, hasta el punto que, según los biógrafos, los dos habían hecho de común acuerdo voto de virginidad. Eduardo, nieto de san Eduardo llamado el Mártir, nació en 1004 en Islip, cerca de Oxford. Su padre era el rey Etelredo II, llamado el Desaconsejado. Siendo todavía niño, tuvo que emprender el camino del destierro y vivió del 1014 al 1041 en Normandía donde unos familiares de su madre. Se dice que en esos años hizo el voto de ir en peregrinación a Roma si la Divina Providencia lo llevaba de nuevo a su patria. Cuando esto sucedió, Eduardo quería cumplir fielmente el voto, pero el Papa lo dispensó. El dinero que iba a gastar en el viaje lo dio a los pobres y otra parte del mismo lo dedicó a la restauración del monasterio al oeste de Londres (*West Minster*, hoy *Westminster*).

La solemne inauguración del famoso coro tuvo lugar el 28 de diciembre de 1065. Pero el Rey ya estaba gravemente enfermo. Murió el 5 de enero de 1066 y fue enterrado en la iglesia de la abadía recientemente restaurada. Pronto hubo muchas peregrinaciones a su tumba. En el reconocimiento de 1102 encontraron su cuerpo intacto. El 7 de febrero de 1161 el papa Alejandro III lo incluyó en la lista de los santos. El día de su fiesta coincide con el solemne traslado de sus reliquias al coro de la misma iglesia. Este traslado lo hizo santo Tomás Becket.

14 de octubre
SAN CALIXTO I

Papa y mártir

Las catacumbas son una meta obligatoria para los peregrinos y turistas que van a Roma. Particularmente célebres y frecuentadas son las de san Calixto, que el papa Juan XXIII definió "las más importantes y las más célebres de Roma". Quedan cerca de las también famosas catacumbas de san Sebastián y de santa Domitila. Comprenden un área de 400 metros por 300, con cuatro pisos sobrepuestos; se ha calculado que tienen no menos de 20 kilómetros de corredores.

Esta obra colosal recuerda para siempre a san Calixto, porque fue él quien se preocupó por su realización, primero como diácono del papa Ceferino y después como Papa. Pero este lugar no es precioso sólo por sus dimensiones, sino por el gran número y la importancia de los mártires que fueron "depositados" allí: particularmente célebres son las criptas de Santa Cecilia y la contigua de los papas Ponciano, Antero, Fabián, etc. Por eso, puede parecer raro que falte precisamente la de san Calixto que fue quien hizo construir esa cripta. La tumba de san Calixto se encuentra en el corazón de la antigua y genuina Roma: en la basílica de Santa María en Trastevere, que fue construida por el papa Julio a mediados del siglo IV, intitulada también a san Calixto.

Calixto nació en Trastevere en la segunda mitad del siglo II, y su padre era un tal Domicio. Era de humilde condición, pero muy apreciado por el correligionario Carpoforo, que le confió la administración de sus bienes. Pero algo no marchó bien, pues poco después el pobre Calixto fue condenado a hacerle dar vueltas a una rueda de molino para pagar al patrón y a la comunidad cristiana los perjuicios ocasionados. Poco tiempo después Calixto tuvo que soportar otra dura condena, la flagelación y la deportación a Cerdeña, por las acusaciones de los judíos. La comunidad cristiana lo rescató, incluso con la intervención de Marcia, la concubina de Commodo, y entonces Calixto colaboró con el papa Víctor y con Ceferino, a quien sucedió como Papa en el 217.

Su elección provocó el cisma de Hipólito, que reprochaba a Calixto su origen servil y sobre todo su flexibilidad con los pecadores. San Calixto tuvo también que luchar contra la herejía sabeliana. Murió "mártir", no a mano de la autoridad imperial como asegura el *Martirologio Romano*, sino durante una sublevación popular.

15 de octubre

SANTA TERESA DE AVILA

Virgen y doctora de la Iglesia

Teresa de Cepeda y Ahumada (nació en Avila en 1515), guiada por Dios por medio de místicos coloquios, y por su colaborador y director espiritual san Juan de la Cruz (quien a su vez reformó la rama masculina de su Orden, separando a los Carmelitas descalzos de los calzados), a los cuarenta años emprendió una misión que es casi inverosímil para una mujer de salud delicada como la suya: desde el monasterio de San José, fuera de las murallas de Avila, primer convento del Carmelo reformado por ella, partió, con la carga de los tesoros de su Castillo interior, en todas las direcciones de España y llevó a cabo numerosas fundaciones, suscitando también muchos resentimientos, hasta el punto que temporáneamente se le quitó el permiso de hacer otras reformas y dc fundar nuevas casas.

Maestra de místicos y directora de conciencias, tuvo contactos epistolares hasta con el rey Felipe II de España y con los personajes más ilustres de su tiempo, pero como mujer práctica se ocupaba de las cosas mínimas del monasterio y nunca descuidaba la parte económica, porque, como ella misma decía: "Teresa sin la gracia de Dios es una pobre mujer; con la gracia de Dios, una fuerza; con la gracia de Dios y mucho dinero, una potencia". Por petición del confesor, Teresa escribió la historia de su vida, un libro de confesiones entre los más sinceros e impresionantes. En la introducción hace esta observación: "Yo hubiera querido que, así como me han ordenado escribir mi modo de oración y las gracias que me ha concedido el Señor, me hubieran permitido también narrar detalladamente y con claridad mis grandes pecados". Es la historia de un alma que lucha apasionadamente por subir, sin lograrlo al principio. Por esto, desde el punto de vista humano, sentimos a Teresa cerca de nosotros, dándonos la imagen de una criatura de carne y hueso, todo lo contrario de la representación de Bernini, en la que Teresa aparece excesivamente lánguida. Desde la niñez había manifestado un temperamento exuberante (a los siete años se escapó de casa para buscar el martirio en Africa), y una contrastante tendencia a la vida mística y a la actividad práctica, organizativa.

Dos veces enferma gravemente, durante la enfermedad comenzó a vivir algunas experiencias místicas que transformaron profundamente su vida interior, dándole la percepción de la presencia de Dios y la experiencia de fenómenos místicos que ella describió más tarde en sus libros: *El camino de la perfección, Pensamientos sobre el amor de Dios, El castillo interior*. Murió en Alba de Tormes en la noche del 4 de octubre de 1582 (pero al día siguiente, por la corrección gregoriana del calendario, ya era el 15 de octubre), y en 1622 era proclamada santa. El 27 de septiembre de 1970 Pablo VI le reconoció el título de Doctora de la Iglesia.

16 de octubre

SAN ENRIQUE DE OSSO

Presbítero

A orillas del río Ebro (raza ibérica) en el pintoresco Vinebre de la diócesis de Tortosa nace Enrique, el 16 de octubre de 1840. Feliz con sus dos hermanos Jaime y Micaela, que tienen los nombres de sus padres campesinos. Desea ser maestro pero su madre anhela que sea sacerdote. En 1852 va a trabajar con su tío Juan, tejedor en Quinto de Ebro. Enferma gravemente y recibe el Viático como Primera Comunión. Va a Zaragoza a cumplir una promesa y se enamora de la Virgen del Pilar. Se traslada a trabajar en Reus, cerca a Tarragona del mar Mediterráneo con el comerciante Pedro Ortal en 1853. Al año siguiente muere su madre el día de los Dolores de María recomendándole que sea sacerdote. En Reus recibe de su tía un libro sobre la *vida de santa Teresa* y siente tal afecto hacia la santa de Avila que la hace su Patrona. Escribe 24 cartas hablando de santa Teresa e indicando su vocación sacerdotal. Se escapa de Reus y recorre a pie 110 kms. para visitar a la Virgen Morena de Monserrat.

De 1854 a 1860 en Tortosa vive como seminarista externo, por no poder pagar pensión. Se aloja en casa de su amigo Ramón Alabart. El P. José Sena es su profesor de latín, excelente pedagogo enamorado de santa Teresa. Aprobó filosofía "grado meritísimo". En 1860 pasa al seminario de Barcelona a estudiar ciencias exactas, física y química con el célebre Arbos. Regresa al seminario de Tortosa en 1861 a estudiar teología. En el mismo seminario es profesor de física y matemáticas. Sacerdote el 21 de septiembre de 1867 después de los Ejercicios Espirituales dirigidos por san Antonio María Claret. Celebra su primera misa en el santuario de Monserrat.

En Vinebre el P. Enrique organiza catecismos: 800 en 1870 y 1200 en 1871. Edita en 1872 el *Reglamento para la Asociación de los Catequistas*. Publica además el *reglamento para los niños de la Asociación* y "Guía Práctica del Catequista". El mismo año "Catequesis" en 3 folletos y "El Espíritu de santa Teresa".

Lleva a cabo una tarea periodística de defensa de la fe, en contra de un gobierno ateo. En 1870 funda los Catequistas y la Asociación de Hijas de María y de santa Teresa de gran popularidad en España, con 130.000 socios como Primavera de la Iglesia Española. Elevada en 1875 Por Pío IX a *archicofradía*, perdura aún con un sencillo lema y programa: vivir el Bautismo.

Escribe "*Cuarto de hora de oración*" a partir de la frase de santa Teresa: "Dadme un cuarto de hora de oración diaria y os daré el cielo", libro best seller con 15 ediciones en vida del Santo y 52 hasta 1990.

En 1876 funda para hombres la *Hermandad Josefina* con estatutos propios. En 1876 Pío IX dice al respecto: "La unión activa de los buenos frena a los malos". El P. Enrique edita *«El devoto Josefino»*. Los obispos elogian esta actividad y la de la multitud de cristianos que ha formado, capaces y unánimes.

La devoción a santa Teresa lo hace organizar varias peregrinaciones multitudinarias a Avila. En 1874 pide al Papa que declare Doctora de la Iglesia a santa Teresa, pues tiene santidad de vida y excelencia de doctrina. Así lo hizo Pablo VI en 1970.

Fue madurando su anhelo de perfección 36 años. Intelectual y apostólico en Archicofradías, libros, revistas teresianas, el Rebañito del Niño Jesús y ahora Vírgenes pobres que regeneran a España con la educación de la juventud en el espíritu de santa Teresa. El 23 de junio de 1876, con la aprobación del obispo, fundó en Tarragona con nueve postulantes la Compañía de Santa Teresa. El mismo año edita un "*directorio*" para santas y sabias educadoras.

Afluyen las vocaciones y en 1877 ocupan la tercera casa, siempre más amplia y funcional. Sigue de profesor en el seminario de Tortosa y todos los sábados está en Tarragona para dirigir a sus religiosas con sentido alegre y abierto.

En 1978, abre su primer colegio en Tarragona y el mismo año, el segundo en Aleixar. El beato Enrique dice a las religiosas: "Amense como hermanas y respétense como princesas. Las jóvenes permanezcan varios años en recogimiento de estudio y oración. Sin espíritu sólo son buenas mujeres, no religiosas".

Escritor prolífico: 42 obras editadas y 23 inéditas, 8 tomos de cartas con 6.138 páginas. En 1884 publica "*Siete moradas en el corazón de Jesús*" y "*María al corazón de sus hijos*", en 1885 "*Un mes en la escuela de Jesús*".

El 27 de enero de 1897 sufre una hemorragia cerebral y muere, dejando 34 colegios en España, México y Uruguay. Es canonizado el 16 de junio de 1993.

El mismo día: 16 de octubre

SANTA MARGARITA - MARIA ALACOQUE Y SANTA EDUVIGES

Virgen y religiosa

En la festividad de san Juan evangelista de 1673, sor Margarita María, que tenía 25 años, estaba en adoración ante el Santísimo Sacramento. En ese momento tuvo el privilegio particular de la primera de las manifestaciones visibles de Jesús que se repetirían durante dos años más todos los primeros viernes de mes. En 1675, durante la octava del Corpus Christi, Jesús se le manifestó con el corazón abierto, y señalando con la mano su corazón, exclamó: "He aquí el corazón que ha amado tanto a los hombres que no le ha ahorrado nada, hasta extinguirse y consumarse para demostrarles su amor. Y en reconocimiento no recibo de la mayoría sino ingratitud".

Margarita María Alacoque, escogida por Jesús para ser la mensajera del Sagrado Corazón, hacía un año que vestía el hábito de las monjas de la Visitación en Paray-le-Monial. Había nacido el 22 de agosto de 1647 en Verosvres, en Borgoña. Su padre, juez y notario, había muerto cuando Margarita era todavía muy joven.

A los nueve años hizo su primera Comunión y a los 22 recibió la Confirmación, a la que se preparó con una confesión general: empleó quince días escribiendo en un cuaderno la larga lista de sus faltas para leérselas luego al confesor. En esa ocasión añadió al nombre de Margarita el nombre de María. Después, habiendo vencido las últimas resistencias de la madre, que hubiera preferido verla bien casada, pudo entrar al convento de la Orden de la Visitación, fundado hacía 60 años por san Francisco de Sales, ofreciéndose desde el día de su entrada como "víctima al Corazón de Jesús".

Las extraordinarias visiones con que fue favorecida le causaron al principio incomprensiones e imprudentes juicios hasta cuando, por disposición divina, no fue puesta bajo la dirección espiritual del jesuita B. Claudio de la Colombiere. En el último período de su vida, elegida maestra de novicias, tuvo el consuelo de ver difundida la devoción al Corazón de Jesús, y los mismos opositores de un tiempo se convirtieron en fervorosos propagandistas. Murió a los 43 años de edad, el 17 de octubre de 1690.

A diferencia de santa Margarita, santa Eduviges, no sólo se casó y muy joven (a los 13 años, en 1187), sino que tuvo siete hijos. Pero su vida no fue fácil, aunque era hija del conde de Baviera, Bertoldo IV, y su esposo el duque Enrique I de Silesia. El momento más dramático de su vida fue cuando tuvo que ir al campo de batalla a buscar a su hijo primogénito, muerto en el esfuerzo de detener la invasión de los tártaros. Llevó una vida de piedad, dedicándose a socorrer a los pobres y enfermos, fundando para ellos lugares de asilo. Al morir su esposo, ingresó en el monasterio de Trebnitz, en donde murió en el año 1243. Fue proclamada santa en 1267, y se la considera patrona de Silesia y de Polonia.

17 de octubre

SAN IGNACIO DE ANTIOQUIA

Obispo y mártir

La metrópolis Siria, Antioquía, tercera en orden de grandeza del vasto Imperio Romano, tuvo como primer obispo al apóstol Pedro, al que le sucedieron Evodio y después Ignacio, el Teóforo (Portador de Dios), como a él le gustaba llamarse. Corazón ardiente (el nombre Ignacio viene de "ignis", fuego), se lo recuerda sobre todo por las expresiones de intenso amor a Cristo, que él escribió durante el viaje de Antioquía a Roma, a donde era llevado prisionero, víctima ilustre de la persecución de Trajano (98-117). En esa ocasión el Santo obispo escribió siete cartas dirigidas a varias Iglesias y a san Policarpo, en las que trataba sabia y eruditamente de Cristo, de la constitución de la Iglesia y de la vida cristiana.

Llevado encadenado a Roma, en donde fue condenado a morir devorado por las fieras en el año 107, fue objeto de afectuosas atenciones por parte de las varias comunidades cristianas de las ciudades por donde pasó. Muchos hicieron todo lo posible para que no se le aplicara la pena capital, pero Ignacio deseaba el martirio más que cualquier otra cosa y les pedía a los hermanos de Roma que no intercedieran en su favor ante las autoridades imperiales, pues quería dar testimonio de Cristo con su martirio: "Déjenme ser alimento de las fieras, que me permitirán gozar de Dios. Yo soy trigo de Dios. Es necesario que sea molido por los dientes de las fieras, para que me convierta en puro pan de Cristo".

Su anhelo de llegar a Dios, de encontrar a Cristo, expresado con una intensidad como la que encontramos en san Pablo, es una característica de la mentalidad de las primeras comunidades cristianas, en deseosa espera de la inminente parusía. El hubiera querido que su cuerpo encontrara la tumba en el enorme vientre de una fiera hambrienta para que sus funerales no tuvieran que ir a cargo de nadie. Pero los cristianos de Antioquía veneraban, desde la antigüedad, su sepulcro en las puertas de la ciudad y ya desde el IV siglo celebraban su memoria el 17 de octubre, día adoptado ahora también por el nuevo calendario, en vez del lo. de febrero.

Sus cálidas palabras de amor a Cristo y a la Iglesia quedarán en la memoria de todas las generaciones futuras. Quien las escribe es un místico y un obispo, es decir, un hombre que encarna en sí las prerrogativas de la autoridad y los carismas del espíritu. Los dos elementos se funden en el llamamiento a la unidad visible de la Iglesia, que es una característica constante en la enseñanza de san Ignacio: "Allí en donde esté el obispo, está la comunidad, así como en donde esté Cristo Jesús, allí está la Iglesia católica", escribe en la carta dirigida al entonces joven obispo de Esmirna, san Policarpo. Las expresiones "Iglesia católica" y "cristianismo" parece que son neologismos creados por él.

18 de octubre
SAN LUCAS
Evangelista

Las breves notas en las cartas de san Pablo son las únicas noticias que la Sagrada Escritura nos presenta sobre san Lucas, el solícito investigador de la buena noticia y autor del tercer Evangelio y de los Hechos de los apóstoles. Por sus apuntes de viaje, es decir, por las páginas de los Hechos en los que san Lucas habla en primera persona, podemos reconstruir parte de su actividad misionera. Fue compañero y discípulo de los apóstoles. El historiador Eusebio subraya: "... tuvo relaciones con todos los apóstoles, y fue muy solícito". De esta sensibilidad y disponibilidad suyas hacia el prójimo nos da testimonio el mismo san Pablo, unido a él por grande amistad. En la Carta a los colosenses leemos: "Os saluda Lucas, médico amado...".

La profesión médica nos hace suponer que él se dedicó mucho tiempo al estudio. Su formación cultural se nota también por el estilo de sus libros: su Evangelio está escrito en un griego sencillo, limpio y bello, rico en términos que los otros tres evangelistas no tienen. Hay que hacer otra consideración sobre su Evangelio, a más del hecho estilístico e historiográfico: Lucas es el evangelista que mejor que lo otros nos pintó la humana fisonomía del Redentor, su mansedumbre, sus atenciones para con los pobres y los marginados, las mujeres y lo pecadores arrepentidos. Es el biógrafo de la Virgen y de la infancia de Jesús. Es el evangelista de la navidad. Los Hechos de los apóstoles y el tercer Evangelio nos hacen ver el temperamento de san Lucas, hombre conciliador, discreto, dueño de sí mismo; suaviza o calla expresiones que hubieran podido herir a algún lector, con tal que esto no vaya en perjuicio de la verdad histórica.

Al revelarnos los íntimos secretos de la Anunciación, de la Visitación, de la Navidad, él nos hace entender que conoció personalmente a la Virgen. Algún exegeta avanza la hipótesis de que fue la Virgen María misma quien le transcribió el himno del "Magníficat", que ella elevó a Dios en un momento de exultación en el encuentro con la prima Isabel. En efecto, Lucas nos advierte que hizo muchas investigaciones y buscó informaciones respecto de la vida de Jesús con los que fueron testigos oculares.

Un escrito del siglo II, el Prólogo antimarcionista del Evangelio de Lucas, sintetiza el perfil biográfico del modo siguiente: "Lucas, un sirio de Antioquía, de profesión médico, discípulo de los apóstoles, más tarde siguió a san Pablo hasta su confesión (martirio). Sirvió incondicionalmente al Señor, no se casó ni tuvo hijos. Murió a la edad de 84 años en Beocia, lleno del Espíritu Santo". Recientes estudios concuerdan con esta versión.

19 de octubre

SAN PABLO DE LA CRUZ

Presbítero

Pablo Francisco Danei nació en Ovada (Liguria, Italia) en 1694. Es el fundador de los Clérigos descalzos de la Santa Cruz y de la Pasión de Nuestro Señor Jesucristo. Un título tan largo fue inmediatamente reducido por los cristianos al nombre de "pasionistas" en el que está compendiado el carácter y la esencia de la nueva Congregación, cuyos miembros viven, meditan y predican la Pasión de nuestro Señor. Pablo Francisco Danei a la edad de 19 años escuchó una predicación sobre la pasión de Cristo y decidió ponerse al servicio de Cristo. Para ello pensó que lo que debía hacer inmediatamente era enrolarse como voluntario en el ejército que los venecianos estaban alistando para una expedición contra los turcos, pero dicha cruzada tenía como finalidad intereses materiales.

Su verdadera vocación maduró dedicándose a la oración y a duras penitencias. Alma eminentemente contemplativa, pasaba hasta siete horas consecutivas en profunda meditación. A los 26 años recibió del obispo de Alessandria, Gattinara, el hábito negro del penitente con los signos de la Pasión de Cristo: un corazón con una Cruz encima con tres clavos y el monograma de Cristo. Convenció al hermano Juan Bautista a que se uniera a él y ambos se retiraron a un yermo sobre el monte Argentario, cerca de Orbetello. Allí llevaron una vida eremítica, en duras penitencias corporales. El domingo dejaban su retiro y bajaban a los pueblos cercanos a predicar la Pasión de Cristo.

Su predicación apasionada y dramática (a menudo se flagelaban en público para hacer más viva la imagen de Cristo sufriente) conmovía a las muchedumbres y convertía aun a los más duros. Sus misiones, distinguidas por una Cruz de madera, obtuvieron resultados sorprendentes. El papa Benedicto XIII les concedió el permiso de convertir en Congregación su asociación, y ordenó de sacerdotes a los dos hermanos. La Regla que escribió al principio san Pablo de la Cruz era muy rígida. Pablo, que gozaba de la estimación de obispos y papas (sobre todo Clemente XIV, que se enumeraba entre sus hijos espirituales), tuvo que mitigar bastante la primitiva Regla de los pasionistas para tener la definitiva aprobación eclesiástica.

A la Congregación masculina muy pronto se añadió la Congregación femenina. Pablo murió a la edad de 81 años, el 18 de octubre de 1775, en el convento romano anexo a la iglesia de los Santos Juan y Pablo, sobre el monte Celio. Pío IX lo canonizó el 28 de junio de 1867. Antes de la reforma del calendario, su fiesta se celebraba el 28 de abril.

20 de octubre

SANTA MARIA BERTILA BOSCARDIN

Religiosa

El 8 de junio de 1952, con ocasión de la beatificación de Marpia Bertila, dijo de ella Pío XII: "Es una humilde campesina de nuestra bendita tierra de Italia. Figura purísima de perfección cristiana, modelo de recogimiento y de oración. Su camino, 'el camino de los Coches', el más común. Nada de éxtasis, nada de milagros en vida, sino una unión con Dios cada vez más profunda en el silencio, en el trabajo, en la oración, en la obediencia. De esa unión venía la exquisita caridad que ella demostraba a los pobres, a los enfermos, a los médicos a los superiores, a todos".

Nació el 6 de octubre de 1888 en la parroquia de Goia de Brendola (Vicenza), y fue bautizada con el nombre de Ana Francisca; desde muy niña conoció la dureza de la vida ayudando a sus padres en los trabajos del campo. Este era el "camino más común" para las muchachas vénetas antes que llegara la industrialización a esa región. A los 17 años de edad obtuvo el permiso de ingresar entre las Maestras de santa Dorotea en Vicenza, en donde hizo el noviciado y sus primeros votos temporáneos. Después pasó a Treviso, en donde prestó sus humildes y eficaces servicios en el hospital hasta su muerte, el 20 de octubre de 1922.

Se graduó de enfermera para poder ser más útil a los enfermos, a quienes asistía hasta de noche en remplazo de sus cohermanas. En su diario escribió: "Quiero ser la servidora de todos, porque estoy convencida que así debe ser; quiero trabajar, sufrir, y dejar toda la satisfacción a los demás". Y añadía: "Tengo que considerarme la última de todas, por tanto contenta de ocupar el último lugar, indiferente a todo, tanto, a los reproches como a las alabanzas, y hasta preferir lo primero; siempre condescendiente con las opiniones ajenas; no excusarme nunca, aunque me parezca tener razón; nunca hablar de mí misma; los oficios más humildes sean siempre los míos, porque así obtengo méritos". No le faltaron las ocasiones de sufrimiento.

A los 22 años fue operada de un tumor, pero siguió desempeñando sus habituales ocupaciones soportando el gravamen de trabajo durante la primera guerra mundial. Por los continuos bombardeos los enfermos fueron trasladados a Brianza, y sor Bertila los siguió. Pero en Viggiú la encargaron de la lavandería, y entonces sufrió y lloró a escondidas: "Estoy contenta —escribió—, porque hago la voluntad de Dios". Al año siguiente regresó a Treviso donde sus enfermos, pero se agravó su mal y durante la segunda operación murió, a los 34 años de edad. Fue beatificada en 1952, y canonizada por Juan XXIII el 11 de mayo de 1961.

21 de octubre

SANTA URSULA Y COMPAÑERAS

Mártires

Por una pequeña línea el cielo y la devoción de los fieles se enriquecieron con 10.989 santas. En efecto, parece que no hay duda de que santa Ursula no sufrió el martirio con ll.000 vírgenes, sino sólo con 11. Se sabe que 11 en latín se escribe XI, pero basta una pequeña línea puesta sobre este número para que quede multiplicado por mil. Los epígrafes antiguos no son claros ni siquiera a los estudiosos, y así, cuando se encontró en el siglo VIII cerca de una iglesia de Colonia (Alemania) una tumba con algunas reliquias de jóvenes y con una inscripción que hablaba de Ursula y compañeras, fue muy fácil a la devoción popular pensar que se trataba de un gran ejército de jovencitas.

Naturalmente, pronto hubo quien precisó algún particular y quien precisó otro, y en poco tiempo se obtuvo la narración completa, legendaria sí pero también bastante verosímil (por lo menos para la buena fe de los fieles sencillos, quienes efectivamente le dieron fama y difusión a la narración). Decía, pues, esta narración legendaria que Ursula era hija de un Rey cristiano de Inglaterra. La niña era bellísima y cuando tenía sólo ocho años de edad despertó la admiración y el amor de un príncipe pagano que la pidió por esposa.

La niña, bella físicamente pero más bella espiritualmente, se había entregado a Dios en secreto, y como veía que su padre miraba con simpatía al joven príncipe creyó más prudente no manifestar de inmediato esta secreta entrega a Dios, sino más bien recurrir a algún truco para hacer imposible o por lo menos muy remota la posibilidad de matrimonio. Pidió, pues tres años para conocer mejor la voluntad del Señor respecto de ella, la conversión del joven pretendiente, y finalmente que ella y cada una de sus diez doncellas pudieran tener mil doncellas cada una.

La segunda y la tercera condición fueron cumplidas en el menor tiempo posible. Y para hacer pasar los tres años, Ursula creyó oportuno irse con todas sus doncellas, en su mayoría paganas, para el continente, subiendo por las orillas del Rin: una por una, todas la compañeras de Ursula, atraídas por la palabra y el ejemplo de la piadosa princesa, pidieron el bautismo, y todas juntas lo recibieron en Basilea. Cuando iban de regreso, en Colonia, se encontraron con los Hunos de Atila, que martirizaron a las doncellas pero no le hicieron nada a Ursula, pues el mismo Atila se enamoró de ella, y fue su propio verdugo.

22 de octubre

SAN CONTARDO FERRINI

Profesor universitario

Nació en un hogar profundamente cristiano y en una época de gran crisis de fe y oposición a la Iglesia de Cristo, precisamente en el año 1859. Tenía una memoria prodigiosa y era muy estudioso; hasta se le dio el apodo de "Aristóteles". Aprendía todo con gran facilidad; estudió hebreo, sirio, sánscrito y copto. A los 17 años comenzó los estudios de derecho en Pavía, en 1876, siendo alumno de su tío, el abad Buccellatti, profesor de Derecho penal. Su piedad y sus prácticas religiosas eran motivo de chistes y burlas por parte de sus colegas, y esto lo hacía sufrir mucho. Siempre llevaba un cilicio y se confesaba todos los días.

En 1880 defendió brillantemente su tesis de doctorado sobre la importancia de Homero y de Hesíodo para la historia del derecho penal. Esto le valió una beca de viaje. Fue a Berlín, en donde constató fuertemente lo que es un catolicismo serio, valiente, pues tenía que enfrentarse a la Kulturkamph de Bismarck. Aprovechó mucho las enseñanzas de Voigt, Pernice, Mommsen y de otros grandes juristas, que reconocieron el valor excepcional del joven italiano.

En 1881 hizo voto de castidad. Asistía a la misa todos los días. Cuando rezaba ante el tabernáculo quedaba en éxtasis. Los domingos, cuando lo buscaban en casa, el portero decía: "En los días de fiesta no es fácil encontrar al profesor en casa. Siempre está en la iglesia en donde tiene mucho que hacer".

Desde 1886 se hizo Terciario franciscano. Ferrini era dulce, humilde, paciente, y siempre trataba de buscar la perfección en todo. Fue un sabio que vivió como un ermitaño contemplativo. La ciencia fue su dama, y el profesorado, su sacerdocio. No se especializó en materias fáciles: escogió el derecho penal romano, el derecho bizantino; de este último fue el iniciador en Italia. En 1881 se dedicó a una edición crítica de las *Instituciones* de Justiniano. En octubre de 1883, cuando sólo tenía 24 años, dictó en Pavía un curso de historia de derecho penal romano. Después se creó para él una cátedra de exégesis de las fuentes del derecho romano. En 1887 enseñó en Mesina, en 1890 en Módena, en 1894 nuevamente en Pavía, en el Ateneo. Fue siempre un maestro totalmente dedicado a su profesión y tenía un gran respeto por su público. Los alumnos apreciaban su esfuerzo de adaptación y su celo en el servicio. Fuera de clase siempre era amable y dispuesto a aconsejar y a ayudar. Los alumnos lo rodeaban siempre después de la clase para hacerle preguntas, después de lo cual se iba para casa. En vacaciones practicaba el alpinismo.

En política era conservador, y seguía con docilidad ejemplar las directivas pontificias. Luchó contra el divorcio y defendió la causa de la infancia o niñez abandonada. En familia, este sabio permaneció niño, en el sentido que siempre obedecía las pequeñas órdenes de su madre. Tenía gran respeto a su padre, y vivía con grande espíritu de pobreza. Seguía su horario diario perfecto. Su jornada la terminaba con el rezo del Santo Rosario en familia. El 17 de octubre de 1902 murió a causa de una fiebre tifoidea en Suna (Novara). Dejó bellísimas páginas espirituales.

23 de octubre

SAN JUAN DE CAPISTRANO

Presbítero

San Juan de Capistrano tenía setenta años en 1456, cuando se encontró a las puertas de Belgrado, amenazada por el ejército turco, animando a las tropas cristianas armado sólo con una Cruz de madera y una voz robusta: "Avanzando o retrocediendo, atacando o siendo atacados —gritaba— invoquen el nombre de Jesús. ¡En él está la salvación!". Era el 21 de julio. A los tres meses, el 23 de octubre, fray Juan de Capistrano moría en Ilok (Villaco, en Austria).

Había nacido en Capistrano, en la región de los Abruzos, en 1386, y era hijo de un barón alemán y de madre abrucesa. Era un hermoso joven, de cabellos rubios, "que parecían hilos de oro -recuerda él-, y yo los llevaba largos, según la costumbre de mi pueblo, así que me flotaban al viento". Por su origen y aspecto nórdico lo llamaban Juanalemán. En Perusa estudió derecho civil y eclesiástico y se graduó como excelente jurista. Inmediatamente lo nombraron juez y gobernador de la ciudad. Cuando Perusa fue atacada y ocupada por los Malatesta, Juan perdió su alto cargo y su libertad.

En la cárcel pudo meditar sobre la vanidad de los honores mundanos y, cuando salió de la prisión, ya transformado interiormente, obtuvo la anulación del matrimonio y fue a tocar al convento de los franciscanos de Asís. Vistió el hábito de los observantes, es decir, de los seguidores de san Francisco, que habían acogido la reforma de san Bernardino, de quien Juan de Capistrano había sido amigo y discípulo. Así comenzó entonces para el dinámico fraile esa múltiple actividad apostólica que durante cuarenta años lo vio comprometido en varios puntos de Europa, como infatigable organizador de obras de caridad, mensajero de paz, consejero, misionero entre los Husitas, en Baviera, en Turingia, en Sajonia, en Silesia y en Polonia.

Los papas, que lo tuvieron como consejero, le confiaron misiones diplomáticas en los varios Estados italianos, desde Milán hasta Sicilia. El rey Fernando III lo quiso en Austria, y su Orden lo envió como visitador a Tierrasanta y a los Países Bajos. En Hungría y en los Balcanes fue organizador de la cruzada contra los turcos. Con tenacidad muy teutónica y con el carácter propio de las gentes mediterráneas realizó iniciativas que para otros eran imposibles. Pero las victorias más significativas las obtuvo en las trincheras de la ortodoxia, en defensa de la verdad contra la herejía, del genuino espíritu franciscano y en defensa de la paz civil y religiosa en los puntos más neurálgicos de Europa en los que se encontraba con sorprendente rapidez, a pesar de no disponer para sus viajes sino de una mula. Murió sobre el surco el 23 de octubre de 1456 y fue canonizado en 1690.

24 de octubre

SAN ANTONIO MARIA CLARET

Obispo

Quinto de diez hijos de un modesto tejedor de Cataluña, Antonio Claret y Clara nació en Sallent, en la diócesis española Vic, en 1807. Este excepcional hombre de acción, en su juventud, se sentía atraído hacia la vida contemplativa y hubiera querido hacerse cartujo; pero un sacerdote, que intuyó sus grandes cualidades misioneras, lo desaconsejó. A los 22 años entró al seminario de Vic, y se ordenó a los 28 años. Inmediatamente lo nombraron coadjutor de su pueblo natal. Estuvo poco tiempo. Para seguir su vocación misionera, fue a Roma y se puso a disposición de "Propaganda Fide".

Esta elección no pareció adivinada y, entonces, entró al noviciado de los jesuitas, que tuvo que interrumpir por una enfermedad. Regresó a España y fue misionero en su propio país, dedicándose a la evangelización de las zonas rurales. Se sirvió de un medio que con el tiempo sería muy eficaz: la prensa. Era un sacerdote incómodo y lo demuestra la serie de atentados de que fue víctima. De regreso a Vic, puso manos a la más importante de sus obras: la fundación de una Congregación misionera intitulada al Corazón Inmaculado de María (cuyos miembros se conocen todavía con el nombre de claretianos). Era el 1849.

Poco después fue elegido arzobispo de Santiago de Cuba, en ese tiempo bajo el dominio español, y cuya sede estaba vacante desde hacía catorce años. El nuevo obispo adoptó en la isla del Caribe sus originales métodos de apostolado: infatigable viajero, hizo sentir en todas partes su presencia con la palabra y con los escritos: una bienhechora lluvia de escritos empapó la isla. Para los analfabetos estaba la palabra oral y la imagen de la Virgen. Administró la Confirmación a trescientos mil cristianos y arregló más de treinta mil matrimonios. Activo y práctico, se preocupó también por la promoción humana y civil, fundando una escuela agraria y escribiendo él mismo pequeños tratados sobre el cultivo de la tierra.

Un nuevo atentado, más grave, puso en serio peligro su vida y entonces fue llamado a España en 1857, porque la reina quiso tenerlo como confesor. El dinámico obispo no se adaptó muy bien a la vida de la corte y empleaba su tiempo dedicando su ministerio sacerdotal en varias parroquias. En 1867 tuvo que seguir a la familia real que había sido desterrada a Francia debido a la revolución. Tenía gran simpatía por los artistas y hasta fundó una academia bajo el título de San Miguel. Murió a los 63 años, el 24 de octubre de 1870 en Frontfroide (Francia). Pío XII lo canonizó durante el año santo de 1950.

25 de octubre

SAN GAUDENCIO

Obispo

Amigo de san Ambrosio, excelente orador, autor de discursos y tratados que revelan en él a un gran erudito y a un maestro de vida cristiana, Gaudencio, octavo obispo de Brescia, es uno de los grandes protagonistas del siglo IV. Le escribía Rufino de Aquilea: "Tú tienes un ingenio tan vivo y una gran gentileza de espíritu, que es necesario que escribas y publiques lo que vas diciendo en los coloquios comunes y normales y en la predicación de la Iglesia". Pero Gaudencio, que había nacido en Brescia a mediados del siglo IV, era también modesto y creía que sólo podía instruir a su pueblo de viva voz. No se había soñado jamás escribir sus consideraciones sobre la Sagrada Escritura, pero un ilustre ciudadano de Brescia, Benévolo, que no podía asistir a las solemnidades pascuales del año 404 por estar enfermo, le pidió que le transmitiera por escrito los diez sermones pronunciados en esa ocasión.

Los temas de sus sermones se refieren sobre todo a algunos pasajes del Antiguo y especialmente del Nuevo Testamento, con actualizaciones que revelan en él las cualidades del pastor más que las del exegeta. En un sermón sobre la Navidad se encuentra una vibrante requisitoria contra los ricos que malgastan los bienes de todos y no aceptan compartirlos con los necesitados. Puesto que transcribía sus sermones para enviarlos a un amigo que sufría, en la introducción hablaba del providencial designio divino en la prueba de la enfermedad y del dolor físico o moral. Sus sermones, copiados o difundidos, fueron utilizados por muchos otros pastores de almas. Alguien le escribió a Gaudencio para pedirle explicaciones, y así el obispo de Brescia se vio obligado a profundizar los temas y a aumentar su biblioteca. Escritor muy a pesar suyo, Gaudencio fue también obispo contra su propia inclinación, pues sabemos por testimonio de san Ambrosio que hubo que recurrir inclusive al chantaje para que aceptara suceder al obispo Filastrio, muerto en el 387.

Ambrosio, que predicó durante su consagración, en el 390, lo llevó consigo a Milán para un curso de homilías a sus fieles. Gaudencio formó parte también de la delegación enviada en el 406 por el papa Inocencio I a Constantinopla a defender a Crisóstomo, desterrado por la emperatriz Eudosia. El viaje terminó en una terrible aventura, y Crisóstomo le escribió a Gaudencio para darle las gracias. Gaudencio murió hacia el año 410 una fecha fatídica para Roma.

26 de octubre

SAN EVARISTO

Papa y mártir

Hay que decir inmediatamente que tenemos pocas noticias seguras respecto de san Evaristo, uno de los primeros sucesores de san Pedro: san Ireneo y san Eusebio, en efecto, lo señalan como el inmediato sucesor de san Clemente, y por tanto él fue Papa hacia el año 100, o más exactamente "obispo de Roma": conviene precisar esto, porque entonces el título de "Papa" o sea padre, se le daba a cualquier autoridad religiosa: sólo a partir del siglo VI se reservó ese nombre para el romano Pontífice. No es segura la fecha exacta del comienzo del pontificado de san Evaristo, porque Julio el Africano lo presenta como Papa del 97 al 105 y el *Liber pontificalis* precisa que él fue Papa durante nueve años y diez meses y que ejerció el sumo pontificado bajo los emperadores Domiciano (muerto en el 96), Nerva (96-98), Trajano (muerto en el 117), y más exactamente "desde el consulado de Valente y Vetus (96) hasta el de Galo y Bradua (108)".

El mismo *Liber* informa que él era un griego originario de Antioquía, y que su padre, llamado Judas, era un judío de Belén. Y también informa que san Evaristo fue mártir, y este testimonio se encuentra también en el *Martirologio Romano* en el que se encuentra lo siguiente: "En Roma (se festeja) a san Evaristo, papa y mártir, el cual, bajo el emperador Adriano coloreó de púrpura con su sangre la Iglesia de Dios". Pero la noticia carece de fundamento; por eso los redactores del nuevo calendario consideraron oportuno poner la siguiente nota: "La memoria de san Evaristo, introducida en el calendario romano en el siglo XI queda suprimida: en efecto, no hay motivo para contar a san Evaristo entre los mártires, y su día natalicio (es decir, el día de su muerte) no se conoce".

Más legendarias parecen las noticias de las dos disposiciones tomadas por san Evaristo en el ejercicio de su pontificado. Esto es, la distribución de los sacerdotes de Roma en los veinticinco títulos o iglesias parroquiales de la ciudad, que ya habrían sido instituidos por san Cleto, y además la disposición de que los diáconos estuvieran al lado del obispo cuando éste predicaba y proclamaba el prefacio de la misa, para testimoniar en caso de necesidad la ortodoxia y al mismo tiempo para dar más solemnidad a la celebración.

A san Evaristo se le atribuye también una cierta reglamentación de las solemnes ceremonias de la consagración de las iglesias, y que se inspiran en la dedicación del templo de Salomón, pero es una noticia que no tiene fundamento histórico.

27 de octubre

SAN FRUMENCIO

Obispo

Frumencio es el nombre del primer obispo misionero de Etiopía, y su historia tiene mucho de increíble. En tiempos del emperador Constantino, un anciano preceptor, llamado "filósofo" por el historiador Rufino, regresaba a Tiro de un viaje a la India, siguiendo las costas de Africa. Lo acompañaban dos jóvenes discípulos, Edesio y Frumencio. Durante una escala de la nave en el puerto de Adulis una banda de etíopes asaltó la embarcación y mató a todos los pasajeros menos a Edesio y Frumencio. Se cuenta que en el momento de la matanza los dos muchachos se encontraban debajo de un árbol, dedicados a la lectura de un libro. Llevados como esclavos a la corte de Axum, se hicieron querer del Rey, que los tuvo a su servicio: a Frumencio como secretario y a Edesio como copero.

A la muerte del Rey, mientras el heredero llegaba a su mayor edad, ejerció el poder la Reina, que le había confiado a Frumencio la educación de su joven hijo. Fue durante este período cuando los dos, que habían establecido contactos con los comerciantes grecoromanos, obtuvieron de la reina el permiso para construir una iglesia cerca del puerto. Este fue el primer germen de cristianismo, que se desarrolló rápidamente. Edesio y Frumencio pidieron y obtuvieron el permiso para regresar a la patria. Edesio fue a Tiro, en donde encontró a Rufino, el futuro historiador, a quien le narró su historia. En cambio, Frumencio se fue para Alejandría de Egipto a encontrar al grande obispo Atanasio y proponerle que enviara a Etiopía a un obispo y a un grupo de misioneros. Atanasio escuchó con vivo interés la narración y luego resolvió consagrar obispo al mismo Frumencio y volverlo a mandar a Etiopía con algunos misioneros.

Frumencio fue recibido cordialmente por el amigo rey Ezana, que fue de los primeros en adherirse al Evangelio y con él casi todos sus súbditos. Frumencio, llamado por los etíopes "abba Salama", portador de luz, es considerado uno de los más grandes misioneros cristianos y uno de los más afortunados sembradores de la buena noticia, si consideramos la extraordianaria mies que produjo a través de los siglos esa primera siembra, favorecida por el amor al estudio.

Si Frumencio no se hubiera apartado en compañía de Edesio para ocupar en la lectura el tiempo de espera en el puerto de Adulis, probablemente habría sido asesinado por los negros que asaltaron la nave, y no habría podido llevar el mensaje evangélico a un pueblo, el etíope, que después le fue fiel aun durante la tempestad islámica del siglo VII.

28 de octubre
SANTOS SIMON Y JUDAS
Apóstoles

De Simón, el más desconocido de todos los apóstoles, la Sagrada Escritura conserva solamente el nombre, que comparte con otro Simón. Para distinguirlo de Simón Pedro, los evangelistas Mateo y Marcos le dan el sobrenombre de "Zelotes" o Cananeo. El apodo puede señalar sea la ciudad de proveniencia (Caná), sea su pertenencia al partido de los "Zelotes", los "conservadores" de las tradiciones hebreas. Nada sabemos de las circunstancias que se refieren a su vocación. Simón, el desconocido, es en todo caso apóstol del Señor, prototipo de tantos discípulos sin nombre, que trabajan durante toda su vida en la viña del Señor o combaten en las trincheras de la fe no en vista de una mención de honor, sino por el triunfo del Reino de Dios.

Como los otros apóstoles, también Simón recorrió los caminos del Evangelio "sin alforjas, sin dinero, predicando el Reino de los cielos; y curó enfermos. resucitó muertos, limpió leprosos y sacó los espíritus malos", "celoso" en su juventud de las tradiciones hebreas, y ahora "celoso" y humilde siervo del Evangelio. Simón, según algunas noticias del historiador Eusebio, parece que fue el sucesor de Santiago en la cátedra de Jerusalén, en los años de la trágica destrucción de la ciudad santa. Su actividad más allá de los límites de Palestina se deduce de los legendarios *Hechos de Simón y Judas,* según los cuales los dos apóstoles recorrieron juntos las provincias del imperio persa. Otras fuentes asignan a Simón Egipto, Libia y Mauritania. Según Egesipo, el apóstol sufrió el martirio durante el imperio de Trajano, en el 107, a la edad de 120 años.

Judas, "no el Iscariote" (se apresura a distinguir el evangelista san Juan), ocupa el último puesto en la lista de los apóstoles con el sobrenombre de Tadeo, y se lo identifica con el autor de la carta canónica que lleva su nombre. El apóstol que tuvo la mala suerte de llevar el mismo nombre del traidor, se llama también "hermano del Señor": "¿No es éste —se preguntan maravillados los habitantes de Nazaret, ante la fama que acompaña a Jesús— el carpintero... el hermano de Santiago y de Judas?".

Judas sería también el esposo de las bodas de Caná, según refiere Eusebio; y esto explicaría la presencia de María y de Jesús. Por la notoriedad de Santiago en la Iglesia primitiva, a Judas se lo recuerda siempre como "hermano de Santiago". El breve escrito del apóstol Judas Tadeo es una severa amonestación contra los falsos maestros y una invitación a conservar la pureza de la fe.

29 de octubre

SAN PETRONIO

Obispo

Los boloñeses (llamados también petronianos, tanta es su íntima unión con el Santo) celebran la fiesta de su patrono el 4 de octubre, pero para que no coincida con la de san Francisco, desde el siglo XIV la celebración de san Petronio pasó a otros días de este mes. Octavo obispo de Bolonia, Petronio dirigió la diócesis entre los años 431 y 450. Euquerio, obispo de Lyón, lo colocaba en el mismo nivel de san Basilio, san Ambrosio, san Hilario y san Paulino de Nola; y escribiendo al cuñado Valeriano en el 432 para que abandonara la carrera mundana y se dedicara al servicio divino, le ponía precisamente el ejemplo del celoso obispo de Bolonia.

Siguiendo el testimonio de Euquerio y hasta un poco incierto el de Genadio, que escribió hacia el 492, se ha logrado reconstruir un perfil biográfico del Santo suficientemente atendible. De noble familia, probablemente descendiente de la familia consular de Roma, o Petronia, ocupó varios cargos civiles. Parece que vivió mucho tiempo en Galia, en donde obtuvo varios grados de la magistratura civil, que después abandonó por una crisis religiosa y se dedicó al servicio de Dios. Ordenado sacerdote por el obispo de Milán, del que dependía Bolonia (hasta el siglo XIV san Ambrosio fue patrono de la ciudad), fue elegido para la sede episcopal hacia el año 431.

Una leyenda del siglo XII, con el propósito de exaltar la figura de un santo local hasta ahora muy poco venerado, afirma que Petronio, cuñado del emperador Teodosio II, enviado a Roma como delegado, fue nombrado obispo por el papa Celestino I y enviado a Bolonia a suceder a Félix, de cuya muerte había sido advertido en un sueño por san Pedro. El nuevo obispo fue acogido con júbilo por los habitantes de Bolonia, y él se dedicó inmediatamente a la reconstrucción de la ciudad destruida por orden de Teodosio I para castigarla por el asesinato de su legado. Reedificó todo un barrio, copiando el trazado de los lugares santos de Jerusalén y allí fue a vivir, reuniendo una comunidad de monjes contemplativos.

La reconstrucción de la ciudad fue obstaculizada por la correrías de los bárbaros, pero ello hace ver más claramente la capacidad de trabajo de este obispo, a quien los fieles quisieron honrar con una de las más grandiosas basílicas de la cristiandad. Esta basílica, que se encuentra en el corazón de la ciudad, le fue dedicada a él y su construcción comenzó en 1390 y duró varios años; de generación en generación fue embellecida por los pintores y escultores de mucha fama, desde Jacopo de la Quercia hasta nuestros días por Santiago Manzú.

En 1141 el obispo Enrique hizo el reconocimiento del sepulcro del Santo, cuya cabeza fue encerrada en un precioso relicario y después colocada en la basílica dedicada a él.

30 de octubre

SAN GERARDO

El *Martirologio Romano* recuerda hoy a san Gerardo, obispo de Potenza, en Lucania (Italia). Había nacido en Piacenza, pero después pasó a Potenza y fue elegido obispo de esa ciudad por sus virtudes y su actividad taumatúrgica. Muerto después de sólo ocho años de episcopado, su sucesor Manfredo escribió una *Vida* tal vez demasiado declaradamente panegirística, y sobre todo obtuvo una canonización "a viva voz" (es decir, sin documentación escrita) por parte del papa Calixto II (1119-24). Pero hay otro Gerardo, nativo de Muro, Nápoles, que tuvo y tiene mucha más fama que el obispo medioeval. Se trata de san Gerardo Mayela, uno de los santos más populares de Italia meridional. Y hay motivo para esta popularidad: en efecto, a él lo invocan (o ¿invocaban?) las señoras embarazadas y las parturientas.

A comienzos de 1800, casi cincuenta años después de su muerte, un médico de Grassano declaraba: "Desde hace muchos años no ejerzo la profesión de médico. La ejerce por mí Fray Gerardo": este médico tomaba tan en serio el patrocinio de Gerardo, proclamado beato sólo en 1893, que en vez de recetar medicinas prefería dejar a sus pacientes una medalla del buen religioso. Y el biógrafo Tannoia, en la *Vida* escrita hacia 1806, declaraba: "Fray Gerardo es protector especial de las parturientas y en Foggia no hay ninguna mujer que vaya a dar a luz que no tenga la imagen del Santo y no invoque su patrocinio". Singular "revancha del Santo" por los sufrimientos que le causaron las calumnias de una mujer, una ex-monja, a quien le creyeron fácilmente los superiores de Gerardo.

En realidad san Gerardo, que en el lecho de muerte pudo confesar que no sabía lo que era una tentación impura, tenía de la mujer un concepto muy elevado: veía, efectivamente, en toda mujer una imagen de María, "alabanza perenne de la Santísima Trinidad". Eran los impulsos místicos de un alma sencilla, pero llena de ardor espiritual. Exclamaba con frecuencia: "Mi querido Dios; mi Espíritu Santo", pues sentía en su intimidad la bondad y el amor infinito de Dios. Más que un asceta, fue un místico.

Su vida estuvo llena de privaciones, de sufrimientos, de humillaciones, pero todo estaba profundamente animado por un encuentro vivo y personal con Dios. Y es lo que queda de él, a más de algunas auténticas "extravagancias", que pueden desconcertar a los ortodoxos. Hay algo de auténtico y de genuino hasta en sus exageraciones que seguramente los hippies de nuestros días han actualizado. Pero la protesta de san Gerardo venía de su interior profundo.

31 de octubre

SAN ALFONSO RODRIGUEZ

Religioso

El humildísimo Alfonso Rodríguez llegó a la vida religiosa después de una amarga experiencia matrimonial. Había nacido en Segovia (España) el 25 de julio de 1533. Educado en un colegio jesuita de Alcalá, tuvo que abandonar los estudios para ocupar el puesto del padre en el bien organizado y productivo comercio de tejido. Se casó a los 27 años de edad. Tuvo mujer e hijos y una buena fortuna. En 1567 le llegó a su familia el primer gran dolor con la muerte de la esposa, y poco después murieron también los hijos. Agobiado por el dolor, carente de intereses materiales, descuidó el comercio y se endeudó; poco después volvió a los pupitres de la escuela, frecuentando con escaso éxito los cursos de gramática y de retórica en la universidad de Valencia. Entonces Alfonso cerró definitivamente los textos escolares para buscar solamente en los libros de devoción el alimento de que tenía hambre su alma.

El 31 de enero de 1571 fue admitido al noviciado de los jesuitas, como Hermano coadjutor o lego; en Valencia permaneció seis meses para terminar el noviciado, y luego fue enviado al colegio de Monte Sión en Palma de Mallorca en donde permaneció hasta la muerte, 30 de octubre de 1617. En el ejercicio de su humilde trabajo de portero que desempeñó con paciente dedicación durante el resto de su vida, Alfonso se mostró afable, caritativo y servicial con todos, ejerciendo un eficaz apostolado entre los que acudían con más frecuencia a la portería del colegio para escuchar de él alguna palabra de consuelo.

La fama de su santidad y los carismas con que Dios lo enriqueció (visiones, previsiones, milagros) habían atraído a la escuela del humilde fraile, que había tenido que interrumpir los estudios universitarios por el escaso provecho, a un buen grupo de discípulos, entre los cuales el futuro gran misionero, san Pedro Claver, estudiante de filosofía. A éste le profetizó su grande actividad apostólica. San Alfonso Rodríguez fue canonizado el 15 de enero de 1888 junto con san Juan Berchmans. Se le señala como ejemplo de tierna devoción mariana, que él demostró con el rezo del Santo Rosario, devoción que era recompensada con amables y extraordinarias intervenciones de la Virgen en la vida de este gran místico español.

Entre sus muchos escritos recordamos las *Memorias autobiográficas* que escribió por orden de sus superiores desde 1604 hasta 1616, y algunos escritos que tratan argumentos de ascética con profunda penetración, fruto de una sabiduría que no sacó de los libros. Su fiesta se celebra el 30 de octubre.

Iglesia orante.
Frescos de las catacumbas romanas.

Noviembre

1 de noviembre
TODOS LOS SANTOS

Solemnidad

Hoy la Iglesia militante honra a la Iglesia triunfante "celebrando conjuntamente en una misma solemnidad a todos los Santos", —son las palabras que el sacerdote pronuncia en la oración de la misa de hoy para rendir conjuntamente ese homenaje que no puede rendir singularmente a esa innumerable muchedumbre de santos que pueblan el Reino de los cielos. La epístola repite las palabras de san Juan en el Apocalipsis: "Y vi una gran muchedumbre, que nadie podía contar, de todas las gentes y tribus y pueblos y lenguas...". Esa gran muchedumbre "que está en presencia del Cordero" comprende a todos los "siervos de Dios", a los que la Iglesia ha decretado este título mediante la canonización, y a cuantos —en número inmensamente superior— han alcanzado la fúlgida meta de la salvación, la eterna visión beatífica de Dios.

En efecto, Dios prometió la bienaventuranza a los pobres de espíritu, a los mansos, a los que sufren y tienen hambre y sed de justicia, a los misericordiosos, a los puros de corazón, a los pacificadores, a los perseguidos por causa de la justicia y a cuantos sufren el ultraje de la calumnia, de la maledicencia, de la ofensa pública o el vilipendio de los manipuladores de la opinión pública. Hoy todos estos santos que tuvieron fe en la promesa de Cristo, a pesar de las fáciles seducciones del mal y de la aparente derrota del bien, "se alegran y exultan" por la gran recompensa que les ha hecho un Rey incomparablemente misericordioso y generoso. Y la Iglesia militante, unida por el indisoluble vínculo de la caridad con los hijos "que han pasado a mejor vida", los honra con una solemnidad particular.

Esta fiesta comenzó a celebrarse en el siglo IV. En Antioquía se celebraba una fiesta para todos los mártires en el primer domingo después de Pentecostés. Después, en el siglo VI, se comenzó a celebrar en la misma fecha, y cien años después el papa Bonifacio IV estableció la fecha del 13 de mayo, en concomitancia con el día de la dedicación del Panteón a la Virgen y a todos los mártires, y el monumento pagano tomó entonces el título cristiano de "Sancta María ad Martyres". Ese día, durante la misa, se hacía caer una lluvia de rosas rojas. En el año 835 el papa Gregorio II pasó esa celebración al 1o. de noviembre, probablemente por motivos de simple oportunidad, como refiere Juan Beleth en el siglo XII, es decir, porque después de las cosechas de otoño era más fácil encontrar alimento y bebida para la gran multitud de peregrinos que acudían a Roma en esa ocasión. Actualmente esta fiesta ya no es de precepto.

2 de noviembre
CONMEMORACION DE TODOS LOS FIELES DIFUNTOS

Los que han muerto "en el signo de la fe" la Iglesia les reserva un puesto importante en la liturgia: siempre está el recuerdo cotidiano en la misa, con la memoria de los muertos, y en el Oficio divino con una breve oración en las preces de las vísperas, y sobre todo en la celebración de hoy. La conmemoración de los difuntos, por iniciativa del abad de Cluny, san Odilón, en el 998, no era totalmente nueva en la Iglesia, porque en cualquier parte en donde se celebraba la fiesta de todos los santos se dedicaba el día siguiente a la memoria de todos los difuntos. Pero el hecho de que un millar de monasterios benedictinos dependían de Cluny favoreció la difusión de la conmemoración en muchas partes de la Europa septentrional. Después, en 1311 quedó establecida oficialmente en Roma.

En este día todos los sacerdotes pueden celebrar tres santas Misas en sufragio de los fieles difuntos. Este privilegio de las tres Misas el 2 de noviembre, concedido sólo a España en 1748, Benedicto XV lo extendió a toda la Iglesia en 1915. Así se quiso subrayar una gran verdad, que tiene su fundamento en la Revelación: la existencia de la Iglesia de la purificación, colocada en un estado intermedio entre la Iglesia triunfante y la militante. Estado intermedio pero temporáneo, "en donde el humano espíritu se purga y se hace digno de subir al cielo", como dice Dante. En la primera carta a los corintios san Pablo usa la imagen de un edificio en construcción.

Los predicadores son los obreros que edifican sobre los fundamentos puestos por los primeros enviados de Cristo, los apóstoles. Hay quienes realizan un trabajo cuidadoso y su obra carece de defectos: en cambio, otros mezclan con el buen material otro corruptible, madera y paja, esto es, vanagloria o indiferencia. Después viene la inspección, que san Pablo llama "el día de Cristo", "el día del fuego", la prueba apreciará la obra de cada uno. Algunos verán que su edificio resiste, otros lo verán caer en parte. Pues bien, —añade el apóstol Pablo— "si la obra que uno ha edificado permanece en pie, recibirá la recompensa; si su obra se quema, él sufrirá daño; él se salvará, pero como entre las llamas".

A estas almas, que la prueba del fuego obliga a la purificación en espera de la plena alegría del Paraíso, la Iglesia les dedica hoy una memoria particular, para resaltar, mediante la caridad del sufragio, ese vínculo de amor que la une perennemente a todos los que han muerto en el signo de la fe y están destinados a la comunión eterna con Dios.

3 de noviembre

SAN MARTIN DE PORRES

Religioso

Hijo de un noble caballero español y de una negra de Panamá de origen africano, Martín (nació en Lima el 9 de diciembre de 1579) no tuvo una infancia feliz. Por el color oscuro de su piel el padre no quiso reconocerlo, y en el libro de bautismos fue inscrito como "hijo de padre desconocido". Vivió pobremente hasta los ocho años en compañía de la madre y de una hermanita, que nació dos años después. Luego de un breve paréntesis de serenidad junto al padre en Ecuador, nuevamente quedó abandonado, aunque el padre le mandaba lo necesario para hacerle terminar los estudios. Martín, en efecto, tenía inclinación por la medicina y había aprendido las primeras nociones en la droguería-ambulatorio de dos vecinos de casa.

A los quince años abandonó todo y fue a tocar a la puerta del convento de los dominicos del Rosario en Lima. Fue admitido sólo como "donado", es decir, como terciario y le confiaron los trabajos más humildes de la comunidad. Martín hizo de la escoba una especie de blasón (un antiguo retrato nos lo presenta con el modesto pero indispensable utensilio casero en mano) y se reservaba todos los trabajos más pesados y repugnantes. Finalmente sus superiores se dieron cuenta de lo que representaba esa alma para la Orden y lo acogieron como miembro efectivo. El 2 de junio de 1603 lo admitieron a la profesión solemne. Aún como Hermano cooperador (o lego) quiso seguir siendo el cenicienta del convento, pero su santidad comenzó a brillar aun fuera de las paredes del monasterio, por los extraordinarios carismas con que Dios lo había enriquecido, como profecías, éxtasis, bilocación.

Sin haberse alejado de Lima, fue visto en Africa, en China y en Japón animando a los misioneros que se encontraban en dificultad. A este humilde frailecito acudían a pedirle consejo teólogos, obispos y autoridades civiles. Más de una vez el mismo virrey tuvo que esperar ante su celda porque Martín estaba en éxtasis. Durante la epidemia de peste, curó a cuantos acudían a él, y curó milagrosamente a los sesenta cohermanos. Con el mismo candor de san Francisco dirigía todas sus atenciones a las criaturas, inclusive a los ratones, que le obedecían dócilmente.

Varias veces se lo vio llamar a los ratones que se habían escondido en la sacristía y llevarlos a un ángulo del jardín: todavía hoy se lo invoca contra la invasión de los ratones. Murió el 3 de noviembre de 1639. Fue beatificado en 1837 por Gregorio XVI, y canonizado por Juan XXIII en 1962. En 1966 Pablo VI lo proclamó patrono de los peluqueros de Italia, porque en su juventud aprendió el oficio de barbero-cirujano, que luego, al ingresar en la Orden de Predicadores, ejerció ampliamente en favor de los pobres.

4 de noviembre

SAN CARLOS BORROMEO

Obispo

La ciclópica estatua que sus conciudadanos de Arona, sobre el Lago Mayor (Italia), le erigieron, expresa muy bien la gran estatura humana y espiritual de este Santo, activo, bienhechor, comprometido en todos los campos del apostolado cristiano. Había nacido en Arona en 1538. Sobrino del papa Pío IV, fue cardenal diácono con el título de Santa Praxedes cuando sólo tenía 21 años. El mismo Papa lo nombró secretario de Estado. Nunca como en este caso el nepotismo quedó plenamente justificado. Aun permaneciendo en Roma para dirigir los asuntos propios de su cargo (fue el primer secretario de Estado en el sentido moderno) tuvo el privilegio de poder administrar desde lejos la arquidiócesis de Milán.

Cuando murió su hermano mayor, renunció definitivamente al título de conde y a la sucesión, y prefirió ser ordenado (a los 24 años de edad) sacerdote y obispo. Dos años después, muerto el papa Pío IV, Carlos Borromeo dejó definitivamente a Roma y fue recibido triunfalmente en su sede episcopal de Milán, en donde permaneció hasta la muerte en 1584, cuando tenía sólo 46 años. En una diócesis que reunía a los pueblos de Lombardía, Venecia, Suiza, Piamonte y Liguria, san Carlos estaba presente en todas partes. Su escudo llevaba un lema de una sola palabra: "Humilitas", humildad. No era una simple curiosidad heráldica, era una elección precisa: él, noble y riquísimo, se privaba de todo y vivía en contacto con el pueblo para escuchar las necesidades y las confidencias. Fue llamado "padre de los pobres", y lo fue en el pleno sentido de la palabra.

Empleó todos sus bienes en la construcción de hospitales, hospicios, casas de formación para el clero, comprometiéndose a llevar adelante las reformas sugeridas por el concilio de Trento, del que fue uno de los principales actores. Animado por un sincero espíritu de reforma, impuso una rígida disciplina en el clero y en los religiosos, jamás preocupado por las hostilidades que se iban creando en los que no querían renunciar a ciertos privilegios que brindaba la vida eclesiástica y religiosa. Fue blanco de un vil atentado, mientras rezaba en su capilla, pero salió ileso, perdonando generosamente al atentador.

Llevó adelante las reformas del concilio de Trento, indisponiéndose con el mismo gobernador español. Durante la terrible epidemia que estalló en 1576 y que duró mucho tiempo, extendiéndose a todos los rincones de su diócesis, san Carlos empleó todas sus energías, y su caridad no conoció precauciones. Pero su robusta fibra tuvo que ceder ante el peso de tanta fatiga. Murió el 3 de noviembre de 1584. Fue canonizado el 1o. de noviembre de 1610 por el papa Pablo V.

5 de noviembre

SANTOS ZACARIAS E ISABEL

La Iglesia latina celebra hoy la fiesta de la madre del Bautista y une a su memoria la de su esposo Zacarías. El Evangelio de san Lucas nos da pocas noticias de ellos: se limita al período del doble anuncio a Zacarías y a la Virgen María, y del nacimiento del precursor de Jesús. Pero en pocas palabras el evangelista sintetiza el fundamento de su santidad, su espíritu de oración, la rectitud de sus corazones en el cumplimiento no sólo externo sino también interior de los preceptos mosaicos. "Ambos eran justos a los ojos de Dios y cumplían exactamente los mandamientos y las leyes del Señor".

Para la mujer hebrea, la maternidad era considerada como la manifestación externa de la bendición de Dios. Pero la esterilidad de Isabel era la premisa de la intervención prodigiosa de la gracia de Dios, que quiere construir sus obras de la nada. "El seno cerrado de Isabel y el voluntariamente virgen de María son los signos de un pueblo sumergido hasta ahora en el desierto y que está por encontrar la fecundidad de la felicidad prometida por la alianza" (Maertens). Es el pensamiento que el mismo Zacarías expresó en el cántico profético que pronunció el día de la circuncisión de su hijo Juan.

Con el "Benedictus", considerado como la última profecía del Antiguo Testamento y la primera del Nuevo Testamento, Zacarías alaba a Dios en la primera parte por haber mantenido la promesa hecha a los padres, enviando a la tierra al Salvador, que finalmente liberaría de los enemigos al pueblo, permitiéndole "servirlo en la santidad y en la justicia, delante de él toda nuestra vida". La grande obra de la salvación había comenzado en el silencio y en la oración de la casa de María en Nazaret, y en la de Ain Karim, un no bien identificado pueblo a unos seis kilómetros al oeste de Jerusalén, en donde los ancianos esposos Zacarías e Isabel esperaban el nacimiento del precursor de Jesús. Aquí se encontraron la Virgen María y su prima Isabel, que, "llena del Espíritu Santo", saludó a la joven parienta con las palabras que durante siglos los cristianos repiten con el rezo del Ave María: "Bendita tú entre las mujeres y bendito el fruto de tu vientre".

Después del nacimiento del hijo Juan, de quien Zacarías exalta la gran misión de precursor del Mesías para preparar los ánimos a recibir la salvación, los dos Santos esposos desaparecen de la escena, según una ley que más tarde proclamará su hijo: "Es necesario que él (Cristo) crezca y yo disminuya".

6 de noviembre

SAN LEONARDO DE NOBLAC

Ermitaño

Es uno de los santos más populares de Europa central. En efecto, dice un estudioso que en su honor se erigieron no menos de seiscientas iglesias y capillas, y su nombre aparece frecuentemente en la toponomástica y en el folclor. El mismo estudioso añade que él "despertó una devoción particular en tiempos de las cruzadas, y entre los devotos se cuenta el príncipe Boemundo de Antioquía que, hecho prisionero por los infieles en 1100, atribuyó su liberación en 1103 al Santo, y, de regreso a Europa, donó al santuario de Saint-Léonard-de-Noblac, como ex-voto, unas cadenas de plata parecidas a las que él había llevado durante su cautiverio". San Leonardo de Noblac (o de Limoges) es un Santo "descubierto" a principios del siglo XI, y a ese período remontan las primeras biografías, bastante legendarias, que después inspiraron el culto hacia él.

Con su habitual sentido crítico, los bolandistas declararon "fabularum plena", o sea llena de fábulas, la *Vita sancti Leonardi* que apareció anónima poco después del 1030. De esta fuente, sin duda poco genuina, es de donde sacamos las noticias siguientes: Leonardo nació en Galia en tiempos del emperador Anastasio, es decir, entre el 491 y el 518. Como sus padres, a más de nobles, eran amigos de Clodoveo, el gran jefe de los Francos, éste quiso servir de padrino en el Bautismo del niño. Cuando ya era joven, Leonardo no quiso seguir la carrera de las armas y prefirió ponerse al servicio de san Remigio, que era obispo de Reims.

Como san Remigio, sirviéndose de la amistad con el Rey, había obtenido el privilegio de poder conceder la libertad a todos los prisioneros que encontrara, también Leonardo pidió y obtuvo un poder semejante, que ejerció muchas veces. El Rey quiso concederle algo más: la dignidad episcopal. Pero Leonardo, que no aspiraba a glorias humanas, prefirió retirarse primero a San Maximino en Micy, y después a un lugar cercano a Limoges, en el centro de un bosque llamado Pavum.

Un día su soledad se vio interrumpida por la llegada de Clodoveo que iba a cacería junto con todo su séquito. Con el Rey iba también la Reina, a quien precisamente en ese momento le vinieron los dolores del parto. Las oraciones y los cuidados de san Leonardo hicieron que el parto saliera muy bien, y entonces el Rey hizo con el Santo un pacto muy particular: le obsequiaría, para construir un monasterio, todo el territorio que pudiera recorrer a lomo de un burro. Alrededor del oratorio en honor de María Santísima habría surgido una nueva ciudad.

7 de noviembre
SAN VILIBRORDO
Obispo

La evangelización de Alemania, más allá del Rin, comenzó en el siglo VII, a fines de la época merovingia, gracias a la obra de los monjes irlandeses y anglosajones, y logró su máximo desarrollo en el siglo siguiente con la acción misionera de san Bonifacio. El primero en desembarcar en Frisia en los Países Bajos, fue Vilfrido de York. Después el abad Egberto, un maestro de vida espiritual de la época, mandó a Vilibrordo (Willibrord), oriundo de Northumbria, en donde había nacido en el año 658, cuyo celo por la difusión del reino de Dios era el único incentivo de su movimentada existencia.

Este monje, a quien los biógrafos describen pequeño de estatura, cabellos negros, de delicada salud, ojos profundos y vivos, encarna el tipo ideal del monje occidental: un trabajador que no conoce descanso ni crisis de desánimo, austero, prudente, leal, tenaz, devoto del Papa. Se había formado en la abadía inglesa de Ripon, y a los 20 años pasó a Irlanda para perfeccionar su cultura teológica bajo la guía del abad Egberto, que lo consagró sacerdote a los treinta años.

Después del fracaso de la misión de Vilfrido, fue enviado con once compañeros a Frisia. La victoria de Pepino de Heristal contra el rey Radbod en el 689 facilitó la empresa. Desembarcados en la desembocadura del Escaut, una región de tierras pantanosas, los misioneros se dirigieron hacia el interior y fueron recibidos con muchos honores por el duque Pepino. Pero Vilibrordo, antes de comenzar su obra de evangelización, quiso ir a Roma para tener el beneplácito del Papa. Sergio I le dio la aprobación y lo animó. De regreso, el monje escogió a Anversa como centro de su apostolado y de las futuras fundaciones, la más célebre fue la de Utrecht.

Para la fundación de la nueva diócesis de Frisia, Vilibrordo fue nuevamente a Roma, en donde el papa Sergio I lo consagró obispo el 21 de noviembre del 695 con el nombre de Clemente (24 años después Gregorio II hacía lo mismo con el monje sajón Vinfrido-Bonifacio). Desde este momento es muy difícil citar todos los viajes del infatigable misionero, desde las orillas del Rin hasta Dinamarca. En Echternach (Luxemburgo) había fundado un pequeño convento y allí murió el 7 de noviembre del 739 a los 81 años de edad.

Fue un hombre de acción y de oración y sobre todo un grande organizador con un gran sentido del mando que le permitió, gracias a la formación de los obispos auxiliares (una novedad para Occidente), evitar el fraccionamiento de las varias Iglesias con la natural dispersión de la actividad pastoral.

8 de noviembre

SAN ADEODATO

Papa

El santo de hoy, papa Adeodato I, o Deusdedit, emerge de los siglos oscuros del primer medioevo con muy poca evidencia. Pocas son las noticias históricas: hijo del subdiácono romano Esteban, fue durante cuarenta años sacerdote en Roma antes de suceder en la cátedra pontificia al papa Bonifacio IV el 19 de octubre del 615. Murió en noviembre del 618, amado y llorado por los romanos, que pudieron apreciar el buen corazón durante las grandes calamidades que atormentaron a Roma durante los tres años de su pontificado: el terremoto, que dio el golpe de gracia a los marmóreos edificios del Foro, ya desvastados por las continuas invasiones de los bárbaros, y una terrible epidemia llamada elefancía.

Fue el primer Papa que estableció con testamento donaciones para distribuir al pueblo con ocasión de los funerales del sumo pontífice. En Roma el Papa no sólo era el obispo y el pastor espiritual, sino también el guía civil, el juez, el supremo magistrado, el que garantizaba el orden. A la muerte de todo pontífice los romanos se sentían sin protección, expuestos a las invasiones de los bárbaros nórdicos o a las venganzas del imperio de Oriente. La teoría medioeval de los "dos soles", el Papa y el emperador, que deberían gobernar unidos al mundo cristiano, no era aceptada en Constantinopla.

El papa Adeodato se demostró un hábil mediador y paciente interlocutor con el otro "sol" que en realidad de verdad fue muy poco solícito con Italia, excepción hecha de la vez que envió al exarca Eleuterio a dominar la revolución de Ravena y de Nápoles. Fue la única ocasión en que el papa Adeodato, ocupado en aliviar la suerte de los habitantes de Roma por las calamidades ya referidas, tuvo un contacto, aunque indirecto, con el Emperador. Baronio pone en el *Martirologio Romano* un episodio que confirma la fama de santidad que rodeaba al venerable pontífice "dado por Dios" (como dice la etimología del nombre) como guía de los cristianos en una época tan atormentada: durante una de sus visitas a los enfermos, los más abandonados, esto es los más atacados por la terrible enfermedad de la lepra, habría curado a uno de estos infelices después de haberlo abrazado y besado cariñosamente.

El *Liber pontificalis*, recordando dos hechos de su pontificado, afirma que Adeodato amó mucho a su clero, al que defendió respecto del clero monástico o regular, privilegiado desde cuando Gregorio Magno les había confiado a los monjes importantes cargos en el apostolado misionero y en la misma organización eclesial. El segundo hecho se refiere a la facultad de celebrar una segunda misa el mismo día (binación).

9 de noviembre

DEDICACION DE LA BASILICA DE LETRAN

Fiesta

En las *Actas* o *Hechos del Martirio de san Justino y Compañeros* se lee: "De nuevo preguntó el prefecto Rústico: '¿En dónde se reúnen?'. Justino contestó: 'En donde cada uno puede y prefiere; tú crees que todos nosotros nos reunimos en un mismo lugar, pero no es así, porque el Dios de los cristianos, que es invisible, no se puede circunscribir en un lugar, sino que llena el cielo y la tierra y sus fieles lo veneran y lo glorifican en cualquier lugar'". En su franca respuesta, el grande apologista san Justino repetía ante el juez lo que Jesús le había dicho a la samaritana: "Créeme, mujer, ha llegado la hora en que ni en este monte ni en Jerusalén adoraréis al Padre. Vosotros adoráis al que no conocéis, nosotros adoramos al que conocemos, porque la salvación viene de los judíos, pero ha llegado el momento, y es este, en el que los verdaderos adoradores adorarán al Padre en espíritu y en verdad; porque el Padre quiere estos adoradores. Dios es espíritu, y los que lo adoran deben adorarlo en espíritu y en verdad" (Jn 4, 21-24).

La fiesta de hoy, la de la dedicación de la basílica del Santísimo Salvador o de San Juan de Letrán, ciertamente no contrasta con el testimonio de san Justino ni con la palabra de Cristo. En efecto, salvos el deber y el derecho de la oración siempre y en cualquier lugar, también es cierto que desde los tiempos apostólicos la Iglesia, como grupo de personas, ha tenido necesidad de algunos lugares para reunirse a orar, proclamando la Palabra de Dios y renovando el sacrificio de la muerte y resurrección de Cristo, cumpliendo sus palabras: "Tomad y comed todos; tomad y bebed todos; haced esto en memoria mía".

Al principio estas reuniones se hacían en las casas privadas, entre otras cosas porque la Iglesia no tenía ninguna aprobación oficial. Pero esto debió suceder muy pronto: hay un episodio singular al principio del siglo III cuando Alejandro Severo dio razón a la comunidad cristiana en un proceso contra los hosteleros, que reclamaban contra la transformación de una hostería en lugar de culto cristiano.

La basílica lateranense fue fundada por el papa Melquíades (311-314) en las propiedades donadas para este fin por Constantino al lado del Palacio Lateranense, hasta entonces residencia imperial y después residencia pontificia. Así nació la "iglesia-madre de todas las iglesias de la Urbe y del Orbe", destruida y reconstruida muchas veces. En ella o en el antiguo Palacio Lateranense (ahora sede del Vicariato de Roma) se celebraron cinco concilios, en los años 1123, 1139, 1179, 1215 y 1512. "Pero el templo vivo y verdadero de Dios debemos ser nosotros" dice san Cesario de Arles.

10 de noviembre
SAN LEON MAGNO
Papa y doctor de la Iglesia

El papa León, que nació en Toscana a fines del siglo IV, es recordado en los textos de historia por el prestigio moral y político que demostró ante la amenaza de los Hunos de Atila (a los que logró detener sobre el puente Mincio) y de los Vándalos de Genserico (cuya ferocidad mitigó en el saqueo de Roma del 455). Elevado al solio pontificio en el 440, León en los 21 años de pontificado (murió el 10 de noviembre del 461), llevó a cabo la unidad de toda la Iglesia alrededor de su sede, impidiendo usurpaciones de jurisdicción, arrancando de raíz los abusos de poder, frenando las ambiciones del patriarcado constantinopolitano y del vicariato de Arles.

No tenemos muchas noticias biográficas de él. Al papa León no le gustaba hablar mucho de sí en sus escritos. Tenía una idea elevadísima de su función: sabía que encarnaba la dignidad, el poder y la solicitud de Pedro, jefe de los apóstoles. Pero sus actitudes, constante y rígidamente sacerdotales, hieráticas, no le impedían el calor humano y el entusiasmo, que se notan por los 9 *Sermones* y por las 173 cartas que han llegado hasta nosotros. Sobre todo las homilías nos muestran al Papa, uno de los más grandes de la historia de la Iglesia, paternalmente dedicado al bien espiritual de sus hijos, a los que les habla en lenguaje sencillo, traduciendo su pensamiento en fórmulas sobrias y eficaces para la práctica de la vida cristiana.

Sus cartas, por el estilo culto, atento a ciertas cadencias eficaces, demuestran su rica personalidad. Espíritu muy comprensivo y previsor, no se detiene en particulares de una cuestión doctrinal y, sin embargo, participa activamente en la elaboración dogmática del grave problema teológico tratado en el concilio ecuménico de Calcedonia, pedido por el emperador de Oriente para condenar al monofisismo, que cuestionaba la persona de Cristo.

Su famosa *Epistola dogmatica ad Flavianum*, leída por los delegados romanos que presidían la asamblea, presentó el sentido y también las fórmulas de la definición conciliar, creando así una efectiva unidad y solidaridad con la sede de Roma, caso único en la historia de la Iglesia, desde ese tiempo hasta nosotros. León fue el primer Papa que recibió de la posteridad el epíteto de "magno", grande, no sólo por las cualidades literarias y la firmeza con la que mantuvo en vida al decadente imperio de Occidente, sino por la solidez dogmática que demuestra en sus cartas, en sus sermones y en las oraciones litúrgicas de la época en donde se ven evidentes la sobriedad y la precisión características de san León Magno.

11 de noviembre

SAN MARTIN DE TOURS

Obispo

Martín de Tours es uno de esos hombres que han hecho hablar de sí a muchas generaciones por haber sido protagonista de episodios aptos para despertar la fantasía popular. Todos hemos escuchado la narración del episodio de san Martín que, cabalgando envuelto en su amplio manto de guardia imperial, al encontrar a un pobre que tiritaba de frío, con gesto generoso corta su manto y le da la mitad al pobre. Por la noche, en sueños, ve a Jesús envuelto en la mitad de su manto, sonriéndole agradecido.

Martín, hijo de un tribuno romano, había nacido en Sabaria, en Panonia, hacia el 315. A los quince años ya vestía el uniforme militar. El episodio del manto hay que colocarlo en este período, porque a los 18 años recibió el Bautismo y abandonó la milicia para seguir a san Hilario de Poitiers, su maestro. Después de un breve noviciado de vida eremítica en la isla Galinaria, Martín fundó dos monasterios: Ligugé, el más antiguo de Europa, y Marmoutier, que se convertiría en un gran centro de vida religiosa.

Después del paréntesis contemplativo, siguió el activo: Martín, elegido obispo de Tours, se convirtió en el grande evangelizador de Francia. Había sido, como se dice, soldado sin quererlo, monje por elección y obispo por deber. En los 27 años de vida episcopal se ganó el amor entusiasta de los pobres, de los necesitados y de cuantos sufrían injusticias, pero no era bien visto por los de su clero que querían vivir tranquilamente. Inclusive fue acusado por un sacerdote llamado Bricio. Fue proverbial su frase: "¿Si Cristo soportó a Judas, por qué no debería yo soportar a Bricio?".

Murió sobre el surco, el 8 de noviembre del 37 en Candes, durante una visita pastoral. Sus funerales, que tuvieron lugar tres días después, fueron una verdadera apoteosis; en ese día, el 11, se conmemora su memoria. Se puede considerar como el primer santo no mártir con fiesta litúrgica. Esa fecha quedó también como punto de referencia en los contratos de arriendos, de terrenos, de compraventas, en el mundo agrícola: "El nuevo vino se bebe en san Martín", se dice todavía hoy en muchas regiones de Italia y de Francia. La mitad del famosísimo manto que san Martín compartió con un pobre en Amiens, quitados muchos pedazos para enriquecer varios relicarios, se conserva celosamente en una capilla (el nombre viene precisamente de "capa", manto), y el custodio tomó el nombre de capellán. San Martín dejó huellas de sí hasta en el vocabulario.

12 de noviembre
SAN JOSAFAT
Obispo y mártir

Rusia fue evangelizada por los cristianos bizantinos poco antes del cisma del siglo XI y siguió a la Iglesia griega cuando ésta se separó de Roma; dependió de ésta hasta 1589 cuando se independizó con la elevación del metropolita de Moscú a la dignidad de Patriarca. En este mismo período Rutenia pasó del dominio ruso al polaco. Los sacerdotes ortodoxos, entrando en comunión con Roma, pudieron mantener sus antiguos ritos y las tradiciones de la Iglesia eslava. En este clima ecuménico, que parecía iba a favorecer el arreglo del cisma de Oriente, hacia 1580 nacía de una familia ortodoxa separada Juan Kuncewycz, el futuro apóstol de la unidad de los cristianos de Oriente.

Partiendo del gran don común de los cristianos, el Bautismo, Juan maduró su total adhesión a la comunión con Roma, alimentándose con otros bienes comunes, como la palabra de Dios escrita, la vida de la gracia, la fe, la esperanza y la caridad. En efecto, la Iglesia rusa había conservado intacto lo esencial de la fe y de la estructura eclesial, como los sacramentos, la liturgia, la antigua tradición apostólica y patrística, el culto de los santos, la devoción mariana, el profundo ascetismo. Fue precisamente la espiritualidad monástica oriental, cuyo influjo dio comienzo al gran florecimiento monástico en Europa, la que llevó a Juan Kuncewycz a la completa unidad con Roma.

Cuando vistió el hábito religioso y se convirtió a la Iglesia rutena, tuvo el privilegio de ser el primer novicio del primer monasterio basiliano unido, el de la Santísima Trinidad de Vilna. Tenía 20 años. Cambió su nombre por el de Josafat, el bíblico nombre del Valle del Cedrón, en donde, según el profeta Joel, se reunirán las almas para el juicio final. Uniendo la antigua espiritualidad basiliana con las nuevas directivas de acción de los jesuitas, de quienes acogió e hizo suyo el joven espíritu misionero, Josafat, consagrado sacerdote y luego elegido archimandrita y coadjutor del arzobispo de Pólozk, emprendió una activísima obra de apostolado por la reforma de la vida monástica y por la unidad de los cristianos, hasta el punto que mereció ser llamado "raptor de almas".

Elegido obispo, sucedió al arzobispo de Pólozk. Fue bárbaramente asesinado por un grupo de facinerosos el 12 de noviembre de 1623 en Vitebsk (Rusia Blanca), porque su celo y su benemérita acción por la unión a la Iglesia de Roma le había suscitado el odio de los ortodoxos separados. Pío IX lo canonizó en 1867. La memoria obligatoria, que le decretó el nuevo calendario litúrgico, tiene un significado claramente ecuménico.

13 de noviembre

SAN DIEGO

Religioso

Es uno de los santos más populares en España y en América Latina. Se lo representa con hábito de un humilde lego franciscano, con sayo, cordón y llaves para indicar sus oficios de portero y de cocinero del convento. El humilde y obediente fray Diego, cuando se trataba de hacer el bien a la pobre gente, no dudaba en privarse de su mismo pan para dárselo a escondidas a algún pordiosero. Y Dios demostró que eso le agradaba, haciéndole encontrar la canastica de pan llena de flores. Este prodigio frecuentemente se lo recuerda en las imágenes populares, frecuentes en las iglesias franciscanas de España, como también en los dos ciclos pictóricos de los famosos Murillo y Aníbal Carracci.

Fray Diego había nacido de humilde familia hacia el año 1400, en San Nicolás del Puerto de Andalucía, en donde pasó los años juveniles en soledad y penitencia. Desde muy jovencito fue "autodidacta" de la ascética cristiana, llevando una vida eremítica en las afueras del pueblo natal, dedicado a la oración y a la meditación. Para su poco alimento le bastaban los pocos productos de su pequeño huerto. En cuanto al vestido, remendaba lo que la gente le regalaba en cambio de los modestos trabajos artesanales. Como siempre sucede, quien da más, más recibe. Así que el joven terminó atrayendo a demasiados benefactores, y para evitarlos Diego resolvió ponerse bajo la regla de los franciscanos de Arizafe, cerca de Córdoba, en donde hizo el noviciado como hermano lego.

En 1441 fue enviado como misionero a las Islas Canarias. En esas bellísimas islas había mucha idolatría. Fray Diego trabajó allí con extraordinario celo, y cinco años después la obediciencia le impuso que aceptara el cargo de guardián, es decir, de superior, a pesar de ser un simple hermano laico. Su celo era incómodo para los colonizadores que querían tener a los indígenas en la condición de esclavos, y le hicieron la vida tan difícil que tuvo que regresar a España en 1449.

Al año siguiente hizo una peregrinación a Roma para asistir a la canonización de san Bernardino de Siena. Se hospedó en Aracoeli y una epidemia lo obligó a permanecer en Roma asistiendo a los enfermos, a muchos de los cuales curó gracias a sus dones carismáticos. De regreso a España, continuó desempeñando los oficios de portero y de cocinero en varios conventos, el último de los cuales fue el de Alcalá de Henares, cerca de Madrid, en donde concluyó santamente su vida terrena el 12 de noviembre de 1463. Fue canonizado en 1588 por Sixto V.

14 de noviembre

SAN SERAPION

Mártir

El segundo siglo de historia del cristianismo se había concluido con un breve paréntesis de tranquilidad después de tantas pruebas, sangrientas en varias persecuciones. Pero hasta ahora los cristianos eran perseguidos solamente si eran denunciados como tales. Pero al comienzo del siglo III, Settimio Severo, al principio tolerante, dio el primer ejemplo de un ataque directo al proselitismo, decretando la prohibición del Bautismo. Esto sirvió no sólo para frenar el desarrollo del cristianismo, sino para desorganizar las famosas escuelas de catequesis como la de Alejandría de Egipto. Precisamente en esta ciudad, en donde los cristianos habían vivido en más calma, hubo un breve pero violento estallido de persecución y de intolerancia contra la numerosísima comunidad cristiana.

Debido a las incitaciones de un charlatán alejandrino, "perverso adivino y mal poeta", como refiere el obispo Dionisio a Fabio, obispo de Antioquía, hubo una brusca revuelta contra los cristianos. Muchos fueron flagelados y apedreados; una virgen, Apolonia, después de haber sido sometida a sevicias inhumanas, fue quemada viva. Después —continúa el obispo Dionisio— "ellos (los perseguidores) detuvieron en su casa a Serapión, lo atormentaron bárbaramente, le rompieron todas las coyunturas de los miembros y lo echaron desde la pieza de arriba, con la cabeza hacia abajo".

El historiador Eusebio de Cesarea se refiere a la carta del obispo, cuando habla de los tumultos anticristianos estallados en el 248 en Egipto. El culto de san Serapión, inexplicablemente desconocido en Oriente, floreció en Occidente, desde cuando Floro introdujo en bloque en su *Martirologio* a todos los mártires de Alejandría, según las indicaciones de la *Historia Eclesiástica* de Eusebio. En el día 13 de julio Baronio incluyó en el *Martirologio Romano* el elogio de un mártir alejandrino, Serapión, ya recordado en el *Martirologio Jeronimiano* y en los *Sinasarios* bizantinos. Pero muy probablemente se trata del mismo mártir de quien habla la carta del obispo alejandrino.

Entre los santos más conocidos con este nombre, que parece no encuentre imitación en la onomástica actual, se recuerda a un monje egipcio, que vivió en el siglo IV, llamado Sindonita por el único manto (sindone) que fue lo único que poseyó en toda su vida. Mereció el título de "impasible" por el absoluto dominio sobre sí mismo y por el total despego de todo, hasta de la propia libertad, hasta el punto de venderse como esclavo a una familia de comediantes con el único fin de instruirla en la fe cristiana. A este Santo se lo recuerda el 21 de marzo, junto con su homónimo san Serapión obispo de Thmuis.

15 de noviembre

SAN ALBERTO MAGNO

Obispo y doctor de la Iglesia

Pocos saben en París que la plaza Maubert lleva el nombre del gran Santo dominico que festejamos hoy. Maubert viene de Magnus Albert, Alberto el Grande, el sabio maestro de teología, de filosofía y de ciencias naturales que, por la gran concurrencia de estudiantes a sus lecciones en la universidad de París, se vio obligado a enseñar en la plaza pública, que todavía hoy lleva su nombre. Alberto nació en Lauingen (Baviera) hacia el 1206. A los 16 años un tío lo llevó a Padua para que terminara sus estudios universitarios. Aquí encontró al superior general de los dominicos, el beato Jordán de Sajonia, que lo dirigió hacia la vida religiosa.

En 1229 Alberto vistió el hábito de los frailes predicadores y fue enviado a Colonia, en donde se encontraba la escuela más importante de la Orden. Un verdadero genio enciclopédico, se paseaba con extraordinaria facilidad por los varios campos del saber humano, desde las ciencias naturales hasta las especulativas. El interés universal por la cultura, según el espíritu de la época en la cual la filosofía escolástica llegó a su máximo florecimiento, convivió en perfecta armonía con el empeño ascético de la perfección interior: "Señor Jesús —oraba— pedimos tu ayuda para no dejarnos seducir de las vanas palabras tentadoras sobre la nobleza de la familia, sobre el prestigio de la Orden, sobre lo que la ciencia tiene de atractivo".

Enseñó en Hildesheim, en Friburgo, en Ratisbona, en Estrasburgo, en Colonia y en París. Entre sus alumnos tuvo a santo Tomás de Aquino, cuyas dotes de pensador adivinó pronto. Elegido superior provincial de Alemania, abandonó la cátedra parisiense y quiso estar constantemente presente en las comunidades que se le habían confiado y recorrió a pie las regiones alemanas, mendigando por el camino el alimento y el hospedaje para la noche. Llamado a Roma, tuvo que aceptar el nombramiento a obispo de Ratisbona. Se volvió proverbial su total desapego de las comodidades que le podía brindar su alto cargo: "En sus cajones no había ningún centavo, ni una gota de vino en la botella ni un puñado de trigo en su granero".

Dirigió la diócesis sólo durante dos años, luego pidió y obtuvo la renuncia a su alto cargo, y volvió a vivir la vida común en su convento de Würzburg y a enseñar en Colonia. Ya anciano y cansado, para prepararse a la buena muerte, se hizo construir su tumba ante la cual todos los días iba a rezar el Oficio de difuntos. Murió en Colonia el 15 de noviembre de 1280. Fue canonizado en 1931, y Pío XII lo proclamó patrono de los científicos. Mereció el título de Grande y de "Doctor Universal".

16 de noviembre

SANTA MARGARITA DE ESCOCIA Y SANTA GERTRUDIS

En el jardín de la santidad hay muchas Margaritas, florecidas en gran parte en los jardines reales, casi para demostrar que no es imposible el connubio entre la diadema de la realeza temporal y la de la eterna bienaventuranza.

Entre las tantas santas que llevan este nombre, la Reina santa Margarita de Escocia es de las más privilegiadas, pues no logró la santidad por los difíciles caminos del dolor y de la humillación, sino en la alegría y en la sencillez. Nació en 1046 en Hungría, en donde su padre Eduardo Aetheling y su madre Agueda vivían desterrados porque el reino de Inglaterra había pasado a las manos del rey Canuto. Cuando éste murió, pudieron regresar a la patria y vivir en la corte del tío-abuelo Eduardo el Confesor.

Hubo otra fuga durante las guerras entre daneses y normanos. Margarita fue a parar a Escocia, en donde el rey Malcolm III la pidió por esposa, y así, a los 24 años, se sentó en el trono de Escocia. Tuvo 6 hijos y 2 hijas, a quienes la piadosa Margarita educó cristianamente, y con igual amor y dedicación se preocupó por la educación religiosa y civil de su pueblo, en todo apoyada por el esposo: hombre rudo e ignorante (no sabía ni leer ni escribir), pero que supo apreciar y aprovechar la ayuda de la esposa culta y sabia, e imitaba su fervor religioso besando los libros de devoción, ya que no podía leerlos.

Margarita murió el 16 de noviembre de 1093 en Edimburgo y fue sepultada en Dunferline. Fue canonizada en 1249.

Santa Gertrudis, llamada "la grande", para distinguirla de una docena de santas que llevan el mismo nombre, nació siete años después en 1256. A la edad de cinco años sus padres la confiaron al monasterio cisterciense de Helfta, Turingia, en donde Gertrudis tuvo una sólida formación humanística y teológica. Más tarde, a los 25 años, cuando después del rezo de completas tuvo la primera visión que transformó su vida (ella misma es quien lo cuenta), Jesús le reprochó su demasiada consagración al estudio.

Desde ese momento Gertrudis se convirtió en un alma excepcionalmente contemplativa, acentuando su devoción al Sagrado Corazón de Jesús y a la Eucaristía y conformando su inmensa piedad y las sucesivas experiencias místicas (tuvo también los estigmas invisibles) con los misterios del ciclo litúrgico. Su vida se convirtió en "un himno perenne a la gloria de Cristo". Murió el 17 de noviembre de 1301 (o 1302) y a pesar de no haber sido canonizada oficialmente, desde 1738 su fiesta litúrgica, concedida primero a los monasterios benedictinos, fue celebrada por toda la Iglesia. Santa Gertrudis es patrona de las Indias occidentales.

17 de noviembre

SANTA ISABEL DE HUNGRIA

Religiosa

A los once años había sido prometida en matrimonio, se casó a los catorce, fue madre a los quince y enviudó a los veinte. Isabel, princesa de Hungría y duquesa de Turingia, concluyó su vida terrena a los 24 años de edad, el 17 de noviembre de 1231. Cuatro años después el papa Gregorio IX la elevaba a los honores de los altares. Vistas así, a vuelo de pájaro, las etapas de su vida parecen una fábula, pero si miramos más allá del cuadro olegráfico de esta Santa tan joven, descubrimos en ella las auténticas maravillas de la gracia y de las virtudes.

Su padre, el rey Andrés II de Hungría, primo del emperador de Alemania, la había prometido por esposa a Luis de los duques de Turingia, cuando sólo tenía 11 años. A pesar de que el matrimonio fue combinado por los padres, fue un matrimonio de amor y un feliz connubio entre ascética cristiana y humana felicidad, entre diadema real y aureola de santidad. La joven Duquesa, despertando la animosidad de la suegra y de la cuñada, no quiso ir a la iglesia adornada con los preciosos collares de su rango: "¿Cómo podría —dijo cándidamente— llevar una corona tan preciosa ante un Rey coronado de espinas?". Sólo su esposo, tiernamente enamorado de ella, quiso demostrarse digno de una criatura tan bella en el rostro y en el alma y tomó por lema en su escudo tres palabras que expresaron también concretamente el programa de su vida pública: "Piedad, Pureza, Justicia".

Juntos crecieron en la recíproca emulación, animados y apoyados por la convicción de que su amor y la felicidad que resultaba de él eran un don sacramental: "Si yo amo tanto a una criatura mortal —le confiaba la joven Duquesa a la doméstica y amiga Isentrude—, ¿cómo no debería amar al Señor inmortal, dueño de mi alma?".

A los quince años Isabel tuvo a su primogénito, a los 17 una niña y a los 20 otra niña, cuando hacía tres semanas había perdido al esposo, muerto en una cruzada a la que se había unido con entusiasmo juvenil. El joven duque se había casado con Isabel a los 20 años de edad. En esa ocasión Isabel había dado su contribución, privándose de cuanto le pertenecía para fundar un hospital en Marburg, en honor de san Francisco, su contemporáneo. Cuando quedó viuda, estallaron las animosidades reprimidas de sus cuñados que no soportaban su generosidad para con los pobres. Privada también de sus hijos, echada del castillo de Wartemburg, pudo vivir totalmente el ideal franciscano de pobreza en la Tercera Orden, para dedicarse, en total obediencia a las directivas de un rígido e intransigente confesor, a las actividades asistenciales. Santa Isabel de Hungría es la Patrona principal de la arquidiócesis de Bogotá.

18 de noviembre

DEDICACIONES DE LAS BASILICAS DE SAN PEDRO Y SAN PABLO

La memoria de la dedicación de las basílicas de los santos apóstoles Pedro y Pablo es una nueva ocasión, la cuarta durante el año, para reflexionar sobre la figura y la obra de los dos Príncipes de los apóstoles, y también sobre el culto excepcional que se les tributa a través de los siglos. Llegados al final de su vida, san Pedro y san Pablo fueron llevados por las circunstancias a hacer un pequeño balance de lo que el Señor había obrado por medio de ellos. Escribiendo "a los que han alcanzado una fe, no menos preciosa que la nuestra, mediante la justicia de nuestro Dios y Salvador Jesucristo", Pedro declaraba entre otras cosas: "Considero un deber estimularos con mis exhortaciones mientras habito en esta tienda, que pronto abandonaré según revelación recibida de nuestro Señor Jesucristo. Pero me esforzaré para que en todo tiempo después de mi partida podáis tener presentes estas cosas. Porque no os dimos a conocer el poder y la venida de nuestro Señor Jesucristo en fábulas artificiosamente combinadas, sino como testigos oculares de su majestad... Esta voz bajada del cielo la oímos nosotros cuando estábamos con él en el Monte Santo" (2P 1, 13-18).

Por su parte, san Pablo le confiaba a su "verdadero hijo en la fe", san Timoteo: "Doy gracias a quien me confortó, Cristo Jesús, Señor nuestro, porque me ha juzgado digno de confianza llamándome a su servicio... La gracia de nuestro Señor Jesucristo sobreabundó con la fe y la caridad de Cristo Jesús... Por esto he obtenido yo misericordia, para que mostrase Jesucristo primero en mí toda su longanimidad, para ejemplo de cuantos habían de creer en él para la vida eterna" (1Tm 1, 12-16).

Su cualidad de "salvados", el ministerio entre el pueblo de Dios y, finalmente, el supremo testimonio con el derramamiento de su sangre, atrajeron a san Pedro y a san Pablo un culto del que son clara manifestación las basílicas cuya dedicación se festeja en este día. Esta dedicación la hicieron respectivamente el papa Silvestre (314-335) y Siricio (384-399). Sobre todo la basílica de San Pedro continuamente recibe los honores de la crónica cotidiana por las solemnes ceremonias pontificias que se llevan a cabo en ella o en la Plaza de San Pedro: todavía todos recuerdan la espléndida visión de conjunto de los escaños para los 2.500 Padres del concilio Vaticano II, anunciado por el papa Juan XXIII precisamente desde la basílica de san Pablo extramuros.

19 de noviembre

ABDIAS

Profeta

A un lado del campanario de la catedral de Florencia una estatua, obra del escultor Nanni de Bartolo, representa al profeta Abdías: es un joven robusto con la cabeza descubierta, con un rico manto y con un libro en la mano, es decir, el libro que describe su "visión" o profecía contra los habitantes de Idumea, los Edomitas, un pueblo nómada de la Palestina meridional, descendiente de Esaú, por tanto, el más cercano por parentela a los hebreos. Los antiguos *Martirologios* latinos no mencionaban a Abdías, que aparece en el *Martirologio Romano* y en el I Constantinonapolitano en la fecha del 19 de noviembre. Las muchas representaciones de Abdías, cuarto de los profetas menores, autor del libro más breve del Antiguo Testamento, testimonian la gran devoción hacia este Santo, que emerge de la noche de los tiempos antiguos como un resplandor de viva luz. "Profeta pequeño por el número de versículos, pero no de las ideas", dice de él san Jerónimo

Los 21 versículos de su libro contienen ante todo una dura amenaza contra los Edomitas. Los antiguos rencores, nunca olvidados desde la época del hábil engaño de Jacob contra el hermano Esaú, resurgieron durante y después de la destrucción de Jerusalén por obra de Nabucodonosor en el 587 aC. En esa tristísima hora para el pueblo de Judea, los Edomitas ayudaron muchísimo a los invasores, participando activamente en el saqueo de la ciudad y en la despiadada cacería a los fugitivos.

Mientras el gran profeta Ezequiel consolaba a los deportados en Mesopotamia, obligados a los trabajos forzados en el gran canal entre Babel y Nipur, el joven Abdías se había quedado en Jerusalén con los pocos que habían logrado escapar de la deportación, y fue entonces cuando profirió una dura amenaza contra los Edomitas y al mismo tiempo anunció la restauración de Jerusalén, destinada a recibir al Mesías.

Abdías desarrolla estos dos temas con un canto lírico estupendo. Así se dirige al pueblo limítrofe idumeo: "Mira, yo te he hecho pequeño entre las naciones, muy despreciable eres. La soberbia de tu corazón te ha engañado... Por las matanzas, por las injusticias cometidas contra tu hermano Jacob quedarás cubierto de vergüenza, y perecerás para siempre... La casa de Jacob será de fuego, la casa de José una llama, de paja la casa de Esaú, será abrasada y consumida". El profeta sigue una línea religiosa tradicional, cuyo tema constante es la afirmación de la unicidad de Dios-Yavé, dueño absoluto de todas las cosas y juez supremo, que castiga a los pecadores y venga las ofensas hechas a su pueblo. En esta conclusión optimista de la "visión" de Abdías los exegetas ven el preanuncio de Cristo y de la Iglesia.

20 de noviembre

SANTOS OCTAVIO, SOLUTOR Y ADVENTOR

Mártires

En el *Martirologio Romano*, en fecha 20 de noviembre leemos: "En Turín (se festejan) los Santos Mártires Octavio, Solutor y Adventor, soldados de la legión tebana, quienes, bajo el emperador Maximiano, luchando valientemente, fueron coronados con el martirio". El inciso "luchando valientemente" se refiere, claro está, a su declaración de ser cristianos y, por tanto, a su voluntad de permanecer fieles a la fe cristiana, a pesar del clima de persecución instaurado por Maximiano, el feroz colega del emperador Diocleciano. Pero no conocemos con seguridad en qué condiciones Octavio, Solutor y Adventor "fueron coronados con el martirio".

La afirmación de que ellos eran "soldados de la legión Tebana" se basa en realidad en una *Passio* bastante posterior. En efecto, hacia los años 432-450 fue cuando se redactó la *Passio* de san Mauricio y compañeros, de la que depende la de Octavio, Solutor y Adventor. Inclusive parece que era una costumbre muy difundida en ese tiempo la de considerar miembros de la legión tebea (o tebana) a los mártires de sexo masculino de quienes se ignora todo o casi todo. De nuestros tres Santos, pues, la *Passio* del siglo V narra que ellos lograron escapar a la matanza general de Agaunem. Pero su fuga no pasó inadvertida e inmediatamente fueron perseguidos.

La cacería terminó cerca de Turín: Adventor y Octavio, tan pronto fueron alcanzados, fueron asesinados en el mismo lugar. En cambio, Solutor, tal vez porque era más joven y porque quedó solamente herido, logró continuar en su fuga. Cuando llegó a orillas de Doria Riparia, se refugió en un hueco entre la arena. Al ser descubierto, fue decapitado en el centro de un pantano que se secó milagrosamente: esto permitió a la matrona cristiana Juliana recuperar el cuerpo del Santo, como ya había recuperado los cuerpos de Adventor y Octavio. Enterrados cerca de Turín, construyó sobre el sepulcro una "célula oratoria", es decir, una capillita que fue ampliada y convertida en basílica con un atrio por el obispo Víctor, activo, a fines del siglo V.

Más tarde el obispo Gezone renovó esa basílica y la incorporó en un monasterio benedictino intitulado a san Solutor y que tuvo como primer abad a un tal Romano, a quien sucedió san Goslino (o Joselín). Cuando los franceses ordenaron la demolición del monasterio en 1536, los cuerpos de los tres mártires fueron trasladados a la Consolata y finalmente en 1575 fue construida la "Iglesia de los mártires" en donde todavía hoy se conservan sus reliquias.

21 de noviembre
PRESENTACION DE LA SANTISIMA VIRGEN

La "memoria" de la Presentación de la Santísima Virgen María, que se celebra hoy, tiene una grande importancia, no sólo porque en ella se conmemora uno de los "misterios" de la vida de la que Dios eligió como Madre de su Hijo y como Madre de la Iglesia, ni sólo porque en esta "Presentación" de María se alude a la "presentación" de Cristo y de todos nosotros al Padre, sino también porque constituye un gesto concreto de ecumenismo, de diálogo con nuestros hermanos de Oriente. Esto se ve claramente por el comentario de los redactores del nuevo calendario y por la nota de la *Liturgia de las Horas*, que dice: "En este día, en que se recuerda la dedicación, el año 543, de la iglesia de santa María la Nueva, construida cerca del templo de Jerusalén, celebramos, junto con los cristianos de la Iglesia oriental, la "dedicación" que María hizo de sí misma a Dios, ya desde su infancia, movida por el Espíritu Santo, de cuya gracia estaba llena desde su concepción inmaculada".

Como se sabe, el hecho de la presentación de María en el templo no lo narra ningún texto de la Sagrada Escritura; de él hablan abundantemente y con muchos detalles los apócrifos, esto es, esos escritos muy antiguos que la Iglesia nunca ha reconocido como inspirados por Dios y, por tanto, como Sagrada Escritura. Pues bien, esos apócrifos dicen que la presentación de María en el templo se hizo con pompa: en el momento del ofrecimiento y durante su permanencia en el templo hubo hechos prodigiosos: María, según la promesa hecha por sus padres, fue llevada al templo a los tres años, en compañía de un gran número de niñas hebreas que llevaban antorchas encendidas, con la participación de las autoridades de Jerusalén y entre el canto de los ángeles.

Para subir al templo habían quince gradas, que María subió sola a pesar de ser tan pequeñita. Los apócrifos dicen también que María en el templo se alimentaba con un alimento especial que le llevaban los ángeles y que ella no vivía con las otras niñas sino en el "Sancta Sanctorum" (que, como se sabe, sólo era visitado una vez al año por el Sumo Sacerdote).

La realidad de la presentación de María debió ser mucho más modesta y al mismo tiempo más gloriosa. En efecto, por medio de este servicio a Dios en el templo María preparó su cuerpo, y sobre todo su alma, para recibir al Hijo de Dios, viviendo en sí misma la palabra de Cristo: "Bienaventurados más bien los que escuchan la palabra de Dios y la practican".

22 de noviembre
SANTA CECILIA
Virgen y mártir

La gran devoción popular hacia la virgen y mártir romana hizo que el nuevo calendario litúrgico conservara su memoria, a pesar de que faltan documentos históricos anteriores al siglo VI. Esta devoción y el mismo patrocinio de santa Cecilia sobre la música sagrada se deben efectivamente a su *Passio,* que es posterior al 486. En ella la fundadora del "título" de la basílica de santa Cecilia en Trastevere es identificada con una santa homónima, enterrada en las catacumbas de san Calixto y que habría sufrido el martirio durante el imperio del moderado Alejandro Severo, hacia el 230.

En la *Liturgia de las Horas* se lee: "El culto de santa Cecilia, bajo cuyo nombre fue construida en Roma una basílica en el siglo V, se difundió ampliamente a causa del relato de su martirio, en el que es ensalzada como ejemplo perfectísimo de la mujer cristiana, que abrazó la virginidad y sufrió el martirio por amor a Cristo".

Cecilia, noble y rica, iba todos los días a la misa celebrada por el papa Urbano en las catacumbas cerca de la Vía Apia, y una multitud de pobres la esperaban porque conocían su generosidad. Cecilia prometida esposa a Valeriano, en el día de las bodas, "mientras el órgano tocaba, ella cantaba en su corazón solamente para el Señor", (de este pasaje de su *Passio* tuvo origen el patrocinio de Cecilia sobre la música sagrada); después, llegada la noche, la joven le dijo a Valeriano: "Ninguna mano profana puede tocarme, porque un ángel me protege. Si tú me respetas, él te amará, como me ama a mí". Al contrariado esposo no le quedó otro remedio que seguir el consejo de Cecilia, hacerse instruir y bautizar por el papa Urbano y después compartir el mismo ideal de pureza de la esposa, recibiendo en recompensa su misma gloria: la palma del martirio, al que por gracia divina se asoció también el hermano de Valeriano, Tiburcio. Aunque la relación parece fruto de una piadosa fantasía, históricamente es cierto que Valeriano y Tiburcio fueron mártires y que fueron enterrados en las catacumbas de Pretestato. Después del proceso, narrado con abundancia de detalles por el autor de la *Passio,* Cecilia fue condenada a la decapitación, pero los tres poderosos golpes del verdugo no lograron cortarle la cabeza: era que Cecilia había pedido al Señor la gracia de ver al papa Urbano antes de morir. En espera de esta visita, Cecilia pasó tres días profesando su fe. No pudiendo decir ni una palabra, expresó con los dedos su credo en Dios uno y trino.

23 de noviembre

SAN CLEMENTE I

Papa y mártir

De los inmediatos sucesores de san Pedro en la cátedra de Roma, el tercero, llamado Clemente, —escribe san Ireneo hacia el 180— "había visto a los apóstoles y conversado con ellos, había escuchado el sonido mismo de su predicación y había visto su tradición ante sus propios ojos". No es la única noticia que san Ireneo nos da del papa Clemente. En efecto, por él sabemos que el papa Clemente es el autor de la importante carta de la Iglesia de Roma a la de Corinto. Otras fuentes menos seguras le atribuyen al santo pontífice otros escritos, entre los cuales una carta sobre la virginidad y hasta una improbable novela autobiográfica, obras obviamente apócrifas, pero que demuestran la clara luz con que fueron iluminados sus nueve años de pontificado (del 88 al 97).

Se ha dicho que su *Carta a los corintios* es la "epifanía del primado romano", porque este primer documento papal (prototipo de todas las Cartas encíclicas que se escribirán en el transcurso de los siglos) afirma la autoridad del sucesor de san Pedro, obispo de Roma, sobre las otras Iglesias de origen apostólico. La carta, escrita entre los años 93 y 97, mientras vivía todavía el apóstol san Juan, está dirigida a la Iglesia de Corinto, dividida por un cisma interno, porque un grupo de fieles negaba la legítima autoridad de los presbíteros. El papa Clemente escribía: "Nos procuraréis alegría y júbilo si, sometiéndoos a las amonestaciones que os hemos escrito con la gracia del Espíritu Santo, cortaréis la ilícita pasión de la envidia".

Con este primer acto del magisterio san Clemente dejó la única importante huella de su vida. No es seguro, en efecto, que el Clemente que san Pablo cita en la Carta a los filipenses sea el futuro sucesor de san Pedro; y no es seguro tampoco que éste sea el mártir Tito Flavio Clemente, porque escritores como Ireneo, Eusebio y Jerónimo (y del resto el mismo oficio litúrgico del Santo) ignoran el martirio del papa Clemente, de quien la fantasía popular ha tejido la trama de una inverosímil leyenda: san Clemente, por haber convertido a Teodora, esposa de un influyente oficial del emperador Nerva, habría caído en su feroz venganza. Acusado de hechicería y seducción y desterrado en una isla, fue obligado a cargar barriles de agua. Entonces habría hecho brotar un río con el primer golpe de pala. Por esto los paganos, al darse cuenta que era mucho más que un hechicero, le amarraron un ancla al cuello y lo echaron al mar, pero éste se retiró para que los cristianos pudieran rescatar el cuerpo del mártir y venerarlo.

24 de noviembre (del 23)

SAN COLUMBANO

Abad

Los monjes irlandeses fueron grandes viajeros, y fueron a lejanas tierras impulsados por el deseo de predicar el Evangelio. San Columbano hacia mitad del siglo VI convirtió al cristianismo a los "Pitos'', cuyo territorio tomó el nombre de Escocia (nombre reservado entonces solamente a Irlanda). Poco después, el casi homónimo san Columbano (conocido también con los nombres de Colum, Colman, Palumba o Columba) abandonó a Irlanda y se dirigió hacia el continente. Había nacido hacia el 528 y recibió su formación humanística y religiosa en un monasterio de Irlanda del Norte, en Bangor, bajo la guía de san Comgall. Es el período en el cual Irlanda definida "la isla de los santos", cuenta con una riquísima proliferación de santos misioneros. Con san Columbano salieron para Europa muchos discípulos suyos a difundir el monaquismo irlandés: san Quiliano a Arras, san Galo al lago de Constanza, en donde la célebre abadía fundada por él perpetúa su nombre, san Fursy a Péronne, san Rombaldo a Malinas, san Livino a Gand, san Virgilio a Salsburgo.

Pocos conocen el origen irlandés de san Frediano, venerado en Lucca, san Orso en Aosta, san Donato en Fiésole, san Folco en Piacenza, san Emiliano en Faenza, san Cataldo en las Pulias y en el corazón de Sicilia. El mismo san Columbano llegó a Italia y en Bobbio fundó el quinto de sus famosos monasterios: los primeros los había fundado en Luxeuil y en Fontaines en Borgonia, luego en Faremoutiers y en Jouarre. En una era de decadencia de la primitiva cristiandad debido a las invasiones de los pueblos germanos, el florecimiento de las misiones irlandesas de san Columbano fue una transfusión de linfa generosa para toda Europa.

Por esto san Columbano fue definido "gigante de estatura europea". Fue misionero impulsado por auténtico espíritu apostólico y de gran caridad, a pesar de que su temperamento era juzgado sumamente duro. Sacado de Luxeuil, por su inflexibilidad, por la abuela del joven rey Thierri, que sucedió al magnánimo Gontrano, antes de embarcarse escribió desde Nantes una hermosa carta a sus monjes con frases ardientes como esta: "Si a uno le quitan la libertad, le quitan la dignidad".

Su embarcación, que debía llevarlo nuevamente a Irlanda, fue llevada por un viento contrario a la orilla opuesta, y el Santo misionero, interpretando ese incidente como una señal de la Providencia, se puso en camino hacia el sur y llegó a Italia, en donde el rey longobardo Agilulfo y la reina Teodolinda le permitieron fundar el monasterio de Bobbio, en el 614, un año antes de su muerte.

25 de noviembre

SANTA CATALINA DE ALEJANDRIA

Virgen y mártir

A comienzos del siglo IV hubo un improviso cambio por parte de la potencia romana respecto del cristianismo. Diocleciano, ya viejo y de voluntad débil, dio vía a la más cruel de las persecuciones. En Egipto, definido "la China del mundo antiguo", las persecuciones llegaron al máxirno de crueldad: hombres, mujeres y niños eran condenados a suplicios que la fértil y macabra fantasía de los verdugos inventaba para hacer más atroces los sufrimientos de los condenados, hasta el punto que muchos paganos, conmovidos, trataban de ayudar a los cristianos a escapar de esa terrible muerte. Nosotros ahora leemos con una cierta curiosidad e incredulidad las *Pasiones*, es decir, las narraciones de las últimas horas de los mártires, los procesos y las condenas, sus respuestas a los jueces. Casi siempre son fruto de piadosas fantasías, narraciones legendarias, transmitidas con el propósito de edificación.

Así es el que se refiere a la mártir que se festeja hoy, la noble Catalina de Alejandría, cuyo martirio impresionó más la fantasía popular en cuanto parecía tratarse de una joven de alto rango, hermosa en su cuerpo y en su alma. Maximino Daia, que había sucedido al tío Galerio en el gobierno de las provincias africanas, se habría enamorado de Catalina hasta el punto de tratar de divorciarse de su esposa para casarse con ella. Ante el decidido rechazo de la joven cristiana, la había puesto en presencia de cincuenta filósofos, —así dice la leyenda— para que la convencieran de que Cristo, habiendo muerto en Cruz, no podía ser Dios. Pero Catalina, usando su excelente arte retórica y sobre todo sus buenos conocimientos filosóficos y teológicos, terminó atrayendo a su causa a esos sabios, que iluminados por la gracia, adhirieron al cristianismo: doblemente derrotados a los ojos de los paganos, obtuvieron la corona del martirio, porque Maximino los hizo asesinar.

En cuanto a Catalina, no logrando someterla a sus deseos, Maximino trató de hacerla triturar por unas ruedas con puntas de hierro, que se doblaron como si fueran de mimbre al contacto con el tierno cuerpo de la joven. Por este episodio, los que tienen que trabajar con ruedas de hierro la han elegido como su patrona.

Llevada fuera de la ciudad, Catalina fue decapitada, pero del cuello cortado, como del tallo de ciertas plantas, en vez de salir sangre salió un chorro de leche, por esto las nodrizas la veneran como su protectora. Los prodigios no terminaron aquí: del cielo bajaron los ángeles y se llevaron el cuerpo de la mártir al monte Sinaí, en donde después se levantaría un santuario en su honor.

26 de noviembre

SAN LEONARDO DE PUERTO MAURICIO

Presbítero

El Santo del Viacrucis y de la Inmaculada, el fraile que salvó al Coliseo de la ruina total, el predicador ardiente de la Pasión de Cristo: estas son las características de san Leonardo de Puerto Mauricio. Había nacido en Liguria en 1676, y su padre era un capitán de marina, Domingo Casanova, que murió cuando Leonardo era muy niño. Fue llevado a Roma, en donde estudió en el Colegio Romano; después entró al Retiro de San Buenaventura y vistió el hábito franciscano. Desarrolló su actividad sacerdotal en Florencia principalmente. Las cruces que sus cohermanos habían colocado fuera de la Puerta San Miniato se convirtieron para él en púlpitos campales. Algunos episodios de la vida del Santo demuestran la eficacia de su palabra. Al final de un sermón sobre la Pasión, en Córcega, los hombres, endurecidos por odios seculares, dispararon al aire sus fusiles y se abrazaron en señal de paz.

En Florencia, sus sermones constituían un llamamiento a todos los ciudadanos, incluso a las prostitutas, y en la hora de la predicación de fray Leonardo, todos los prostíbulos quedaban desiertos, o mejor, cerrados. En el año jubilar de 1750, proclamado por Benedicto XIV, fue famoso el Viacrucis predicado por fray Leonardo el 27 de diciembre, en el Coliseo. Era la primera vez que se celebraba un rito religioso en el anfiteatro Flavio (o Coliseo). Desde ese año se conserva la piadosa tradición hasta nuestros días y todos los viernes santos el papa preside personalmente el rito penitencial.

Ese primer Viacrucis tuvo también un mérito para el arte: hasta ese año todo el mundo sacaba piedras del Coliseo, pero después de ese famoso Viacrucis fue considerado lugar sagrado, meta de devotas peregrinaciones y la demolición se detuvo. Fray Leonardo era un gran devoto de la Virgen y un apasionado defensor de la Inmaculada Concepción. Convenció al mismo pontífice a proclamar un "Concilio sin gastos", es decir, un *referendum* o plebiscito entre los obispos, para proceder después a la proclamación del dogma.

El papa Benedicto XIV preparó una Bula para el efecto, aunque por varias causas el documento nunca fue publicado. En 1751 fray Leonardo moría en su amado Retiro de san Buenaventura sobre el Palatino, y el Papa mismo fue a arrodillarse ante su cadáver. Sobre la tumba del Santo fue expuesta la "carta profética" escrita por fray Leonardo poco antes de su muerte. En ella preconizaba la proclamación del dogma de la Inmaculada Concepción.

27 de noviembre

SAN VIRGILIO

Obispo

Entre los monjes irlandeses, grandes viajeros, deseosos de "peregrinar por Cristo", junto a Columba, Columbano, Quiliano, Galo, encontramos al santo de hoy, Virgilio, apóstol de Carincia y patrono de Salsburgo, de donde fue con san Ruperto uno de los obispos más ilustres por doctrina y por celo pastoral y misionero. Nació en Irlanda a principios del siglo VIII, se hizo monje y luego fue abad del monasterio de Aghaboe; en el 743 dejó la isla para emprender por Europa el largo viaje misionero que terminó en Carincia. Se detuvo un par de años en Kiersy con Pepino el Breve, que en el 745 lo envió a evangelizar a Baviera. Aquí el duque Odilón le asignó la abadía de San Pedro en Salsburgo, y poco después lo nombró como sucesor del obispo Juan.

Ese nombramiento parece que fue motivo de fricción entre dos santos. San Bonifacio, delegado papal en Alemania, desaprobó el nombramiento de Virgilio no por la persona del nuevo obispo, sino por haber sido elegido por Odilón sin antes haberlo consultado con él. Virgilio fue consagrado sólo en el 755, después de la muerte de Bonifacio. Entre los dos santos no faltaron las divergencias hasta en campo doctrinal.

Virgilio, hombre de profunda cultura, muy competente en las ciencias matemáticas hasta el punto de ser llamado "geómetra", sostenía en el campo cosmológico la teoría de los antípodas, según la cual en contraposición a nuestro mundo (estamos a ocho siglos de Copérnico y de Galileo) hay un segundo mundo, habitado por hombres e iluminado por un sol distinto del nuestro. En campo doctrinal se negaba, por consiguiente, la unidad del género humano, confirmada por la Escritura.

En la controversia Bonifacio sostenía la doctrina tradicional, apoyado por el papa Zacarías, que en una carta dirigida a él definía la nueva doctrina como "perversa". Afortunadamente en el monje irlandés la versatilidad cultural era igual a su humildad. Abandonó las disputas académicas y se dedicó con celo a la organización de la diócesis de Salsburgo, inaugurando en el 774 la primera catedral de la ciudad, a donde hizo trasladar las reliquias de san Ruperto, primer obispo de esa sede. Pero no limitó su acción a su sola diócesis, sino que se dedicó a la evangelización de Carincia, de Stiria y de Panonia. Entre las numerosas fundaciones monásticas está la de Innichen (la actual san Cándido en el Alto Adige). El monasterio, fundado en el 769, fue puesto bajo la Regla benedictina. El infatigable misionero murió el 27 de noviembre del 784, en Salsburgo y fue enterrado en la catedral.

28 de noviembre

SANTIAGO DE LA MARCA

Presbítero

De este santo, cuyo nombre está unido al de san Bernardino de Siena y al de san Juan de Capistrano, que lo acompañó en sus peregrinaciones apostólicas por Europa, tenemos muchas noticias: unas nos la refiere él mismo y otras el humilde fraile laico, Venancio de Fabriano, que lo acompañó constantemente desde 1463. Santiago de la Marca, cuyo nombre de pila era Domingo Gangali, nació en Monteprandone (Ascoli Piceno) en 1394. Quedó huérfano de padre siendo todavía muy niño, y a los siete años fue enviado a apacentar las ovejas. Asustado por la continua presencia de un lobo misterioso, que más tarde él llamará "ángel de Dios y no lobo como parecía", abandonó el rebaño y huyó a Offida donde un sacerdote familiar suyo.

Como en la escuela "aprendía bien" los hermanos lo dejaron continuar. Siguió los estudios de derecho civil en Perusia; llegó a ser notario. Después se estableció en Florencia, en donde fue elegido *podestá*, o sea, alcalde. Regresó a las Marcas por asuntos familiares, se detuvo en Asís y aquí, después de un coloquio con el prior de Santa María de los Angeles, resolvió entrar a formar parte de la familia franciscana.

También conocemos la fecha de su profesión religiosa: lo. de agosto de 1416. Seis años después, ya sacerdote, fue encargado de la predicación: "1422, in festo sancti Antonii de Padua incepi predicare Florentiae in sancto Miniato". Y ésta será la ocupación principal de toda su vida hasta la muerte, el 28 de noviembre de 1476 en Nápoles.

Durante más de medio siglo recorrió a Europa Oriental y centro Septentrional no sólo para predicar el nombre de Jesús (tema constante de sus homilías, siguiendo el ejemplo de su maestro san Bernardino, sino también para cumplir delicadas misiones encomendadas por los papas Eugenio I, Nicolás V y Calixto III.

Este gran caminador parecía que sólo se detenía el tiempo necesario para fundar un nuevo convento o para restablecer la observancia de la genuina regla franciscana en los ya existentes. Los últimos 18 años de su vida los pasó casi todos predicando en las varias regiones de Italia. Se encontraba en Aquila cuando murió san Bernardino de Siena, en 1444, y a los seis años pudo presenciar en Roma su solemne canonización. Lo seguía devotamente fray Venancio, quien nos cuenta que durante una misión predicada en Lombardía le propusieron a fray Santiago la elección para obispo de Milán; pero el humilde fraile no aceptó. Fray Venancio, después de la muerte del maestro, escribió una Vida en la que narra los muchísimos milagros que hizo en vida y después de la muerte.

29 de noviembre

SAN SATURNINO

Obispo y mártir

Saturnino, obispo de Tolosa, es uno de los santos más populares en Francia y en España, en donde se le considera protector de las corridas (pero no se dice si proteje al torero, al toro o a la muchedumbre que asiste a ellas). La *Passio Saturnini* es ante todo un documento muy importante para el conocimiento de la antigua Iglesia de la Galia. Según el autor de la *Passio*, escrita entre el 430 y el 450, Saturnino fijó su residencia en Tolosa en el 250, bajo el consulado de Decio y Grato. En ese tiempo, refiere el autor, en Galia había pocas comunidades cristianas, con escaso número de fieles, mientras los templos paganos se llenaban de fieles que sacrificaban a los ídolos.

Saturnino, que había llegado desde hacía poco a Tolosa, probablemente de Africa (el nombre es efectivamente africano) o de Oriente, como se lee en el Missale Gothicum, había ya reunido los primeros frutos de su predicación, atrayendo a la fe en Cristo a un buen número de ciudadanos. El Santo obispo, para llegar a un pequeño oratorio de su propiedad, pasaba todas las mañanas frente al Capitolio, es decir, el principal templo pagano, dedicado a Júpiter Capitolino, en donde los sacerdotes paganos ofrecían en sacrificio al dios pagano un toro para obtener las gracias que pedían los fieles.

Parece que la presencia de Saturnino volvía mudos a los dioses y de esto los sacerdotes paganos acusaron al obispo cristiano, cuya irreverencia habría irritado la susceptibilidad de las divinidades paganas. Un día la multitud rodeó amenazadora a Saturnino y le impuso que sacrificara un toro sobre el altar de Júpiter. Ante el rechazo del obispo de sacrificar el animal, que poco después se convertiría en el instrumento inconsciente de su martirio, y sobre todo por lo que consideraban los paganos un ultraje a la divinidad, pues, Saturnino, dijo que no le tenía miedo a los rayos de Júpiter, ya que era impotente porque no existía, lo agarraron enfurecidos y lo ataron al cuello del toro, al que picaron para que corriera escaleras abajo del Capitolio arrastrando al obispo.

Saturnino, con el cuerpo despedazado, murió poco después y su cuerpo quedó abandonado en la calle, de donde lo recogieron dos piadosas mujeres y le dieron sepultura “en una fosa muy profunda”.

Sobre esta tumba, un siglo después, san Hilario construyó una capilla de madera que pronto fue destruida y se perdió por algún tiempo su recuerdo, hasta cuando en el siglo VI el duque Leunebaldo, volviendo a encontrar las reliquias del mártir, hizo edificar en ese lugar la iglesia dedicada a san Saturnino, en francés Saint-Sernin-du-Taur, que en el trescientos tomó el actual nombre de Notre-Dame du Taur.

30 de noviembre

SAN ANDRES

Apóstol

Andrés era hermano de Simón Pedro y como él, pescador en Cafarnaún, a donde ambos habían emigrado de su tierra natal Betsaida. Jesús, como lo demuestran las profesiones que ejercían los doce apóstoles, les dio la preferencia a los pescadores, aunque dentro del colegio apostólico están representados los agricultores con Santiago el Menor y su hermano Judas Tadeo, y los comerciantes con la presencia de Mateo. De los doce, el primero en ser sacado de las tranquilas aguas y de la pesca del lago de Tiberíades para ser honrado con el título de "pescador de hombres" fue precisamente Andrés, junto con Juan.

Los dos "primeros llamados" ya habían respondido al llamamiento del Bautista, cuyo grito los había sacado de su pacífica vida cotidiana para prepararse a la inminente venida del Mesías. Cuando el austero profeta se lo señaló, Andrés y Juan se acercaron a Jesús y con conmovedora sencillez se limitaron a preguntarle: "¿Dónde habitas?", signo evidente de que en su corazón ya habían hecho su elección.

Andrés fue también el primero que reclutó nuevos discípulos para el Maestro: "Andrés encontró primero a su hermano Simón y le dijo: hemos encontrado al Mesías. Y lo llevó a Jesús". Por esto Andrés ocupa un puesto eminente en la lista de los apóstoles: los evangelistas Mateo y Lucas lo colocan en el segundo lugar después de Pedro.

A más del llamamiento, el Evangelio habla del apóstol Andrés otras tres veces: en la multiplicación de los panes, cuando presenta al muchacho con unos panes y unos peces; cuando se hace intermediario de los forasteros que han ido a Jerusalén y desean ser presentados a Jesús; y cuando con su pregunta hace que Jesús profetice la destrucción de Jerusalén.

Después de la Ascensión la Escritura no habla más de él. Los muchos escritos apócrifos que tratan de colmar muy mal este silencio son demasiado fabulosos para que se les pueda creer. La única noticia probable es que Andrés anunció la buena noticia en las regiones bárbaras, la salvaje Scitia, en la Rusia meridional, como refiere el historiador Eusebio. Tampoco se tienen noticias seguras respecto de su martirio. La muerte en Cruz (una Cruz de brazos iguales) la refiere una *Passio* apócrifa.

Igual incertidumbre hay respecto de sus reliquias, trasladadas de Patrasso, probable lugar del martirio, a Constantinopla y después a Amalfi. La cabeza, llevada a Roma en 1462, fue restituida a Grecia por Pablo VI. En cambio, es muy antigua la fecha de su fiesta, el 30 de noviembre, festejada ya por san Gregorio Nacianceno.

Natividad.

Alberto Durero. Grabado en madera.

Diciembre

1 de diciembre
SAN ELIGIO
Obispo

Los joyeros, los fabricantes o vendedores de cuchillos, los orfebres, los forjadores, los silleros, los negociantes de caballos, los cocheros, los mecánicos, los metalúrgicos veneran a san Eligio como su celestial patrono, porque durante su vida terrena él ejerció estas varias profesiones, a más de la de obispo. Eligio nació en Chaptelat hacia el 588 de familia galorromana. Según la leyenda, como joyero y orfebre demostró rara honestidad. Clotario II le habría encargado un trono todo de oro (a veces la ambición mira más a las apariencias que a la funcionalidad) y Eligió, que en Lyón había trabajado como aprendiz con el intendente principal en la acuñación de las monedas reales, puso tanto empeño y tanta honestidad que con el precioso metal que le entregó la tesorería real en vez de hacer un trono hizo dos. Esto hizo que fuera promovido a director de la casa de la moneda de Marsella: lo testimonian algunos trozos que llevan su firma. No era un director en el sentido moderno de la palabra, es decir, de los que dirigen los trabajos desde un lujoso escritorio, con secretaria y teléfono: Eligio seguía trabajando en su fragua, manejando martillo y tenazas. Así, efectivamente, lo colocan muchos pintores y, según la leyenda, aquí el castísimo forjador rechazó a su modo una tentación diabólica, agarrando con las tenazas la nariz de una graciosa muchacha, desvergonzadamente provocadora, bajo cuyas apariencias él adivinó la presencia del maligno.

En el período en el cual Eligio fue director de la casa de la moneda, siguió trabajando con mucho celo en obras importantísimas como la tumba de san Martín de Tours, el mausoleo de san Dionisio de París, el cáliz de Chelles, aunque los historiadores no estén de acuerdo en atribuirle la paternidad de estos trabajos. Lo que seguramente sí se le atribuye a su mérito son las numerosas obras de caridad que hizo en este período como el rescate de muchos prisioneros, a los que les restituía la libertad, y la construcción de una abadía en el 632 en Solignac, que confió a la dirección de san Remaclo. Después, en el 633, fundó un monasterio femenino en París.

En el 639, muerto el rey, renunció a su cargo y siguió la carrera eclesiástica. A los dos años fue consagrado obispo y encargado del gobierno de la diócesis de Noyon - Tournai, que dirigió durante 21 años, dedicándose a múltiples actividades apostólicas: fundación de monasterios, viajes misioneros en Flandes y entre los Frisones. Murió durante uno de estos viajes de predicación, en Holanda el primero de diciembre del año 660.

2 de diciembre (del 4)
SANTAS BIBIANA Y BARBARA
Mártires

Santa Bibiana es de las últimas víctimas de la persecución anticristiana de Julián, el Apóstata 361-363. En una *Passio Sanctae Bibianae*, no anterior al siglo VII, se lee que el gobernador Aproniano, después de haber hecho asesinar a Fausto y a Dafrosa, seguro de poderse adueñar de su patrimonio, trató de obligar a la apostasía a las jóvenes hijas de los mártires. Encerradas en la cárcel, Demetria murió antes de la terrible prueba. Bibiana, impávida y resuelta, enfrentó al gobernador, que, para debilitar su resistencia la confió inútilmente a una alcahueta. Entonces ordenó que Bibiana fuera atada a una columna y flagelada.

Llena de llagas por todo el cuerpo, finalmente la joven mártir entregó su alma a Dios. Echaron su cuerpo a los perros, pero unos cristianos lo rescataron y le dieron sepultura junto a la tumba de sus padres y de la hermana, cerca de su casa, en donde pronto construyeron una capilla y más tarde la actual basílica, sobre el monte Esquilino. De esto da cuenta el biógrafo del papa Simplicio (468 - 83), atribuyendo a este pontífice la construcción de la basílica en honor de la bienaventurada mártir Bibiana "juxta Licinianum ubi corpus eius requiescit".

Más inciertas son las noticias sobre la joven mártir santa Bárbara, recordada el 4 de diciembre, pero cuyo culto se difundió más que el de Bibiana. En la Edad Media, Bárbara tuvo el privilegio de ser contada entre los 14 santos auxiliadores, a los que se recurría en particulares necesidades. A santa Bárbara se la invocaba contra la muerte repentina y contra los rayos. Este atributo particular de santa Bárbara, de la que se ignora hasta la época en la cual vivió, se debe a la narración legendaria de su martirio.

Bárbara, hija de un rico y celoso señor, encerrada en una torre durante la ausencia del padre (temía que la belleza excepcional de la hija atrayese pretendientes no gratos), se convirtió a la fe cristiana y después huyó para escapar de las iras paternas. Llevada ante el juez, tuvo entre sus más irreducibles acusadores a su mismo padre, que en el momento de la ejecución quiso remplazar al verdugo. Pero tan pronto la espada le cortó la cabeza a la joven mártir, un rayo cayó sobre el desnaturalizado padre y lo volvió cenizas.

Por eso se la invoca contra los rayos y, después de la invención de la pólvora, se convirtió en patrona de cuantos manejan este peligroso elemento. Y también por esto es la patrona principal del Arma de Artillería.

3 de diciembre

SAN FRANCISCO JAVIER

Presbítero misionero

Francisco de Jasu y Xavier (nacido en el castillo de Xavier, en España, en 1506), correspondiendo a las esperanzas de los nobles padres, se graduó en la famosa universidad parisiense. En esos años tuvo la fortuna de vivir codo a codo, compartiendo inclusive la pieza de la pensión, con Pedro Favre, que será como él jesuita y luego beato, y con un extraño estudiante, ya bastante entrado en años para sentarse en los bancos de escuela, llamado Ignacio de Loyola.

Ignacio comprendió muy bien esa alma: "Un corazón tan grande y un alma tan noble —le dijo— no pueden contentarse con los efímeros honores terrenos. Tu ambición debe ser la gloria que dura eternamente". El día de la Asunción de 1534, en la cripta de la iglesia de Montmartre, Francisco Javier, Ignacio de Loyola y otros cinco compañeros se consagraron a Dios haciendo voto de absoluta pobreza, y resolvieron ir a Tierrasanta para comenzar desde allí su obra misionera, poniéndose en todo caso a la total dependencia del Papa.

Ordenados sacerdotes en Venecia y abandonada la perspectiva de la Tierrasanta, emprendieron camino hacia Roma, en donde Francisco colaboró con Ignacio en la redacción de las *Constituciones* de la Compañía de Jesús. A los 35 años de edad comenzó la grande aventura de Francisco. Por invitación del Rey de Portugal fue escogido como misionero y delegado pontificio para las colonias portuguesas en las Indias Orientales. Goa fue el centro de su intensísima actividad misionera que se irradió por un área tan vasta que hoy sería excepcional aun con los actuales medios de comunicación social: en diez años recorrió la India, la Malaca, las Molucas y las islas en estado todavía salvaje. "Si no encuentro una barca, iré nadando", decía Francisco, y luego comentaba: "Si en esas islas hubiera minas de oro, los cristianos se precipitarían allá. Pero no hay sino almas para salvar". Y se fue.

Después de cuatro años de actividad misionera en estas islas, separado del mundo civilizado, se embarcó en una rústica barca hacia el Japón, en donde, entre dificultades inmensas, formó el primer centro de cristianos. Su celo no conocía descansos: desde Japón ya miraba hacia China. Se embarcó nuevamente, llegó a Singapur y estuvo a 150 kilómetros de Cantón, el gran puerto chino. En la isla de Shangchuan, en espera de una embarcación que lo llevara a China, cayó gravemente enfermo. Estaba con él un joven chino que le servía de guía. Murió a orillas del mar el 3 de diciembre de 1552, a los 46 años de edad. Había administrado el Bautismo a más de treinta mil convertidos.

4 de diciembre
SAN JUAN DAMASCENO

Presbítero y doctor de la Iglesia

Juan Damasceno (Yahia ibn Sargun ibn Mansur, nacido a mediados del siglo VII de una familia árabe cristiana y muerto en el 749) es considerado el último representante de la patrología griega y el equivalente oriental de san Isidoro de Sevilla por sus obras monumentales como la *Fuente del conoci-*

miento. Su actividad literaria es multiforme: pasa con autoridad de la poesía a la liturgia, de la elocuencia a la filosofía y a la apologética. Hijo de un alto funcionario del califa de Damasco, Juan fue compañero de juegos del príncipe Yazid, que más tarde lo promovió al mismo puesto del padre, que corresponde en cierto modo al de ministro de Hacienda. En calidad de "Logoteta", fue representante civil de la comunidad cristiana ante las autoridades árabes.

A un cierto punto Juan renunció a la corte y a su alto cargo, probablemente por las tendencias anticristianas del califa. En compañía del hermano Cosme, futuro obispo de Maiouma, se retiró al monasterio de san Sabas cerca de Jerusalén, en donde, ordenado sacerdote, profundizó su formación teológica, preparándose para el cargo de predicador titular de la basílica del Santo Sepulcro.

Era el período en el cual el emperador de Bizancio León III Isáurico, inauguraba la política iconoclasta, es decir, desterraba todas las imágenes sagradas, cuyo culto era considerado como un acto de idolatría. El anciano patriarca de Constantinopla, san Germán, defendió el culto tradicional explicando la verdadera naturaleza del homenaje que se les rendía a las imágenes, pero pagó con la destitución su acto de valentía. Desde Jerusalén, bajo el dominio árabe, se hizo oír otra voz en favor del culto de las imágenes, la del entonces desconocido monje Juan Damasceno o de Damasco, que con sus *Tres discursos en favor de las sagradas imágenes* se impuso inmediatamente a la atención del mundo cristiano. El emperador, no pudiendo atacar directamente al monje, recurrió vilmente a la calumnia, haciendo falsificar una carta de Juan, en la que éste habría tramado una conjuración para restituir a Jerusalén al emperador bizantino.

En esta disputa teológica, hecha de sutiles distinciones incomprensibles a la mentalidad occidental, Juan pudo demostrar toda su preparación teológica, puesta al servicio no sólo del patriarca de Jerusalén, sino de toda la Iglesia. En efecto, el segundo concilio de Nicea (séptimo ecuménico), en reparación de las injurias recibidas por el defensor de la ortodoxia, proclamó no sólo su ciencia, sino también su santidad. León XIII lo proclamó doctor de la Iglesia.

5 de diciembre

SAN SABAS

Presbítero y abad

Sabas es el fundador de la llamada Grande Laura al lado del valle de Cedrón, a las puertas de Jerusalén. Había nacido en Mutalasca, cerca de Cesarea de Capadocia, en el 439, y después de haber pasado algún tiempo en el monasterio de su pueblo, en el 457 pasó al de Jerusalén fundado por Pasarión, pero éste no satisfizo sus aspiraciones. Y al contrario de muchos monjes que abandonaban su convento para correr a las grandes ciudades a llevar una vida poco edificante, Sabas, deseoso de soledad, durante una permanencia en Alejandría pidió y obtuvo el permiso para retirarse a una gruta, con el compromiso de regresar todos los sábados y domingos a hacer vida común en el monasterio.

Cinco años después, de regreso a Jerusalén, fijó su domicilio en el valle de Cedrón, en una gruta solitaria, a donde entraba por una pequeña escalera hecha con lazos. Según parece, esa escalera reveló su escondite a otros monjes deseosos como él de soledad, y en poco tiempo, como en un gran panal, esas grutas inhóspitas en la pared rocosa se poblaron de solitarios pero no ociosos habitantes.

Así nació la Grande Laura, esto es, uno de los más originales monasterios de la antigüedad cristiana. Sabas, con mucha paciencia y al mismo tiempo con indiscutible autoridad, gobernó ese creciente ejército de ermitaños organizándolos según las reglas de vida eremítica ya establecidas un siglo antes por san Pacomio. Para que la guía del santo Abad tuviera un punto de referencia en la autoridad del obispo, el patriarca de Jerusalén lo ordenó sacerdote en el 491. Sabas, a pesar de su predilección por el total aislamiento del mundo, no rehuyó sus compromisos sacerdotales. Fundó otros monasterios, entre ellos uno en Emaús, y tomó parte activa en la lucha contra la herejía de los monofisistas, llegando al punto de movilizar a todos sus monjes en una expedición para oponerse a la toma de posesión de un obispo hereje, enviado a Jerusalén por el emperador Anastasio.

Ante el emperador de Constantinopla, san Sabas puso en escena una representación de mímicas para demostrar con la evidencia de las imágenes coreográficas la triste condición del pueblo palestino agobiado por pesados impuestos y uno en particular, correspondiente al IVA, que perjudicaba a todos los comerciantes, pero sobre todo al pueblo. Cuando murió, el 5 de diciembre del 532, toda la región quiso honrarlo con espléndidos funerales. En Roma, en el siglo VII, por obra de los monjes griegos surgieron sobre el monte Aventino un monasterio y una basílica dedicados a él y que le dan el nombre a todo el barrio.

6 de diciembre

SAN NICOLAS DE MIRA

Obispo

De san Nicolás, obispo de Mira (Licia) en el siglo IV, tenemos muchas noticias, pero es difícil distinguir las pocas auténticas del gran número de leyendas tejidas alrededor de este popularísimo Santo, cuya imagen presentan todos los años los comerciantes vestido de "Papá Noel" (Nikolaus en Alemania y santa Claus en los países anglosajones), un rubicundo anciano de barba larga y blanca, y con un costal lleno de regalos a la espalda.

Su culto se difundió en Europa cuando sus presuntas reliquias fueron llevadas de Mira por 62 soldados bareses y colocadas con grande honor en la catedral de Bari para evitar que fueran profanadas por los turcos. Era el 9 de mayo de 1087. Las reliquias habían sido precedidas por la fama de gran taumaturgo y por coloridas leyendas. En la *Leyenda áurea* se lee: "Nicolás nació de ricas y santas personas. Cuando lo bañaron el primer día, se paró solito en la tina...". Era un niño de excelente salud y ya inclinado a la ascética, pues, como añade la *Leyenda*, el miércoles y el viernes rechazaba la leche materna. Ya más grandecito, "rehusaba las diversiones y las vanidades y frecuentaba la iglesia".

Elevado a la dignidad episcopal por sobrenatural inspiración de los obispos reunidos en concilio, el santo Pastor se dedicó a su rebaño, distinguiéndose sobre todo por su gran caridad. "Un vecino suyo, encontrándose en grandísima pobreza, ordenó exponer al pecado a sus tres hijas vírgenes para sacar de ese vil mercado el sustento para él y para sus hijas...". Para evitar ese despiadado lenocinio, san Nicolás, pasando en la noche por frente de la casa de ese pobrecito, tres veces echó una bolsa de monedas de oro, y las tres hijas con la dote consiguieron un buen marido. Su patrocinio sobre muchachos y muchachas parece que se debe a otro hecho legendario: el obispo habría inclusive resucitado a tres niños, asesinados por un carnicero para hacer salchichas.

Se narra también que, invocado por algunos marineros durante una furiosa tempestad en el mar, él se les apareció y la tempestad cesó inmediatamente. En efecto, parece que con los marineros tenía cuenta abierta: durante una carestía había obtenido de una nave llena de trigo una buena porción para sus fieles; después, cuando los dueños controlaron el contenido de la nave, encontraron que todo el trigo estaba completo. En la Edad Media las comedias y los juegos tuvieron como protagonista al santo Taumaturgo. Hoy, aun bajo los falsos vestidos de "Papá Noel", san Nicolás nos recuerda el gran mandamiento del amor.

7 de diciembre

SAN AMBROSIO

Obispo y doctor de la Iglesia

El joven prefecto de Liguria y de Emilia, Ambrosio, nació en Tréveris hacia el año 340 de una familia romana. Todavía era catecúmeno, cuando por aclamación del pueblo fue elegido a la sede episcopal de Milán, el 7 de diciembre del 374. En cuestión de religión cristiana tenía que aprender casi todo, y se dedicó sobre todo al estudio de la Biblia con tanto empeño que pronto la aprendió a fondo. Pero Ambrosio no era un intelectual puro; era sobre todo un óptimo administrador de su comunidad cristiana. Fue un verdadero padre espiritual de los jovencitos emperadores Graciano y Valentiniano II y del temible Teodosio I, a quien no dudó en reprochar duramente, exigiéndole una penitencia pública como expiación por haber hecho asesinar al pueblo de Tesalónica para acabar con una revuelta. Ambrosio es el símbolo de la Iglesia que renace después de los duros años del ocultamiento y de las persecuciones. Por medio de él la Iglesia de Roma trató sin nada de servilismos con el poder político.

Sus cualidades personales fueron las que le atrajeron la devota atención de todos. La actividad cotidiana de Ambrosio estaba dedicada a la dirección de la propia comunidad, y cumplía sus compromisos pastorales dirigiendo a su pueblo más de una homilía semanal. San Agustín, que fue un asiduo escucha de los sermones de san Ambrosio, nos cuenta en sus *Confesiones* que el prestigio de la elocuencia del obispo de Milán era muy grande y muy eficaz el tono de este apóstol de la amistad.

Sus libros publicados y que han llegado hasta nosotros no son sino rápidas transcripciones y reutilizaciones de discursos, poco o nada revisados. Sus famosos *Comentarios* exegéticos, antes de ser reunidos en volúmenes, habían sido predicados a la comunidad cristiana de Milán. En ellos se nota el tono familiar del pastor que se dirige con amable sencillez a sus fieles. En ellos se siente palpitar el corazón de un gran obispo, que logra suscitar conmovedora emoción en sus oyentes con argumentos llenos de emotividad y de interés. Como buen pastor le gustaba hacer cantar a su pueblo. Por eso compuso un buen número de himnos, algunos son todavía familiares en la liturgia ambrosiana. Fue él quien introdujo en occidente el canto alternado de los salmos.

Entre sus escritos que no tienen relación directa con su predicación, recordamos el *De officiis ministrorum*, porque, recalcando el conocido texto ciceroniano y acogiendo todos sus elementos, demuestra que el cristianismo puede asimilar sin peligro de alterar el significado de la buena noticia esos valores morales naturales que el mundo pagano y romano en particular supo expresar. Ambrosio murió en Milán el 4 de abril del 397.

8 de diciembre

INMACULADA CONCEPCION DE LA VIRGEN MARIA

Solemnidad

El pecado original, esta realidad misteriosa y para nosotros poco evidente en cuanto conlleva una prolongación de la culpa de nuestros primeros padres en todos nosotros, hoy es considerado en su conspicua excepción o mejor en el singular privilegio concedido a María, que fue preservada de él desde el primer instante de su existencia humana. El valor doctrinal de esta festividad está expresado en la oración de la celebración litúrgica, que subraya el privilegio concedido a la futura Madre de Dios: “Oh Dios, que por la Inmaculada Concepción de la Virgen preparaste a tu hijo una morada digna de él...”, y la naturaleza de este privilegio, en cuanto no separa a María de la Redención universal realizada por Cristo: “Tú que la preservaste de toda mancha en previsión de la muerte de tu Hijo...”.

Antes de que Pío IX, con la Bula *Ineffabilis Deus* de 1854, definiera solemnemente el dogma de la Inmaculada Concepción, a pesar de las dudas de algunos teólogos, que podían apoyarse en santo Tomás de Aquino, hubo un desarrollo no sólo en la devoción popular hacia la Inmaculada, sino también en las intervenciones de los Papas en favor de esta celebración. Antes quc el calendario romano incluyera la fiesta en 1476, ya había aparecido en Oriente en el siglo VII, y contemporáneamente en Italia septentrional sometida a los bizantinos.

En 1570 Pío V publicó el nuevo Oficio, y finalmente en 1708 Clemente XI extendió la fiesta a toda la cristiandad, y ya como fiesta de precepto. Pero ya desde los orígenes del cristianismo María es venerada por los fieles como la "Toda Santa" ("panaghía") y en el primer esbozo de la fiesta litúrgica de la Concepción, anterior al siglo VII, se nota, si no la profesión explícita de la exención de la culpa original, por lo menos una persuasión teológicamente equivalente. "Potuit, decuit, ergo fecit" había argumentado un brillante teólogo medieval: "¡Dios lo podía hacer, convenía que lo hiciera, y por tanto lo hizo!". Por el infinito amor de Cristo para con la Madre, que la pre-redimió y llenó del Espíritu Santo desde el primer instante de su existencia, se deriva este singular privilegio, que hoy celebra la Iglesia para hacernos meditar no sólo sobre la inefable belleza del alma de María, sino también sobre la belleza de toda alma santificada por la gracia redentora de Cristo.

Cuatro años después de la proclamación del dogma de la Inmaculada Concepción, la Virgen se aparece a santa Bernardita Soubirous. A la niña que le pregunta tímidamente: "Señora, ¿tiene la bondad de decirme su nombre?", María contesta: "Yo soy la Inmaculada Concepción".

9 de diciembre
SAN SIRO
Obispo

Una leyenda que apareció en Italia identifica al obispo de Pavía, san Siro, con el niñito galileo que presentó a Jesús los panes y los peces para el milagro de la multiplicación. Una segunda leyenda, de origen francés, ve en ese jovencito a san

Marcial. La primera leyenda la refiere el autor del *De laudibus Papiae*, un escrito del 1330, en el que se dice también que san Siro, primer obispo de Pavía, fue enterrado en la iglesia de los santos Gervasio y Protasio "que fue la primera iglesia ticinesa".

El autor del *De laudibus* sacaba, a su vez, las noticias de la *Vida* de san Siro, escrita por un anónimo en el siglo VIII con la clara intención de hacer ver que la Iglesia de Pavía era más antigua que la de Milán, de la que dependía: sus obispos eran consagrados por el metropolita de Milán, y esto no les gustaba a los ciudadanos de Pavía, la ciudad elegida como capital del reino longobardo y rival en prestigio de la ciudad de san Ambrosio (que en época más reciente le dedicó a san Siro su más famoso estadio de fútbol).

Según esta *Vida* los orígenes del obispo de Pavía están unidos con Aquileia, cuyo primer obispo Ermagora fue consagrado por el evangelista san Marcos. Ermagora, a su vez, habría consagrado obispos a Siro y a Evencio, enviándolos a evangelizar a Pavía. Siro, identificado precisamente con el jovencito que presentó los panes y los peces de la multiplicación, habría ido de Palestina a Italia siguiendo a san Pedro y a san Marcos, y se habría detenido en Aquileia con el obispo Ermagora, en compañía de Evencio.

Enviados ambos a la ciudad a orillas del Ticino (el antiguo nombre de Pavía era Ticinum), de la que Siro fue elegido primer obispo, colaboraron ambos en la difusión del Evangelio en toda esa región y alrededores. En Milán, Evencio, enviado por Siro, habría dado sepultura a los mártires Gervasio y Protasio, colocando sobre su tumba una piedra sepulcral o lápida con el epitafio dictado por el obispo de Pavía. Aunque verosímil, la biografía de san Siro contrasta con los datos cronológicos, porque se sabe que el tercer obispo de Pavía, Evencio, vivió entre el 381 y el 397.

10 de diciembre (del 13)

SANTA JUANA FRANCISCA DE CHANTAL

Religiosa

No se puede hablar de Juana Francisca Frémyot (nacida en Dijón en 1572, casada a los 20 años con el barón de Chantal, al que le dio 6 hijos) sin acercar su imagen a la de san Francisco de Sales, de quien fue al mismo tiempo seguidora e inspiradora. El obispo de Ginebra notó su presencia durante un sermón. Tenía treinta años, muy hermosa, una sonrisa encantadora, llevaba vestidos de viuda -el esposo había muerto hacía poco durante una cacería-, pero a Francisco de Sales no le parecieron muy apropiados esos vestidos para una viuda.

Le preguntó, en efecto, si quería volver a casarse, y ante la respuesta negativa de Juana, añadió bonachonamente que en ese caso le convenía dejar todos esos adornos. La joven mujer le pidió al obispo que la confesara. Fue un momento decisivo para ambos. "Desde el momento en que comenzaste a hablarme de tu interior —confiará el obispo de Ginebra—, Dios me concedió el grande amor por tu espíritu". Y Juana muy pronto no tendrá otra felicidad sino la de "estar cerca de él".

Francisco, dejando "sueltas las riendas al amor", le escribía "sin detenerse" que no encontraba palabras para expresarle sus sentimientos, pero que le aseguraba que su corazón estaba cerca de ella "mil veces al día". Juana correspondía a los mismos sentimientos, confesándole que con alegría habría sacrificado todo el mundo por la felicidad de vivir bajo el mismo techo, incluso como doméstica, para escuchar las palabras que salían de su boca.

Este amor, "fuerte, inmutable y sin medida o reserva, —son palabras del Santo obispo— pero dulce, suave, perfectamente puro, perfectamente tranquilo", fue la expresión, más elevada de una dulce comunión de almas, llevada sobre el filo de un difícil equilibrio entre amistad espiritual y razones del corazón. En todo caso, es el rostro inusitado de la santidad. Cuando los dos hijos que sobrevivieron ya podían valerse por sí mismos, Juana fue a vivir a Annecy, residencia de Francisco de Sales, y bajo su dirección fundó la "Congregación de la Visitación".

La nueva Congregación creció rápidamente y a la muerte de la Santa -13 de diciembre de 1641- ya había en Francia 82 casas. En los últimos años renunció al cargo de superiora general, y a pesar de las dificultades familiares y de la muerte del Santo obispo, ella siguió hasta el final promoviendo la extensión de la joven Orden, en la que revivía el ideal de amor de san Francisco de Sales.

11 de diciembre

SAN DAMASO I

Papa

San Dámaso, de origen español, nació hacia el año 305, y fue papa del 366 al 384, después de haber sido diácono de la Iglesia de Roma con el papa Liberio. Participó activamente en los esfuerzos doctrinales para el regreso a la ortodoxia. Su firme actitud, que despertó la entusiasta aprobación de la cristiandad cuando, despreocupado por las amenazas y las protecciones imperiales, depuso a los obispos que habían adherido al arrianismo, recondujo a la Iglesia a la unidad, estableciendo como principio que la comunión con el obispo de Roma es el signo de reconocimiento de un católico y de un obispo legítimo.

Elegido no sin contrastes (hubo una lucha sangrienta entre los partidos opuestos y en un solo día las furiosas luchas dejaron 137 muertos), el papa Dámaso demostró con las obras que la elección era justa. Durante su pontificado hubo una explosión de ritos, de oraciones, de predicaciones, con nuevas instituciones litúrgicas y catequéticas que alimentaron la vida cristiana. A la iniciativa de este Papa se deben los estudios para la revisión del texto de la Biblia y la nueva traducción al latín (llamada Vulgata) hecha por san Jerónimo, a quien san Dámaso escogió como secretario privado.

En esos años la Iglesia había logrado una nueva dimensión religioso-social, convirtiéndose en un componente de la vida pública. Basta recordar la obra de san Ambrosio en Milán. Ahora los obispos ya podían escribir, catequizar, amonestar y condenar. En el 380, con ocasión del Sínodo de Roma, el papa Dámaso expresó su agradecimiento a los jefes del imperio que habían devuelto a la Iglesia la libertad de administrarse por sí misma. Con la libertad conquistada los antiguos lugares de oración, como las catacumbas, se habrían arruinado si este extraordinario hombre de gobierno no hubiera sido al mismo tiempo un poeta sensible a los antiguos recuerdos y a las gloriosas huellas dejadas por los mártires. Efectivamente, él no sólo exaltó a los mártires en sus famosos "títulos" (epigramas grabados con lápidas por el calígrafo Dionisio Filocalo), sino que los honró dedicándose personalmente a la identificación de sus tumbas y a la consolidación de las criptas en donde se guardaban sus reliquias.

En la cripta de los Papas en las catacumbas de san Calixto, al final de la larga epígrafe, él añadió: "Aquí, yo, Dámaso desearía fueran enterrados mis restos, pero temo turbar las piadosas cenizas de los mártires". San Jerónimo sostiene que el papa Dámaso murió casi a los ochenta años. Fue enterrado en la tumba que él mismo se había preparado, humildemente alejada de las gloriosas cenizas de los mártires, sobre la vía Ardeatina. Más tarde sus restos mortales fueron trasladados a la iglesia de San Lorenzo en Dámaso.

12 de diciembre

NUESTRA SEÑORA DE GUADALUPE

Patrona de América Latina

El 9 de diciembre de 1531 Juan Diego, un humilde indiecito mejicano, pasaba por el cerro de Tepeyac, cerca de la ciudad de Méjico. Se le atravesó en su camino nada menos que la Virgen María, hermosísima, que le pidió que fuera donde el señor obispo para que le hiciera construir en ese lugar un templo en honor de la Madre de Dios. Lógicamente el prelado no le creyó a Juan Diego y le dijo que si era cierto que la Virgen se le había aparecido, le llevara una prueba. Nuestra Señora, en la siguiente aparición hizo que el indiecito encontrara un rosal florecido (en pleno invierno y en lugar apartado, cuando ni en los mejores jardines de la ciudad se podían encontrar rosas). La Virgen le dijo que le llevara esas rosas al obispo. Así lo hizo Juan Diego: llenó su ruana o poncho con las rosas y cuando se presentó al obispo y le dijo que ahí le mandaba esas rosas la Virgen, todos vieron que en la ruana del indio estaba grabada la imagen de la Santísima Virgen, que es la que se venera todavía hoy en la basílica de Nuestra Señora de Guadalupe, en Méjico.

En el *Oficio de las Horas*, del día 12 de diciembre, se lee: "Según una constante y sólida tradición, la imagen de la Virgen de Guadalupe, a raíz de su impresión en la tilma del indio Juan Diego en 1531, en la ciudad de Méjico, permaneció algunos días en la capilla episcopal del obispo fray Juan de Zumárraga, y luego en el templo mayor. El 26 de diciembre de ese mismo año fue trasladada solemnemente a una ermita construida al pie del cerro del Tepeyac. Su culto se propagó rápidamente e influyó mucho para la difusión de la fe entre los indígenas. Después de habérsele construido sucesivamente otros tres templos al pie del cerro, se construyó el actual, que fue terminado en 1709 y elevado a la categoría de basílica por san Pío X en 1904. En 1754, Benedicto XIV confirmó el patronato de la Virgen de Guadalupe sobre toda la Nueva España (desde Arizona hasta Costa Rica) y concedió la primera misa y Oficio propios. Puerto Rico la proclamó su patrona en 1758. El 12 de octubre de 1895 tuvo lugar la coronación pontificia de la imagen, concedida por León XIII, el cual había aprobado un año antes un nuevo Oficio propio. En 1910, san Pío X la proclamó patrona de América Latina; en 1935, Pío XI la nombró patrona de las Islas Filipinas; y, en 1945, Pío XII le dio el título de Emperatriz de América.

"La veneración a la Virgen de Guadalupe despierta en el pueblo una gran confianza filial hacia ella, ya que se presenta solícita para dar auxilio y defensa en las tribulaciones; es, además, un impulso hacia la práctica de la caridad cristiana, al mostrar la predilección de María por los humildes y necesitados, y su disposición por remediar sus angustias". Como el antiguo templo amenazaba ruinas, se le construyó uno más moderno y más bello.

13 de diciembre

SANTA LUCIA

Virgen y mártir

Con el descubrimiento, hecho en 1894, de la inscripción sepulcral sobre el "loculus" o sepulcro de la Santa en las catacumbas de Siracusa, desaparecieron todas las dudas sobre la historicidad de la joven mártir Lucía, cuya fama y devoción se deben en gran parte a su legendaria *Passio*, posterior al siglo V. La inscripción se remonta a comienzos del siglo, cien años después del glorioso testimonio que dio de Cristo la mártir de Siracusa.

Epígrafes, inscripciones y el mismo antiguo recuerdo litúrgico (se debe probablemente al papa Gregorio Magno la introducción del nombre de santa Lucía en el Canon de la misa) demuestran la remota devoción, que se difundió muy pronto no sólo en Occidente, sino también en Oriente. El episodio de la ceguera está unido probablemente a la etimología del nombre: Lucía viene de "lux", Luz, elemento indisolublemente unido no sólo al sentido de la vista, sino también a la facultad espiritual de comprender la realidad sobrenatural. Por eso Dante Alighieri en la *Divina Comedia* atribuye a santa Lucía el papel de gracia iluminadora.

Lucia, como se lee en los *Hechos* ya citados, pertenecía a una rica familia de Siracusa. La madre, Eutiquia, cuando quedó viuda, quería hacer casar a la hija con un joven paisano. Lucía, que había hecho voto de virginidad por amor a Cristo, obtuvo que se aplazara la boda, entre otras cosas porque la madre se enfermó gravemente. Devota de santa Agueda, la mártir de Catania que había vivido medio siglo antes, quiso llevar a la madre enferma a la tumba de la Santa. De esta peregrinación la madre regresó completamente curada y por eso le permitió a la hija que siguiera el camino que deseaba, permitiéndole dar a los pobres de la ciudad su rica dote.

El novio rechazado se vengó acusando a Lucía ante el procónsul Pascasio por ser ella cristiana. Amenazada de ser llevada a un lupanar para que saliera contaminada, Lucía le dio una sabia respuesta al procónsul: "El cuerpo queda contaminado solamente si el alma consciente". El procónsul quiso pasar de las amenazas a los hechos, pero el cuerpo de Lucía se puso tan pesado que más de diez hombres no lograron moverla ni un palmo. Un golpe de espada terminó con la larga serie de sevicias, pero, aún con la garganta cortada, la joven siguió exhortando a los fieles para que antepusieran los deberes con Dios a los de las criaturas, hasta cuando los compañeros de fe, que estaban a su alrededor, sellaron su conmovedor testimonio con la palabra "amén".

14 de diciembre

SAN JUAN DE LA CRUZ

Presbítero y doctor de la Iglesia

Santa Teresa de Jesús lo llamaba su "pequeño Séneca" y bromeaba amablemente sobre su débil figura definiéndolo "medio hombre", pero no dudaba en considerarlo el padre de su alma, afirmando también que no era posible hablar con él de Dios sin verlo quedar en éxtasis. Veintisiete años menor que Teresa (había nacido en 1542 en Fontiveros), Juan de Yepes es una de las figuras más desconcertantes y al mismo tiempo más transparentes de la mística moderna.

Auténtico maestro de vida espiritual, compendiaba el nuevo ideal de vida monástica en breves aforismas: "No hacer nada ni decir nada importante, que Cristo no haría o no diría, si tuviese la edad y la salud que tú tienes", "No pedir nada fuera de la Cruz, y precisamente sin consuelo, porque esto es perfecto"; "Reniega de tus deseos y encontrarás lo que anhela tu corazón".

A los 21 años entró a la Orden de los Carmelitas, después de haber demostrado su incapacidad en los varios oficios en que su familia, muy pobre, quiso ocuparlo; fue víctima de una grave desilusión por el abandono de la vida monástica en que se encontraban los conventos carmelitas. Quiso remediar el asunto pasando de los Carmelitas a los Cartujos, cuyas severas reglas parecían más aptas para su celo ascético. Pero a este punto fue cuando se encontró con Teresa de Jesús, la reformadora de las Carmelitas.

La Santa "fundadora" tenía en mente extender la reforma aun a los conventos masculinos de la Orden Carmelita, y su finísimo olfato le hizo ver en ese joven fraile, pequeño, sumamente serio, físicamente insignificante, pero rico interiormente, el socio ideal para llevar adelante su valiente proyecto. Inmediatamente el fraile, entonces de 25 años, demostró esa valentía y desde ese momento cambió su nombre por el de Juan de la Cruz, y puso inmediatamente mano a la reforma, fundando en Durvelo el primer convento de los Carmelitas descalzos. Pero el restablecimiento de la mística religiosidad del desierto le costó al Santo Fundador maltratos físicos y difamaciones: en 1577 fue encerrado durante ocho meses en la cárcel de Toledo. Pero en esas tinieblas exteriores fue en donde se encendió la gran llama de su poesía espiritual. "Sufrir y después morir" era el lema preferido del autor de *la Noche oscura del alma*, de la *Subida al Monte Carmelo* y de la *Llama de amor viva.* Murió en el convento de Ubeda, a los 49 años, el 14 de diciembre de 1591. Fue canonizado en 1726, y dos siglos después el papa Pío XI le confirió el título de doctor de la Iglesia.

15 de diciembre

B. MARIA VICTORIA DE FORNARI-STRATA

Viuda y religiosa

Poco después de su muerte, la beata María Victoria de Fornari-Strata se apareció a una admiradora-devota suya usando tres vestidos: el primero era de color oscuro, pero adornado con oro y plata; el segundo también era oscuro, pero adornado con joyas brillantes; el tercero era blanco-azul, con un blanco reluciente. Esta visión, prescindiendo de su historicidad, sintetiza los tres estados de vida (conyugal, viudez y religioso) por los que ella pasó: fue, efectivamente, hija, esposa, madre, viuda y religiosa (fundadora, superiora, simple monja). Su vida "ejemplar" dio testimonio de las más variadas virtudes.

María Victoria nació en Génova en 1562, séptima de nueve hijos de Jerónimo y Bárbara Veneroso. Como creció en un ambiente de amor y de piedad, y bastante austero, probablemente la niña quiso entrar en la vida religiosa, pero cuando los padres le encontraron un pretendiente en la persona de Angel Strata, se unió a él en matrimonio a los 17 años "con gran satisfacción y alegría de su parte". Pronto llegaron los hijos: cuando Angel murió, sólo ocho años y ocho meses después del matrimonio, cinco muchachitos se agarraban a las faldas de la joven madre (tenía 25 años) y un sexto nacería un mes después.

A pesar de la comodidad y de los hijos, María Victoria se sintió de repente sola y abandonada y pasó por una tremenda crisis, durante la cual pidió varias veces la muerte: una experiencia humana que después le ayudaría a comprender mejor y a ayudar a las hijas desorientadas por alguna amarga prueba. Pasada la crisis, hizo tres votos: de castidad, de no llevar nunca joyas ni vestidos de seda, y de no participar en fiestas mundanas.

Después que las hijas se hicieron canónicas lateranenses y los hijos entraron entre los mínimos, ella se unió a Vicentina Lomellini-Centurione, a María Tacchini, a Clara Spinola y a Cecilia Pastori para dar vida a la Orden de las Hermanas Anunciatas Celestes en el monasterio preparado para ellas en el Castillito de Génova de Esteban Centurione, el esposo de Vicentina, que también se hizo religioso y sacerdote. Por su hábito las religiosas fueron llamadas Turquinas o Celestes. La Regla, redactada por el jesuita Barnardino Zanoni, padre espiritual de María Victoria, estimulaba a las religiosas a una íntima devoción hacia la Santísima Virgen de la Anunciación, y establecía una intensa vida de piedad, de pobreza genuina y una rigurosa clausura. Fundadora y superiora, María Victoria pasó los últimos cinco años como simple religiosa, dando ejemplo de humildad y obediencia. Murió el 15 de diciembre de 1617, y fue beatificada por León XII en 1828.

16 de diciembre

BEATO ADO

Obispo

El obispo de Vienne, el beato Ado, de noble familia (hasta su mismo nombre significa "señor"), nació hacia el año 800 y murió en el 875. Tuvo el mérito de haber ofrecido a los cristianos un *Martirologio*, es decir, un calendario de santos distribuidos para cada día del año, que sirviera no tanto a los futuros historiadores (que no le perdonan las muchas invenciones y las inexactitudes cronológicas) cuanto a los devotos y llenase los vacíos dejados por Beda y Floro. Esta obra no sólo sirvió a la piedad cristiana, sino que fue también modelo, a pesar de sus muchos defectos, a los otros *Martirologios* que siguieron, sobre todo al Romano. En ese mismo *Martirologio* Ado citó su propio nombre, obviamente no en la lista de los santos, sino en la introducción, para definirse no académicamente sino con toda la humildad "pecador y humilde obispo de Vienne".

Lejos de prever que un día otros escribirían de él en las páginas de un *Martirologio*, no se preocupó por facilitarles el trabajo. En efecto, de él tenemos pocas noticias biográficas, y no tenemos ninguna de las tantas cartas que le escribieron príncipes, reyes y pontífices (Nicolás I y Adriano II). Pero nos queda un documento muy interesante: la carta que su antiguo abad Lupo le escribió a Gerardo, conde de Vienne, para proponerle la candidatura episcopal de Ado, su discípulo y compañero.

Ado había entrado, muy joven, a la abadía de Ferrieres-en Gatinais, diócesis de Sens, en donde fue compañero de Servato Lupo, el futuro abad. Las etapas sucesivas de su vida son el monasterio de Prüm en Lorena, Grenoble, Lyón, en donde lo recibió amablemente san Remigio, quien le confió la parroquia de san Romano. De Lyón, a donde lo habían llevado "el deseo de aprender y el amor por la vida tranquila" pasó a la sede episcopal de Vienne. La carta que el abad Lupo le escribió al conde Gerardo afirma que Ado es el hombre que se necesita para esa diócesis, siendo totalmente digno por la rectitud de vida y por la profunda cultura teológica.

Ado estuvo a la altura de la misión encomendada. Considerado uno de los más ilustres obispos de la Francia medieval, valiente, piadoso y activísimo tomó parte en varios sínodos, restauró la disciplina eclesiástica, ejerció una notable influencia en la política de su tiempo y fue tenaz defensor de la libertad de la Iglesia. En este período encontró también tiempo para escribir libros de contenido histórico y hagiográfico, como la *Crónica*, una especie de historia universal, desde Adán hasta nuestros días: una obra, como también su *Martirologio*, más de edificación espiritual que de erudición.

17 de diciembre
LAZARO DE BETANIA

Lazáro de Betania, en Judea, hermano de Marta y de María debe a la amistad de Jesús no sólo la extraordinaria resurrección de la tumba, sino también el culto con que la Iglesia lo ha honrado en el transcurso de los siglos. En su casa hospitalaria, a unos pocos kilómetros de Jerusalén, Jesús pasaba breves pausas de descanso, atendido por las premurosas atenciones de Marta y de María y por la sincera amistad del dueño de casa. En recuerdo de esta predilección del Redentor (se tiene noticia de esto ya en el siglo IV) los cristianos de Jerusalén, el sábado antes del domingo de Ramos, iban en procesión a Betania y sobre la tumba de Lázaro el diácono proclamaba el Evangelio de Juan que narra con muchos detalles la resurrección de Lázaro.

En efecto, Juan es el único evangelista que narra el milagro. La narración con insólita abundancia de detalles, constituye uno de los puntos sobresalientes del cuarto Evangelio, porque la resurrección de Lázaro, a más del hecho histórico, tiene valor de símbolo y de profecía, como prefiguración de la resurrección de Cristo. Como refiere el mismo san Jerónimo, la casa de Betania y la tumba de Lázaro fueron meta de peregrinaciones desde la primera época del cristianismo. Más tarde, los peregrinos medievales nos informan que junto a la tumba de Lázaro había surgido un monasterio sostenido por Carlomagno. Pero Lázaro tuvo el privilegio de dos tumbas, puesto que murió dos veces.

La primera tumba, de donde salió resucitado por el amor de Cristo ("¡Cuánto lo amaba!" exclamaron los judíos al ver que Jesús lloró ante su tumba), quedó vacía, puesto que una antigua tradición oriental considera a Lazáro obispo y mártir en Chipre. La noticia, del siglo VI, se reafirmó en el 900 cuando el emperador León VI el Filósofo hizo llevar las reliquias de Lázaro de Kition de Chipre a

Constantinopla junto con las de la hermana María Magdalena, que habían sido encontradas en Efeso. Antiguos frescos hallados en la isla parecen confirmar la presencia de Lázaro en Chipre. En cambio, es muy legendaria la narración según la cual Lázaro y las dos hermanas habrían sido colocados en una barca sin remos y sin timón y abandonados a merced de las olas, que habrían llevado la embarcación a las costas de Provenza.

Elegido obispo de Marsella, Lázaro habría sufrido el martirio en tiempos del emperador Nerón. Los "lazaretos", los hospicios para los pobres marginados, los hospitales surgieron muy pronto como consecuencia de la protección de san Lázaro, confundiendo el Lázaro de la parábola del rico Epulón, con el hermano de Marta y María, "a quien Jesús resucitó".

18 de diciembre

SANTOS RUFO Y ZOSIMO

Mártires

"Los exhorto, pues, a todos a obedecer y a ejercitar su paciencia, la que vieron con sus propios ojos, no sólo en los beatos Ignacio, Rufo y Zósimo, sino también en otros ciudadanos suyos, en el mismo Pablo y en los otros apóstoles. Estén seguros que ninguno de ellos corrió en vano, sino en la fe y en la justicia, y que ellos están con el Señor, en el lugar que les correspondía por los sufrimientos que soportaron. Porque ellos no amaron el siglo presente, sino a quien murió por nosotros y que por nosotros fue resucitado por Dios". Este maravilloso "llamamiento" lo dirigió san Policarpo a los cristianos filipenses.

Filipos era una famosa ciudad de Macedonia, en los límites con Tracia, y su nombre le venía de Felipe II, padre de Alejandro Magno. La composición étnica de la comunidad cristiana era prevalentemente de ex-paganos, mientras los provenientes del judaísmo eran minoría. El cristianismo les había sido llevado a los filipenses por el mismo san Pablo: era la primera comunidad fundada por él en tierra europea, y tal vez por esto él tenía un particular afecto a la comunidad de los filipenses, como lo demuestran varias expresiones de la Carta que san Pablo les escribió desde su cautiverio romano, o más probablemente desde el cautiverio de Efeso.

Policarpo, al citar a san Pablo, estaba seguro de tocar el corazón de esos cristianos, como ya lo había hecho también al citar a ese otro campeón que fue san Ignacio de Antioquía, que se presentó a los filipenses encadenado durante su paso, camino hacia Roma, en donde según su deseo sería "trigo de Cristo" triturado por los dientes de las fieras.

Precisamente en compañía de san Ignacio y de san Pablo son citados san Rufo y san Zósimo. De ellos el *Martirologio Romano* refiere, con un juicio que depende del historiador san Abdón, que ellos "fueron del número de esos discípulos que fundaron la primitiva Iglesia entre los judíos y los griegos". Pero la noticia no parece lo suficientemente confirmada. En una lista de "discípulos del Señor" festejados por la iglesia bizantina se encuentra, efectivamente, un *Rufo* que tal vez se identifica con el personaje homónimo citado por el Evangelio de Marcos (15,21) y por la carta de san Pablo a los romanos (16,13), pero probablemente no se trata del Santo de hoy; y en todo caso no se dice nada de Zósimo.

Tampoco su "martirio" está suficientemente confirmado. Sin embargo, también estos dos personajes, de los que no sabemos mucho, dieron testimonio de Cristo y por eso son para nosotros modelo y estímulo, que es lo que importa.

19 de diciembre

BEATO URBANO V

Papa

"Más que a cualquiera otra ciudad tú estás unido a Roma" le escribía Francisco Petrarca al benedictino francés Guillermo de Grimoardo, elegido al solio pontificio el 28 de septiembre de 1362, a pesar de no ser ni cardenal ni obispo. Había nacido en el castillo de Grisac, en Languedoc, en 1310, de noble familia; muy joven entró donde los benedictinos del priorato de Chirac, en donde recibió una sólida cultura. Se doctoró en derecho canónico y civil, y luego enseñó en Montpellier, Tolosa y Aviñón, antes de recibir de la Curia pontificia varios cargos como delegado en Milán y en Nápoles a donde le llegó el nombramiento como sumo pontífice.

Fue consagrado obispo en Aviñón y ese mismo día, 6 de noviembre de 1362, era coronado Papa con el nombre de Urbano V. Las esperanzas de un regreso del Papa a Roma de la que muchos cristianos llamaban la "esclavitud babilonia" parecieron realizarse inmediatamente. La citada carta de Petrarca es un eco de esta vivísima esperanza. Este Papa activísimo y piadoso demostró inmediatamente cualidades de hombre de gobierno y mano firme en la conducción de la barca de Pedro, en una época tan difícil para la vida interna de la Iglesia.

No subió sólo metafóricamente sobre la "barca". Cinco años después de su elevación al solio pontificio, y precisamente el 30 de abril de 1367, se embarcaba con toda la Curia en una verdadera flota de galeras, y se dirigía a Roma. Después de una escala en Génova y otra en Viterbo, el Papa podía finalmente volver a poner pie en la Ciudad Eterna, el 16 de septiembre del mismo año, en donde fue recibido por el pueblo con mucha fiesta. Pocos días después, Roma "estaba totalmente llena de obras" como escribía Coluccio Salutati. Pero más que a la restauración de las cosas materiales el santo Pontífice se preocupó por la reconstrucción espiritual de la Iglesia, promoviendo la unidad entre los cristianos, que pareció llevarse a cabo con la unión de la Iglesia griega a la latina en 1369.

Infortunadamente la pacificación de los ánimos en los Estados pontificios duró poco, y el 7 de abril de 1370 Urbano V dejaba nuevamente a Roma para regresar a Aviñón, a pesar de las súplicas y las exhortaciones de muchos, entre otros de santa Brígida que lo alcanzó en cercanías del lago de Bolsena, y le predijo que moriría muy pronto si regresaba a Aviñón. En efecto, murió el 19 de diciembre de ese mismo año. Esta nueva decisión, debida a situaciones particulares históricas, no empaña los grandes méritos de su pontificado, que duró ocho años, al que se le atribuye una eficaz reforma de las costumbres y un incremento particular de la doctrina cristiana y de los estudios en general.

20 de diciembre

SAN CEFERINO

Papa

San Ceferino es uno de los papas que han tenido un pontificado más largo: Según Eusebio de Cesarea, él fue Papa del 202 al 218-219, y Según el *Catálogo liberiano* del 198 al 217. A estos muchos años de pontificado debemos lo poco que se sabe con seguridad de san Ceferino, y es un detalle muy importante, porque los tiempos en los cuales ejerció su pontificado no eran ciertamente tiempos muy tranquilos. En efecto, durante su pontificado estalló la persecución de Settimio Severo.

Este, que había llegado a ser emperador en el 193, durante los primeros años, aun sin abolir el régimen perseguidor, no pidió su aplicación, y así la comunidad cristiana gozó de algunos años de paz. Inclusive según el testimonio de Tertuliano, el mismo Settimio Severo, disolvió una manifestación popular contra los cristianos. Pero el mismo Tertuliano con su desdén polémico sostiene que particularmente en Africa no se practicaba la misma tolerancia. Y en todo caso, esa tolerancia terminó en todo el imperio hacia el 200-202, y fue un explícito edicto de Settimio Severo el que prohibió "bajo pena grave, cualquier propaganda judía, y tomó la misma decisión respecto de los cristianos", como afirma la *Historia Augusta*.

Por primera vez se publicaba un edicto explícitamente contra los que querían convertirse. Entre los mártires ilustres de esta persecución se encuentran Perpetua y Felicidad, martirizadas en Cartago junto con Saturnino, Secondulo, Revocato y Saturo; probablemente murió también mártir san Ireneo; y con seguridad y en presencia de Settimio Severo murió mártir san Andeolo. La paz volvió en el 211 con la llegada al trono de Caracalla y continuó prácticamente bajo los sucesores Macrino, Heliogábalo y Alejandro Severo.

Por esto, sólo impropiamente san Ceferino puede ser considerado mártir, como dice el cardenal Baronio (y también el *Martirologio Romano*) "de su arbitrio y contra toda la tradición que siempre veneró a san Ceferino como confesor". Pero aunque no haya habido persecuciones, san Ceferino no tuvo un pontificado fácil. Tuvo que afrontar los problemas dogmáticos de los adopcionistas y de los modalistas, que tenían un concepto errado de las relaciones entre el Padre y el Hijo, y volvió a recibir en la Iglesia, pero reducido al estado laical, al prebístero Natal, que se había adherido al adopcionismo. San Ceferino fue sepultado en las catacumbas de San Calixto, en un edificio "sub divo", en donde después fue sepultado también san Tarsicio (o san Tarcisio).

21 de diciembre

SAN PEDRO CANISIO

Presbítero y doctor de la Iglesia

El apodo que le pusieron a este Santo: "Martillo de los herejes" es totalmente impropio. Si al caso, san Pedro Kanijs, que nació en Nimega, Holanda, en 1521, puede ser definido como un hierro colocado entre el yunque y el martillo, es decir, blanco de la irritación que su clara predicación suscitaba en los ambientes protestantes, y de la malevolencia que la envidia le procuraba entre sus mismos compañeros de religión. Hijo del alcalde de Nimega, Pedro Kanijs, latinamente Canisius, tuvo la posibilidad de frecuentar óptimas escuelas, derecho canónico en Lovaina y derecho civil en Colonia.

En esta ciudad le gustaba pasar el tiempo libre en el monasterio de los cartujos. Nadie sospechaba que el joven abogado, al que el padre le había garantizado apoyo en su profesión, llevara debajo del vestido un cilicio. La lectura del breve opúsculo de los *Ejercicios Espirituales* que hacía poco había escrito san Ignacio determinó el cambio decisivo de su vida: terminada la piadosa práctica en Maguncia bajo la dirección del padre Faber, entró en la compañía de Jesús y fue el octavo jesuita en hacer los votos solemnes. En la joven Congregación pudo cultivar sus estudios preferidos y su amor por la erudición; a él se debe la publicación de la obras de san Cirilo de Alejandría, de san León Magno, de san Jerónimo y de Osio de Córdoba.

Vivió en pleno clima de Reforma y Contrarreforma. Tomó parte activa en el concilio de Trento, como teólogo del cardenal Truchsess y consejero del papa. Se distinguió por la profundidad de su cultura teológica, por su celo y actividad, pero también por el espíritu conciliador. San Ignacio lo llamó a Italia, luego lo envió primero a Sicilia a fundar el primero de los famosos colegios, después a Bolonia a enseñar teología, para volverlo a enviar a Alemania, en donde durante treinta años, como superior provincial, empleó sus mejores energías en una época tan difícil por la ruptura causada por la reforma protestante. Se lo llamó con razón segundo apóstol de Alemania (el primero fue san Bonifacio).

Como escritor no sólo se dedicó a las obras de erudición, sino también y sobre todo a las catequéticas, adaptando la enseñanza a las capacidades de pequeños y de grandes. San Pío V le ofreció el cardenalato, pero Pedro Canisio le pidió al Papa que lo dejara en su humilde servicio a la comunidad, empleando el tiempo en la oración y en la penitencia. Murió en Friburgo (Suiza) el 21 de diciembre de 1597. Fue canonizado en 1925 y al mismo tiempo declarado doctor de la Iglesia.

22 de diciembre

SANTA FRANCISCA JAVIER CABRINI

Religiosa

Entre el 1901 y el 1913 emigraron a Estados Unidos 4.711.000 italianos; una auténtica enfermedad social, como la definieron los políticos y los sociólogos. Pero junto a los dramas que suscitó la emigración hay que recordar todavía hoy a una frágil maestrica del S. Angelo Lodigiano, Francisca Cabrini, nacida en 1850, última de 13 hijos, que durante el fenómeno de la emigración no miró con los ojos del político ni del sociólogo, sino con esos humanísimos de mujer cristiana, mereciendo el título de madre de los emigrantes.

Huérfana de padre y de madre, Francisca hubiera querido encerrarse en un convento, pero no fue aceptada por su delicada salud. Entonces aceptó el cargo que le confió el párroco de Codogno para que ayudara en un orfanato. La joven, graduada de maestra hacía poco, hizo mucho más: reunió a algunas compañeras y formó el primer núcleo de las Hermanas Misioneras del Sagrado Corazón, orientadas por un intrépido misionero, san Francisco Javier. Cuando Francisca hizo los votos religiosos tomó el nombre del Santo. Como él, hubiera querido partir también para China, pero cuando tuvo noticia del culpable descuido y del drama de desesperación de los miles y miles de emigrantes italianos que descargaban en el puerto de Nueva York sin ninguna ayuda material ni espiritual, Francisca Javier no dudó un instante.

También ello en la primera de sus veinticuatro travesías oceánicas compartió las incomodidades y las incertidumbres de sus compatriotas; pero es extraordinaria la valentía con la que afrontó la pletórica metrópoli norteamericana y supo desenvolverse para establecer un punto de encuentro y de ayuda para los emigrantes. Ante todo se preocupó por los huérfanos y los enfermos, construyendo casas, escuelas y un grande hospital en Nueva York, luego en Chicago, después en California, y así siguió extendiendo su obra en toda América, hasta Argentina.

A quien le manifestaba admiración por el éxito de tantas obras, la Madre Cabrini le contestaba con sincera humildad: "¿Acaso todo esto no lo ha hecho el Señor?". Traducidas en cifras estas obras constituían treinta fundaciones en ocho naciones. Murió sobre el surco, durante uno de sus tantos viajes a Chicago, en 1917. Su cuerpo fue llevado triunfalmente a Nueva York y enterrado en la iglesia contigua a la "Mother Cabrini High School", para que estuviera cerca de los emigrados.

23 de diciembre

SAN JUAN DE KANTI

Presbítero

Vladislao III Jagelón, lituano, cabeza de una gran dinastía se convirtió al cristianismo por amor de la Corona de Polonia más que por amor a la princesa Eduvigis, heredera del trono. Entre las buenas obras realizadas hay que tener en cuenta la fundación, en 1400, de la famosa universidad de Cracovia en donde pocos años después enseñó filosofía y teología Juan de Kanti, o Cancio, como él mismo se hacia llamar, por la costumbre de pasar al latín los nombres nórdicos.

Juan había nacido en Kanti, un pueblito de Polonia, en 1390. Estudió en Cracovia, en donde se graduó y fue ordenado sacerdote. Obtuvo la cátedra universitaria en un momento en que la controversia husita estaba al rojo vivo. Como profesor de teología, Juan participó en muchas disputas, recibiendo de sus opositores más insultos que argumentaciones objetivas. Cuando su humildad y su paciencia eran probadas al máximo, sin perder su habitual serenidad de espíritu, se limitaba a contestar: "¡Deo gratias!".

Como preceptor de los príncipes de la casa real de Polonia, a veces no podía dejar de participar en reuniones mundanas. Un día se presentó a un banquete vestido muy pobremente y fue sacado por un sirviente. Juan fue, se cambió de vestido y volvió al palacio donde se ofrecía la recepción. Esta vez pudo entrar, pero durante el almuerzo un sirviente derramó un vaso de vino sobre su vestido. Juan sonrió y lo animó: "Es justo que mi vestido reciba su parte: gracias a él pude entrar aquí".

En las pequeñas como en las grandes adversidades, Juan siempre tuvo a la vista algo mucho más superior que el prestigio, la carrera o el bienestar material. "¡Más arriba!" repetía a menudo, queriendo expresar con esto su programa de vida ascética. Siempre se distinguió sobre todo por la caridad evangélica, absolutamente franciscana.

Durante una de sus peregrinaciones a Roma, el carruaje en el que viajaba fue detenido y todos despojados por un grupo de bandidos. A Juan también lo despojaron de todo; pero al darse cuenta que en el fondo del bolsillo le había quedado una moneda de plata, corrió detrás de los bandidos diciendo: "¡Olvidaron esta!". El biógrafo, que narra este episodio, afirma que los bandidos, conmovidos, restituyeron todo lo que habían robado. Murió en Cracovia a los ochenta y tres años de edad, en la noche de Navidad de 1473, y fue canonizado en 1767. La memoria del Santo, que se celebraba el 20 de octubre, paso al día más cercano a su muerte.

24 de diciembre

SANTAS ERMINIA Y ADELA

Religiosas

Santa Erminia y santa Adela tienen muchas cosas en común: ambas están unidas al florecimiento del cristianismo en el corazón de Alemania durante la misión de los dos grandes apóstoles, Vilibrordo y Bonifacio, que respectivamente apoyaron su obra material y espiritualmente. Ambas fueron fundadoras de monasterios, de los que fueron abadesas. A ambas se les festeja el 24 de diciembre. Con estas premisas era inevitable que algún piadoso biógrafo encontrase otros puntos en común, inventando un parentesco natural poco probable.

Según Teofredo, abad de Echternach, que escribe sobre santa Erminia en 1104, las dos Santas no sólo serían hermanas, sino que su padre sería nadie menos que san Dagoberto, rey de Austrasia. Son noticias inaceptables, porque el documento en el que se basó el biógrafo (la carta de Dagoberto del 646) resultó que era falsa. En todo caso, hay documentos auténticos de los que se puede obtener el perfil biográfico de Erminia.

Parece que la Santa era la prometida del conde Ermanno. Este murió antes de la boda y, entonces, Erminia quiso consagrarse a

Dios, entrando a un monasterio de observancia benedictina. Más tarde ella misma fundó en Oeren, cerca de Tréveris, un gran monasterio, del que fue elegida abadesa. Se cuenta que en ese período hubo una grande epidemia de peste y que el flagelo desapareció sólo con la llegada a la ciudad de san Vilibrordo. Admirada y conmovida, Erminia en acción de gracias le regaló al santo Misionero lo que le había correspondido en herencia de la villa de Echternach con la contigua iglesia y el monasterio.

La muerte de santa Erminia tuvo lugar probablemente en el 708, casi 20 años antes de la muerte de santa Adela de Pfalzel, unida al nombre de otro grande apóstol de Alemania, el inglés san Bonifacio. Este predicó el Evangelio en Frisia, en la primera mitad del siglo VIII. Durante uno de sus frecuentes viajes de Frisia a Renania, el infatigable misionero fue huésped del monasterio de Pfabzel, cerca de Tréveris, del que Adela era abadesa.

La tradición afirma que esta Santa cuando quedó viuda, entro al monasterio fundado por ella misma, y llevó consigo al sobrinito Gregorio. Durante la permanencia en el monasterio, Bonifacio habló tan bien de las verdades evangélicas que el muchacho, admirado, quiso seguirlo. Llegó a ser uno de los más celosos discípulos del gran misionero. Es un rayito de luz sobre la nebulosa historia de esta Santa, cuyo recuerdo está unido al de santa Erminia, más por la santidad que no por la parentela.

25 de diciembre

NACIMIENTO DEL SEÑOR

Solemnidad

Con la solemnidad de la Navidad la Iglesia celebra "la manifestación del Verbo de Dios a los hombres". En efecto, este es el sentido espiritual más importante y sugerido por la misma liturgia, que en las tres Misas celebradas por todo sacerdote ofrece a nuestra meditación "el nacimiento eterno del Verbo en el seno de los esplendores del Padre (primera Misa); la aparición temporal en la humildad de la carne (segunda Misa); el regreso final en el último juicio (tercera Misa)" (*Liber Sacramentorum*).

Un antiguo documento, el *Cronografo* del año 354, confirma la existencia en Roma de esta fiesta el 25 de diciembre, que corresponde a la celebración pagana del solsticio de invierno "Natalis Solis

Invicti", esto es, el nacimiento del nuevo sol que, después de la noche más larga del año, readquiría nuevo vigor.

Al celebrar en este día el nacimiento de quien es el verdadero Sol, la luz del mundo, que surge de la noche del paganismo, se quiso dar un significado totalmente nuevo a una tradición pagana muy sentida por el pueblo, porque coincidía con las ferias de Saturno, durante las cuales los esclavos recibían dones de sus patrones y se los invitaba a sentarse a su mesa, como libres ciudadanos. Pero los regalos de Navidad se refieren más directamente a los regalos de los pastores y de los reyes Magos al Niño Jesús.

En Oriente se celebraba fiesta del nacimiento de Cristo el 6 de enero, con el nombre de Epifanía, que quiere decir "manifestación"; después la Iglesia oriental acogió la fecha del 25 de diciembre, como se encuentra en Antioquía hacia el 376 en tiempo de san Juan Crisóstomo, y en el 380 en Constantinopla, mientras en Occidente se introducía la fiesta de la Epifanía, última fiesta del ciclo navideño, para conmemorar la revelación de la divinidad de Cristo al mundo pagano. Los textos de la liturgia navideña, formulados en una época de reacción contra la herejía trinitaria de Arrio, subrayan con acentos de cálida poesía y con rigor teológico la divinidad del Niño nacido en el pesebre de Belén, su realeza y omnipotencia para invitarnos a la adoración del insondable misterio de Dios revestido de carne humana, hijo de la purísima Virgen María ("floreció Cristo en la carne pura", dice Dante).

La encarnación de Cristo marca la participación de los hombres en la vida divina. La restauración del hombre mediante el nacimiento espiritual de Jesús en las almas, es el tema sugerido por la devoción y por la piedad cristianas, que a más de las conmovedoras tradiciones navideñas florecidas al lado de la liturgia, nos invita a meditar anualmente sobre el misterio de nuestra salvación en Cristo Jesús.

26 de diciembre
SAN ESTEBAN
Protomártir

Después de Pentecostés los apóstoles dirigieron el anuncio del mensaje cristiano a los más cercanos, a los hebreos, despertando el conflicto por parte de las autoridades religiosas del judaísmo. Como Cristo, los apóstoles fueron inmediatamente víctimas de la humillación, los azotes y la cárcel, pero tan pronto quedaban libres, continuaban la predicación del Evangelio. La primera comunidad cristiana, para vivir integralmente el precepto de la caridad fraterna, puso todo en común, repartiendo todos los días cuanto bastaba para el sustento. Cuando la comunidad creció, los apóstoles confiaron el servicio de la asistencia diaria a siete ministros de la caridad, llamados diáconos.

Entre estos sobresalía el joven Esteban, quien, a más de desempeñar las funciones de administrador de los bienes comunes, no renunciaba a anunciar la buena noticia, y lo hizo con tanto celo y con tanto éxito que los judíos "se echaron sobre él, lo prendieron y lo llevaron al Sanedrín. Después presentaron testigos falsos, que dijeron: este hombre no cesa de proferir palabras contra este lugar santo y contra la Ley; pues lo hemos oído decir que ese Jesús, el Nazareno, destruirá este lugar y cambiará las costumbres que nos trasmitió Moisés".

Esteban, como se lee en el capítulo 7 de los Hechos de los apóstoles, "lleno de gracia y de fortaleza" se sirvió de su autodefensa para iluminar las mentes de sus adversarios. Primero resumió la historia hebrea desde Abrahán hasta Salomón, luego afirmó que no había blasfemado contra Dios, ni contra Moisés, ni contra la Ley o el Templo. Demostró, efectivamente, que Dios se revela aun fuera del Templo e iba a exponer la doctrina universal de Jesús como última manifestación de Dios, pero sus adversarios no lo dejaron continuar el discurso, porque "lanzando grandes gritos se taparon los oídos... y echándolo fuera de la ciudad, se pusieron a apedrearlo".

Doblando las rodillas bajo la lluvia de piedras, el primer mártir cristiano repitió las mismas palabras de perdón que Cristo pronunció en la Cruz: "Señor, no les imputes este pecado". En el año 415 el descubrimiento de sus reliquias suscitó gran conmoción en el mundo cristiano. Cuando parte de estas reliquias fueron llevadas más tarde por Pablo Orosio a la isla de Menorca, fue tal el entusiasmo de los isleños que, ignorando la lección de caridad del primer mártir, pasaron a espada a los hebreos que se encontraban allí. La fiesta del primer mártir siempre fue celebrada inmediatamente después de la festividad navideña, es decir, entre los "comites Christi", los más cercanos a la manifestación del Hijo de Dios, porque fueron los primeros en dar testimonio de él.

27 de diciembre

SAN JUAN

Apóstol y evangelista

Juan, hijo de Zebedeo y de Salomé, hermano de Santiago el Mayor, de profesión pescador, oriundo de Betsaida como Pedro y Andrés, ocupa un puesto de primer plano en la lista de los apóstoles. El autor del cuarto Evangelio y del Apocalipsis fue considerado por el Sanedrín como "ignorante e inculto", pero el lector que lea aun rápidamente sus escritos advierte no sólo la audacia de su pensamiento, sino también la capacidad de revestir con exquisitas imágenes literarias los sublimes pensamientos de Dios. La voz del juez divino es para él "como el murmullo de muchas aguas".

Pero Juan es el hombre de la elevación espiritual, más inclinado a la contemplación que a la acción. Es el águila que con el primer aleteo se eleva a las vertiginosas alturas del misterio trinitario: "En el principio existía el Verbo, y el Verbo estaba en Dios, y el Verbo era Dios".

Es de los íntimos de Jesús y le está cerca en las horas más solemnes de su vida. Está junto a él en la última Cena, durante el proceso y, único entre los apóstoles, asiste a su muerte al lado de la Virgen. Pero contrariamente a cuanto pueden hacer pensar las representaciones del arte, Juan no era un hombre fantasioso y delicado, y bastaría el apodo que le puso el Maestro a él y a su hermano Santiago: "Hijos del trueno" para demostrarnos un temperamento vivaz e impulsivo, ajeno a compromisos y dudas, hasta parecer intolerante y cáustico.

En el Evangelio él se presenta a sí mismo como "el discípulo a quien Jesús amaba". Aunque no podemos indagar sobre el secreto de esta inefable amistad, podemos adivinar una cierta analogía entre el alma del "hijo del trueno" y la del "Hijo del hombre", que vino a la tierra a traer no sólo la paz sino también el fuego. Después de la resurrección Juan está casi constantemente junto a Pedro, Pablo, en la Carta a los gálatas, habla de Pedro, Santiago y Juan "como las columnas" de la Iglesia.

En el Apocalipsis Juan dice que fue perseguido y relegado a la isla de Patmos por la "palabra de Dios y el testimonio de Jesucristo". Según una tradición, en la que todos concuerdan, Juan vivió en

Efeso en compañía de la Virgen y bajo Domiciano fue echado en una caldera de aceite hirviente, de la que salió ileso, pero con la gloria de haber dado también él su "testimonio". Después del destierro en Patmos, regresó definitivamente a Efeso en donde exhortaba infatigablemente a los fieles al amor fraterno, como resulta de las tres cartas, acogidas entre los textos sagrados como el Apocalipsis y el Evangelio. Murió en avanzada edad en Efeso durante el imperio de Trajano (98-117) y allá fue enterrado.

28 de diciembre

SANTOS INOCENTES

Mártires

La Iglesia honra como mártires a este coro de niños ("infantes" o "inocentes"), víctimas inocentes del sospechoso y sanguinario rey Herodes, arrancados de los brazos maternos en tiernísima edad para escribir con su sangre la primera página del libro de oro de los mártires cristianos y merecer la gloria eterna según la promesa de Jesús: "El que pierda su vida por mi causa, la reencontrará". Para ellos la liturgia repite hoy las palabras del poeta Prudencio: "Salve, oh flores de los mártires, que en la alborada del cristianismo fuisteis martirizados por el perseguidor de Jesús, como un furioso huracán arranca las rosas recién brotadas. Vosotros fuisteis las primeras víctimas, del tierno rebaño inmolado, y sobre el mismo altar habéis recibido la palma y la corona".

El episodio lo narra solamente el evangelista Mateo, que se dirigía principalmente a los lectores hebreos, y por tanto, se proponía demostrar la mesianidad de Jesús, en quien se habían cumplido las antiguas profecías: "Entonces Herodes, viendo que los Magos se habían burlado de él, se enojó violentamente y mandó matar a todos los niños de Belén y de todo su territorio, de dos años abajo, según el tiempo del que se había informado de los Magos. Y se cumplió lo dicho por medio del profeta Jeremías: una voz se oyó en Rama, llanto y lamento grande. Raquel lloraba a sus hijos y no quería ser consolada, porque no existían".

El origen de esta fiesta es muy antigua. Aparece ya en el calendario de Cartago del siglo IV, y cien años más tarde en Roma en el *Sacramentario Leoniano*. Hoy, con la nueva reforma litúrgica, la celebración tiene un carácter alegre y ya no de luto como era al principio, y esto en sintonía con las simpáticas costumbres medievales que celebraban con esta ocasión la fiesta de los "pueri" (niños) de coro y de servicio al altar (monaguillos). Entre las curiosas manifestaciones recordamos la de hacer bajar a los canónigos de sus lugares cuando se cantaba el versículo: "Deposuit potentes de sede et exaltavit humiles". Desde este momento los niños, revestidos con las insignias de los canónigos, seguían dirigiendo el oficio durante todo ese día.

La nueva liturgia, aún sin querer acentuar el carácter folclorístico que este día ha tenido en el transcurso de los siglos, ha querido conservar esta celebración, elevada al grado de fiesta por san Pío V, muy cerca de la festividad navideña, colocando las inocentes víctimas entre los "comites Christi" para rodear la cuna del Niño Jesús con un coro gracioso de niños, revestidos con las cándidas vestiduras de la inocencia, pequeña vanguardia del ejército de mártires que testimoniarán con la sangre su pertenencia a Cristo.

29 de diciembre
SANTO TOMAS BECKET

Obispo y mártir

Una de las escogencias más adivinadas del gran soberano inglés, Enrique II, fue la de su canciller en la persona de Tomás Becket. Había nacido en Londres en 1118 de padre normando, y fue ordenado archidiácono y colaborador del arzobispo de Cantórbery, Teobaldo. Como canciller del reino, Tomás se sentía perfectamente a sus anchas: tenía ambición, audacia, belleza y un destacado gusto por la magnificencia. Cuando era necesario sabía ser valiente, sobre todo cuando se trataba de defender los buenos derechos de su príncipe, de quien era íntimo amigo y compañero en los momentos de descanso y de diversión.

El arzobispo Teobaldo murió en 1161, y Enrique II, gracias al privilegio que le había concedido el Papa, pudo elegir a Tomás como sucesor para la sede primada de Cantórbery. Nadie, y mucho menos el rey, se imaginaba que un personaje tan "mencionado" se iba a transformar inmediatamente en un gran defensor de los derechos de la Iglesia y en un celoso pastor de almas. Pero Tomás le había advertido a su rey: "Señor, si Dios permite que yo sea arzobispo de Cantórbery, perderé la amistad de Vuestra Majestad".

Ordenado sacerdote el 3 de junio de 1162 y consagrado obispo al día siguiente, Tomás Becket no tardó en enemistarse con el soberano. Las "Constituciones de Clarendon" de 1164 habían restablecido ciertos derechos abusivos del rey caídos en desuso. Por eso Tomás Becket no quiso reconocer las nuevas leyes y escapó a las iras del rey huyendo a Francia, en donde pasó seis años de destierro, llevando una vida ascética en un monasterio cisterciense.

Restablecida con el Rey una paz formal, gracias a los consejos de moderación del papa Alejandro III, con quien se encontró, Tomás pudo regresar a Cantórbery y fue recibido triunfalmente por los fieles, a quienes él saludó con estas palabras: "He regresado para morir entre ustedes". Como primer acto desautorizó a los obispos que habían hecho pactos con el Rey, aceptando las "Constituciones", y esta vez el Rey perdió la paciencia y dejó escapar esta frase imprudente: "¿Quién me quitará de entre los pies a este cura intrigante?".

Hubo quien se encargó de eso. Cuatro caballeros armados salieron para Cantórbery. Se le avisó al arzobispo, pero él permaneció en su puesto: "El miedo a la muerte no puede hacernos perder de vista la justicia". Recibió a los sicarios del Rey en la catedral, revestido con los ornamentos sagrados. Se dejó apuñalar sin oponer resistencia, murmurando: "Acepto la muerte por el nombre de Jesús y por la Iglesia". Era el 23 de diciembre de 1170. Tres años después el papa Alejandro III lo inscribió en la lista de los santos.

30 de diciembre (del lo. de enero)

SAN FULGENCIO

Obispo

A comienzos del siglo VI, Ruspe, pequeña ciudad de la provincia romana Bizancena, había quedado sin obispo, como otras ciudades africanas, porque el rey visigodo Trasamundo, celoso arriano, había prohibido la elección de nuevos obispos católicos. Pero al fin los obispos de la región Bizancena resolvieron no acatar la injusta disposición. Entre los candidatos estaba también Fulgencio, un hombre de gran cultura teológica y humanística, que al amor del estudio unía la práctica de la ascética cristiana. Había nacido en el 467 de una familia romana que se había establecido en Cartago, y se había demostrado buen administrador del rico patrimonio paterno y buen procurador de los impuestos de la provincia. Después de haber leído el *Comentario* de san Agustín al salmo 36, orientó decididamente su vida hacia la austeridad y hacia la búsqueda de la soledad. Inclusive trató de unirse a los monjes egipcios, pero la nave que lo llevaba tuvo que detenerse en Siracusa. Ordenado sacerdote, poco después le llegó la noticia de que estaba en la lista de los candidatos al episcopado.

Era demasiado. Fulgencio fue y se escondió en un lugar apartado, hasta cuando supo que todos los nuevos obispos habían sido ya consagrados. Cuando reapareció, quedaba todavía una sede vacante, la de la pequeña ciudad de Ruspe, y los obispos se apresuraron a consagrar al recalcitrante monje, en el momento preciso para que fuera enviado al destierro a Cerdeña por el furiosísimo rey Trasamundo, que desterró junto con Fulgencio a otros 59 obispos católicos.

En Cagliari, Fulgencio pudo desarrollar una intensa actividad religiosa. El mismo Trasamundo, que se las daba de teólogo, le escribió proponiéndole algunas difíciles cuestiones y ofreciendo así a Fulgencio la ocasión para escribir algunos tratados teológicos que llegarían a ser muy famosos.

Muerto Trasamundo en el 523, los obispos desterrados pudieron regresar a sus sedes. Durante nueve años Fulgencio gobernó su pequeña diócesis de Ruspe según el estilo monástico. En efecto, cerca de la iglesia catedral había fundado un nuevo monasterio, en donde él mismo vivía pobremente, dedicando gran parte de su tiempo a la oración coral y a la composición de obras doctrinales y pastorales. Padre y pastor de su rebaño, daba a los pobres todo lo que recibía. Tenía una grande aptitud para la predicación. Se cuenta que el obispo de Cartago, al escuchar un sermón suyo en la basílica de Furnos, lloró de conmoción. San Fulgencio murió en Ruspe el lo. de enero del 532, a los sesenta años de edad, rodeado por sus sacerdotes y después de haber distribuido a los pobres sus últimos haberes.

31 de diciembre

SAN SILVESTRE I

Papa

El largo pontificado de san Silvestre (del 314 al 335) transcurrió paralelo al gobierno del emperador Constantino, en una época muy importante para la Iglesia que acababa de salir de la clandestinidad y de las persecuciones. Fue en ese período cuando se formó una organización eclesiástica que duraría varios siglos. En esta obra tuvo Constantino un lugar de consideración. Este, efectivamente, era el heredero de la gran tradición romana imperial y por eso se consideraba el legítimo representante de la divinidad (nunca renunció a ostentar el título pagano de "pontifex maximus"), y por tanto, del Dios de los cristianos.

Fue él, por tanto, y no el papa Silvestre quien convocó en el 314 un sínodo para acabar con el cisma que había estallado en Africa; y fue también él quien convocó en el 325 el primer concilio ecuménico de la historia, en Nicea (Bitinia), residencia veraniega del emperador.

Al obrar así, Constantino introdujo un método de intromisión del poder civil en los asuntos eclesiásticos que tendría desastrosas consecuencias. Pero por ahora las consecuencias fueron positivas, entre otras cosas por la buena armonía que reinaba entre el papa Silvestre y Constantino. Este, en efecto, no ahorró sus aprobaciones y sus apoyos aun económicos para la vasta obra de construcción de edificios eclesiásticos.

Precisamente Constantino, en su calidad de "pontifex maximus", fue quien pudo autorizar y consentir el "sacrilegium" de construir una gran basílica en honor de san Pedro sobre la colina Vaticana, después de haber parcialmente destruido o tapado el cementerio pagano, descubierto por las excavaciones ordenadas por Pío XII en 1939. Fue también la colaboración entre el papa Silvestre y Constantino la que permitió la construcción de otras dos importantes basílicas romanas, una en honor de san Pablo sobre la vía Ostiense, y sobre todo la otra en honor de san Juan.

Inclusive Constantino quiso manifestar su simpatía por el papa Silvestre dándole su mismo palacio lateranense, que desde entonces y por varios siglos fue la residencia de los papas.

INDICE

A

TALLER SAN PABLO
SANTAFE DE BOGOTA, D.C.
IMPRESO EN COLOMBIA — PRINTED IN COLOMBIA